KAROL WOJTYŁA

El hombre más famoso del mundo

Colección
GRANDES PERSONAJES

KAROL WOJTYŁA
Luigi Accattoli

LUIGI ACCATTOLI

KAROL WOJTYŁA

El hombre más famoso del mundo

SAN PABLO

LUIGI ACCATTOLI

Nació en Recanati (Macerata) el 9 de diciembre de 1943.

Es periodista y escritor, y ha sido Vaticanista en el periódico **La Repubblica,** y desde 1981 lo hace en el diario **Corriere della Sera.** Entre sus publicaciones se encuentran **La speranza di non morire** (1988), **Cerco fatti di vangelo** (1995), **Quando il Papa chiede perdono. Tutti i "mea culpa" di Giovanni Paolo II** (1997), traducido a siete idiomas.

Título original:
Karol Wojtyla l'uomo di fine millennio

Edizioni San Paolo S. r. l.
Cinisello Bálsamo (Milán) Italia

Traducción:
Augusto Aimar

Queda hecho el Depósito Legal
según Ley 44 de 1993

© SAN PABLO, 2000
Carrera 46 No. 22A-90
Fax: 2684288 - 2444383
Barrio Quintaparedes
E-mail: *sp_diredit@epmbog.net*

Distribución: Departamento de Ventas
Calle 18 No. 69-67
Tels.: 4113955 - 4113966 - 4113976
Fax: 4114000 - A.A. 080152
E-mail*: spdircom@col1.telecom.com.co*

SANTAFÉ DE BOGOTÁ, D.C.

PREFACIO

El pontificado de Juan Pablo II es de gran significado, dedicado a relanzar la predicación cristiana en el mundo y la unidad entre las Iglesias, con el reconocimiento de las desviaciones del Evangelio que han caracterizado su historia. Es el primer Papa eslavo en la historia de la Iglesia. Juan Pablo quedará como el pontífice de la lucha contra el comunismo.

Ha modificado la imagen papal, y la ha acercado al hombre común de nuestro tiempo: subía a las montañas para esquiar, y en vacaciones aún sigue yendo. Conmueve la tenacidad con la cual reacciona ante la enfermedad nerviosa que lo atormenta visiblemente desde 1992. Él sigue viajando por el mundo a pesar del temblor de la mano y la inseguridad de sus pasos, acompañado por un apoyo creciente de la opinión pública que no tiene precedentes entre los pontífices longevos del siglo XX. Ya es claro que en el origen de esta modificación de la imagen no se halla tan sólo un hombre extrovertido, sino también una opción eclesiológica: él adecúa el pontificado a la Iglesia del Vaticano II.

"Sin este Papa no se puede comprender lo que ha acontecido en Europa a fines de los años ochenta", dijo en una ocasión Gorbachov. Es un gran mérito de Juan Pablo el haber alentado a su Polonia a buscar un camino pacífico de salida del sistema comunista. Y cuando esta salida se realizó, fue mérito suyo el no ensañarse contra los derrotados y alejar a los vencedores del espíritu de venganza.

Elegido Papa en octubre de 1978, anuncia de inmediato el deseo de visitar a Polonia. El viaje triunfal a su patria en el mes de junio del año

5

siguiente suena como un desafío al imperio soviético: por primera vez, un pueblo entero del Pacto de Varsovia tiene la posibilidad de reunirse en grandes multitudes, de reconocerse en un líder, de aplaudir el mensaje que desaprueba frontalmente el régimen ateo y represivo impuesto por Moscú.

De la siembra realizada con ese viaje germina la organización sindical Solidaridad, que él protege desde Roma, cuando se ve obligada a la clandestinidad. La misma protección lejana, pero asidua, él la ejerce sobre todos los movimientos de liberación de los países comunistas que van creciendo a lo largo de los años ochenta, siguiendo el ejemplo polaco.

Cuando visitó Praga, en abril de 1990, cuando apenas acababa de caer el muro de Berlín y de derrumbarse en todas partes la cortina de hierro, declara que "una nueva Torre de Babel ha sido abatida" y que "el siglo ha madurado" hacia una "mayor libertad" para todos.

Con la misma energía, Juan Pablo defiende —especialmente en sus viajes— los derechos humanos contra las dictaduras del tercer mundo y combate las pretensiones del neocapitalismo, afirmando que la derrota del comunismo no justifica el dominio incontrolado del capital sobre los hombres y sobre los pueblos. Se opuso rotundamente a la guerra del Golfo, en 1991, para salvar "el diálogo con el mundo del Islam" y para señalar que la Iglesia católica quiere colocarse como aliada de los pueblos en vía de desarrollo.

El "examen de fines de milenio", con el que prepara el Gran Jubileo, es tal vez el mejor regalo que está a punto de dejar a los católicos. Con la misma valentía con la cual reivindica los derechos de la Iglesia, reconoce que ha habido "páginas oscuras" en su historia y pide perdón —en medio del desconcierto de una parte notable del mundo eclesiástico— por los escándalos que todavía arden, así como los métodos de "violencia" utilizados en el pasado para defender la fe (la Inquisición), el apoyo de los cristianos a las dictaduras de nuestro siglo, el antijudaísmo secular que le impidió oponerse eficazmente al exterminio nazi de los hebreos.

En el campo ecuménico, su iniciativa más valiente es la de abrir un debate acerca del mismo rol del Papa, al invitar a protestantes y a ortodoxos a indicar cuál podría ser hoy un ejercicio del "primado de

Roma" aceptable para todos. Lo ha hecho con la encíclica *Ut unum sint* (Para que sean una sola cosa, 1995). Hasta hoy no ha tenido éxito. Nunca ha podido visitar un solo país con mayoría ortodoxa, y con las Iglesias anglicanas y protestantes la relación es más fría que cuando fue elegido Papa. Pero ha tendido y sigue tendiendo su mano, al proponer un encuentro de todos los cristianos para el año dos mil y una cita en el Monte Sinaí con los hebreos y los musulmanes.

Incesante es su predicación en defensa de la vida, la promoción de la paz y en favor de los pobres. Los católicos están orgullosos de las denuncias de la injusticia, que sigue proponiendo en todas las latitudes aunque no siempre acogen bien su predicación severa en materia sexual y matrimonial. Esboza una "teología del cuerpo" destinada tal vez a un grande futuro, pero no atenúa en nada los preceptos tradicionales que se mantienen firmes.

Juan Pablo II es un Papa de la misión y no del gobierno. No existe —hasta hoy— una sola reforma importante que lleve su nombre. Dejará la Curia que encontró. Ningún Papa de este siglo ha colocado un signo más fuerte que el suyo al exterior de la Iglesia, pero tal vez todos han dejado una huella más personal en el gobierno y en la estructura de la Curia.

Pide perdón a las mujeres por los malos tratos del pasado, pero no cambia las reglas que las mantienen en un segundo plano en la estructura eclesiástica. Convoca continuamente en Roma a los episcopados para mantener viva la "comunión" entre las Iglesias locales y el Vaticano, pero no modifica las estructuras sinodales que él mismo —al inicio— parecía haber reconocido como insuficiente.

En la relación con las Iglesias locales su pontificado vive grandes conflictos, provocados a veces por su ansia misionera, y a menudo por el freno jurídico colocado —por su mandato— por la Curia romana a las peticiones de descentralización o de innovación de la periferia. Juan Pablo ha tenido enfrentamientos con los episcopados más importantes del mundo: con el de Brasil porque apoyaba la teología de la liberación, con el de Estados Unidos porque pedía mayores libertades para los fieles, con el de Italia porque quería librarse de compromisos políticos, con el de Alemania que pedía un mayor respeto por la laicidad del Estado.

Casi siempre ha ganado el desafío gracias a su ascendiente personal, pero las tensiones han quedado. Dejará una gran imagen pontificia, pero también una fuerte expectativa de reformas para la vida interna de la Iglesia.

Su pontificado —el más largo del siglo y uno de los más largos de la historia— puede agruparse en tres estaciones indicadas con tres palabras de una eficacia particular, con la cual ha sabido comunicar su mensaje.

El primer lema lo expresó durante la celebración de inicio de su servicio pontifical, el 22 de octubre de 1978: "¡Abrid de par en par las puertas a Cristo!" Ese lema marca la fase naciente del pontificado, el uso creativo de los medios, el primer choque con las "potencias mundanas" hasta el atentado y su prolongado desafío con el sistema comunista y el imperio soviético.

El segundo lema de su pontificado se halla consignado en la encíclica *Dominum et vivificantem* (Es Señor y da la vida, 1986): "Mirar con mayor amplitud, abrirse paso". Este lema caracteriza una estación de relanzamiento de la misión que supera toda limitación tradicional. Juan Pablo llama a los hebreos "nuestros hermanos mayores", va al encuentro de multitudes islámicas, convoca asambleas interreligiosas, rompe con el tradicionalismo anticonciliar de Marcel Lefebvre, afirma —en octubre de 1988 en Estrasburgo, ante el Parlamento europeo— la incompatibilidad de la "tentación integrista" con la genuina inspiración evangélica. Es también la estación en la cual culmina su utopía ecuménica que lo llevó a soñar la unidad con las Iglesias ortodoxas para el alba del tercer milenio y que lo indujo a imaginar un abrazo fácil con el Patriarcado de Moscú en los años de Gorbachov.

De esa derrota ecuménica y en la estación del sufrimiento físico —marcado por el tumor, el bastón y la enfermedad nerviosa— viene el tercer lema del Pontificado, que marcará el acercamiento al Jubileo del dos mil: "En nombre de la Iglesia yo pido perdón". Estas palabras las dijo por primera vez en Olomuc —en la República Checa— en mayo de 1995, y connotan la estación más evangélica, el mensaje más maduro. Ha colocado en la agenda —para el ocho de marzo del año dos mil, miércoles de Ceniza—, una celebración penitencial que culminará con una "petición de perdón" por los "errores, las infidelidades, las incoherencias y las tardanzas" de los que se han hecho responsables los "hijos de la Iglesia" en el milenio que concluyó.

En este volumen se relatará cada fase y cada etapa de los veinte años del pontificado de Juan Pablo II. La intención es la de esbozar una biografía narrativa, esencial pero completa, del Papa y del pontificado.

Inclusive las obras de mayor envergadura consultadas (y que corresponden a los nn. 44, 59 y 68 de la bibliografía colocada al final) aparecen concentradas en la formación polaca y en las implicaciones políticas del pontificado, con escasa y desigual atención a la obra pontifical. Esta obra pretende dar una mirada que abarque la vida del Pontífice. La fase naciente de 1978-1979, con los gestos de presentación del Papa, la encíclica programática *Redemptor hominis,* las grandes peregrinaciones a México, Polonia y Estados Unidos. El "dar el largo" de 1985-1986, con el sermón a los jóvenes islámicos en Casablanca, el viaje a la India, la visita a la Sinagoga de Roma y la jornada de Asís. La propuesta del "examen de fines de milenio" en 1994-1995, con el Consistorio extraordinario en vista del Gran Jubileo, la carta apostólica *Tertio millennio adveniente* (Acercándose el tercer milenio) y la encíclica *Ut unum sint.*

Es verosímil que la celebración del Gran Jubileo marque una nueva estación creativa y consuele a Juan Pablo con alguna señal de pacificación ecuménica.

LUIGI ACCATTOLI

Roma, 29 de junio de 1998
Fiesta de los santos Pedro y Pablo

AGRADECIMIENTOS

En el trabajo de reunir la documentación —especialmente para el período de la juventud de Karol Wojtyla— ha colaborado Emilio Vinciguerra, periodista de la RAI. En la elaboración informática del volumen han aportado su trabajo mis hijos Beniamino y Matilde, de 17 y de 10 años. Agradezco a los padres Georges Cottier, Michal Jagosz y Adam Boniecki, al senador Giulio Andreotti, a los obispos Pierfranco Pastore y Clemente Riva, al doctor Joaquín Navarro–Valls por las informaciones y las sugerencias.

1

LOLEK SE QUEDA SOLO
Y DECIDE NO CASARSE

Un Papa atrae la atención del mundo por lo que dice y hace. Pero nosotros queremos mirar también la aventura humana de Juan Pablo, porque estamos convencidos de que ella ha participado en la determinación de su modo de actuar como Papa. Entonces no nos limitaremos a narrar su obra pontifical: escudriñaremos las señales que el destino ha impreso sobre su rostro de hombre, recogeremos las palabras improvisadas con las que él ha expresado sus emociones, e intentaremos consignar algo de la memoria que lugares y hechos de Polonia han depositado en su alma.

Y de la pequeña ciudad polaca en la que nació iniciamos, haciéndonos ayudar por las palabras que escribió a sus paisanos una vez elejido pontífice: "*¡Queridos connacionales: no es fácil renunciar al regreso a la patria, 'a estos campos ricos en flores variadas, plateados de trigo y dorados de centeno' como escribe Mickiewicz. A estos montes y a estos valles, a los lagos y a los ríos, a los hombres tan amados y a esta ciudad real!*" (23 de octubre de 1978).

Wadowice, quince mil habitantes, es la pequeña ciudad con las casas edificadas entre campos de centeno, donde Karol Wojtyla nace el 18 de mayo de 1920, mientras la patria —que acababa de volver a la independencia, después de 123 años de dominio extranjero— está en guerra por la recuperación de sus confines orientales.

Estamos en la Polonia meridional, a orillas del río Skawa y a los pies de los montes Beskidas, unos cuarenta kilómetros al occidente de Cracovia y a treinta kilómetros de Auschwitz.

11

La familia Wojtyla vive en una casita del Rynek (hoy calle Koszielna), al lado de la iglesia parroquial, en un apartamento en alquiler. A la llegada de Karol se compone de tres personas: el padre, Karol, de 41 años, militar; la madre Emilia Kaczorowska, de 36 años; el hijo mayor Edmund, de 14 años.

El niño es bautizado un mes después de su nacimiento (el 20 de junio), en la iglesia al frente de la casa y le ponen por nombre: Karol, como el papá y Josef, como el héroe nacional, el mariscal Pilsudski, que está sosteniendo la guerra contra Rusia. El 7 de junio de 1979,[x] cuando siendo ya Sumo Pontífice, regresa a la iglesia de su bautismo, Juan Pablo dirá: "Si miro hacia atrás, la rueda de mi vida me lleva en medio de los hombres de este lugar, en esta parroquia, en mi familia, hasta esta fuente bautismal, en esta iglesia de Wadowice".[x]

El padre, Karol Wojtyla, había nacido en Lipnik y era hijo de un sastre. Terminados los estudios de secundaria, como primer trabajo, había aprendido la sastrería. En el año 1900 lo llaman a tomar las armas en el ejército asbúrgico con el grado de suboficial y luego es promovido a oficial (con tareas administrativas), condición que conservará también después de la guerra cuando, hecho trizas el imperio austro-húngaro, pasará al ejército polaco, donde permanecerá hasta 1928. Es un hombre reservado, adicto a la disciplina asbúrgica. Respeta a todos y es respetado por todos. Juan Pablo dirá más tarde a André Frossard: "Era tan exigente consigo mismo que no tuvo que serlo con relación a su hijo. Su ejemplo bastaba para enseñar la disciplina y el sentido del deber" (Bibliografía 10, p.13).

Emilia Kaczorowska, su madre, había nacido en Cracovia y era hija de un albardero, es decir, de un artesano que elaboraba revestimientos para carrozas. Era débil y delicada, y murió a los 45 años, el 13 de abril de 1929. El diagnóstico médico habla de miocarditis y nefritis. Diez años más tarde, en la primavera de 1939, Lolek (Carlitos) escribirá para la mamá una poesía, tal vez la primera, o de todos modos la primera de las que conservará: "Sobre tu blanca tumba / se abren las flores blancas de la vida. / Oh cuántos años han desaparecido / sin ti, ¿cuántos años?" (Bibliografía 37, p. 83).

Tal vez fue la mamá, tal vez el papá quien le recordó repetidas veces la hora de su nacimiento. Y él la memorizó, con la atención típica de los polacos a las fechas y a las coincidencias: "¡Nací entre las 17 y las 18 y casi a la misma hora, 58 años después, fui elegido Papa!" dirá el día de su cumpleaños el 18 de mayo de 1997, cuando se encontraba de visita en la parroquia romana de San Atanasio en Pietralata.

Otro hecho que memoriza de las narraciones de su padre es que nació en tiempos de guerra. Al visitar a las víctimas del terremoto de una zona de Italia central hizo esta reflexión: "Un día oirán que los padres dicen: ¡Tú naciste durante el sismo y ellos no lo sabrán! ¡También yo nací en un momento de guerra y no lo sabía. Pero he conservado una gran admiración por los que en esa guerra vencieron, en 1920. Es muy importante!" (Cesi, Macerata, 3 de enero de 1998).

Es importante saber qué hacían los padres y las madres cuando nosotros llegábamos al mundo, nos dice Juan Pablo, cuál era la fuerza que los guiaba. La de su pueblo era la guerra del resurgimiento nacional; la que Polonia apenas renacida a la vida independiente, al final del primer conflicto mundial, está combatiendo contra Rusia y que conducirá al tratado de Riga, en marzo de 1921, que marcará la reunificación de los polacos que habían quedado sometidos a Rusia. Para comprender lo que podía significar, en las palabras de un padre militar y patriota, esa memoria, es necesario tener en cuenta que Wadowice había participado valerosamente en la insurrección nacional contra el dominio ruso en 1863 y que papá Karol había combatido en el frente ruso en la primera fase de la guerra mundial.

Este nacimiento durante la guerra nos ayuda a comprender la emoción con la cual siendo papa, Karol Wojtyla recordará —por ejemplo en la Carta a los obispos polacos del 26 de agosto de 1989, en el 50º aniversario del estallido de la guerra— el pacto Molotov-Ribbentrop, que dividió por cuarta vez a Polonia, cuando él tenía diecinueve años. Y nos ayuda a imaginar el tono de la carta que escribirá en el mes de marzo de 1981 al jefe del Kremlim Leonid Brézhnev, para ponerlo en guardia contra la tentación de intervenir con las armas en Polonia: nunca ha sido publicada esa carta, pero sabemos quién la escribió, en qué momento (un mes antes del atentado de Alí Agca) y a quién iba dirigida.

El hermano mayor, Edmund, obtendrá el doctorado en medicina y morirá muy joven, en 1932, a los 26 años, como consecuencia de una infección de escarlatina contraída en el hospital de Bielsko, donde realizaba el año de práctica como médico recién graduado. Karol, muy apegado al hermano, se sentirá muy afectado por su pérdida.

Después de Edmund y antes de Karol, los esposos Wojtyla habían tenido una niña, Olga, que había fallecido pocos días después del nacimiento. A los doce años entonces Lolek queda solo con su padre, que será para él un papá atento, un amigo y un confidente. Después de que fue elegido Papa, los vecinos de casa más ancianos contaron a los periodistas que aún recordaban a los Wojtyla —padre e hijo— que caminaban juntos, de la mano, todos los días mientras iban al restaurante para almorzar, o daban un paseo.

Acerca de la muerte de su madre y de su hermano, Juan Pablo no dice mucho. Pero podemos entender algo de la herida que le quedó por lo que cuenta acerca del padre, en la conversación con Frossard: "Muy pronto quedé huérfano de madre e hijo único. Mi padre ha sido admirable y casi todos mis recuerdos de la infancia y de la adolescencia se refieren a él. La violencia de los golpes que lo habían afectado abrieron en él inmensas profundidades espirituales, y su dolor se hacía oración" (Bibliografía 10, p. 13).

Hablando con Frossard atribuirá al padre la primera inspiración de la encíclica *Dominum et vivificantem* (1986): "Hacia los diez o doce años yo formaba parte de un coro, pero no era muy asiduo, tengo que admitirlo. Mi madre ya no existía... Fue mi padre quien se dio cuenta de mi escasa asiduidad y un día me dijo: 'Tú no eres un buen muchacho del coro: no rezas lo suficiente al Espíritu Santo. Tienes que rezarle'. Y me enseñó una oración. Fue una lección más importante, más duradera y más fuerte que las que yo pude más tarde sacar de mis lecturas y de las enseñanzas que he recibido. ¡Con qué convicción me hablaba mi padre! Aún hoy resuena su voz dentro de mí. Fruto de esa lección recibida en mi infancia es la encíclica acerca del Espíritu Santo" (Bibliografía 11, p. 74).

Después de la muerte de su esposa Emilia, papá Karol lleva a los dos hijos al santuario de Kalwaria Zebrzydowska, no lejos de Wadowice. Allá irá repetidas veces Karol, antes de cada decisión importante. Allá acudió en vísperas del cónclave del cual saldrá elegido Papa. Vuelve allí como Papa el 7 de junio de 1979: "No sé cómo tengo que dar gracias a la Providencia divina, porque puedo una vez más visitar este lugar, Kalwaria Zebrzydowska, santuario de la Madre de Dios. He visitado este santuario varias veces, desde mi infancia y adolescencia. Lo he visitado particularmente a menudo como arzobispo de Cracovia y como cardenal. Veníamos aquí con los sacerdotes, concelebrábamos la misa ante la imagen de la Madre de Dios".

Casi dos mil de los siete mil habitantes de Wadowice eran hebreos. El propietario de la casa de los Wojtyla, Chaim Balamuth, era un comerciante hebreo que en el primer piso manejaba un negocio de cristalería. Eran hebreos muchos compañeros de Karol y algunos de sus amigos más íntimos: Regina (denominada Ginka) Beer, hija del director del banco de Wadowice, y Jerzy Kluger, hijo de un abogado que era presidente de la comunidad hebrea local. Escribirá más tarde en *Cruzando el umbral de la esperanza:* "Recuerdo ante todo la escuela elemental en Wadowice, donde en mi clase al menos la cuarta parte de los alumnos estaba compuesta por niños hebreos. Y quiero ahora mencionar mi amistad, en los tiempos de la escuela, con uno de ellos, Jerzy Kluger. Es una amistad que ha continuado desde los bancos de la escuela hasta hoy" (Bibliografía 14, p. 109).

La relación de Karol Wojtyla con los hebreos era de simpatía y amistad. Más tarde Kluger confesará: "Antes de la guerra para nosotros los hebreos la vida no era fácil. No nos ahorraban ofensas, heridas a nuestra sensibilidad. Pero de Lolek nunca recibí un desaire" (Bibliografía 49, p. 37).

Desde los tiempos de san Pedro hasta hoy ningún Papa ha tenido —en su formación como hombre— relaciones tan continuas con los hebreos como Juan Pablo: "Tengo viva ante los ojos la imagen de los hebreos que cada sábado acudían a la sinagoga, situada detrás de nuestro gimnasio. Ambos grupos religiosos, católicos y hebreos, estaban unidos, supongo que era por la conciencia de que le rezaban al mismo Dios" (Bibliografía 14, p. 110).

Esa paz no dura, pero en ella se arrojó una semilla que un día dará su fruto. "La Segunda Guerra Mundial, con los campos de concentración y el exterminio programado" todo lo trastornó, todo lo convirtió en drama: "En primer lugar lo sufrieron (el exterminio, ndr) precisamente los hijos y las hijas de la nación hebrea, solamente porque eran hebreos. Todos los que vivían entonces en Polonia llegaron a estar, al menos indirectamente, en contacto con esa realidad. Por consiguiente, ésta fue también mi experiencia personal" (Ibíd., p. 110). La humanidad un día estará agradecida por estas palabras tan francas, después de decenios de apologética basada en la afirmación "no sabíamos, nunca habríamos imaginado".

En el otoño de 1926, a los seis años, Karol Wojtyla comienza a frecuentar la escuela elemental y en 1930 es admitido en el gimnasio–liceo "Marcin Wadowita". "Lolek —dirá Jerzy Kluger— era un tipo especial. Era el primero en la escuela, en el teatro, el primero en todo. Si hubiera ido a la General Motors, habría llegado a ser presidente" (Bibliografía 91, p. 92).

Lolek estudiaba con dedicación, bajo la mirada de su padre. Se interesaba, de manera especial, por la literatura y por la lengua polaca: lee a Sienkiewicz (*¿Quo Vadis?, El diluvio, Con el hierro y con el fuego*), Adam Mickiewicz (el poeta romántico, cantor de la independencia polaca), Slowacki. Pero también los clásicos griegos y latinos, y obras filosóficas como *La crítica de la razón pura* de Kant y *El capital* de Marx en alemán, idioma que ha aprendido en casa bajo la guía de sus padres. Ama el deporte (esquí, natación, fútbol, jockey son sus deportes preferidos) y participa con entusiasmo en las fiestas.

Casi todas las mañanas, antes de ir a la escuela, pasa por la iglesia para la misa celebrada por el párroco, padre Edward Zacher que, ya con ochenta y cuatro años, en junio de 1979 lo acogerá, enfermizo pero firme, en Wadowice. Frecuenta también el convento de los padres carmelitas, detrás de la plaza de mercado. Allí conoce al padre Jozef Prus, un guía valioso.

La espiritualidad carmelitana lo fascina. Ya sacerdote, repetidas veces e inútilmente pedirá al cardenal Stefan Adam Sapieha el permiso para ingresar en el convento.

El 4 de mayo de 1938 Lolek recibe óptimas calificaciones en conducta, religión, lengua y literatura polaca, latín, griego, alemán, matemáticas, filosofía, actividades deportivas; bueno en historia, física y química. El mismo mes recibe la Confirmación. Durante la ceremonia recibe el encargo de saludar al cardenal Sapieha, que queda impactado por las palabras del joven y le pregunta: "¿Nunca has pensado en ser sacerdote?". La respuesta de Wojtyla es tranquila: "No, quiero continuar los estudios de idiomas y de literatura polaca en la universidad" (Bibliografía 16, p.10).

Con el gimnasio llega otra pasión: el teatro. Las primeras representaciones las ejecuta a los 14 años. Se trata de composiciones de canciones y de versos patrióticos, declamados en el teatro escolar y en el parque de Wadowice. La interpretación del poema filosófico *Promethidi*, de Cyprian Norwid, le hace ganar el segundo premio en un concurso de recitación. Declama con los compañeros y las compañeras de la escuela, y de manera especial con Ginka Beer y con Halina Krolikiewicz: Ginka, la amiga hebrea que huirá con la familia de Wadowice para escapar al exterminio, y Halina que llegó a ser actriz profesional y será una gran intérprete del teatro polaco.

Entre los que lo que lo conocían hay algunos que atribuyen a Lolek una propensión particular hacia Ginka. "Tal vez alguno habrá imaginado que, si un joven con tan claras inclinaciones religiosas no entraba en el seminario, era señal de que estaban en juego otros amores o predilecciones. En efecto, en la clase tenía muchas amigas y, como estaba dedicado al círculo teatral escolar, tenía variadas posibilidades de encuentros con muchachos y muchachas. Sin embargo, el problema no era éste. En ese período yo me sentía poseído sobre todo por la pasión de la literatura, particularmente la dramática, y por el teatro" (Ibíd., p. 11). El actor Wojtyla era polifacético. Le ocurrió el caso de recitar dos papeles en la misma comedia (quizá por la ausencia de un colega) y lo hace con naturalidad.

El verano de los dieciocho años no le trae solamente la madurez, sino que marca un viraje en su vida. En el mes de junio participa en Zubrzyca Gorna en el campo de trabajo y de preparación pre-militar organizado por los "Repartos juveniles del trabajo". Luego —antes del final del verano— se traslada con su padre a Cracovia para seguir los cursos de la Universidad Jagelónica en la cual se inscribe en la facultad de filosofía, área de filología polaca: "Mi opción era motivada por una clara predisposición hacia la literatura. Estudiábamos la gramática descriptiva del idioma polaco moderno y al mismo tiempo la evolución histórica del idioma, con un interés particular por la antigua raíz eslava. Esto me introdujo en horizontes completamente nuevos, por no

17

decir en el misterio mismo de la palabra" (Ibíd., p. 11). ¡Cracovia era la flor del Renacimiento polaco! La "Jagelónica" era la universidad que había dado hospitalidad a los cursos de Nicolás Copérnico.

El joven Karol Wojtyla y su padre residen en un apartamento pequeño en la calle Tyniecka, en el barrio popular de Debniki, que el río Vístula separa del centro histórico de la ciudad. Propietarias del apartamento son dos tías de Karol, hermanas de su madre.

El 15 de octubre de 1938 en una hospedería anuncian una velada literaria que tendría lugar en la "Casa católica de Cracovia", durante la cual se presentarán obras de Jerzy Bober, Jerzy Kalamacki, Tadeusz Kwiatowski y Karol Wojtyla, porque Lolek ya escribe poesías y textos para el teatro.

Padre e hijo han aprendido a vivir solos, pero dentro de poco Lolek quedará completamente solo en el mundo. Hablando de esto con Frossard, cuarenta años más tarde: "A los veinte años ya había perdido a todos aquellos a los que amaba e inclusive a los que hubiera podido amar, como esa hermana mayor que, según me habían dicho, había muerto seis años antes de mi nacimiento" (Bibliografía 10, p. 12).

Quedará solo y decidirá no casarse. Podemos tan sólo imaginar cuánto le costó la renuncia a tener una mujer y unos hijos. ¿Quién puede decir lo que es el celibato para un hombre sin familia?

Misterio de los muchachos que deciden con serenidad, en un momento, acerca de su vida. *"Don y misterio"* dirá de sí mismo Juan Pablo con el título de sus memorias como sacerdote.

Esa decisión que nos impresiona al pensarla, él la narra a Frossard con palabras que tienen la seguridad de su rostro: "Hubo un día en el cual tuve la absoluta certeza de que mi vida no se realizaría en el amor humano del cual siempre he sentido profundamente la belleza" (Ibíd., p. 159).

2

OBRERO, ACTOR, SACERDOTE

Cuando caen las primeras bombas sobre Cracovia, Karol se encuentra en la catedral del Wawel: "Ese primero de septiembre de 1939 no se borrará jamás de mi memoria: era el primer viernes del mes. Había ido al Wawel para confesarme. La catedral estaba vacía. Fue, tal vez, la última vez que pude entrar en el templo libremente" (Bibliografía 16, p. 36). Terminada la celebración, corre a donde su padre que se halla delicado de salud. Recogen sus cosas y huyen hacia el oriente, a pie, junto con otros desalojados. La huida es dificultosa, a pesar de la ayuda de algún camionero. Su padre está fatigado. Pero también al oriente existe la guerra y el Ejército Rojo de Stalin —según lo previsto por el pacto Molotov-Ribbentrop— está invadiendo la parte oriental de Polonia. Los prófugos regresan hacia Cracovia.

En dos tercios de Polonia —incluyendo a Cracovia— están los alemanes, mientras un tercio del país, el que colinda con Lituania y Bielorrusia, lo ha ocupado la URSS de Stalin, que ha sucedido a la Rusia soviética a quien esas tierras habían sido arrebatadas por el mariscal Pilsudski —tan amado por papá Wojtyla—.

La Universidad vuelve a abrir los cursos pero las lecciones duran tan sólo hasta el 6 de noviembre, cuando los nazis reúnen a los profesores y los envían a los campos de concentración de Sachsenhausen. De allí regresarán pocos.

Se impone el trabajo forzado a todos los polacos de los 18 a los 60 años que no estén dedicados a una actividad constante. Lolek tiene 20 años y está expuesto a las redadas. "Para evitar la deportación a los trabajos forzados de Alemania, en el otoño de 1940 comencé a trabajar como obrero en una cantera de piedra ligada a la fábrica química Solvay. Estaba situada en Zakrzowek, a media hora de mi casa de Debniki, y cada día iba allí a pie" (Ibíd., p.15). Los alemanes consideran la Solvay, dedicada a la producción de materiales destinados al uso bélico, como una fábrica estratégica y el joven obrero —como todos sus colegas— obtiene los permisos necesarios para circular libremente.

Los compañeros de trabajo comienzan a apreciarlo y a quererlo y tratan de evitarle las fatigas pesadas. "A mí, por ejemplo, me asignaron la tarea de ser ayudante del denominado brillador: se llama Franciszek Labus. Lo recuerdo porque algunas veces se dirigía a mí con palabras de este género: 'Karol, tú deberías ser sacerdote. Cantarás bien, porque tienes una linda voz y te sentirás bien'" (Ibíd., p. 16). Le dejan también el tiempo para dedicarse a la lectura y a la oración: "No les daba fastidio el que yo llevara al trabajo los libros. Decían: 'Nosotros estamos pendientes de todo: tú puedes leer tranquilamente'" (Ibíd., p. 31).

En febrero de 1940 conoce a un personaje destinado a dejar una huella en su formación: un sastre de aspecto ordinario pero de extraordinario valor espiritual. Se llamaba Jan Tiranowski, tenía unos cuarenta años y había formado un grupo clandestino de oración (también para orar entonces era necesario esconderse) que había denominado "Rosario vivo". "Tiranowski, que se había ido formando con los escritos de san Juan de la Cruz y de santa Teresa de Ávila, me introdujo en la lectura de sus obras, extraordinaria para mi edad" (Ibíd., p. 32). Siendo cardenal y luego Papa recordará a menudo a aquel maestro tan particular, al que definirá "apóstol del amor de Dios", al traer conmovido a la memoria "el ejemplo de una vida dedicada solamente a Dios".

En la cantera de piedra, Lolek permanece hasta la primavera de 1942 cuando lo trasladan a la fábrica Solvay. "Trabajando manualmente, yo sabía muy bien lo que significaba la fatiga física. Conocí el ambiente de estas personas, sus familias, sus intereses, su valor humano y su dignidad" (Ibíd., p. 31).

Un compañero muere ante sus ojos, a causa de un incidente en el trabajo. Él queda muy impresionado. Lo recordará en una poesía titulada *La cantera de piedra*, que escribirá en 1956, para los obreros que ese año morirán en las manifestaciones de Poznan: "Levantaron el cuerpo. Desfilaron en silencio. / De él todavía emanaba fatiga y un sentido de injusticia. / Tenían blusas grises, calzado embarrado hasta arriba de los tobillos... La piedra blanca entró en él, corroyó su esencia / y lo asimiló tanto a sí que de él hizo piedra" (Bibliografía 35, p. 81). Después de la novedad de un Papa amigo de los hebreos y testigos del exterminio, he aquí que se anuncia la de un obispo de Roma que ha conocido las canteras de piedra. Otro verso de esa poesía afirma que "el amor prorrumpe más alto si más lo impregna la rabia" (Ibíd., p. 82) y nosotros sentimos que todo es posible si van a elegir como Papa a un hombre que ha conocido la ira de los trabajadores y la ha reconocido como una forma de amor.

Karol Wojtyla, el padre, muere el 18 de febrero de 1941, pero ya desde los días de Navidad había dejado de salir. El hijo había pedido ayuda a su amigo fraterno Juliusz Kidrinski con el cual compartía la afición por el teatro. Con él se alternaba en casa para hacer compañía al enfermo y era la madre de Juliusz la que por lo general preparaba las comidas para los dos Wojtyla.

La tarde del 18 de febrero, al regresar del trabajo, Karol encontró a su padre muerto. Llama a Juliusz, y juntos lo velan. Y tal vez fue esa noche en que sintió el vértigo de estar solo sobre la tierra, cuando vislumbró el camino por el cual podría dar un sentido a tan gran soledad.

Pero la opción no es inmediata. Durante un año continúa como antes: el trabajo en la fábrica y la dedicación al teatro que se intensifica porque, al quedar solo, da hospitalidad en casa a la familia de Mieczyslaw Kotlarczyk, un profesor de literatura polaca totalmente dedicado al teatro, que había comenzado a frecuentar en Wadowice, donde Kotlarczyk había dado comienzo a un "Teatro universitario". Con Kotlarczyk, que es al mismo tiempo huésped, amigo y maestro, Karol funda la compañía del "Teatro Rapsódico", o "Teatro de la palabra viva": "Al compartir la misma casa, podíamos no sólo continuar nuestras charlas acerca del teatro, sino también intentar actuaciones concretas, que asumían precisamente el carácter de teatro de la palabra. Era un teatro muy sencillo. La parte escénica y decorativa se reducía a lo mínimo; el interés se concentraba esencialmente en la recitación del texto poético" (Bibliografía 16, p. 16).

21

El "Teatro Rapsódico", que por su sencillez escénica se podía representar en apartamentos privados, fue concebido por sus fundadores como una forma de resistencia pacífica y de defensa de la cultura polaca contra el invasor nazi. Wojtyla, contrario a la violencia, no quiso seguir a los compañeros que optaron por la lucha armada, aunque no se echó atrás cuando le pidieron alguna forma de colaboración: ejemplo la recolección de fondos.

Se representaban los grandes de la literatura polaca: Slowacki, Kasprowicz, Wyspianski, Norwid, Mickiewicz, que habían cantado la historia patria y su vinculación con el cristianismo. Como conspiradores, los aficionados al teatro y los espectadores se reunían clandestinamente en casas privadas y en subterráneos. Las representaciones fueron al menos una veintena y cada una era un desafío contra las patrullas de la Gestapo que controlaban a Cracovia en todas sus calles. Siempre el rol de Wojtyla era decisivo, como actor, escenógrafo y organizador. Ninguno de los amigos y de los conocidos tenía dudas, el futuro de Karol no podía ser sino el escenario, pues poseía todos los requisitos para dominarlo: la voz, los gestos, la pasión, la memoria.

Pero una tarde del otoño de 1942 le dice al amigo Kotlarczyk que ya no cuente con él. Recitará todavía una vez, la última, en marzo de 1943, como protagonista en *Samuel Zborowski*. Le anuncia al cardenal Sapieha la intención de ser sacerdote. La vocación que había sentido crecer dentro de sí desde la noche en la que había velado a su padre había llegado a la maduración.

"¿La historia de mi vocación sacerdotal? La conoce a fondo Dios. En su estrato más profundo, cada vocación sacerdotal es un gran misterio, es un don que supera infinitamente al hombre". Así inicia el volumen autobiográfico *Don y misterio* (Ibíd., p. 9), que Juan Pablo escribirá en el cincuentenario de la primera misa precisamente para narrar algo de su vocación. Ésta no fue una fulguración, sino que fue madurando lentamente y apareció clara a sus conocidos antes que a él. Ya en los últimos años pasados en Wadowice él escribirá: "En ese tiempo de mi vida la vocación sacerdotal aún no estaba madura, aunque en mi derredor no pocos pensaban que yo debía ingresar en el seminario" (Ibíd., p. 10). Y los compañeros de la cantera le decían lo mismo.

En el corazón de esa decisión se hallan los dos hechos traumáticos de la guerra y de la muerte del padre: "Frente a la propagación del mal y a las atrocidades de la guerra me resultaba siempre más claro el sentido del sacerdocio y de su misión en el mundo. El estallido de la guerra me alejó de los estudios y del ambiente universitario. En ese período perdí a mi padre, la última persona que me quedaba de mis parientes más cercanos. También esto implicaba, objetivamente, un proceso de desprendimiento de mis proyectos anteriores. De alguna manera era como ser desarraigado del suelo sobre el cual hasta entonces había crecido mi humanidad. Pero no se trataba de un proceso solamente negativo. A mi conciencia, en efecto, al mismo tiempo se manifestaba siempre más una luz: el Señor quiere que yo sea sacerdote. Un día lo percibí con mucha claridad" (Ibíd., p. 44).

Tenía además, el hábito de la oración, alimentada con la participación en el "Rosario viviente" y con las lecturas de los grandes místicos españoles a los cuales se añade la del *Tratado de la verdadera devoción a la Virgen María* de Luis María Grignon de Montfort de quien tomará, más de treinta años después, el lema de su pontificado *"Totus tuus"* (todo tuyo): "Es una forma abreviada de la más completa entrega a la Madre de Dios: 'Soy enteramente tuyo y todo lo que es mío te pertenece. Yo te he elegido en lugar de todos mis bienes. Dame tu corazón, María'" (Ibíd., p. 39).

Importante fue también la "fascinación espiritual" que ejerció la figura de Fray Alberto, cuyo nombre era Adam Chmielowski, el artista y héroe polaco del siglo XIX que abandonó todo para dedicarse a los pobres: "Para mí su figura ha sido determinante, porque encontré en él un apoyo espiritual y un ejemplo en mi alejamiento del arte, de la literatura y del teatro, para tomar la opción radical de la vocación al sacerdocio" (Ibíd., p. 43). Karol Wojtyla en 1949 dedicará a Fray Alberto el drama *Hermano de nuestro Dios* (Bibliografía 36), en 1983 lo proclamará beato y en 1989 santo.

De actor escondido pasó a clérigo clandestino. En octubre de 1942, Karol comienza a frecuentar los cursos clandestinos de la facultad de teología de la Universidad Jagelónica, como estudiante del seminario de la arquidiócesis de Cracovia. El seminario es instituido por el cardenal Sapieha a escondidas del invasor nazi que permite solamente a quienes eran seminaristas antes de 1939 el poder continuar abiertamente los estudios teológicos. Wojtyla supera los exámenes con las calificaciones de "eminenter" o "valde bene".

Para no llamar la atención, sigue viviendo en la casa del barrio Debniki y trabajando en la fábrica.

Cada mañana Karol va desde la casa al arzobispado para ayudar a misa en la capilla privada del "Príncipe Metropolita", el cardenal Sapieha. Lo acompaña, a menudo, otro seminarista clandestino, Jerzy Zachuta: "Un día él no se presentó. Cuando después de la misa pasé por su casa, en Ludwinow, supe que durante la noche había sido detenido por la Gestapo. En seguida su apellido apareció en el elenco de los polacos destinados al fusilamiento" (Bibliografía 16, p. 52).

La tarde del 29 de febrero de 1944, mientras regresaba a casa, Karol Wojtyla es embestido por un camión alemán. El conductor no se detiene. Se desmaya, tiene una fractura en la cabeza. Lo encuentra una mujer y es internado en el hospital donde demora unos días en recobrar el conocimiento.

Poco después logra evitar, por casualidad, una redada de los nazis. Para evitar otros riesgos, en el mes de agosto siguiente el cardenal decide hospedar el grupo de seminaristas clandestinos (en total son siete u ocho), en el palacio del arzobispado, donde permanecerán ocultos durante algunos meses mientras continúan sus estudios. Una mano amiga hace desaparecer de las listas de la fábrica Solvay el nombre de Karol Wojtyla, y así los nazis dejan de buscarlo. El 9 de septiembre recibe la tonsura.

El 18 de enero de 1945 Cracovia es liberada. Acosadas por el Ejército Rojo, las tropas nazis dejan el campo. Terminada la guerra Karol es elegido vicepresidente de "Bratnia Pomoc" (Socorro fraterno), una organización estudiantil de ayuda a los universitarios en dificultad y se doctora en teología.

El primero de noviembre de 1946 en la capilla privada del arzobispado es ordenado sacerdote por el cardenal Sapieha: "Vuelvo a verme en esa capilla tendido en forma de cruz en el pavimento, en espera de la imposición de las manos. ¡Fue un momento emocionante! (...). Hay algo que es impresionante en la postración de los ordenandos (...). Quien se acerca para recibir la sagrada ordenación se postra con todo el cuerpo y apoya la frente sobre el pavimento del templo, y manifiesta con eso su completa disponibilidad a emprender el ministerio que se le confía. Este rito ha marcado profundamente mi experiencia sacerdotal" (Ibíd., p. 53).

Al día siguiente, conmemoración de los difuntos, celebra su primera misa en la cripta de san Leonardo, en la catedral del Wawel. La dice en memoria de sus padres y en la cripta del Wawel porque quiere instituir su sacerdocio en la piedra marcada por la fe de sus padres.

Se cierra así una página decisiva de la vida de Karol Wojtyla que lo ha visto pasar —indemne en lo físico, pero marcado en el espíritu— a través de la guerra: "Estuve exento de muchas cosas del grande y horrendo *theatrum* de la Segunda Guerra Mundial. Cada día habría podido ser detenido en la casa, en la cantera, en la fábrica para ser llevado a un campo de concentración. A veces me preguntaba: muchos de mis coetáneos pierden la vida, ¿y por qué yo no? Hoy sé que no fue una casualidad (...). Lo que he dicho a propósito de los campos de concentración no constituye sino una parte, ciertamente dramática, de esta especie de *'apocalipsis'* de nuestro siglo. Me he referido a eso para subrayar que mi sacerdocio, ya en su nacimiento, se ha inscrito en el gran sacrificio de muchos hombres y mujeres de mi generación. A mí la Providencia me ha ahorrado las experiencias más pesadas: por consiguiente es mucho más grande el sentido de mi deuda hacia las personas que me son conocidas, así como hacia las más numerosas que son desconocidas para mí, sin diferencia de nación ni de idioma, que con su sacrificio sobre el gran altar de la historia han contribuido a la realización de mi vocación sacerdotal" (Ibíd., p. 45 y 47).

3
ESTUDIA EN ROMA. ESCRIBE POESÍAS.
ENSEÑA EN LUBLÍN

Karol parte hacia Roma a los veintiséis años, el 15 de noviembre de 1946.

La emoción de ese día de otoño dará el tono a su vida de viajero: "Por primera vez salía de las fronteras de mi patria. Miraba por la ventanilla del tren en movimiento ciudades conocidas solamente por los libros de geografía. Vi por vez primera Praga, Estrasburgo, París" (Bibliografía 16, p. 59).

Se inscribe en el "Angelicum", la universidad de los dominicos. Después de una breve estadía en la casa de los Palotinos de la calle Pettinari, es huésped del Pontificio Colegio Belga de la calle del Quirinale. Su rector es el padre Maximilien De Furstenberg, futuro cardenal: "Cómo no voy a recordar que durante el cónclave, en 1978, el cardenal De Furstenberg, en un determinado momento me dijo estas palabras significativas: 'Dominus adest et vocat te' (El Señor está aquí y te llama) Era como un alusivo y misterioso complemento del trabajo formativo desarrollado por él, como rector del Colegio Belga, en favor de mi sacerdocio" (Ibíd., p. 67).

Entre los maestros a los que conoce en el "Angelicum", están el teólogo Garrigou-Lagrange y el futuro cardenal Ciappi. Obtiene el doctorado con la tesis *Doctrina de fide apud sanctum Joannem de Cruce* (La doctrina de la fe en san Juan de la Cruz).

Conservará un buen recuerdo de la universidad de los dominicos y volverá allí gustosamente cuando Papa: "Todos sois aquí mis colegas, pero en mi período no había religiosas, que hoy en esta aula magna representan casi la mayoría. ¡Quiero felicitarlas, muy apreciadas universitarias del mismo ateneo del Papa!" (Angelicum, 24 de noviembre de 1994).

Karol se enamora de Italia y un capítulo de *Don y misterio* tiene como título *Conocer Roma:* "Recuerdo que el primer domingo después de la llegada acudí a la Basílica de San Pedro para asistir a la solemne veneración de un nuevo beato por parte del papa: vi desde lejos la figura de Pío XII llevado sobre la silla gestatoria (...). Recuerdo que entre los que visitaban la tumba de san Estanislao Kostka había muchos seminaristas del "Germanicum", fácilmente reconocibles por sus características sotanas rojas. En el corazón del cristianismo y en la luz de los santos, también las nacionalidades se encontraban, casi prefigurando además de la tragedia bélica que nos había marcado tanto, un mundo que ya no quería estar dividido" (Ibíd., p. 59).

Las vacaciones de Navidad y de Pascua las emplea para descubrir otras ciudades italianas comenzando "por los lugares ligados a la vida de san Francisco". Luego, durante el verano, realiza un viaje a Francia, Bélgica y Holanda: "Me abría a un más amplio horizonte europeo (...). Se me revelaba así siempre mejor (...) la Europa occidental, la Europa de la posguerra, la Europa de las maravillosas catedrales góticas y, al mismo tiempo, la Europa amenazada por el proceso de secularización" (Ibíd., p. 65).

En Roma permanece casi dos años. En junio de 1948 Wojtyla discute la tesis, y a mediados del mes siguiente está de nuevo en Polonia. Una vez más solicita ingresar en la orden de los carmelitas, pero el no del cardenal Sapieha es tajante: "Después de la guerra tenemos pocos sacerdotes y Wojtyla es mucho más necesario a la diócesis". Luego agrega, casi expresando una premonición: "Y al futuro de toda la Iglesia" (Bibliografía 44, p. 79).

El primer destino de Wojtyla es el de vicario parroquial en la población de Niegowic, a unos cincuenta kilómetros de Cracovia, pero al otro lado —es decir al oriente— con respecto a Wadowice: "Me informé de inmediato acerca del modo de llegar a Niegowic y me preocupé por encontrarme allá el día establecido (...). Era el tiempo de la siega. Yo caminaba en medio de campos de trigo en parte con las mieses ya segadas, y en parte mientras todavía ondeaban con el viento. Cuando finalmente llegué al territorio de la parroquia de Niegowic me arrodillé y besé el suelo. Había aprendido este gesto de san Juan María Vianney" (Bibliografía 16, p. 71).

Los campos de trigo vuelven continuamente en sus memorias y en las poesías. En una se halla esta visión, que ciertamente le debe algo —por aquel trigo que se funde con la luz— al Van Gogh menos atormentado, el enamorado de los campos de la Provenza: "Cuando pienso 'patria' oigo todavía el movimiento de la guadaña / que toca un muro de trigo / que se confunde con la luz deslumbrante del cielo" (Bibliografía 35, p. 120).

En la población de Niegowic permanece pocos meses, que le bastan para poner en movimiento la vida de los jóvenes. Con la luz de una vela sigue estudiando para el curso teológico de la Universidad Jagelónica: se gradúa como "maestro de teología" el 24 de octubre y el 16 de diciembre sucesivo obtiene el grado de "doctor en sagrada teología".

En marzo de 1949 el arzobispo lo llama de nuevo a Cracovia, a la iglesia del barrio universitario San Florián y allí encuentra finalmente su ambiente. Organiza cursos de formación para la vida de las parejas y de la familia. Apoya las "universidades volantes", es decir, cursos de nivel universitario que no son del agrado del régimen comunista y que se dictan, en forma clandestina, en iglesias y monasterios. Funda un grupo denominado "Srodowisko" (ambiente) para colocar a los muchachos en contacto con la naturaleza, que él considera como un canal privilegiado para llegar a Dios: "Sol y estrellas, agua y aire, plantas y animales —dijo el 27 de mayo de 1984 a más de cinco mil jóvenes durante la visita pastoral a Viterbo— son dones con los cuales Dios ha hecho confortable y hermosa la morada que en su amor ha preparado al hombre sobre la tierra. El que ha comprendido esto no puede dejar de mirar con reverente gratitud las criaturas de la tierra y tratarlas con la atención responsable que le impone una justa mirada hacia el divino Dador".

Más que el trigo, la imagen de los muchachos a quienes encontró cuando joven no lo abandonará nunca, aún más, lo guiará en el diálogo exitoso que sostendrá con la juventud de todos los países: "Vosotros estáis decididos a construir una sociedad justa, libre y próspera (...). En mi juventud he vivido estas convicciones. Dios ha querido que éstas se afianzaran en el fuego de una guerra cuya atrocidad no ha dejado de afectar a mi familia. He visto menospreciadas de muchas maneras estas convicciones. He tenido temor por ellas, al verlas expuestas a la tempestad. Un día decidí confrontarlas con Jesucristo (...). Si un joven como lo he sido yo, llamado a vivir la juventud en un momento crucial de la historia, puede decir algo a los jóvenes como vosotros, pienso que les diría: ¡No os dejéis instrumentalizar! Tratad de ser muy conscientes de lo que queréis y de lo que hacéis" (Belo Horizonte, Brasil, 1° de julio de 1980).

Con los jóvenes pasa las vacaciones, en los montes Besquidas y Trata, en campamentos–escuela semi-clandestinos porque estaban prohibidos por las autoridades comunistas. Para no despertar sospechas Wojtyla deja la sotana y viste de una manera muy informal. Hay fotos que lo muestran sentado sobre la hierba, con calzones cortos, que se familiariza con los muchachos y que juega con los niños.

"En mi vida —escribe en *Don y misterio*— he individuado las prioridades pastorales en el apostolado con los laicos, en la formación de los jóvenes y en el diálogo intenso con el mundo de la ciencia y de la cultura" (Bibliografía 16, p. 102).

El año 1953, cuando muere Stalin, en Polonia se endurece el régimen. Es arrestado el cardenal Wyszynski al cual el régimen no perdona la oposición a la nueva Constitución, que refuerza los poderes del partido comunista y reduce los derechos de la Iglesia. Encarcelan, junto con muchos sacerdotes, también al arzobispo de Cracovia, Baziak. Queda suspendida la publicación de la revista *Tigodnik Powszechny* — para la cual colabora Wojtyla, quien firma con un seudónimo— que ha rehusado publicar un elogio de Stalin. Queda suprimida la facultad de teología de la Universidad Jagelónica, donde Wojtyla acaba de ingresar como docente de ética social. Pero de inmediato le ofrecen la cátedra de teología moral en la Universidad Católica de Lublín, que ocupará hasta el cónclave que lo elegirá Papa.

Sus cursos son concurridos. Su tesis de fondo es que "el sujeto de la moral es el individuo vivo: la existencia de la persona es la forma suprema de la realidad y esta realidad debe ser respetada en su forma concreta" (Bibliografía 49, p. 52). Es la tradición tomista, en la relectura actualizada que de ella ha dado Jacques Maritain y ha sido enriquecida con el personalismo de Emmanuel Mounier, los dos autores que leyó con interés durante su permanencia en Francia en el verano de 1947.

Se trata de una relectura del tomismo reavivada y enriquecida con la levadura del método y del lenguaje de la fenomenología de Max Scheler (1874-1928), el pensador alemán sobre cuyas teorías Karol Wojtyla había elaborado la tesis para la libre docencia en la universidad de Cracovia (Bibliografía 22) y que constituirá el punto de referencia de su mayor obra filosófica: *Osoba i Czyn* (Persona y acto), publicada en 1969 y que ahora, en la versión inglesa (The acting person), constituye el décimo volumen de la Analecta Husserliana. "He tratado de afrontar —escribe Wojtyla— los principales temas que conciernen la vida, la naturaleza y la existencia del ser humano —tanto con sus limitaciones como con sus privilegios— directamente como ellos se presentan al hombre en su lucha por sobrevivir manteniendo al mismo tiempo su dignidad de ser humano, es decir, de un hombre que se propone unos fines y se esfuerza por alcanzarlos y se siente lacerado entre su condición demasiado limitada y su altísima aspiración a hacerse libre" (Bibliografía 24).

El ensayo se desarrolla en cuatro partes, que Rocco Buttiglione, estudioso del pensamiento filosófico de Karol Wojtyla, resume así: "En la primera parte se trata de la conciencia y de la causalidad eficiente de la persona. Wojtyla analiza el rol reflexivo de la conciencia y la experiencia fundamental de ser causa de las propias acciones que nos obliga a admitir que la persona no es sólo el lugar del acontecer psíquico, en el cual se suceden las sensaciones y las experiencias, sino que es propiamente el sujeto de la acción.

En la segunda parte se profundiza la trascendencia de la persona en la acción (...). La persona es causa eficiente de la acción porque se autodetermina, no refleja simplemente los condicionamientos internos y externos sino que puede decidir uniformando su opción con la verdad que conoce con respecto al bien. De ese modo la persona se realiza a sí misma como persona.

La tercera parte trata de la integración de la persona en la acción. La persona realiza el propio autodominio no suprimiendo sino más bien orientando los dinamismos naturales del cuerpo y de la psiquis, integrándolos en la acción que expresa la unidad de la persona (...).

La cuarta parte, finalmente, está dedicada a la participación, es decir, al actuar del hombre junto con los otros hombres que es, junto con la trascendencia y la integración, una de las dimensiones fundamentales de la persona" (Bibliografía 47, p. 147-148).

Toda la obra filosófica de Karol Wojtyla —que se desarrolla durante veinticinco años: desde los primeros escritos acerca del teatro de la palabra, que se remontan al año 1952, hasta los textos acerca de la participación, que preceden de cerca el pontificado— constituye, según el parecer de los especialistas, un único "tratado acerca del hombre" (Bibliografía 90) o una investigación orientada hacia una "filosofía del hombre" (Massino Serretti en la invitación a la lectura de los "escritos inéditos" contenidos en el volumen *Perché l'uomo:* Bibliografía 26, p. 8).

Él tiende a la "afirmación de un humanismo no utópico y sólidamente anclado en la realidad y en la experiencia" (Ibíd.).

Al lado de la producción filosófica es abundante también la literaria, más asequible al lector común: poesías y dramas teatrales publicados en el *Tygodnik Powszechny* con el seudónimo Andrzej Jawien, o en el *Znak* con el seudónimo Stanislaw Andrzej Gruda. La pantalla del seudónimo no es una moda sino una opción de la modestia y, sobre todo, el deseo de mantener separadas —explica Adam Boniecki, general de los "Padres Maristas" y buen conocedor de Karol Wojtyla— la misión sacerdotal de la actividad literaria que, por otra parte, Wojtyla considera secundaria: "Si yo no hubiera llegado a ser Papa —le dirá en confianza un día a Boniecki— ninguno daría importancia a mis escritos poéticos".

Las primeras poesías y los primeros escritos teatrales se remontan a los años del liceo. Del primer drama, *David,* ya no hay rastro, pero es el mismo autor quien da noticia de él en una carta al amigo y maestro Kotlarczyk: "He escrito un drama, o más bien un poema dramático, *David.* Mi héroe está revestido al mismo tiempo del traje bíblico y del hábito carmesí. He colocado en él muchas cosas, muchos sentimientos que llenan mi alma. Estoy curioso por saber qué piensas de él" (Bibliografía 62, p. 112). La carta es del 28 de diciembre de 1939. Al año siguiente, escribe *Job* y *Jeremías.* Es siempre el autor quien habla de eso en la carta a su amigo Kotlarczyk: *Job* "es una obra teatral, griega en la forma, cristiana en el espíritu, eterna en la sustancia. En parte, es el resultado de mi lectura del Antiguo Testamento. He leído los Salmos de David, el libro de Job, el libro de la Sabiduría y ahora los Profetas" (Bibliografía 38, p. 179).

Comenta Boleslaw Taborski: "El dramaturgo ve la acción ya sea en el Antiguo Testamento, antes de la venida de Cristo" ya sea "en nuestros días" que él llama "el tiempo de Job para Polonia y para el mundo; como Job en sus días, el país del autor y el mundo en guerra, doloridos, esperan que se cumplan el juicio y el testamento de Cristo". Se trata de una meditación sobre el sufrimiento y el dolor en un contexto religioso pero también patriótico. *Job* ya contiene el germen de los pensamientos que Juan Pablo desarrollará sobre este tema en los cuarenta y ocho años sucesivos hasta la carta apostólica *Salvifici doloris* (11 de febrero de 1984), en la cual encontramos sus palabras más recientes acerca del significado del sufrimiento de Job: "Y si el Señor consiente en poner a prueba a Job con el sufrimiento, lo hace para demostrar su justicia. El sufrimiento tiene el carácter de prueba" (Ibíd., p. 184).

Religioso y patriótico es también el tema de *Jeremías*. Se trata de un drama nacional en tres actos, ambientado en la Polonia de fines del siglo XVI y al comienzo del XVII cuando acontece el choque entre polacos y turcos que conoce los dos momentos significativos en la victoria de los musulmanes en Cecora en 1620 y en la decisiva lograda al año siguiente por el ejército polaco en Chocim: "He aquí la defensa, nuestra gloria. / Nos has constituído, Señor, como santo baluarte. / No nos hemos opuesto a tus órdenes, sino que hemos apuntado sobre las corazas tus rosas, / apoyados en la espada, / hemos mirado hacia las piedras de frontera". Como en Job también aquí vuelve a aparecer el motivo de fondo del rol histórico de Polonia, corazón y escudo del cristianismo.

Después de la trilogía bíblica de 1939-1940, deberán pasar diez años para llegar a otro drama teatral: *Hermano de nuestro Dios* (Bibliografía 36). El protagonista es Adam Chmielowski, el pintor y patriota polaco del siglo XIX que, después de dejar pinceles y espada, se convertirá en ese hermano Alberto (conocido como el san Francisco de Polonia) a quien Juan Pablo beatificará en 1983 y canonizará seis años después. También *Hermano de nuestro Dios* contiene elementos que volveremos a encontrar en la encíclica *Dives in misericordia* (Rico en misericordia: 1980).

El Taller del orfebre (Bibliografía 33), escrita en 1960, es definida por el mismo autor como una "meditación acerca del sacramento del Matrimonio que de vez en cuando se transforma en drama". La historia se desarrolla en tres partes, que narran las vicisitudes de tres parejas de esposos: "En el primer acto, Teresa y Andrés se ennovian y se casan. El segundo acto muestra el matrimonio de Esteban y Ana en un estado avanzado de crisis. Profundamente herida por la indiferencia de Esteban, Ana trata de establecer contactos con otros hombres y trata de vender su anillo nupcial, pero el orfebre lo rechaza diciendo: 'Este anillo no tiene peso (...) pesan solamente los dos juntos'. En el tercer acto, los hijos de los dos matrimonios (Mónica y Cristóbal) se enamoran y se casan, pero el suyo no es un encuentro fácil" (Bibliografía 38, p. 442). Un papel importante es desempeñado por un "misterioso extranjero", Adán, el cual como "testigo, consejero, portavoz y juez" da una idea del confesor. "La figura de Adán responde a aquellos que se preguntan cómo el autor del texto, que nunca se ha casado ni ha tenido una familia, ha podido conocer con tanta penetración los problemas del amor humano y del matrimonio" (Ibíd., p. 443).

El último drama escrito por Karol Wojtyla en 1964 es *Rayos de paternidad* (Bibliografía 36). El autor lo define "Misterium" casi como para indicar que se trata de una reflexión filosófico-religiosa más que de un verdadero drama; y en realidad nos hallamos en presencia de un análisis de los "temas de la existencia humana —la soledad, la paternidad y la maternidad, la infancia— que sólo en forma vaga habían sido insinuados" en *El Taller del orfebre* (Bibliografía 38, p. 503).

Ser sacerdote y educador en la Polonia comunista, y además en un período estalinista, significa chocar casi diariamente con el régimen. Se trata de una batalla que Wojtyla, antes como sacerdote, más tarde como obispo y cardenal, combate actuando —según el testimonio suministrado por el padre Adam Boniecki— sobre tres aspectos: la atención de los jóvenes, la lucha para obtener los permisos de construcción de nuevas iglesias, las procesiones anuales del Corpus, que se convierten en tribunas para denunciar todas las violaciones de los espacios de libertad.

Se trata de una batalla contra el régimen, que, sin embargo, el arzobispo de Cracovia no combate con gestos clamorosos o con intervenciones explícitas en el campo político. "Yo no hago política, la Iglesia no hace política, ella proclama el Evangelio. Y si defender los derechos del hombre es hacer política, entonces...": ésta es la respuesta del mismo Wojtyla a un biógrafo suyo, el francés Jean Offredo (Bibliografía 64, p. 257) que le preguntaba por qué él había intervenido personalmente inclusive en el plano legal —confiando el encargo a su abogado Rozmarynowicz— en el caso de la muerte de un estudiante, Stanislas Pyjas, asesinado por la policía secreta del régimen.

A Wojtyla la política le interesa poco o nada. Jerzy Turowicz, su amigo y director del semanario *Tygodnik Powszechny,* afirma que él "no es de izquierda, no es de derecha y tampoco es nacionalista" (Bibliografía 44, p. 128). El escaso interés no excluye, en todo caso, el apoyo a las iniciativas de los católicos-laicos comprometidos en la sociedad. Wojtyla da un aporte importante a la formación del grupo político-cultural *Znak* (El signo) que tendrá también una pequeña representación en el parlamento de Varsovia y que publica la revista de la cual es colaborador. Participa también con el grupo clandestino *"Odrodzenie"* ("Renacimiento"), que es apoyado directamente por el cardenal Wyszynski.

Naturalmente Wojtyla conoce bien el marxismo, hacia el cual su aversión es total, comparable solamente con la que tiene hacia el nazismo, como resulta de esta página de *Don y misterio*: "La Iglesia polaca en este siglo ha tenido que sostener una lucha dramática contra dos regímenes totalitarios: contra el régimen inspirado en la ideología nazi durante la Segunda Guerra Mundial; luego, en los largos decenios de la posguerra, contra la dictadura comunista y su ateísmo militante (...). Los dos sistemas totalitarios, que han marcado trágicamente nuestro siglo, he podido conocerlos, por decirlo así, desde el interior. Por consiguiente, es fácil comprender mi sensibilidad por la dignidad de toda persona humana y por el respeto de sus derechos, a partir del derecho a la vida" (Bibliografía 16, p. 77-78).

El primer choque con el régimen sucede en 1962. En Cracovia los dirigentes comunistas quieren expropiar el seminario para asignar el edificio a la escuela de pedagogía. Wojtyla protesta directamente ante el secretario regional comunista (L. Motyka) y, realizando un acto sin precedentes para un obispo polaco, entra en la sede del partido para dialogar. Logra una concesión de compromiso: el tercer piso será para la escuela de pedagogía, y el resto del edificio queda para el seminario (Bibliografía 64, p. 77).

Épica es la lucha que sostiene en favor de la iglesia de Nowa Huta: el régimen rechaza sistemáticamente las solicitudes para su construcción, y Wojtyla celebra la misa de la víspera de Navidad de 1963 al aire libre, bajo la lluvia, en el lugar escogido para la iglesia que él define "nueva gruta de Belén". Las autoridades comunistas finalmente ceden y los trabajos se inician el 18 de mayo de 1969. Pablo VI envía una piedra de la Basílica de San Pedro para que sea la "primera" del nuevo edificio. En la homilía para la consagración de la iglesia, en mayo de 1977, Wojtyla dice: "Esta ciudad no es una ciudad de personas que no pertenecen a ninguno, personas con las cuales podéis hacer lo que os agrada; que pueden ser manipuladas según las leyes de la producción y del consumo. Esta ciudad es una ciudad de hijos de Dios" (Bibliografía 38, p. 104).

En 1966 se celebra el Milenio de Polonia y el régimen rehusa aprobar la invitación dirigida por los obispos al papa Pablo VI. Pero el rechazo no detiene las celebraciones organizadas por la Iglesia. El 3 de septiembre el icono de la Virgen Negra "debe entrar solemnemente en la diócesis de Katowice, pero el cortejo es bloqueado por grupos de manifestantes. También el automóvil del arzobispo es detenido. Karol Wojtyla desciende y es apostrofado, a pesar de sus invitaciones al diálogo. No hay nada que hacer. El icono debe regresar a Czestochowa, con grave perjuicio para los fieles de Silesia que no se rinden: la peregrinación continuará en cada parroquia, con un marco vacío y un cirio encendido que será transportado como llama de solidaridad. También éste es el espíritu de resistencia de los polacos" (Bibliografía 64, p. 88).

El 28 de octubre de 1967, el arzobispo organiza en Cracovia la ceremonia de recibimiento a la Virgen Negra. La "visitación de la Virgen María" se concluye el 12 de diciembre del año siguiente: el cardenal Wojtyla presencia, en total, 120 celebraciones en otras tantas parroquias y preside 53 concelebraciones solemnes.

Jean Chelini, biógrafo de Juan Pablo, nos da esta descripción viva de una de sus últimas denuncias contra el régimen, en junio de 1978, en la peregrinación nacional de los mineros polacos a Piekary Slaskie, en la

Alta Silesia: "Unos 100.000 mineros gritaban: 'Viva el cardenal, vivan nuestros obispos'. Karol Wojtyla avanzaba en medio de la multitud al lado del cardenal Baum, arzobispo de Washington, su huésped, muy sonriente y respondía a las aclamaciones con una señal de la mano. De ese modo, muy consciente de su vestidura escarlata, el cardenal mostraba una imagen de fuerza y de serenidad. En la homilía él se dirige a los mineros en un lenguaje sencillo pero muy enérgico. Se lanza con dureza contra las ceremonias ateas que el gobierno quiere organizar. Reivindica el descanso del domingo para los mineros obligados a trabajar el día festivo: 'Una familia sin domingo significa niños sin padre y una mujer sin marido'. Pide que los gobernantes autoricen la reconstrucción de las iglesias destruidas por la guerra y la apertura de nuevos astilleros: 'Esta negativa es contraria al derecho del hombre y a los intereses de los trabajadores, es una injusticia. Es necesario cambiar esta situación'. Hablando de la prensa de su país, el cardenal Wojtyla subraya la desproporción entre la cantidad de publicaciones marxistas y el único periódico autorizado de inspiración católica: 'Nosotros tenemos un solo diario oficialmente católico, y esto es intolerable".

Y continúa: "Decir que la fe pertenece al idealismo, al sueño, es estúpido. Se ha dicho que la fe es el opio del pueblo, pero yo digo que es el derecho de los trabajadores. ¿Qué es el hombre, sino el hijo de Dios?" (Bibliografía 49, p. 60-61).

Ese será su tono en todos sus viajes como Papa a Polonia y cada vez que en el mundo se plantea la cuestión de los derechos del hombre y de la Iglesia. Él siempre expresará sus convicciones con respecto a la experiencia polaca. He aquí cómo lo hace después de casi veinte años de pontificado, anticipando a los periodistas lo que dirá en Cuba: "Acerca de los derechos humanos sé muy bien lo que diré. Los derechos humanos son el fundamento de toda civilización: esta convicción la he traído conmigo desde Polonia, desde la confrontación con el sistema soviético y con el totalitarismo comunista. ¡De mí no se puede esperar una cosa diferente de ésta!" (21 de enero de 1998, vuelo Roma-La Habana).

Pero hemos corrido demasiado, impulsados por el deseo de reunir toda la aventura del hombre y del cristiano Wojtyla en materia de derechos del hombre. Debemos volver atrás cuarenta años, al momento de su consagración episcopal.

4
OBISPO Y CARDENAL.
INICIA SUS VIAJES POR EL MUNDO

Karol Wojtyla es uno de los últimos obispos nombrados por Pío XII, tres meses antes del final de su pontificado. En la gran aventura de la "tradición apostólica", existe esta transición del testigo entre el último papa solemne y majestuoso de la época moderna y el joven obispo polaco que, veinte años más tarde, será llamado a modificar radicalmente la imagen papal, para acercarla al lenguaje y a los gestos de la humanidad común.

He aquí entonces que el 4 de julio de 1958 Pío XII nombra a Karol Wojtyla —que tiene sólo 38 años— obispo auxiliar de Cracovia. La señal de la futura novedad es ya visible en el modo de su aceptación: lo encuentran en un campamento entre los jóvenes, llega apresuradamente al Wawel, dice sin vacilaciones que acepta el encargo y pide volver entre los jóvenes.

Un año más tarde, cuando lo consultan acerca de temas a tratar en el Concilio, sugiere "la oportunidad para los sacerdotes de tener un contacto más estrecho con todos los aspectos de la vida del hombre en el mundo, incluyendo el ejercicio del deporte y de las actividades teatrales" (Bibliografía 58, p. 132). En esa propuesta está su experiencia, que un día lo ayudará a modificar la imagen pontificia.

La respuesta del obispo Wojtyla a la consulta de la "Comisión antepreparatoria" del Concilio tiene la fecha del 30 de diciembre de 1959 y ocupa ocho páginas de las *Acta et Documenta Concilio Vaticano II apparando* (Series I, volumen II, parte II, p. 741-748). Ella testimonia que el joven obispo tenía una percepción viva del más actualizado debate pastoral: para el ecumenismo invita a "colocar el acento menos en lo que divide buscando más bien lo que reconcilia", y quisiera que "vocación y responsabilidad de los laicos en la Iglesia" puedan "resaltar mejor", pide una "reforma" del breviario y una "reanimación de la liturgia", sugiere que —como respuesta al materialismo creciente"— se promueva una presentación de la ética "basada en el personalismo cristiano".

Parte hacia Roma el 5 de octubre de 1962. No había vuelto a salir de Polonia después de los estudios romanos, en 1946-1948, y el impacto con la asamblea de los padres conciliares en San Pedro le provoca una fuerte emoción, que expresa en una poesía titulada *Iglesia:* "Nuestro apoyo son las palabras pronunciadas en tiempos antiguos / pronunciadas también hoy con temor, para no desfigurarlas (...) / ¿Esto es todo? / Existen, ciertamente, manos invisibles y ellas nos sostienen / mientras con esfuerzo conducimos la barca, por la ruta trazada por los eventos, / a pesar de tantos bancos de arena. / ¿Bastará profundizar las fuentes, si no buscamos las manos invisibles?" (Bibliografía 34, p. 64).

Wojtyla llega a ser muy pronto el portavoz del episcopado polaco y tiene ocho intervenciones en la asamblea, entrega trece aportes por escrito y suscribe tres con otros padres conciliares. Es uno de los trece miembros de la "Comisión de estudio para los problemas de la población, de la familia y de la natalidad" presidida por el cardenal Alfredo Ottaviani, siendo vicepresidente Doepfner y Heenan. Forma parte de la subcomisión encargada de redactar el *Esquema XIII* (es decir el texto de la constitución *Gaudium et spes).* Notables son sus intervenciones en el tema de la eclesiología, de la libertad religiosa y del ateísmo. Insiste mucho (habla de ello en dos intervenciones, el 21 de octubre de 1963 y el 8 de octubre de 1964), para que en el *"esquema 'De ecclesia",* el capítulo acerca de 'El pueblo de Dios' se coloque antes del capítulo acerca de la jerarquía" (Bibliografía 56, p. 133). El 22 de septiembre de 1965 en una intervención acerca de la libertad religiosa y del ateísmo dijo: "Es necesario declarar que el derecho a la libertad religiosa, por ser derecho natural (es decir, basado en la ley natural y por consiguiente, en la ley divina), no sufre ninguna limitación, salvo de parte de la misma ley natural".

Al intervenir acerca del *Esquema XIII,* toma posición con los padres que critican su "fácil optimismo". "En el esquema la visión del mundo como debería ser prevalece sobre la del mundo como es: falta, por eso, el sentido del realismo cristiano", dice en el aula el 28 de septiembre de 1965. En cuanto al tema del ateísmo, "sería oportuno distinguir entre el ateísmo que nace de convicciones personales y el que viene impuesto por el exterior con presiones de todo tipo, físicas y morales, especialmente cuando se vuelve imposible profesar la fe en la vida pública y oficial, y se exige casi la profesión del ateísmo, impregnando de él la instrucción de los jóvenes, inclusive contra la voluntad de sus padres".

Su contribución al debate conciliar estuvo guiado por la preocupación de señalar a los obispos de occidente la situación difícil de las comunidades católicas que vivían en los países comunistas (Ibíd., p. 145). El trabajo en equipo al interior de la delegación polaca y la posición de reserva del cardenal Wyszynski tal vez limitaron su iniciativa acerca de temas que no se referían a esa preocupación.

Pero si el aporte de Karol Wojtyla al Concilio estuvo limitado, su receptividad de la lección conciliar fue amplia y creativa: "Ha sido el Concilio Vaticano II el que me ha ayudado a hallar la síntesis de mi fe personal, y en primer lugar el capítulo 7 de la constitución *'Lumen gentium'* cuyo título es 'Índole escatológica de la Iglesia peregrinante y su unión con la Iglesia celestial'" (Bibliografía 10, p. 87).

Acerca del modo con el cual el ambiente romano ha percibido la filiación entre el pontificado wojtyliano y el Vaticano II, veamos esta afirmación del cardenal Agostino Casaroli, secretario de Estado, que es de 1984: "Es el primer Papa, que podríamos decir, formado por el Concilio, que en verdad ha vivido la propia madurez sacerdotal y sus años de servicio episcopal en el espíritu del Concilio, obteniendo de él perspectivas duraderas de pensamiento y de acción" (Bibliografía 75, p. 11).

Un estudioso que ha reconstruido detalladamente la participación de Wojtyla en el Concilio nos ofrece esta imagen: "En 1962, al comienzo del Concilio, el obispo auxiliar de Cracovia pertenecía a las últimas promociones del episcopado mundial. Y como en el aula conciliar los obispos estaban divididos según la ancianidad, la generación joven se

39

hallaba en la parte inferior de la Basílica y de allí es de donde partían los aplausos que saludaban las propuestas avanzadas, antes de extenderse a toda la asamblea. Wojtyla formó parte de este grupo de la asamblea eclesial y a menudo estuvo en su vanguardia" (Bibliografía 58, p. 132).

Y he aquí cómo evoca Juan Pablo, su paso a través de los diversos estadios de la Basílica vaticana: "Cuando comencé a tomar parte en el Concilio, yo era un obispo joven. Recuerdo que mi puesto al principio fue cercano a la entrada de la basílica de San Pedro, mientras que desde la tercera sesión en adelante, es decir, desde cuando fui nombrado arzobispo de Cracovia, fui desplazado más hacia el altar" (Bibliografía 14, p. 172).

Al final del Concilio, el arzobispo Wojtyla regresa a Cracovia consciente de haber participado en un evento sin precedentes, en "un gran don para la Iglesia, para todos aquellos que han participado en él (...), un don para toda la familia humana, un don para cada uno de nosotros" (Ibíd., p. 171). El problema y el compromiso, ahora, son los de llevar las enseñanzas y los éxitos conciliares a la vida de la Iglesia.

Wojtyla sigue el camino más directo: el de implicar en ello a toda la comunidad eclesial, sacerdotes y laicos. Con esta finalidad escribe el libro *En las fuentes de la renovación. Estudio para la aplicación del Concilio Vaticano II* (Bibliografía 19), que comienza así: "Un obispo que ha participado en el Concilio Vaticano II se siente deudor de él". Lo publica en 1972 y para el mismo año convoca un Sínodo de la arquidiócesis, que clausurará siendo Papa, el 7 de junio de 1979.

El Sínodo de Cracovia es la obra de arte del arzobispo Wojtyla. Muestra la seriedad con la que él coloca "la aceptación del Vaticano II" como programa de su acción pastoral. En el "estatuto" del Sínodo (se halla en las actas: Bibliografía 14) incluye esta norma que es sencillamente revolucionaria para la Polonia de 1972: "Participan en el sínodo todos los fieles de la diócesis que en grupos asumen la responsabilidad de trabajar para la realización de los objetivos del Sínodo". Los grupos de estudio que se constituyen son inicialmente 325, pero llegarán a un millar al final del Sínodo: "No podemos dejar que falte ni siquiera un fragmento de la grande comunidad del pueblo de Dios que es esta Iglesia", declara el arzobispo el 10 de octubre de 1972, en la primera asamblea de los grupos de estudio.

Antes del Sínodo, el arzobispo Wojtyla había visitado, el 28 de febrero de 1969, la sinagoga del barrio Kazimierz de Cracovia: un gesto que es preludio de la visita a la sinagoga de Roma que realizará el 13 de abril de 1986.

Él entra como Papa en la sinagoga de Roma porque había entrado como cardenal en la de Cracovia, y había entrado en ésta porque desde que era muchacho le había sucedido varias veces que había entrado en la sinagoga de Wadowice, para escuchar el canto de los salmos, cuando eran interpretados por Moishe Savitski, un muchacho dotado de una voz extraordinaria (Bibliografía 44, p. 37).

La visita a la sinagoga del barrio Kazimierz no es un gesto aislado y no dará lugar a gestos aislados: "Como arzobispo de Cracovia, tuve intensos contactos con la comunidad hebrea de la ciudad. Relaciones muy cordiales me unían a su jefe: ellas han continuado también después de mi traslado a Roma... Con ocasión de mis viajes apostólicos por el mundo busco siempre el encuentro con los representantes de las comunidades hebreas" (Bibliografía 14, p. 110-111).

El 30 de diciembre de 1963 Pablo VI lo nombra arzobispo de Cracovia. Cuatro años después, el 27 de mayo de 1967, lo hace cardenal.

El nombramiento cardenalicio atrae sobre Wojtyla la atención de los servicios secretos del régimen comunista. En un "informe confidencial" de este período se lee: "Se puede decir con certeza que Wojtyla es uno de los pocos intelectuales al interior del episcopado polaco. A diferencia de Wyszynski, sabe conciliar hábilmente la tradicional religiosidad popular con el catolicismo intelectual, y sabe apreciar ambos (...). Él no está muy comprometido en actividades abiertamente antiestatales. Parece que la política no le agrada; tiene una actitud de intelectual (...). Le faltan cualidades organizativas y de mando y ésta es su debilidad en la rivalidad con Wyszynski (...). Debemos observar y estudiar todos los aspectos de las relaciones entre los dos cardenales y adoptar una política elástica, para adaptarnos al cambio de las circunstancias (...). Debemos alentar el interés de Wojtyla por los problemas de conjunto de la Iglesia polaca y asistirlo en la solución de los problemas de la arquidiócesis (...). Y debemos seguir demostrando en todas las ocasiones nuestra hostilidad hacia Wyszynski: pero no de tal manera que obliguemos a Wojtyla a manifestar solidaridad con Wyszynski" (Bibliografía 44, p. 119-121). Esa táctica ingenua no obtiene su finalidad: Wojtyla será leal con Wyszynski y nunca asumirá —en las relaciones con el régimen— una posición diferente.

El cardenalato no modifica su estilo de vida: "No poseía nada, tenía solamente dos sotanas negras gastadas, cuatro rojas, los esquíes, los remos para la canoa: todo lo que recibía lo regalaba. Comía poco, no fumaba, tomaba muy poco vino" (Bibliografía 49, p. 54). Sigue con atención a sus sacerdotes y a cada uno dedica al menos dos encuentros cada año.

Si en el Concilio el arzobispo Wojtyla llegó a hacerse notar, con alguna dificultad, al final de los trabajos, en los Sínodos de los obispos convocados por Pablo VI el cardenal Wojtyla es protagonista desde el comienzo. No toma parte en el primero (el extraordinario convocado por el papa Montini, del 29 de septiembre al 29 de octubre de 1967) como señal de solidaridad con el cardenal Wyszynski, al cual las autoridades comunistas han negado la visa para ir a Roma, pero estará presente en los otros cuatro que tuvieron lugar desde 1969 hasta 1977 y tres veces —a partir de 1971— es elegido para el Consilium de la secretaría del Sínodo.

En el Sínodo de 1969 Wojtyla toma parte como miembro nombrado por el Papa. Interviene varias veces e invita a "conservar y acrecentar todas las energías que derivan de la colegialidad, colocándolas a disposición del primado de Pedro" (Bibliografía 32, p. 121).

En el Sínodo de 1971 ("El sacerdocio ministerial y la justicia en el mundo"), afirma que "no podemos dar menor importancia a esos casos de injusticia que están relacionados con la libertad de conciencia y de religión, con respecto a aquellos que se relacionan con la pobreza y la miseria económica aun mayor" (Ibíd., p.180).

Para el Sínodo de 1974, cuyo tema era la "evangelización del mundo contemporáneo", Pablo VI le confía el papel de relator. A esta experiencia se remonta su convicción de que es necesario proponer a la humanidad, que se acerca al tercer milenio, "una nueva evangelización".

Pablo VI le confía predicar los ejercicios a la Curia romana para la Cuaresma de 1976. Las meditaciones fueron publicadas en italiano en 1977, con el título *Signo de contradicción* (Bibliografía 20).

Ese pequeño volumen es la lectura más viva que nos permite captar a fondo el dramático sentimiento del tiempo y de la historia, madurado en la experiencia polaca y fermentado en el Concilio, con el cual el cardenal Wojtyla se dirigirá al mundo apenas asumió el nombre de Juan Pablo. Él siente que la humanidad y la Iglesia están viviendo un "tiempo excepcional", una "época abierta", los años de una "prueba decisiva".

El último período del segundo milenio después de Cristo es para él un campo arado por un gigantesco "vuelco de las civilizaciones, de los regímenes y de las mentalidades", que somete a una prueba decisiva la fe de los creyentes, pero que al mismo tiempo se presenta propicio para "un nuevo adviento cristiano".

Se trata de una época en la cual, como en ninguna otra, Cristo aparece ante los hombres como "signo de contradicción". Un tiempo en el cual "la tentación del maligno ('seréis como Dios', Gn 3, 5) ha encontrado su contexto histórico adecuado: se puede decir que él representa el grado más alto de la tensión entre la Palabra y la anti-Palabra en la historia de toda la humanidad". Este despliegue de la tentación primordial alcanza hoy su plenitud "tal vez porque la humanidad entera descubre y manifiesta siempre más a fondo las raíces de su existencia sobre la tierra y tal vez porque nos hallamos hoy en los umbrales de una nueva escatología" (Ibíd., passim*).

Signo de contradicción es la última publicación importante anterior al pontificado y nos ofrece la ocasión para presentar al lector alguna sugerencia, si quiere afrontar las obras juveniles de Karol Wojtyla.

La más viva es *Amor y responsabilidad* (Bibliografía 23) que publica en 1960 y condensa su experiencia como consejero de novios y de parejas jóvenes. En 1965 traducido al francés y en 1969 es traducido al español y al italiano.

Ya como obispo y cardenal Karol Wojtyla es un viajero incansable. Como lo documenta el "Kalendarium" de su vida (Bibliografía 46), son cerca de cincuenta sus salidas de Polonia en los dieciséis años que transcurren desde el comienzo del Vaticano II (1962) hasta el cónclave que lo elige Papa.

* Término latín: aquí y allá, en todas partes.

A Roma va 31 veces:

— 5 para participar en los trabajos del Concilio.

— 2 "visitas ad limina".

— 11 para participar en las asambleas sinodales, o en las reuniones del Consejo de la secretaría del Sínodo.

— 1 para tomar posesión del "título cardenalicio" (San Cesáreo in Palatio).

— 1 para el consistorio en el cual fue nombrado cardenal (1967).

— 3 para participar en ceremonias en San Pedro.

— 2 para participar en encuentros.

— 2 para reuniones de Congregaciones vaticanas.

— 1 para predicar los ejercicios espirituales de Cuaresma a la Curia (1976).

— 1 para una peregrinación de sacerdotes polacos.

— 2 para los funerales de Pablo VI y Juan Pablo I y los cónclaves siguientes.

No solamente viaja a Roma el cardenal Wojtyla, sino también otras seis veces a distintas partes de Italia para conferencias y peregrinaciones:

— A Bolonia, el 2 de octubre de 1971, para una conferencia en la Universidad.

— A Fossanova, Aquino, Rocca Secca y Nápoles, del 17 al 24 de abril de 1974, para las celebraciones del séptimo centenario de la muerte de santo Tomás.

— A San Giovanni Rotondo (Foggia), el 1-2 de noviembre del mismo año, adonde el padre Pío.

— A Milán, el 1° de diciembre sucesivo, por invitación del cardenal Colombo, para una conferencia en la Ambrosiana.

— De nuevo a Milán, el 18 de marzo de 1977, para una conferencia en la Universidad Católica.

— A Turín, el 1° de septiembre de 1978, para ver la Sábana Santa.

Son nueve sus viajes a los países europeos, excluyendo a Italia:

— En 1970, del 16 al 20 de noviembre, se halla en Lovaina, luego en Luxemburgo y Friburgo.

— En 1973, el 29 de mayo, está de nuevo en Bélgica, en Lovaina y en Brujas donde guía la procesión de Corpus; del 6 al 11 de noviembre se halla en Francia (París, Chamonix, Annecy).

— En 1974, el 16 de abril, participa en Litomierczyce (Checoslovaquia) en los funerales del cardenal Trochta.

— En 1975, el 27 de febrero, está de nuevo en Friburgo para presentar una relación en un seminario de fenomenología acerca del tema "Participación y alienación". El 19 de septiembre parte para un viaje en la República democrática alemana.

— En 1977, el 23 de junio, está en Maguncia, en la República federal alemana, para recibir un "doctorado honoris causa"; luego en Colonia para encontrarse con el cardenal Hoeffner que lo define "hombre modesto, dotado de una profunda piedad, de una fe ardiente, de una gran entrega pastoral y de una fe inquebrantable". Del 1° al 4 de julio del mismo año se halla en Francia, y se encuentra en París con el cardenal Marty y en Osny con la comunidad polaca.

— En 1978, del 19 al 25 de septiembre, tres semanas antes del cónclave que lo elegirá papa, se halla en la República federal alemana con una delegación del episcopado polaco formada también por Wyszynski, Stroba y Rubin. Retomaremos el tema al final del capítulo.

Finalmente, cuatro son sus viajes fuera de Europa: dos veces lo llevan a las Américas, una vez a Tierra Santa y otra a Asia y Oceanía.

El primero es el viaje a Tierra Santa, en diciembre de 1964, junto con un grupo de padres conciliares, como conclusión de la tercera sesión del Vaticano II. De esto habla en una carta a los diocesanos de

Cracovia: "Hemos sentido que, al trabajar en el Concilio por la regeneración de la Iglesia, debíamos volver directamente al mismo Señor, del cual la Iglesia es el Cuerpo Místico. De aquí el deseo de visitar los lugares donde Él nació, habló y trabajó, donde también sufrió, murió en la cruz, resucitó de entre los muertos y subió al cielo. No considero mi peregrinación como una propiedad personal o privada, sino como una gracia de la Providencia que me ha sido concedida también en beneficio de los otros" (Bibliografía 46, p. 206). De los apuntes del viaje toma argumento para un poema que publica en 1965 en la revista *Znak,* bajo el título *Peregrinación a los Santos Lugares:* "¿Y hoy por qué vengo aquí? / ¡No te asombres! Cada mirada, desde hace mil novecientos años / aquí se transforma en esa única mirada inmutable" (Bibliografía 37, p. 117-126).

El primer viaje al otro lado del Atlántico, lo realiza a Canadá y a los Estados Unidos desde el 28 de agosto hasta el 1º de septiembre de 1969.

A comienzos de 1973, desde el 1º de febrero hasta el 3 de marzo, va a Australia para participar en el Congreso Eucarístico y antes de regresar visita Nueva Zelandia, Papua, Nueva Guinea y Filipinas.

En el verano de 1976 (del 23 de julio al 5 de septiembre), se halla de nuevo en los Estados Unidos para el Congreso eucarístico de Filadelfia, donde encabeza una delegación de 18 obispos polacos. El programa de la visita es intenso. Así se narra en el volumen *Karol Wojtyla en sus escritos:* "Preside la concelebración de la santa misa en Filadelfia, Doylestown en Pennsylvania, en Pasaic N.J. y en otras ciudades; toma parte en la peregrinación a Doylestown, la 'Czestochowa americana', realiza encuentros con los emigrados polacos de América, en Boston y en Nueva York; dicta una conferencia en la Universidad Americana de Boston, realiza un encuentro con la colonia polaca de Canadá, pronuncia un discurso en Chicago y a la conferencia de la colonia polaca en Orchard Lake, dedicado a la vida y a la actividad de la Iglesia en Polonia y entrega una porción de la tierra de los campos de concentración de Raclawice y de Oswiecim al rector del Instituto científico de Orchard Lake. Interviene en el Congreso Eucarístico Internacional de Filadelfia; dicta una conferencia acerca de la libertad religiosa en la Harvard University y en Washington; realiza encuentros con las comunidades polacas de Detroit, Buffalo, San Francisco, Los Ángeles" (Bibliografía 18, p. 234).

Los viajes por Italia, Europa y por el mundo le permiten conocer a muchos cardenales. Ya los ha visto en los Sínodos, pero las visitas a sus residencias le permiten profundizar el conocimiento y la estima. Así es como se encuentra con Baum, Bengsch, Cody, Colombo, Cook, Dearden, Freeman, Hoeffner, Koenig, Krol, Manning, Marty, Medeiros, Pellegrino, Poma, Ratzinger, Siny, Suenens, Ursi, Volk. Esos contactos le sirven para dar a conocer la difícil situación de la Iglesia polaca bajo el régimen comunista, que le parece no es comprendida en Occidente.

De particular importancia es su última salida de Polonia antes del cónclave que lo elegirá Papa: la que lo lleva, junto con una delegación del episcopado polaco, a Alemania federal del 19 al 25 de septiembre de 1978. Con esa visita se concluye el proceso de reconciliación entre las dos Iglesias, que se había iniciado con una carta de los obispos polacos a los obispos alemanes que lleva la fecha del 18 de noviembre de 1965 y es una invitación al perdón recíproco, con referencia a toda la historia de los dos pueblos y en particular a los acontecimientos de la Segunda Guerra Mundial, para poder celebrar "con la conciencia tranquila" la fiesta del milenio polaco (966-1966): "Reverendos hermanos, os lanzamos un llamado: ¡tratemos de olvidar! Nada de polémicas, nada de continuación de la guerra fría, sino el comienzo de un diálogo. (...). En este espíritu muy cristiano y al mismo tiempo muy humano, tendemos nuestras manos a vosotros, sentados en los escaños del Concilio que está a punto de concluirse, perdonando y pidiendo perdón".

"Con conmoción y alegría" los obispos alemanes estrecharon la mano tendida de los polacos y así respondieron el 5 de diciembre de 1965: "También nosotros os rogamos que olvidéis, os rogamos que perdonéis".

Hubo paz entre las dos comunidades católicas, pero el gobierno comunista polaco desencadenó una guerra propagandística contra el episcopado, atacando sobre todo al cardenal Wyszynski y al arzobispo Wojtyla. Objetivo de los ataques era la frase "perdonando y pidiendo perdón". "No olvidaremos y no perdonaremos" era la palabra de orden de los ataques. Los obreros del establecimiento de la empresa Solvay expresan su indignación al arzobispo Wojtyla, que en esos establecimientos había trabajado como obrero durante la guerra. Wojtyla responde en el *Dziennik Polski* (Diario polaco) del 13 de mayo de 1966. Le replican que Polonia no tiene nada que perdonar.

Durante la visita de septiembre de 1978 el cardenal Wojtyla pronuncia dos discursos en Fulda (uno ante la Conferencia de los obispos alemanes) y un tercero en Colonia. Dice, entre otras cosas, durante la homilía en la catedral de Fulda, el 22 de septiembre, que ese encuentro "afianzará" las dos Iglesias "en la verdad y en el amor" y contribuirá a "cicatrizar las heridas del pasado, tanto el más lejano, como el reciente" (Bibliografía 76, p. 47-52).

En los once años de cardenalato la figura de Karol Wojtyla crece y se hace más notoria: la continua participación en los Sínodos romanos, la repetida elección en el Consejo de la secretaría del Sínodo, el rol como relator en el simposio de los obispos europeos de 1975 y en el Congreso Eucarístico de Filadelfia de 1976, la predicación a la Curia en 1976, los frecuentes viajes para visitar las comunidades polacas de la emigración, la misión en Alemania en septiembre de 1978 son las ocasiones principales en las cuales llega a ser conocido en el mundo y su figura llega a ser familiar para la mayoría de los miembros del colegio cardenalicio.

5
EL PRIMER PAPA ESLAVO.
NOVEDAD GEOPOLÍTICA DE LA ELECCIÓN

El lunes 16 de octubre de 1978, a las 5:20 p.m., el cardenal Karol Wojtyla es elegido Papa en el octavo escrutinio, con 99 votos sobre 111. La humareda blanca aparece a las 6:17 p.m. A las 6:43 p.m., desde la galería de la Basílica de San Pedro el cardenal Felici anuncia: "¡Habemus Papam!". A las 7:35 p.m., el nuevo Papa se asoma e —inesperadamente— habla a la multitud.

Que haya sido elegido con 99 votos en el octavo escrutinio lo afirma, en una carta al jefe del gobierno italiano de entonces, Giulio Andreotti, un cardenal del cual no conocemos el nombre. Acerca de esa carta hemos pedido aclaraciones a Andreotti, el cual nos ha contestado que no puede responder por un compromiso de reserva que asumió con ese cardenal "que luego murió".

En el volumen en el cual da la noticia de la carta, Andreotti protesta por lo que se ha escrito, al día siguiente del cónclave, por parte "de un conocido periodista francés", que atribuía "a los deméritos de la democracia cristiana si los cardenales han perdido la confianza en sus colegas italianos". El político italiano acusa la "ligereza" del periodista francés y continúa así: "Ha sido precisamente un cardenal quien me ha escrito desde Francia que no había existido en absoluto una intención anti-italiana: 'Tan cierto es esto que hasta el lunes por la mañana inclusive hemos dado los votos a nuestros cohermanos italianos, especialmente a dos de ellos que contaban con numerosos apoyos'. La comprobada imposibilidad de unificación de los consensos llegó en el intervalo al convencimiento de que había llegado el momento de una opción diferente. Y la decisión fue muy rápida: el arzobispo de Cracovia ha obtenido 99 votos (su predecesor, de venerada memoria, había obtenido noventa y ocho)" (Bibliografía 41, p. 176).

No tenemos ninguna información segura acerca del modo como se llegó a esta elección, sino sólo reconstrucciones por hipótesis e indiscreciones.

Entre las indiscreciones la más aceptable nos ha parecido la referida por Andreotti, el cual verbalmente —en una conversación que hemos tenido con él el 31 de mayo de 1998— nos ha referido la descripción sumaria de la marcha del cónclave, con algunos detalles acerca de cada uno de los escrutinios, que él había escuchado al cardenal guatemalteco Mario Casariego (tal vez el día 27 de noviembre de 1978, porque en esa fecha los "Diarios" de Andreotti registran una conversación con Casariego "quien regresaba del Vaticano" (Bibliografía 41b).

El cardenal Wojtyla habría obtenido 11 votos la mañana del lunes 16 (en el sexto escrutinio), 47 votos en el séptimo y 99 en el octavo. El cardenal Luciani había sido elegido con 98 votos.

Siempre según el relato del cardenal Casariego, "el domingo y la mañana del lunes habían sido de los italianos", que habían llegado a obtener estos resultados: Siri 48 votos, Benelli "unos 30", Poletti 17, Pappalardo 6, Colombo "5 ó 6", Ursi 4, Felici 1. Es de suponer que Casariego haya querido referir el máximo de votos obtenidos por cada cardenal, sin preocuparse por precisar en qué escrutinio haya sucedido eso.

Según el cardenal guatemalteco, Siri tenía como electores "Samoré y el círculo Palazzini-Paupini, tal vez también Felici". Ésa era la antigua Curia, es decir, la componente no montiniana de la Curia romana y probablemente a este grupo debía pertenecer el mismo Casariego, que era amigo de Samoré y a menudo huésped suyo en su permanencia en Roma.

En cambio Benelli —nos dice Casariego— "era apoyado por los suramericanos y el pakistaní", es decir, por Cordeiro que había sido con Wojtyla relator en el Sínodo de 1974. La última información de Casariego a Andreotti fue: "Los grandes electores del cardenal Wojtyla habían sido Koenig y Alfrink".

Las indiscreciones suministradas por Casariego nos parecen atendibles y no sólo por la autoridad en materia vaticana del hombre político a quien las confió y que nos las transmite, sino también por la conocida ingenuidad de Casariego. Él, entre otras cosas, le contó a Andreotti que no había comprendido quién era ese "Wojtyla" que en el octavo escrutinio estaba superando el *quorum* para la elección y no sólo porque no conocía al cardenal polaco que un momento después llegaría a ser Papa, sino porque —en el cuchicheo que dominaba en ese momento la Sixtina— a él le había parecido escuchar el nombre "Botilla" y trató de averiguar más, pero Siri y otros le impusieron silencio, porque Wojtyla estaba tan cerca que podría oír. Un poco más tarde, al ir con otros a saludar al elegido, Casariego oyó que Juan Pablo le decía amablemente: "¡Ahora sabe quién es Botilla!".

El cardenal Karol Wojtyla ya había recibido votos en el cónclave de agosto, que había elegido el día 26 al cardenal Albino Luciani. Nos limitamos a referir lo que dice al respecto el periodista americano Wilton Wynn en un volumen de memorias vaticanas: se trató de "un puñado de votos, exiguo pero significativo", que provocó agitación y pánico en Wojtyla. Él sostiene que lo supo del Papa mismo, siete años más tarde, durante una cena en el apartamento privado del pontífice: "Estos votos, según parece, procedían del bloque de cardenales de lengua alemana guiados por el austríaco Koenig. Fue la primera vez que Wojtyla consideró realísticamente la posibilidad de llegar a ser pontífice y esa idea le había causado pánico. Me confesó que cada vez que su nombre era leído por el escrutador sentía una 'agitación tremenda' al pensar que debería cargar con la enorme responsabilidad del pontificado" (Bibliografía 73, p. 40).

La agitación del cardenal Wojtyla no duró mucho porque el cónclave fue rapidísimo y esa rapidez providencial será recordada por Juan Pablo durante su visita a Belluno, realizada por él en memoria de su predecesor, en el aniversario de la elección: "Fue un cónclave que por el número de los cardenales presentes parecía ser muy diferente de los anteriores y se presentaba largo y difícil. En cambio, hacia la tarde del primer día, en el cuarto escrutinio, ya era elegido el nuevo Papa" (26 de agosto de 1979).

La indiscreción papal acerca de los cuatro escrutinios de agosto atestigua la libertad de Juan Pablo en materia de secreto del cónclave, que mostrará repetidas veces inclusive a propósito de la propia elección: al referir la fórmula con la cual aceptó el pontificado y al referir las amonestaciones que recibió del cardenal Wyszynski, a no rehusar la elección y a interpretarla como una llamada a introducir a la Iglesia en el tercer milenio.

Por consiguiente, no es extraño que con la misma libertad él haya hablado privadamente de los votos recibidos en agosto.

Según otro depositario de preciosas indiscreciones, Benny Lay, los votos obtenidos por el cardenal Wojtyla en agosto fueron 4. También en este caso la fuente de la información es el mismo Juan Pablo II, quien, según refieren, habló en la mesa con Indro Montanelli: "Me confió que había quedado sorprendido cuando, durante el cónclave del cual salió elegido Luciani, él había recibido algunos votos" (Bibliografía 80b, p. 279).

Cuando los votos llegarán a ser muchos, en el cónclave de octubre, Wojtyla permanecerá calmado. Así lo dicen todos los testimonios. Habrá sido esa agitación vivida anticipadamente, en el primer cónclave y al recibir la noticia de la muerte de Juan Pablo I, la que lo liberó de la angustia de la elección. La cual debió resultarle ya conocida por muchos aspectos: no sólo el lugar y los actores eran los mismos, a distancia de sólo cincuenta días, sino hasta el número de los votos obtenido por los dos elegidos fue casi idéntico. Según el cardenal que escribe a Andreotti "desde Francia", Wojtyla fue elegido con 99 votos y Luciani con 98. Según Benny Lay, Wojtyla con 91 votos y Luciani "entre 85 y 90" (Bibliografía 80a, p. 156). Son "mayorías reales", según se expresó el cardenal Suenens: en ambos cónclaves los votantes eran 111 (en el segundo cónclave ya no estaba Luciani, pero había podido venir de los Estados Unidos el cardenal John Joseph Wright, ausente por motivos de salud en el primer cónclave) y la mayoría de "dos tercios más uno" era de 75.

Al cónclave de octubre los cardenales van con la idea de que también esta vez el Papa será italiano. La prensa prevé un duelo entre el cardenal Giuseppe Siri, arzobispo de Génova, y el cardenal Giovanni Benelli, arzobispo de Florencia. Casi ninguno cita —en las previsiones— el nombre del cardenal Wojtyla. Dirá el cardenal Malula: "En las conversaciones que precedieron el cónclave nunca había oído nombrar a Wojtyla" (Bibliografía 73, p. 39). Entre los que habían citado el nombre de Wojtyla en las previsiones, está la revista americana *Time* "pero haciendo notar que se trataba de una posibilidad remota". El duelo entre las candidaturas de Siri y Benelli, evidente en el primer día, había aumentado la incertidumbre. El cardenal Koenig dio este testimonio acerca de esa noche de perplejidad: "Cenamos juntos, pero hubo muy pocas discusiones. En la brisa fresca del patio de San Dámaso, nos dirigimos en silencio para dar nuestro paseo. Se percibía una extraña tensión en los ánimos. Aún hoy no encuentro ninguna explicación humana a la elección del día siguiente" (Ibíd., p. 39).

Según el testimonio del mismo Papa, "al comienzo de la segunda jornada, ya todo estaba claro: yo sentía la intervención del Espíritu Santo entre los cardenales e intuía el resultado" (Ibíd., p. 40). Y he aquí su reacción ante ese resultado: "He experimentado lo que usted ha experimentado cuando se casó: la sensación de asumir un compromiso que durará toda la vida" (Ibíd., p. 41).

Hacia Siri se orientaban quienes buscaban una corrección de la línea, en el sentido de la misma tradición, con respecto al período reformador y de diálogo ecuménico guiado por los papas Juan XXIII y Pablo VI. Hacia Benelli, que fue durante un decenio, como sustituto de la Secretaría de Estado, el ejecutor de la línea reformadora del papa Montini, se orientaban quienes querían un desarrollo del período de las reformas y del diálogo.

Según el vaticanólogo Benny Lay, depositario de las confidencias del cardenal Siri, en el tercer escrutinio el cardenal Siri obtuvo 59 votos y el cardenal Benelli "poco más de 40" (Bibliografía 80a, p. 176).

Según el publicista francés de origen polaco Jean Offredo (que da al cardenal Wojtyla elegido en el octavo escrutinio 97 votos), el cardenal Benelli habría obtenido en el séptimo escrutinio 38 votos, mientras el cardenal Siri era abandonado por sus sostenedores y el cardenal Wojtyla subía a 73 votos: dos menos del *quorum* necesario para la elección (Bibliografía 64, p. 25). También el biógrafo Chelini lo presenta como elegido con 97 votos (Bibliografía 49, p. 70).

El cónclave se había iniciado después del mediodía del sábado 14 de octubre. El viraje hacia el candidato no italiano habría acontecido en la noche del domingo y habría tenido como primer actor al cardenal austríaco Franz Koenig y lo habrían apoyado los alemanes (que conocían bien a Wojtyla porque lo habían tenido como huésped el mes anterior en la Alemania occidental) y los americanos por los buenos oficios del cardenal Krol de Filadelfia, que era de origen polaco. Entre los italianos, parece que apoyaron la elección los cardenales Pellegrino (a petición de Koenig) y Poma, presidente de la Conferencia episcopal.

Por primera vez, en los dos cónclaves de 1978, la mayoría de los cardenales pertenecía a naciones no europeas: los europeos eran 55 y los no europeos 56. Por primera vez la gran mayoría estaba compuesta por pastores: y éste es un elemento decisivo, para comprender cómo ese mismo colegio cardenalicio haya realizado, en el período de dos meses, dos opciones tan diferentes, por lo que se refiere a la personalidad del elegido, pero siempre en la línea del Papa pastor. Y no sólo en el sentido de un cardenal proveniente de una diócesis, sino en el sentido de un hombre que no había tenido nunca una experiencia curial o diplomática. La única opción clara precedente de una elección pastoral integral es la de Pío X en 1903. Porque también Montini, Roncalli, Ratti y Della Chiesa —para limitarnos a nuestro siglo— habían sido llamados a la sucesión de Pedro cuando eran arzobispos de grandes ciudades italianas, pero antes habían sido personas dedicadas por largo tiempo a tareas curiales o diplomáticas.

Por primera vez los italianos (27 sobre 111 en el segundo cónclave) no estaban en condiciones de imponer una opción. Ellos habían sido 35 sobre 62 en el cónclave de 1939, que eligió a Eugenio Pacelli; 18 sobre 53 en el cónclave de 1958, que eligió a Angelo Giuseppe Roncalli; 29 sobre 82 en el cónclave de 1963, que eligió a Giovanni Battista Montini.

Estas novedades del colegio cardenalicio, que se hallan en el origen de la novedad representada por la elección del Papa polaco, eran perfectamente claras para el cardenal Wojtyla. He aquí cómo las recordó el 6 de septiembre, en Cracovia, en una homilía para la elección de Juan Pablo I: "El difunto pontífice Pablo VI, al ampliar el sagrado colegio hasta este número, quería subrayar aún más la presencia de la

Iglesia en el mundo contemporáneo y su carácter misionero. Quería también poner en evidencia que la elección del Papa es un problema de toda la Iglesia. Con ocasión de la elección de su sucesor se han manifestado los efectos benéficos de esta decisión. Se ha hecho sentir ciertamente también el influjo de los numerosos contactos del episcopado mundial realizados a través del Concilio, los Sínodos de los obispos y otros encuentros" (Bibliografía 62, p. 261).

Decisivo —para la aceptación de parte del cardenal Wojtyla— parece haber sido un coloquio con el cardenal Wyszynski, que tuvo lugar tal vez en la mañana de ese lunes 16 de octubre, antes del almuerzo, es decir, entre el sexto y el séptimo escrutinio. Así lo ha referido el mismo Juan Pablo en una homilía en la Capilla Sixtina, durante la celebración, la primera después de la restauración de los frescos de Miguel Ángel, el 8 de abril de 1994: "En este lugar el cardenal primado de Polonia me ha dicho: 'Si te eligen, te ruego que no rehúses'".

Que la orientación acerca del cardenal Wojtyla haya madurado en la pausa del almuerzo, es atestiguado por una entrevista del cardenal dominico Luigi María Ciappi al periódico mensual *Trenta giorni* (mayo de 1992): "El intercambio decisivo de ideas aconteció en la sala contigua al comedor, donde se servían los aperitivos y luego los digestivos y el café. En ese momento existía un clima más alegre y más ingenuo, y fue entonces cuando los que apoyaban al cardenal Wojtyla convencieron a otros miembros del Sagrado Colegio".

El octavo escrutinio, con el resultado definitivo termina a las 5:20 p.m., del lunes 16. El cardenal camarlengo Jean Villot se acerca al elegido y le pregunta: "¿Aceptas la elección?".

Ésta fue la respuesta del cardenal Wojtyla, referida por él mismo en la encíclica *Redemptor hominis*: "Obedeciendo en la fe a Cristo, mi Señor, confiando en la Madre de Cristo y de la Iglesia, a pesar de tan grandes dificultades, yo acepto" (n. 2).

¿A cuáles dificultades se refería? Obviamente al "peso de las llaves", en el sentido más amplio del término, acerca del cual existe una amplia literatura y que se hallaba muy presente a todos los cardenales electores y por el sufrimiento con el cual lo había aceptado el cardenal Albino Luciani, en ese mismo lugar, apenas cincuenta días antes. Luego la suerte del papa Luciani —es convicción común que él murió prematuramente por ese "peso"— había hecho que ese sufrimiento fuera muy concreto.

Pero existían también otras dificultades y más específicas. La primera en la cual pensaba el cardenal Wojtyla, al pronunciar las palabras que lo hacían Papa, era el de su origen "de un país lejano". Existía el temor, en él y en los cardenales que lo habían elegido, acerca del modo como reaccionaría el pueblo romano ante la sorpresa del Papa extranjero. De ello habían discutido los cardenales electores. Los italianos (que eran 27) habían animado al colegio al gran paso y habían votado tranquilamente, en gran número, por el "extranjero". Pero él, el elegido, sentía aún el temor que los otros habían superado. Por causa de ese temor él habla de inmediato a la multitud, como para presentarse y pedir que lo acepten: "Y así me presento a todos vosotros".

Quien conocía de cerca al cardenal Wojtyla obviamente había pensado —alguna vez— que él podía ser un buen Papa. Pero todos o casi todos tendían a excluir esa posibilidad por motivo de la nacionalidad polaca. Vale la pena referir lo que escribía a este propósito el teólogo jesuita francés Henri de Lubac en el volumen *Memoria acerca de mis obras* (1989): "Desde hace mucho tiempo, en conversaciones con amigos se me había ocurrido decir: 'Después de Pablo VI mi candidato es Wojtyla'. Hablaba medio en serio y medio en broma. Pero yo agregaba: 'Pero no tiene ninguna opción'".

Entonces viene la sorpresa. Era una sorpresa por una decisión inesperada. Y luego el temor de que pueda no ser entendida. Antes de escuchar, en el próximo capítulo, el largo razonamiento en público que le dedicará el Papa recién elegido y que se prolongará por un mes entero, recogemos un eco de ello en la boca de otro personaje, tal vez el único que puede haber vivido ese acontecimiento con sentimientos semejantes a los del nuevo Papa, el cardenal Wyszynski: "La decisión del cónclave ha superado las barreras de cuatro siglos de tradiciones de la Iglesia: la barrera de la lengua y la barrera de la nacionalidad. Parecía que esa superación era difícil de ser aceptada tanto por los cardenales, como por el pueblo romano. Y en cambio, ¡la elección de un polaco ha sido natural y sencilla y la acogida de los romanos ha sido muy calurosa y espontánea!" (*Discurso del Primado de Polonia*. En *Tygodnik Powszechny*, 44/1978).

6
"YO HE TENIDO MIEDO
AL RECIBIR ESTE NOMBRAMIENTO"

También el "servicio petrino" —como denominan los teólogos la misión del Papa— ha adquirido en nuestra época la dimensión del riesgo. Nosotros lo hemos sabido con el atentado. Karol Wojtyla lo supo enseguida, con la elección. La audacia, la imprudencia, el riesgo de esa elección se hallan por entero en esa "llamada desde un país lejano" que le hizo decir de inmediato: "Yo he tenido miedo al recibir este nombramiento".

Helo ahí mientras se asoma en el balcón de la basílica cuando aún tiene las señales de la lucha con la cual ha vencido ese miedo de ser Papa: el asombro por la orientación de los cardenales de inmediato favorables hacia un polaco, el presentimiento del desafío al comunismo que su elección implicará, la voz de aliento del primado Wyszynski para que aceptara, el compromiso de obedecerle en nombre de la Patria, el presentimiento de las voces de aliento y de los riesgos que esa aceptación implicaba para todo polaco.

El miedo de Juan Pablo no era similar al de los Papas vénetos, Sarto y Luciani, a una misión temida como superior a las propias fuerzas, o no sólo ése: él temía el hecho de que se saldría de la línea de los Papas italianos, pues el pontificado romano se modificaría. Temía el Este, y también un poco a los romanos. La ansiedad por la reacción de los romanos lo induce a saludarlos de inmediato desde su balcón, improvisando un discurso en italiano, contra la costumbre que esperaba del nuevo Papa la bendición en latín. Él teme que ni el latín ni la bendición lo ayuden a superar la distancia que existe entre el balcón y la multitud.

Esa ansiedad lo impulsa a volver sobre el tema una decena de veces en el primer mes después de la elección, como si no creyera que su origen polaco no sería un problema para los romanos. Llegará inclusive a escribir al jefe del gobierno italiano, como para tranquilizar la nación. Y seguirá reflexionando sobre ese tema durante todo su pontificado, al hacer alusiones a él en las entrevistas y en los coloquios confidenciales. He aquí el breve discurso que pronunció desde el balcón el día de su elección:

"Alabado sea Jesucristo. Muy queridos hermanos y hermanas, estamos todavía todos afligidos después de la muerte de nuestro amadísimo papa Juan Pablo I. Y he aquí que los Eminentísimos Cardenales han llamado a un nuevo obispo de Roma. Lo han llamado desde un país lejano... lejano..., pero siempre muy cercano por la comunión en la fe y en la tradición cristiana.

Yo he tenido miedo al recibir este nombramiento, pero lo he hecho en el espíritu de obediencia a nuestro Señor Jesucristo y con confianza total en su Madre, la Virgen Santísima.

No sé si puedo explicarme en vuestra... nuestra lengua italiana. Si me equivoco me corregiréis. Y así me presento a todos vosotros, para confesar nuestra fe común, nuestra esperanza, nuestra confianza en la Madre de Cristo y de la Iglesia, y también para comenzar de nuevo en este camino de la historia y de la Iglesia, con la ayuda de Dios y con la ayuda de los hombres".

El tiempo después de mediodía y la tarde de aquel 16 de octubre parecieron fáciles. Los romanos mostraron una increíble prontitud en agasajar al extranjero, animados por su figura y por su voz cálida. Ya lo habían aplaudido repetidas veces cuando fueron conquistados definitivamente por el agradable error de lenguaje "mi corriggerete" en lugar de "mi correggerete" (me corregiréis), error típico de un extranjero que había estudiado más el latín que el italiano.

En ese momento todo parece fácil, pero interiormente no queda excluida la ansiedad. Dos días después así habla de esto a los cardenales: "Venerables hermanos, ha sido un acto de confianza y al mismo tiempo de gran valentía el haber querido llamar a ser obispo de Roma a un no italiano. No se puede decir nada más, sino solamente inclinar la cabeza frente a esa decisión del Sagrado Colegio" (18 de octubre).

En las palabras "confianza" y "valentía" se refleja la lectura que Juan Pablo hace de su propia elección: el Colegio de los cardenales ha tenido la valentía de elegir a un no italiano también porque ha tenido confianza en la persona elegida y en la aceptación que le habrían brindado los romanos. Que eso implique de parte de él un temor, con la esperanza de acertar, debe haberle parecido obvio: "No hay esperanza sin temor y no hay temor sin esperanza", dice Teresa en *El taller del orfebre* (Bibliografía 33, p. 65).

Con igual sobriedad, durante la homilía para el comienzo del ministerio pontifical, exclama: "A la sede de Pedro en Roma llega hoy un obispo que no es romano. Un obispo que es hijo de Polonia. Pero desde este momento él también se hace romano. ¡Sí, romano!" (22 de octubre).

La decisión de hacerse romano llegará a ser un lema de su pontificado. La volvemos a encontrar en un documento totalmente insólito: una carta al presidente del Consejo de los ministros italianos, Giulio Andreotti, escrita en esos días del debut pontifical y la volveremos a encontrar en el saludo a la multitud de la plaza del Capitolio, durante la visita al Consejo municipal de Roma que realizará en 1998, cuando se sentirá "romano" ¡desde veinte años atrás!

La carta al jefe del gobierno italiano —sugerida probablemente por las especulaciones de la prensa acerca de las implicaciones de la nacionalidad del nuevo Papa para las relaciones Santa Sede-Italia— no se publicó y la conocemos solamente porque Andreotti la ha reproducido parcialmente en el volumen *Diari* 1976-1979 (Bibliografía 41b) con fecha 4 de noviembre de 1978:

"Recibo una bellísima carta del Papa. Parte de la fe del pueblo polaco 'vivida en el más estrecho vínculo y en la más profunda comunión con Roma: y con todo aquello que esta urbe representa para el mundo' para decir que 'el Papa venido de lejos se siente viva y profundamente romano, deseoso de servir de la mejor manera posible al amadísimo pueblo de Roma y desde Roma a Italia, incluida de manera particular en las tareas del sucesor de Pedro'".

Y he aquí que en uno de los primeros saludos dominicales desde la ventana, se desahoga relatando el miedo que había tenido al aceptar la elección: "En el recinto del cónclave, después de la elección, yo pensaba: ¿qué diré a los romanos cuando me presente delante de ellos como su obispo, cuando vengo de un país lejano, de Polonia? Me vino a la mente entonces la figura de san Pedro. Y he pensado así: hace casi dos mil años que vuestros antepasados aceptaron a un recién llegado; por consiguiente vosotros también acogeréis a otro, acogeréis también a Juan Pablo II, como habéis acogido una vez a Pedro de Galilea. Tal vez no conviene volver sobre este tema, cuando el sucederse de las circunstancias ha confirmado con qué cordialidad, después de tantos siglos, habéis acogido a un Papa no italiano. Por consiguiente, deseo dar gracias ante todo a Dios, y luego también a vosotros por la magnanimidad que me habéis demostrado antes y ahora. Y precisamente hoy quiero corresponder de una manera muy particular a vuestra acogida" (5 de noviembre). Más adelante, en ese mismo saludo, vuelve a agradecer "a los hombres que me han acogido con tanta benevolencia".

Es un estupor por la "cordialidad", la "magnanimidad", la "benevolencia" de los romanos, que está destinado a durar, a pesar de que el "sucederse de las circunstancias", es decir, los primeros contactos con la multitud y con la ciudad, le hayan ofrecido todas las garantías acerca de la autenticidad de esos sentimientos.

En efecto, las primeras salidas entre los romanos habían suscitado un entusiasmo increíble e inclusive peligroso para la seguridad del Papa. En especial la primera salida, el día siguiente a su elección, para ir al Policlínico Gemelli a visitar a su amigo, el obispo polaco Andrej Deskur, fue casi triunfal. Saluda así a la gente, en la plazuela del hospital: "Agradezco a los que ayer tarde me han acogido... y me han demostrado tanto afecto también hoy después del mediodía... Quiero agradecer también a aquellos que me han guiado aquí y me han salvado, ¡porque por el gran entusiasmo manifestado podía también suceder que el Papa tuviera que permanecer de inmediato en este hospital para ser atendido!" (17 de octubre).

Lo mismo había sucedido en las primeras horas de la tarde del domingo 29 de octubre en la Mentorella, un santuario mariano atendido por los padres rogacionistas polacos sobre el monte Guadagnolo, en la provincia de Roma, donde había estado antes del cónclave y adonde quiso volver en seguida: emplea veinte minutos para recorrer algunas decenas de metros, entre gente sencilla que quiere verlo y tocarlo. Los "espléndidos errores de italiano" (como los llama el poeta Elio Filippo Accrocca: Bibliografía 48b, p. 112) que usa en sus conversaciones y discursos improvisados le atraen la simpatía.

Entonces él sigue —en ese "Ángelus" del 5 de noviembre— buscando los argumentos (la comparación con Pedro venido de Galilea, los antiguos vínculos polacos con Roma) que deberían ayudar a la acogida por parte de los romanos, pero se da cuenta de que ya están fuera de lugar, porque ¡ya ha sido acogido! Se alegra por esta comprobación: ve en ella una afortunada correspondencia entre la intuición del Colegio de los cardenales y el sentimiento de la gente.

Y va ese mismo día a Asís, a la tumba de Francisco y enseguida a la iglesia romana de Santa María sopra Minerva, a la tumba de santa Catalina de Siena para rendir homenaje a los "patronos de Italia". En Asís habla así: "Ya que no he nacido en este suelo, siento más que nunca la necesidad de un 'nacimiento' espiritual en él". También la oración a Francisco asume los tonos de quien implora una ciudadanía espiritual: "Esto te pide a ti, hijo santo de la Iglesia, hijo de la tierra italiana, el papa Juan Pablo II, hijo de la tierra polaca. Y espera que no se lo niegues, que lo ayudarás".

También la oración a santa Catalina, en santa María Sopra Minerva, adquiere una entonación suplicante: "Elegido por el Sagrado Colegio de los cardenales para ser sucesor de san Pedro, con profunda trepidación he aceptado este servicio, considerándolo voluntad de nuestro Señor Jesucristo. Cuando me he dado cuenta de que no soy nativo de esta tierra, sino un extranjero, me ha venido a la mente la figura de san Pedro, también él extranjero para ella" (5 de noviembre).

Es hermosa esta resaca de sentimientos, en la batalla para vencer el miedo de la elección: ¡como si hubiese aceptado y luego se hubiera dado cuenta de que no era italiano! Y debe existir una verdad psicológica, en este sobresalto emotivo: cuando se perfiló la elección resultó que prevaleció el compromiso con Wyszynski de aceptarla, pero después debió volver a predominar el temor por la incógnita de la reacción de los romanos.

Desde la elección (16 de octubre) hasta la toma de posesión de la catedral de Roma (12 de noviembre) pasa casi un mes. Será el mismo Juan Pablo quien explicará a los sacerdotes de Roma cómo él ha sentido la necesidad de hacer preceder la "toma de posesión" de la diócesis por un "período de preparación", desde el momento en que "las circunstancias son tan insólitas: la sucesión de los obispos de Roma, después de 455 años, recibe a un Papa que viene del otro lado de los confines de Italia" (9 de noviembre).

La última de estas alusiones —la de San Juan de Letrán— es también la más apasionada: "Yo, nuevo obispo de Roma, Juan Pablo II, de origen polaco, me detengo en el umbral de este templo y pido a vosotros que me acojáis en el nombre del Señor. Os ruego que me acojáis así como habéis acogido, a través de todos los siglos, a mis predecesores. No estoy aquí por mi propia voluntad. El Señor me ha elegido. Por consiguiente, os ruego en el nombre del Señor: ¡acogedme!" (12 de noviembre).

La felicidad del encuentro de Juan Pablo con los romanos ha sido inmediata y ha crecido con los años. Si no estuviera destinado a ser el misionero del mundo, Wojtyla habría sido el Papa preciso para ser plenamente el obispo de Roma. Repetidas veces ha expresado el pesar de no serlo suficientemente.

Por ejemplo, al día siguiente de cumplir el décimo quinto año de su pontificado, el 17 de octubre de 1993, hablando en la parroquia romana de la Preciosísima Sangre: "Hoy no puedo dejar de recordar la primera visita realizada en la parroquia de San Francisco Javier, en la Garbatella: era el año 1978, en los comienzos de diciembre (...). El cardenal vicario dice que ahora tenemos más de doscientas parroquias, precisamente 221. Demos gracias a Dios por este camino, por las visitas tan numerosas, por tantos encuentros (...). Así, aunque sea con una breve visita, puedo ser —al menos por un poco— Obispo de Roma. El cardenal siempre me da mucho consuelo: dice que lo soy bastante, pero yo digo que lo soy solamente un poco. El Papa no podría tener esta tarea universal, no podría hacer estas visitas fuera de Roma y fuera de Italia, si no fuese Obispo de Roma".

En el momento en que escribimos este libro, las parroquias romanas visitadas por Juan Pablo son 274. Y con respecto a haberse hecho romano Juan Pablo ya no tiene dudas, después de tantos años. "Roma, mi Roma, ¡te bendigo y contigo bendigo a tus hijos y todos tus proyectos de bien!". Con esta apasionada declaración de ciudadanía saludó la ciudad y a los conciudadanos el 15 de enero de 1998, en su visita al Capitolio. En el júbilo de este grito "Roma, mi Roma" se halla la memoria del primer contacto con la ciudad, que se ha convertido en un gran amor.

Pero la persistencia —en los primeros años— de ese estupor por la acogida de los romanos está documentada por fuentes confidenciales. He aquí como habla de ello en una conversación con Frossard, en 1983: "Se ha pretendido, no sin razón, que el Papa, como obispo de Roma, debía pertenecer a la nación de sus diocesanos. No quiero perder esta ocasión para expresar mi gratitud a mis diocesanos romanos que han aceptado a este Papa que ha venido de Polonia como un hijo de su misma patria. El carisma de la universalidad debe estar bien anclado en el alma de este pueblo cuyos antepasados cristianos ya habían aceptado a Pedro, el galileo, y con él el mensaje de Cristo destinado a todos los pueblos del mundo" (Bibliografía 10, p. 24).

7
"NO TENGÁIS MIEDO, ¡ABRID LAS PUERTAS A CRISTO!"

Todavía temeroso por la elección, Juan Pablo se apresura a informar al mundo acerca de sus intenciones. Acaba de decirle a la multitud que ha tenido "miedo" al recibir ese "nombramiento" y he ahí que, seis días después, grita desde esa misma plaza: "No tengáis miedo: ¡abrid, abrid de par en par las puertas a Cristo!".

¡Éste es el papa Wojtyla! Un hombre que percibe el drama del mundo, el riesgo de su misión, la reacción segura del sistema soviético, la posible hostilidad de la gente de Roma y habla de ello en primera persona: "Yo he tenido miedo". Al mismo tiempo es un hombre que percibe en los otros el reflejo de su temor, que en muchos va ligado a uno más profundo y más antiguo en relación con el pontificado y con la Iglesia. Él quisiera liberar a los otros del miedo, de ese miedo del cual no se ha liberado aún completamente a sí mismo y sobre todo de ese miedo que lleva a la humanidad a desconfiar de la "potestad de Cristo".

Es el domingo 22 de octubre de 1978. En la plaza San Pedro, Juan Pablo celebra la liturgia que inaugura el pontificado e indica su intención central, en la línea de la misión a las gentes. Una misión que exige una proyección planetaria, en la superación de toda limitación ideológica o geopolítica.

Ya ha dicho en el primer radiomensaje, al día siguiente de su elección, que considera el Concilio Vaticano II "como una miliaria en la historia bimilenaria de la Iglesia" y que piensa colocar como base de su pontificado "un compromiso formal de darle al Concilio una ejecución formal". En particular ha aludido a la necesidad de desarrollar el gobierno colegial de la Iglesia: "Colegialidad quiere decir también, seguramente, un desarrollo adecuado de organismos en parte nuevos, en parte actualizados". Finalmente ha indicado la "causa ecuménica" entre sus prioridades. Era un esbozo del programa *ad intra,* es decir, dirigido a los "hijos de la Santa Iglesia".

Pero ahora, desde la plaza de San Pedro, el nuevo Papa se dirige al mundo y enuncia el programa *ad extra,* el que más vale en un pontificado de mensaje más que de gobierno, como el de Juan Pablo:

"Hermanos y hermanas: ¡No tengáis miedo de acoger a Cristo y de aceptar su autoridad!

Ayudad al Papa y a todos los que quieren servir a Cristo y, con el poder de Cristo, servir al hombre y a toda la humanidad!

¡No tengáis miedo! ¡Abrid, abrid de par en par las puertas a Cristo! A su poder salvador abrid los confines de los Estados, los sistemas económicos así como los políticos, los amplios campos de la cultura, de la civilización y del desarrollo. ¡No tengáis miedo! Cristo sabe 'qué es el hombre en su interior'. Sólo Él lo sabe".

Veinte años después de los anuncios de los programas del nuevo Papa, podemos decir que el desarrollo del gobierno colegial no se ha realizado —al menos en el sentido en que lo entendió la mayor parte de los comentaristas— pero el programa *ad extra* ha tenido una actuación plena. Todo el pontificado, desde el primer viaje a la patria hasta el que realizó a Cuba en enero de 1998, desde el choque con las dictaduras del tercer mundo hasta el desafío en relación con el Norte del mundo secularizado y antinatalista, ha habido una prolongación de ese llamado misionero y mesiánico: "Abrid los confines de los Estados, los sistemas económicos...". E implícita en ese llamado podemos ver también la predicación dirigida a los jóvenes y a las mujeres, e inclusive a la obra ecuménica e interreligiosa.

También en los gestos y en el estilo el pontificado será fiel a esa jornada: terminada la celebración, Juan Pablo bajó del atrio hacia la multitud, para acariciar a los enfermos y a los niños, para saludar a todos levantando la cruz con los dos brazos como un trofeo. Se trata de un gesto más deportivo que propio de un Papa, es propio de un hombre que intuye el eco de un gesto nuevo en los corazones más lejanos y que renovará profundamente la iconografía y la modalidad pontificia de los gestos. En ese acercamiento a la multitud se halla como en embrión todo su acercamiento a "las gentes".

El mismo Juan Pablo ha dicho que él es consciente del alcance inesperado que han llegado a tener, a través de los años, esas palabras de la mañana del pontificado: "Cuando el 22 de octubre de 1978 pronuncié en la plaza de San Pedro las palabras: 'No tengáis miedo', no podía darme cuenta de cuán lejos me habían de llevar a mí y a toda la Iglesia" (Bibliografía 14, p. 241).

Como lema y como programa del pontificado, esas palabras tuvieron en seguida un desarrollo con la encíclica *Redemptor hominis* (marzo de 1979), que quería señalar a Cristo como centro de toda la preocupación y misión del nuevo Papa. La reacción de los medios y de las cancillerías fue atraída por los contenidos de desafío a las "potencias mundanas", que existían, pero eran solamente una consecuencia de ese fuego central. Hoy es posible recobrar esa encíclica con una lectura más respetuosa de su finalidad.

En el centro de todo está Cristo. Hemos visto cómo, en la Sixtina, en el momento de aceptar la elección, el cardenal Wojtyla dijo: "Obedeciendo en la fe a Cristo, mi Señor". Después de salir del balcón de San Pedro, dos horas después, sus primeras palabras fueron: "Alabado sea Jesucristo". Luego se había oído el llamado: "¡Abrid, abrid de par en par las puertas a Cristo!". Y he aquí que hemos llegado a la primera encíclica, que comienza así: "El redentor del hombre, Jesucristo, es el centro del cosmos y de la historia".

¡Es extraordinaria la concentración y la unidad de este pontificado! Juan Pablo ya habla —en la primera página de la primera encíclica— del Gran Jubileo del año dos mil "que ya está muy cercano". El Jubileo, es decir, la celebración de la actualidad de Cristo, a dos mil años de su nacimiento, está en el comienzo y en el final del pontificado: lo asumirá, aunque no lo concluirá.

La encíclica programática tiene como punto de partida a Cristo y va enseguida al hombre: "Cristo redentor revela plenamente el hombre al mismo hombre". Por consiguiente, "Jesucristo es el camino principal de la Iglesia. Él mismo es nuestro camino hacia la casa del Padre y es también el camino hacia cada hombre. Por este camino que conduce desde Cristo al hombre, la Iglesia no puede ser detenida por nadie". Aún más: "Este hombre es el primer camino que la Iglesia debe recorrer en el cumplimiento de su misión: Él es el primero y fundamental camino de la Iglesia".

De aquí, de este centro y de este fuego, viene todo el resto. Que ya está claro en la encíclica: la advertencia al "ateísmo programado, organizado y estructurado en un sistema político", es decir, al comunismo; y a la "civilización consumista", igualmente olvidada de Dios; y la denuncia de las "gigantescas inversiones en armamento" por parte de ambos sistemas que dividen y gobiernan el mundo.

El llamado a no tener miedo y a abrir las puertas a Cristo se encuentra infinidad de veces en los mensajes del Pontífice. *¡No tengáis miedo!* Será el título de un volumen de conversaciones con André Frossard (1983, Bibliografía 10). Y esas mismas palabras servirán como lema en la cubierta para el otro volumen-entrevista con Vittorio Messori, *Cruzando el umbral de la esperanza* (1994, Bibliografía 14). Sobre el llamado a vencer el miedo de sí mismo, del otro, de la humanidad y del futuro está basado el mensaje a la asamblea de la ONU pronunciado por Juan Pablo en el Palacio de cristal el 5 de octubre de 1985.

El llamado a abrir las puertas a Cristo en 1978 se entendió esencialmente como un desafío a los regímenes ateos del comunismo. Y así lo volverá a proponer el 25 de enero de 1998 en Cuba. Pero la intención del Papa era más amplia, y eso es tan cierto que él volverá a proponer ese llamado igualmente a los pueblos europeos cuando todos los comunismos del continente habrán desaparecido: "Al comienzo de mi pontificado he invitado a los fieles reunidos en Roma en la plaza San Pedro a abrir las puertas a Cristo. Hoy repito mi llamado al viejo continente: Europa, ¡abre la puerta a Cristo!" (Viena, 20 de junio de 1998).

En ese mismo día pronunciará el lema tal vez más dramático de su pontificado, con una voz mucho más débil que veinte años antes pero con el mismo fuego y siempre dirigido a un auditorio sin límites: "Muchas cosas nos pueden arrebatar a nosotros los cristianos. Pero la cruz como signo de salvación no nos la dejaremos arrebatar. ¡No permitiremos que ella quede excluida de la vida pública!". Este lema es como un espejo del primero. El "no tengáis miedo" quería decirle al mundo que la Iglesia no cultiva proyectos de intromisión, y al decir "no nos la dejaremos arrebatar" le advierte que debe tener en cuenta la vocación cristiana al martirio.

En el llamado a la apertura de los sistemas económicos y políticos se halla implícita la neutralidad con respecto a ellos, que Juan Pablo formula así el 28 de enero de 1979 en Puebla: "La Iglesia quiere mantenerse libre frente a los sistemas opuestos, para optar solamente a favor del hombre".

En ese llamado se halla afirmada, en el fondo, la imposibilidad para la Iglesia de "someterse a los poderes mundanos", como lo había afirmado una vez, cuando era cardenal, Karol Wojtyla. Y en una ocasión precisa, cuando le dirán que no puede ir a Gran Bretaña por motivo de la guerra en la cual se halla implicada esta nación con Argentina, así expresa su rebelión a los periodistas: "¡No se puede decir al Papa: no puedes venir!" (Aula del Consistorio, mayo de 1982).

"Abrid las puertas" quiere decir también que Juan Pablo quiere ir a todas partes, como misionero en el mundo, porque "¡el corazón del Papa tiene una geografía vasta como la humanidad!" (Montevideo, 7 de mayo de 1988). Pero viajar a países en guerra, atravesar fronteras encontradas, hablar idiomas prohibidos, ¿no significa exponerse a instrumentalizaciones políticas? Juan Pablo suplica a todos para que le dejen campo libre para su misión religiosa, porque a él no le interesa ninguna lucha por el poder: "Dejemos la política a los políticos y dejemos que el Papa desarrolle su misión religiosa" (Vuelo Roma-Seúl, 6 de octubre de 1989).

El mismo concepto lo expresará claramente al primado de Filipinas, en un momento en el cual aquél estaba afrontando al dictador Marcos y por consiguiente, corría el riesgo de personificar un poder, aunque fuera el de la oposición: "¡La Iglesia no debe tener poder!" (al cardenal filipino James Sin, 6 de marzo de 1986).

La invitación a no tener miedo Juan Pablo la dirige también a sí mismo, especialmente cuando debe enfrentarse a interlocutores desconfiados, más que adversos. Y esto le sucedió sobre todo en Italia y en Occidente: "Turín, en nombre de san Juan Bosco, ¡conviértase! Es necesario decirlo. Y no tengo ningún complejo para decir esto también en otras partes" (Turín, 3 de septiembre de 1988). Y en esa ocasión, a los obispos del Piamonte, dio la siguiente explicación: "Estos pensamientos me han venido esta mañana. He dicho: ¡Señor, déjame un poco, lo diré de una manera elegante, en el momento oportuno para no ofender a quien me da hospitalidad!".

Él no es un hombre que va solamente adonde lo lleva el camino. También se dice a sí mismo con frecuencia: "Por eso, ¡es necesario tener valor, no replegarse!". Parece un lema militar y Juan Pablo lo usa precisamente para formular una indicación estratégica con referencia a los compromisos misioneros, mientras disminuye el número de los sacerdotes. Otras veces, bromeando, usa el lenguaje de los movimientos políticos para tener valor ante la enfermedad: "¡Mantenerse firme, no ceder!", dice a la multitud desde la ventana del Policlínico Gemelli el 13 de octubre de 1996, al asomarse por primera vez después de cinco días de la intervención por apendicitis.

Obviamente no tiene freno en afrontar, en nombre del hombre, cualquier interlocutor. "¡Es necesario que aquí algunas cosas cambien!", grita en Puerto Príncipe (Haití), el 9 de marzo de 1983: y se refiere a una dictadura familiar —la de los Duvalier— que tiene al pueblo con hambre.

Tiene en cuenta la contestación, como aparece en este diálogo en el avión:

—"Santidad usted viaja a Holanda: ¿y si allí es impugnado?"—.

—"Muchos otros han sido impugnados antes que yo. También san Pablo, también Jesucristo" (vuelo Roma-Den Bosch, Holanda, 11 de mayo de 1985).

"¡Ay de mí si el romano Pontífice se asustara por las críticas y las incomprensiones!", dirá en una catequesis (Aula de las audiencias, 10 de marzo de 1993).

Y si es necesario gritar, ¡grita! Lo hará en Nicaragua, en Polonia, en Sicilia y también en la plaza de San Pedro, al dirigirse a la ONU y a sus políticas antinatalistas. Luego a veces se disculpa: "Tengo que ser así. Aunque el Papa es de naturaleza más bien dulce, debe ser rígido con respecto a los principios" (6 de marzo de 1994).

Terminamos este tema de los desafíos de Juan Pablo a las potencias terrenas con dos reflexiones autobiográficas. La primera la improvisa durante un encuentro con los jóvenes de Roma, a mediados de los años noventa y es casi un balance de sus viajes por el mundo: "Dice el canto polaco: 'Es menester atravesar el mundo'. Era un sueño. ¿Cómo llegar a este mundo si todo está cerrado, si hay comunistas, si existe la cortina de hierro? En cambio el Señor, con su propia Madre, nos ha traído aquí a Roma y luego de Roma al mundo" (Aula de las audiencias, 7 de abril de 1995).

La segunda se remonta a los primeros meses del pontificado y nos presentan a un Juan Pablo que no sabe si y cuánto podrá viajar y tal vez teme que lo pasen de una prisión a otra: "Confieso que me gustaría viajar, ir a todas partes. Y en cambio, me veo obligado, a diferencia de lo que hacía en un tiempo, a estar sentado en un puesto definitivo que es Roma, para cumplir, como sucesor de Pedro, la larga y difícil misión evangélica" (Bibliografía 6, p. 27). Pero él muy pronto encontrará una solución y hará que ese puesto "definitivo" que es Roma sea solamente la base de su pontificado itinerante.

Son hermosas estas confesiones del Papa viajero: en la misión *ad gentes*, más allá de toda cortina y prisión geopolítica, él encuentra también la realización de su deseo de atravesar el mundo.

8
EL VIAJE A MÉXICO
Y LA OPCIÓN POR EL TERCER MUNDO

Juan Pablo desplaza el centro de la Iglesia católica hacia oriente y hacia el sur del mundo. Y estos dos desplazamientos están señalados, al comienzo del pontificado, por un viaje: el de México para el sur del mundo y el de Polonia para el oriente.

Para un pontificado que se expresará en gran parte en los viajes, la visita a México (25 de enero al 5 de febrero de 1979), primera salida al mundo, es como una mañana de abril en la cual se descubren todas las señales de la primavera.

Aquí es donde se revela como el Papa improvisador, que construye su mensaje en diálogo con la multitud.

Pero ya desde el avión llega la primera y tal vez la más wojtyliana entre las innovaciones que él introducirá con respecto al modo de viajar de Pablo VI: las entrevistas con los periodistas durante el vuelo que lo lleva al país que va a visitar.

Una novedad destinada a repetirse es también la decisión de realizar el viaje, con el fin de participar en la asamblea episcopal latinoamericana de Puebla, decisión tomada contra el parecer de la Curia, que temía los riesgos de la implicación de la figura papal en los contrastes internos de esas comunidades católicas. Diez años más tarde Juan Pablo así recordará esa decisión: "Algunos en la Curia eran de la opinión que era mejor no ir, mientras a mí me parecía natural que el Papa estuviera presente en ese encuentro importante" (Bibliografía 12).

71

Ya la primera jornada mexicana revela la novedad estructural de sus viajes, que se organizarán siempre como "visitas pastorales" a las comunidades, y no visitas simbólicas a continentes o instituciones como lo hacía el papa Montini.

En fin, es aquí, en México, donde encontramos al Papa que reacciona ante la situación que encuentra y da lo mejor de sí mismo en un intercambio virtuoso con el episcopado local, que tendrá muchas otras (y aún mejores) manifestaciones.

No es el caso de recordar los triunfos multitudinarios de este viaje, que han entrado en la leyenda. A la llegada a Ciudad de México, entre el aeropuerto y la catedral, se calcula que lo hayan saludado cinco millones de personas. Otras tantas habrían acompañado su peregrinación a la "Morenita" de Guadalupe, al día siguiente. Lo máximo se habría alcanzado en el desplazamiento de la capital a Puebla: ocho o diez millones habrían sido los habitantes de todo el valle de México, dispuestos a lo largo de los 133 kms. Y todavía dos millones en Guadalajara y más de uno en Monterrey. Son cifras infladas por el entusiasmo. Según un cálculo más realista, serían quince millones los mexicanos que se desplazaron de su casa para ver al Papa: la cuarta parte de la población.

Poco le interesa al biógrafo reconstruir el fecundo impacto del turbión wojtyliano con la oficialidad masónica y anticlerical del México de entonces, donde el Papa no habría podido entrar como "ministro del culto", donde no habría podido bendecir en las plazas, etc. En cambio, Juan Pablo no sólo imparte todas las bendiciones que quiere, sino que llega hasta el punto de legitimar !as expropiaciones para la realización de la reforma agraria, reivindica los derechos de los indígenas y la plena libertad sindical. El efecto será claro cuando el Papa regrese a México once años después: ya existirán las relaciones diplomáticas con el Vaticano y parecerá que ha pasado un siglo.

Aquí dejamos a un lado todos los otros aspectos y miramos el viaje a México como el momento en el cual Juan Pablo afirma por primera vez su opción por el tercer mundo, que luego consolidará en todo su pontificado. Y el lugar de esta opción es Oaxaca, más que Puebla.

En Puebla, el 28 de enero de 1979 al abrir la asamblea del Celam, Juan Pablo afirma con energía su opción por el tercer mundo: "La Iglesia quiere mantenerse libre frente a los sistemas opuestos, de manera que opta solamente por el hombre" y así puede contribuir a "evitar que los países fuertes empleen su poder con detrimento de los más débiles ".

Pero el mensaje de Puebla es mal interpretado por el mundo, porque a la afirmación de esa opción Juan Pablo une un llamado a la corriente radical de la "teología de la liberación" que prevalece —en los medios de comunicación— sobre la opción de campo a favor de los países en vía de desarrollo, que el Papa entiende como opción por los pobres. El día siguiente estará en Oaxaca, en contacto con la población mexicana, donde la opción por los pobres y por el tercer mundo resultará inobjetable, ya sea en las palabras del Papa, ya sea en la recepción de los medios.

Oaxaca es la etapa mejor lograda del viaje, aquélla en la cual el Papa se encuentra con "los hermanos indios y campesinos" y les dice palabras que salen de su corazón y constituyen la estipulación de una alianza con los pobres que marcará su pontificado. El logro de esta etapa es debido a dos factores: el contacto directo con la población, que conmueve y hace gritar a Juan Pablo y el impulso que le llega del episcopado local, el de la región mexicana del Pacífico Sur, que tiene su centro en Oaxaca.

En un documento aprobado un año antes de la visita del Papa, y enviado desde Roma con el dossier preparatorio, los nueve obispos de la región acusan a los latifundistas y al gobierno porque expropian abusivamente tierras, organizan bandas armadas "que siembran terror y muerte en la zona", porque despojan culturalmente e instrumentalizan la religiosidad popular con una finalidad de dominio: "Esta es la situación en la cual viven los indígenas y los campesinos. Así la hemos comprendido, cuando nos hemos movido hacia ellos con sinceridad evangélica".

Apenas llega el Papa, esos obispos le presentan el saludo —por escrito— que un indio deberá expresarle al día siguiente: "Tú has dicho que nosotros, los pobres de la América Latina, somos las esperanzas de la Iglesia. Mira ahora cómo vive esta esperanza".

Impresionado por esa lectura, Juan Pablo permanece en vela largo tiempo durante la noche con el fin de volver a escribir el texto para esa ocasión que le habían preparado; y al día siguiente deja que su corazón hable: ve en los campesinos y en los indios que lo escuchan a todos los pobres del mundo, recuerda a Pablo VI que tomó partido por ellos durante la visita a Colombia (1968) y dijo:

"Con él quiero repetir, y si fuera posible con un acento aún más fuerte en mi voz, que el Papa actual quiere ser solidario con vuestra causa, que en definitiva es la causa del pueblo humilde, de la gente pobre. El Papa está con esta población, casi siempre abandonada en un nivel de vida indigno y a veces tratada y explotada duramente. Haciendo mía la conducta de mis predecesores Juan XXIII y Pablo VI, y al mismo tiempo la del Concilio Vaticano II, ante una situación que sigue siendo alarmante, y a veces peor, el Papa quiere ser vuestra voz, la voz de aquellos que no pueden hablar, o que están obligados al silencio, para ser conciencia de las conciencias e invitación a la acción, para recobrar el tiempo perdido que a menudo es tiempo de sufrimientos y de esperanzas no realizadas (...). Y ahora, por vuestra parte, vosotros los responsables de los pueblos, clases poderosas que a veces mantenéis las tierras improductivas que ocultan el pan que falta a tantas familias, la conciencia humana, la conciencia de los pueblos, el grito del abandonado, sobre todo la voz de Dios, la voz de la Iglesia, os repiten conmigo: ¡no es justo, no es humano, no es cristiano, continuar con ciertas situaciones claramente injustas!" (Oaxaca, 30 de enero de 1979).

La opción por el tercer mundo había sido propuesta por Juan XXIII en la *Pacem in terris* (1963) y había sido elaborada orgánicamente por Pablo VI con la *Populorum progressio* (1967). Juan Pablo la confirma con esta declaración de Oaxaca y con decenas de otras semejantes en las que toma posición en la materia, hasta su texto máximo en este tema, que es la encíclica *Sollicitudo rei socialis* (1988).

Juan Pablo continúa las opciones de sus predecesores de los cuales lleva el nombre, que consisten esencialmente en la exigencia de un nuevo orden económico internacional, que sustraiga el desarrollo de los pueblos del arbitrio de un mercado entre desiguales, destinado a acentuar las distancias en lugar de reducirlas. La exigencia de un pacto de seguridad alimentaria con "fuerza jurídica" (1985 y 1996), el documento acerca de la deuda externa (1987) y el que se refiere a los destechados (1988), las propuestas en zona jubilar por "la reducción si no por la cancelación" de las deudas de los países pobres (1994), el documento de abril de 1998 acerca del uso de las tierras... son algunas aplicaciones de esa opción.

La encíclica *Sollicitudo rei socialis* —que desagradará en América y será polémicamente alabada en Moscú, a causa de la afirmación de que la Iglesia "quiere permanecer al lado de las multitudes pobres" y, por consiguiente, "asume una actitud crítica con relación tanto al capitalismo liberal, como al colectivismo marxista"— agrega a esos elementos un llamado ecuménico e interreligioso por el rescate de los pueblos pobres, que se han de sustraer al dominio idolátrico de los dos imperialismos contrapuestos. De la idolatría del dinero y del poder, en la que se inspiran los dos imperialismos, la encíclica hablará en el párrafo 37 y creemos que es una palabra decisiva para la ubicación del pontificado en relación con las grandes potencias. En Bolivia, en mayo de 1988, Juan Pablo indicará la "miseria inhumana" del tercer mundo como "el resultado de esta idolatría ideológica y práctica", que inspira el comportamiento de los dos sistemas mundiales.

En Viena el 20 de junio de 1998 invitará a los países "del bienestar" a "colmar la fosa inhumana" que los separa de los países pobres e indicará esa meta como decisiva para la coherencia de la "nueva Europa" con su "raíz" cristiana.

El término "idolatría" —la palabra más fuerte que un lector de la Biblia pueda pronunciar— indica claramente que la primera preocupación de Wojtyla con respecto al tercer mundo es religiosa. "Permaneced fieles a vuestra cultura rica en religiosidad", repite en cada etapa de sus viajes a África, a Asia y a América Latina.

Pero la opción de Wojtyla por el tercer mundo está hecha también —como las invectivas del profeta Isaías— de "gritos a voz en cuello", semejantes a los de "una parturienta".

"¡A la luz de las palabras de Cristo, este Sur pobre juzgará al Norte rico!", grita en Edmonton (Canadá), el 17 de septiembre de 1984.

"Siento siempre la tragedia de los pueblos oprimidos", dice en Alice Springs (Australia), el 29 de noviembre de 1986, conmovido por la condición de los aborígenes.

"¿Hasta cuándo el hombre deberá soportar —y deberán soportarlo los hombres del tercer mundo— el primado de los procesos económicos sobre los inviolables derechos humanos?", pregunta en Ciudad Guayana (Venezuela), el 1° de febrero de 1985.

"Como en mis viajes precedentes a diversos países latinoamericanos, quiero también aquí hacer resonar la voz de Cristo en los tugurios y en las ciudades de la miseria", dice en Guayaquil (Ecuador), el 1º de febrero de 1985.

"¡Doy gracias a este pueblo que sabe orar, sabe llorar, que sabe cantar y sabe también danzar!", exclama en Santa Cruz (Bolivia), el 14 de mayo de 1988. Y a aquel pueblo maravilloso le confiesa: "Amo mucho este mundo, en especial este continente". Improvisando trata de explicar al pueblo la encíclica *Sollicitudo rei socialis,* que "no habla solamente del Este y del Oeste, sino que habla sobre todo del tercer mundo, de la mayor parte del mundo, de hoy y del futuro".

"El Papa se siente aliado de África y de los otros países del tercer mundo: es necesario presentar a los pueblos ricos las necesidades de los que son pobres y urgir soluciones concretas, globales!". Así habla a los periodistas durante el vuelo Roma–Isla de la Sal (Cabo Verde), el 25 de enero de 1990.

"En nombre de la justicia, el Obispo de Roma, el sucesor de Pedro, suplica a sus hermanos en la humanidad que ¡no desprecien a los hambrientos de este continente!", proclama en ese mismo viaje, de Ouagadougou (Burkina Faso), el 30 de enero de 1990.

En una confidencia acerca de la enseñanza que puede venir del mundo de los pobres a la Iglesia Juan Pablo afirma: "Veo que estos pobres han comprendido a su modo, de una manera excepcional, el mensaje evangélico. Y este mensaje ha sido aceptado por ellos aunque no haya sido aceptada la cultura europea. Han hecho una distinción entre las dos. Son cosas que hay que repensar, porque el Evangelio es siempre el Evangelio de los pobres, la primera bendición es la de los pobres" (vuelo Roma-Santo Domingo, 10 de octubre de 1992).

La opción por el tercer mundo por parte de Juan Pablo ¿ha sido comprendida? Creemos que sí, tanto por parte de los opositores como de los seguidores.

"Ciertas actitudes tercermundistas y antioccidentales del papa Wojtyla no nos agradan", escribió el mejor periodista italiano Indro Montanelli, que se define a sí mismo como un liberal que siempre ha alabado la acción anticomunista de Juan Pablo (*Il Giornale*, 10 de enero de 1984). Pero otro gran periodista laico italiano, Eugenio Scalfari, aprecia el esfuerzo del Papa por "ofrecer a las masas del tercer mundo, tan diferentes de la tradición eurocentral, motivos e imágenes más acordes con sus culturas" (entrevista a *L'Osservatore romano*, 15 de marzo de 1986).

La Conferencia de los países no alineados, reunida en Nueva Delhi, vota unánimemente el 10 de marzo de 1983 una moción de aplauso por el viaje del Papa a América central (que terminaba ese día), indicado como "un hecho positivo" para el desarrollo de los pueblos y su independencia cultural y política.

"Las visitas del Papa a México, luego a Brasil y recientemente a Centroamérica han sido providencias maravillosas", dijo el obispo brasileño Hélder Camara (Avvenire, 29 de octubre de 1983).

El cardenal James Sin, arzobispo de Manila, que será protagonista de una auténtica insurrección popular contra el dictador filipino Marcos, dijo: "Si el Papa no hubiera venido, nosotros tendríamos menos valor para hablar" (*Famiglia cristiana*, 10 de octubre de 1983, p. 80).

9
VUELVE A POLONIA
Y HACE TEMBLAR AL KREMLIN

Ninguno podrá jamás decir cuál haya sido la parte de Juan Pablo en el impulso de los pueblos que ha llevado a la caída del muro comunista. Él mismo lo ignora, porque no es posible medir las sacudidas sufridas por un imperio con las palabras pronunciadas por un Papa. Pero es cierto que una parte le corresponde a él y del resto todos se la reconocen, aunque a veces exageran el aprecio de su alcance, motivados tal vez por el arquetipo del papa León que se enfrenta a Atila.

Ya la elección de Juan Pablo había animado a los polacos y alarmado al Kremlin. Ese estímulo llega a ser pleno con la primera visita a Polonia (2 a 10 de junio de 1979): durante nueve días la fe cristiana —que el sistema había desterrado y relegado en las iglesias— vuelve a la escena pública y la domina, mostrando que era capaz de convocar, no obstante el obstruccionismo de las autoridades, multitudes más grandes de las que la propaganda atea haya congregado jamás, con toda la instrumentación estatal, ni en Polonia ni en otra región del Imperio, en casi sesenta años de dominio indiscutible. Esa propaganda resultó ridiculizada y enmudeció por sí sola.

Al volver a su patria, Juan Pablo moviliza multitudes que ya no se dispersarán. De asambleas eclesiales se transformarán en reuniones sindicales y finalmente en manifestaciones políticas. En la fase naciente de las reuniones de los polacos contra las palabras de orden del régimen es donde hay que buscar la primera parte del rol desempeñado por el Papa eslavo en la preparación de las "revueltas" —como las llamará— de 1989. La segunda parte consistirá en proteger de la reacción de Moscú el movimiento que ahora despierta: hablaremos de ellos en el capítulo 16, por ahora seguiremos la marcha triunfal de Juan Pablo que regresa como Papa, un 2 de junio, a la tierra que había dejado el 3 de octubre del año anterior, cuando todavía se llamaba Karol Wojtyla.

Juan Pablo se entrega totalmente a lo que hace, como si cada acto que realizara fuera el último y más importante. Pero en el caso del "regreso a la patria", como él mismo lo llama, la implicación emotiva es máxima: "Hago todo lo posible para no dejarme dominar por los sentimientos", dice a los periodistas durante el vuelo Roma-Varsovia, la mañana del 2 de junio.

El desbordar de los sentimientos se manifiesta ya desde el saludo en el aeropuerto y caracterizará todo el recorrido por Polonia que se prepara a realizar y los otros seis que llevará a cabo en veinte años de pontificado: "¡Oh, queridísimos hermanos y hermanas! ¡Oh, compatriotas! Llego hasta vosotros como un hijo de esta tierra, de esta nación y al mismo tiempo —por inescrutables designios de la Providencia— como sucesor de Pedro en la sede de Roma. Os agradezco porque no me habéis olvidado y, desde el día de mi elección, no cesáis de ayudarme con vuestra oración, y me manifestáis, al mismo tiempo, tanta benevolencia humana. Os agradezco porque me habéis invitado. Saludo y abrazo con el corazón a cada hombre que vive en la tierra polaca".

El secreto del viaje, lo que asombrará al mundo y preocupará al Kremlin, es la unidad del Papa con el pueblo que en él se manifiesta, inesperada en esas dimensiones, ¡milagrosa en la proximidad del año dos mil! Yo estaba allá como invitado del diario italiano *La Repubblica* y el recuerdo más fuerte y continuado es el de esta unidad, que nosotros, los enviados internacionales, vimos ya desde la salida del aeropuerto y describimos durante nueve días: la multitud lo envuelve de inmediato como en un abrazo y ya no lo deja, lo sigue por las calles, lo espera en cada cruce, lo saluda en las cercanías de cada casa o población, como para entregarlo a la familia vecina en una estafeta de afecto que abarca de verdad a todo el pueblo. Es primavera que ya se acerca al verano, Polonia desborda de flores, todas las casas, todas las mujeres, todas las cruces las tienen en abundancia. De flores se cubren las calles por donde él ha de pasar, otras flores son arrojadas desde las ventanas cuando finalmente pasa.

El abrazo de la nación naturalmente se expresa en plenitud cuando el Papa se halla delante de las grandes multitudes. Y la primera, asombrosa, la encuentra apenas ha entrado en Varsovia, en la plaza de la Victoria: es la plaza de las celebraciones del régimen, pero ahora ha sido rescatada por una gran cruz y desde hoy será la plaza de la misa del Papa. Aquí Juan Pablo dice las primeras palabras de desafío al comunismo ateo que ha sido impuesto a su pueblo: "No se puede excluir a Cristo de la historia del hombre en cualquier parte del globo, y en cualquier longitud y latitud geográfica. La exclusión de Cristo de la historia del hombre es un acto contra el hombre (...). Es imposible comprender sin Cristo esta nación que tiene un pasado tan espléndido y al mismo tiempo tan terriblemente difícil".

El coro se vuelve pleno cuando el Papa polaco habla de la patria; entonces los aplausos se vuelven parte del mensaje: "Me he preguntado si debía prohibir o aceptar estos aplausos. ¡He concluido que debo aceptarlos, porque con ellos el pueblo participa en la predicación del Papa!", dice en Varsovia el 4 de junio de 1979.

Hasta el pontificado el cardenal Wojtyla, que se había mantenido en la sombra del primado Wyszynski, no era un personaje popular en Polonia, pero ahora acontece —bajo la mirada de todo el pueblo— el paso del testigo: al presentarse siempre juntos, el primado y el Papa, ambos conmovidos, ante las multitudes, es como si el uno entregara la patria en las manos del otro, de la manera como en ciertas pinturas antiguas un santo entrega a otro una iglesia, teniéndola en las manos: "¡Sin tu fe, no se hallaría en la cátedra de Pedro este Papa polaco!", había dicho Juan Pablo al primado delante de los compatriotas inmediatamente después de la elección (en el aula de las audiencias, el 23 de octubre de 1978): el viaje a Polonia es como una continua verificación de esa afirmación.

Pero el mensaje que "el primer Papa eslavo en la historia" ha ido a proclamar en su patria no está reservado a sus connacionales. Después de Varsovia la primera etapa es Gniezno, una de las capitales de la evangelización de los pueblos eslavos. Desde allí Juan Pablo enumera —y casi convoca— a todos los pueblos eslavos, croatas y eslovenos, búlgaros, moravos y eslovacos, checos y eslavos de Serbia, nombrándolos según la sucesión histórica de los "bautismos" de cada una de las naciones y traza su manifiesto de acción hacia Oriente:

"Este Papa, sangre de vuestra sangre y hueso de vuestros huesos, viene para hablar ante toda la Iglesia, Europa y el mundo, de estas naciones y de estas poblaciones a menudo olvidadas. Viene para gritar con voz potente (...). Viene para abrazar todos estos pueblos, junto con la propia nación y para estrecharlos contra el corazón de la Iglesia (...). ¿Cristo no quiere tal vez que este Papa polaco, este Papa eslavo, manifieste hoy, como es justo que suceda, la unidad de la Europa cristiana que, siendo deudora de las grandes tradiciones del Oriente y del Occidente, profesa una sola fe, un solo bautismo, un solo Dios y Padre de todos? Es tal vez por esto que Dios lo ha elegido, tal vez por esto que el Espíritu Santo lo ha guiado, para que él introduzca en la comunión de la Iglesia la comprensión de palabras y de idiomas que parecen todavía extrañas a los oídos acostumbrados a sonidos romanos, germánicos, anglosajones, franceses" (Gniezno, 4 de junio).

Mostrar la "unidad espiritual de la Europa cristiana" significa vencer la cortina de hierro y el muro comunista, pero por ahora ésta es una utopía: una utopía afirmada ciertamente, pero por una proyección de voluntad más que por un programa operativo. Será la historia —que a menudo ama recitar improvisando— la que hará de ello un programa. Por ahora es un manifiesto para tiempos prolongados. Como programa operativo existe el diálogo con el régimen y así lo plantea Juan Pablo, hablando a los obispos y anteponiendo la observación de que "con el episcopado polaco tiene un encuentro hoy un Papa polaco":

"El auténtico diálogo debe respetar las convicciones de los creyentes, asegurar todos los derechos de los ciudadanos y las condiciones normales para la actividad de la Iglesia como unidad religiosa, a la cual pertenece la gran mayoría de los polacos. Nos percatamos de que este diálogo no puede ser fácil, porque se desarrolla entre dos concepciones del mundo diametralmente opuestas, pero debe ser posible y eficaz si lo exige el bien del hombre y de la nación" (Czestochowa, 5 de junio).

La pregunta acerca del sentido histórico de su elección al pontificado la tiene durante los nueve días de su visita. Y es en Oswiecim, conocida por todos con el nombre de Auschwitz, donde se revela finalmente ante los ojos del mundo lo providencial de esa elección. El escenario de la misa se ha levantado sobre la plataforma que se halla en la mitad del ferrocarril que atraviesa el campo principal, donde los nuevos llegados eran seleccionados y enviados en dos filas hacia las cámaras de gas o a las barracas de los trabajos forzados.

Allí Juan Pablo recuerda a la multitud que él había crecido en los alrededores de esa tierra convertida en "Gólgota del mundo contemporáneo": la población de Wadowice está a treinta kilómetros de ese escenario. Allí enumera los pueblos que en ese sitio encontraron el martirio, allí "se detiene" delante de la lápida "con la inscripción en lengua hebrea" y dice sobre la *Shoah* palabras que todavía ningún Papa ha tenido el valor de pronunciar. Él es consciente de la misión que le viene del hecho de haber sido coterráneo de tanto martirio. Se presenta a sí mismo como "el Papa que ha venido a la sede de San Pedro desde la diócesis sobre cuyo territorio se encuentra el campo de Oswiecim". Y agrega: "Cristo quiere que yo, convertido en sucesor de Pedro, rinda testimonio ante el mundo de lo que constituye la grandeza del hombre de nuestros tiempos y su miseria. De lo que es su derrota y su victoria" (Auschwitz, 7 de junio). El mundo al escucharlo intuye que el nuevo Papa lo ayudará en la más difícil de las empresas: comprender Auschwitz, o solamente recordarlo.

Hablando a los obreros de Nowa Huta, Juan Pablo dice las palabras que suministrarán la primera savia a Solidarnosc (Solidaridad): "La Iglesia no tiene miedo del mundo del trabajo" ni del "sistema basado en el trabajo", "no se puede separar la cruz del trabajo humano", "Cristo no aprobará nunca que el hombre sea considerado o se considere a sí mismo como simple medio de producción". En ese momento y a los observadores internacionales no parecen palabras graves, pero él conoce su importancia, sabe que aquellas palabras contrastan directamente con la pretensión del régimen de fundarse sobre el trabajo y de tener de su parte a los trabajadores. Tanto es así que por vez primera Juan Pablo siente la necesidad de tranquilizar las autoridades comunistas, con estas palabras improvisadas:

"Ninguno puede asombrarse de que yo hable aquí en Polonia de la dignidad del trabajador, ya que de ello he hablado en México y tal vez de una manera más severa, usando palabras más duras. La Iglesia por el bien del hombre desea llegar a una comprensión común de las cosas, con todos los sistemas de trabajo. Pide solamente al sistema de trabajo que le permita hablar de Cristo al hombre y de amar al hombre según la medida de su dignidad" (Nowa Huta, 9 de junio).

El viaje termina en Cracovia, su ciudad. Aquí, el último día, el Papa tendrá la multitud más grande y más cálida del viaje. El penúltimo día y las dos noches anteriores los jóvenes, en nombre de toda la población, le darán serenatas interminables bajo las ventanas del arzobispado. Él sube a una mesa para asomarse y dejarse ver por todos. Le dan un micrófono, pero la instalación es improvisada, y escuchan solamente los más cercanos. Habla con gestos. Reza el "Ángelus", dice que va a cenar. Regresa después de la cena y dice que va a dormir y debajo de la ventana ninguno se mueve.

La noche del sábado la serenata continúa durante gran parte de la noche, con un desfile silencioso de gente debajo de aquellas ventanas, incluso cuando el Papa se ha retirado. Y de allí la gente va directamente a la planada de Blonie, a lo largo del río Vístula, donde tendrá lugar la celebración final. En las calles hay como ríos de gente, durante toda la noche. Más de un millón de personas desfilan, dice el portavoz vaticano; lo confirman las autoridades polacas. Y los observadores agregan que se trata de la más numerosa multitud reunida en un solo lugar para escuchar a una sola persona, no sólo en la historia reciente de Polonia, sino en todos los países europeos.

A esa multitud única Juan Pablo le ha repetido su lema pontificio: "¡No hay que tener miedo! ¡Es necesario abrir las fronteras! ¡No existe el imperialismo de la Iglesia, sino sólo el servicio!". Luego esa marea humana se coloca a lo largo de 12 kilómetros de recorrido hacia el aeropuerto para la despedida.

Al saludar la patria en el aeropuerto de Cracovia, Juan Pablo pronuncia algunas palabras decisivas para entender la novedad del mensaje que ha venido a traer al interior del imperio soviético y que puede ser una mano tendida, o puede ser una espada según la respuesta que va a recibir, pero ciertamente no puede ser aceptación de lo existente: "Es necesario tener el valor de caminar en una dirección en la cual ninguno ha caminado hasta ahora. ¡Sin valor en estos tiempos no se puede uno acercar a pueblos y a sistemas, ni se puede construir la paz!" (Cracovia, 10 de junio).

10

"VOSOTROS HABÉIS LLEVADO TODO EL MUNDO A POLONIA". LA ALIANZA CON LOS MEDIOS DE COMUNICACIÓN

La alianza creativa de Juan Pablo con los medios nace media hora después de la elección, cuando el nuevo Papa se asoma al balcón central de la Basílica de San Pedro y habla. Ningún Papa jamás había hablado al terminarse la elección. Esas pocas palabras que eran importantes por otro motivo, autopresentación del Papa "extranjero" al pueblo de Roma, transforman esa primera aparición de evento ritual en hecho periodístico. Hoy comprendemos que en esa decisión de hablar se hallaba implícito —pero tal vez inconsciente— el ofrecimiento de una alianza: el Papa aprovechaba la oportunidad de tener consigo los medios de todo el mundo para decir una cosa importante, es decir, invitar a los italianos a aceptarlo como Obispo de Roma; pero al obrar así ofrecía a los medios la oportunidad inédita de colocarse como primeros destinatarios y portadores directos de una novedad pontificia.

Esa alianza inocente y creativa con los medios tiene un desarrollo importante con ocasión de la primera salida del Vaticano para ir al Policlínico Gemelli, el día siguiente a la elección y —un poco más tarde— con ocasión del primer encuentro con los periodistas que se enriquece con partes dialogadas (21 de octubre) y de la salida de Roma para ir a Asís, a la tumba de san Francisco, patrono de Italia (5 de noviembre). En el Policlínico Gemelli el Papa habla a la multitud improvisando y solamente para saludar y bromear, lo que no sucedía con Pablo VI. Lo mismo hace con los periodistas. En Asís responde improvisando a un grito que le llega de la multitud: "¡Viva la Iglesia del silencio! A lo que contesta: ¡Ya no existe la Iglesia del silencio, porque habla a través del Papa!" (5 de noviembre).

Luego acostumbrará a los medios a los diálogos improvisados: la interrupción del evento ritual con la intervención espontánea, los periodistas la aprecian aun más que el hecho agregado al evento.

Tercera etapa —decisiva— de esta alianza es el vuelo Roma-Santo Domingo, con el cual Juan Pablo comienza, el 27 de enero de 1979, su primer viaje fuera de Italia: ese día nacen las entrevistas en el avión. Estamos todavía en la fase de la inocencia —en esta relación del Papa con los medios— pero esta vez el desarrollo es decisivo porque en ellos están implicados directamente los operadores de la información, que de las etapas precedentes habían sido simplemente espectadores. Ya Pablo VI solía viajar con los periodistas a bordo y pasaba a saludarlos en sus 9 viajes internacionales (el primero a Tierra Santa en enero de 1964 y el último a Líbano, Pakistán, Filipinas, Samoa, Papua, Nueva Guinea y Australia en 1970), pero nunca había tenido conversaciones con los periodistas ni conferencias para la prensa. En ese paso del Papa entre los periodistas valía la regla de las audiencias en el Vaticano: está prohibido hacerle preguntas al Papa. Era él, Pablo VI, atento lector de los periódicos (Juan Pablo no lo es, porque los periódicos polacos de su juventud no eran interesantes), quien formulaba preguntas y observaciones puntuales, a todo periodista que encontraba: se informaba acerca de las familias y de la salud, y bendecía.

Sin una decisión, sin un plan, por instinto, Juan Pablo desde el primer viaje atiende las preguntas y responde a todas y crea un género periodístico que no existía. He aquí cómo narra esa novedad el periodista que le hizo la primera pregunta: "Tal vez el Papa se había hecho sentir sólo para saludarnos, como solía hacerlo Pablo VI. De todos modos, le pregunté a quemarropa si pensaba visitar los Estados Unidos y, con mi gran sorpresa, me respondió inmediatamente y con la mayor franqueza: 'Creo que será necesario', dijo en inglés, con fuerte acento extranjero: 'Solamente queda por fijar la fecha'. Mi pregunta sirvió para romper el hielo y en poco tiempo todos comenzaron a plantearle al Papa interrogantes delicados y complejos, y recibieron de él respuestas claras y francas" (Bibliografía 51, p. 4).

La cuarta etapa de la alianza de Juan Pablo con los medios de comunicación está marcada por el primer viaje a Polonia en junio de 1979. Allí el Papa afirma la conciencia de que los medios han dado una dimensión mundial a su regreso a la patria. La alianza es declarada y programática. Todo lo que suceda de ahora en adelante, en este sector de los medios está de alguna manera implícito en ese programa y en las tres fases espontáneas que lo han precedido.

La novedad en el uso de los medios realizada por Juan Pablo II es análoga a la que ha introducido en la práctica de los viajes. No tenemos un Papa que ocasionalmente viaja, para realizar misiones simbólicas, o ejemplares, como lo hacía Pablo VI, sino un Papa que quiere visitar cada Iglesia local, para una movilización sistemática y misionera de la catolicidad. Y por analogía: no tenemos un Papa que envía radiomensajes en Navidad y Pascua, o autoriza la transmisión en directo de sus celebraciones, como lo hacían sus predecesores; sino un pontífice que por su iniciativa realiza y a los otros les pide una utilización sistemática de los medios, porque todo momento significativo de la vida de la Iglesia debe ser comunicado.

Las entrevistas en el avión son el ejemplo clásico de esa novedad: no existe control a las preguntas, el Papa las acepta todas y afronta el riesgo de responder como puede, improvisando. Hace esto porque confía en la confiabilidad conjunta del sistema de los medios, y porque considera útil el objetivo que de ese modo obtiene: de una presencia más marcada en los medios, incluso por razones marginales, de curiosidad, de imagen.

Pablo VI instituyó los viajes pontificios modernos, pero se limitaba a saludar a los periodistas que lo acompañaban en el avión, no aceptaba preguntas. Y no lo hacía por una actitud antimoderna, sino por una exigencia de reserva en relación con los medios: por el escrúpulo de ofrecerles solamente los momentos altos de su magisterio.

El papa Wojtyla en cambio acepta la regla de los medios, que es la de la redundancia, de la simplificación y del entretenimiento. Y he aquí que responde a las preguntas de los periodistas y se hace fotografiar durante las excursiones, cuando esquía, o en el lecho del Policlínico Gemelli.

Pablo VI habría considerado inoportuno para la imagen pontificia responder a una decena de preguntas diferentes y convergentes acerca de Cuba, Castro y el comunismo, como en cambio lo hará —con dedicación total y complaciente— Juan Pablo el 21 de enero de 1998, durante el vuelo Roma-La Habana. Los Papas en un tiempo —hasta mediados del ochocientos— hablaban solamente en latín y en los Consistorios. La despreocupada aceptación de la regla de la redundancia medial por parte de Juan Pablo nos ofrece la medida de la distancia que él fijó con respecto a esa imagen sacralizada del pronunciamiento *"ex ore sanctissimi"* (de la boca del santísimo), como se decía en el lenguaje de la Curia.

Análogamente Pablo VI habría considerado imposible responder a una pregunta simplificada, de este tipo: "¿Qué piensa de las acusaciones de bancarrota fraudulenta que se formulan al arzobispo Marcinkus?". Wojtyla nunca se negó a responder a preguntas como ésta, antes bien aprovechó para dar una indicación sencilla, y a veces más eficaz, que en el caso de Marcinkus fue: "¡Nosotros estamos convencidos de que no se puede atacar a una persona de una manera tan brutal!" (Vuelo Roma-Montevideo, 31 de marzo de 1987).

Juan Pablo responde también a preguntas de entretenimiento, tales como: "Esta tarde tendremos el partido de fútbol Italia-Polonia, ¿usted de qué lado está?". Se trata de aquellas cuestiones que los periodistas plantean para responder a la pura curiosidad de la opinión pública. Juan Pablo se somete también a esta regla, no sólo respondiendo a esas preguntas (en el caso del partido la respuesta fue: "Para mí sería mejor esconderme", vuelo Buenos Aires-Roma, 14 de junio de 1982), sino que aceptó dejarse fotografiar teniendo en brazos un koala, o mientras acaricia un pequeño rinoceronte, o trata de acercarse a un canguro.

La aceptación de la regla de los medios es radical en Juan Pablo. Una vez repitió —para los fotógrafos y los camarógrafos— la genuflexión y el abrazo de Lech Walesa, porque "es necesario mostrar cómo me saluda el señor Walesa y cómo lo recibo" (21 de abril de 1989). El papa Montini jamás habría hecho eso. Y no ha tenido dificultad en ser fotografiado en el coloquio-confesión que tuvo en la cárcel de Rebibbia con Alí Agca, el hombre que quiso quitarle la vida (27 de diciembre de 1983). En esa ocasión inclusive un hombre sin prejuicios como Giulio Andreotti observó que la camara de televisión hubiera debido detenerse en la puerta de la celda. Él que en cambio no la hizo detener considera que puede y debe mostrarse todo, cuando puede servir a testimoniar y a predicar el Evangelio.

Se han dado muchas explicaciones del privilegio televisivo de la figura pontificia y del uso "inocente" y eficaz que de él hace Juan Pablo II. Única, blanca, ideológicamente sencilla, la imagen del Papa responde de un modo óptimo a la exigencia de simplificación simbólica que gobierna los medios de comunicación. La noticia televisiva "El Papa condena la guerra", acompañada por la imagen del Pontífice que habla desde la ventana, es más sencilla y al mismo tiempo más eficaz que otra de contenido análogo que podría sonar así: "La asamblea del Consejo ecuménico de las Iglesias, reunida en Canberra, condena la guerra" y para la cual sería difícil —por no decir imposible— encontrar una imagen igualmente sencilla y reconocible.

Tenemos en fin la actitud personal del Papa. Y no es solamente la experiencia del teatro, sino también la de la liturgia la que hace de Wojtyla un comunicador televisivo excelente. Es una actitud a la cual corresponde el convencimiento de una precedencia de la visibilidad sobre lo verbal de la acción sobre la palabra. A su vez la televisión valora plenamente esa actitud y esa precedencia voluntaria. El Papa ya no es una figura lejana, en la ventana o en la basílica, casi sólo simbólica: gracias a los primeros planos ella es concreta, inmediata, polivalente como lo es el rostro de un interlocutor al cual estrechamos la mano. Lejanía simbólica y percepción inmediata se funden —con refuerzo recíproco— en la imagen televisiva del Papa.

Resumiendo la alianza de Juan Pablo con los medios, decimos:

— que Wojtyla es un Papa del gesto y de la presencia, física y medial, antes que de la palabra; y de la palabra improvisada y personal, antes que de la escrita y del documento;

— que esta preferencia, que se expresa en los viajes y en el uso de los medios, le permite llegar hasta un público enormemente más amplio que aquel con el cual podría entrar en contacto con las audiencias romanas y con el magisterio escrito;

— que ella refleja tanto el antiguo genio comunicativo católico y pontificio, que ha privilegiado siempre la acción y la visibilidad litúrgica, iconográfica y arquitectónica (y luego fotográfica y televisiva), como la actitud del personaje, dotado de capacidad comunicativa natural, educado en el arte del teatro, con la experiencia viva de la teatralidad litúrgica polaca.

Juan Pablo cree en el rol positivo de los medios. Con intuición típicamente católica piensa que el mundo es bueno y buenas tienen que ser sus noticias. "Vosotros proponéis la unidad entre todas las naciones mediante la difusión de la verdad entre todos los pueblos", dice a los periodistas acreditados ante la ONU, el 2 de octubre de 1979. Al final de ese mes aplicará —con una naturalidad desbordante— esa actitud positiva en el campo apostólico, al hablar a la Asociación Católica Internacional para la Radio y la Televisión (UNDA): "La motivación básica de vuestro compromiso es la evangelización del género humano".

Y no siempre distingue entre el compromiso profesional y el religioso de los operadores de los medios: "El Papa os desafía a construir aquí, en la comunidad mundial, el Reino de Dios", dice el 29 de septiembre de 1979 a los periodistas que lo han seguido en la visita a Irlanda, los cuales ciertamente no eran todos creyentes. Él anticipa el destino al cual tiende, como si ya viviera en la comunidad mundial a la cual aspira y llama a los periodistas para que sean de ella los primeros testigos, e inclusive los primeros apóstoles.

Estamos citando con preferencia textos del primer año de Pontificado para mostrar que esta confianza en los medios la tiene desde el comienzo, se diría que la traía desde Polonia. En el momento de la elección él no tenía una experiencia positiva de los medios de su país, neutros y ateos. Pero tenía una gran expectativa por los medios de comunicación del mundo libre, como si los hubiera esperado toda su vida. Y cuando era cardenal, en el volumen de comentario a los documentos conciliares, que se titula *En las fuentes de la renovación,* afirmaba con una intuición que no podía ser más segura: "El aspecto profético de la vocación cristiana guía nuestra atención hacia los medios de comunicación de masa" (Bibliografía 19, p. 230).

La expectativa por los medios del mundo libre encontró su verificación en la resonancia suscitada por su elección y aún más en la atención demostrada en su viaje a México y en el que realizó a Polonia. La irrupción de los medios en su patria, en seguimiento del Papa peregrino, la percibió como la señal de la salida de Polonia del aislamiento geopolítico en el cual se hallaba a causa de la repartición de Yalta: "Os agradezco porque habéis traído todo el mundo a Polonia, manteniéndolo a mi lado y haciéndolo participar en estas preciosas jornadas de oración y de mi regreso a casa", así saludó a los periodistas el 10 de junio de 1979 en Cracovia, en el patio del arzobispado.

Es necesario tomar en serio al Papa misionero, para comprender su dedicación *per excessum* a los viajes y su confianza en los medios. Él decide los viajes colocándose como misionero del mundo. Y quiere que estén organizados de tal modo que le permitan encontrarse, en cada etapa, con el mayor número de personas. Análogamente quiere que la Iglesia afronte "con humilde audacia los senderos misteriosos del éter para llevar a la mente y al corazón de cada persona el anuncio gozoso de Cristo Redentor del hombre" (Así escribió en la oración a *María estrella de la evangelización*, compuesta en 1992 para Telepace: una emisora televisiva italiana que transmite en directo todas las actividades pontificias).

Él está realmente convencido de que los medios le permiten llegar hasta "la mente y el corazón" de cada persona. Confía en el medio y en el receptor. Cree que la llegada de los medios ha modificado la condición del misionero, que ha ampliado las posibilidades de respuesta de los cristianos al mandato misionero de Cristo, "id y predicad a todas las gentes".

Llegar a todas partes —con el avión o vía satélite— y alcanzar a cada pueblo, saludándolo en todas las lenguas, él lo considera no sólo un gran don, sino un deber absoluto. "Grandes posibilidades se ofrecen hoy a la comunicación social, en la cual la Iglesia reconoce la señal de la obra creadora y redentora de Dios, que el hombre debe continuar. Estos instrumentos pueden convertirse en medios poderosos de transmisión del Evangelio" (Mensaje para la XIX Jornada mundial de las comunicaciones sociales, mayo de 1985). Y si pueden, deben: ésta es la regla de la misión.

Existen gestos y expresiones de Juan Pablo II que se comprenden sólo si tenemos en cuenta la asamblea continental o planetaria a la cual están destinadas. Para el mensaje *Urbi et orbi* de la Pascua en 1993 llegó a usar 56 idiomas. Sería una exhibición insensata, si no estuvieran realmente "todas las gentes" siguiendo la transmisión en mundovisión directa o diferida.

A la tiranía de la televisión directa Juan Pablo II llega a someterse dócilmente, como se ve muy bien en esta expresión durante una vigilia en la plaza San Pedro transmitida en mundovisión: "Yo tengo que decir mi mensaje en 25 minutos y no sé si estos 25 minutos han pasado" (8 de octubre de 1994).

Pero, ya se sabe, los medios son un desafío para todos y lo han sido también a veces para el Papa, por ejemplo con la insistencia en las señales de sufrimiento, después de la prótesis en el fémur derecho: "¡Pregunte a los periodistas si ellos nunca han tenido una mueca por el dolor!", dice al portavoz Joaquín Navarro, el 22 de agosto de 1994 en Introd (Aosta), al ver que los periódicos habían enfatizado un momento de dolor que el Papa había tenido el día anterior, al subir las gradas del altar.

Otras veces se ha defendido con ironía de la invasión de los medios en el campo de su salud:

"—¿Cómo está, Santidad?

— ¡Ciertamente ya no tengo los años que tenía en 1979! Pero creo que la Providencia me sostiene. Si quiero saber algo acerca de mi salud, sobre todo acerca de mis operaciones, ¡tengo que leer la prensa!" (21 de enero de 1998, vuelo Roma-La Habana).

Pero en conjunto Juan Pablo —a quien los medios califican como un "gran comunicador"— tiene una buena relación con la prensa. El portavoz Navarro sostiene que ha habido "una alianza objetiva entre los medios y el Papa", que ha modificado la imagen pontificia: "No sabemos qué porcentaje le corresponde al Papa y cuál a los medios, pero este cambio profundo lo han realizado juntos".

Esa alianza no ha influido solamente en la imagen pontificia.

Hemos visto la importancia que Juan Pablo atribuyó, desde el comienzo, a la ayuda que los medios le prestaron para hacer conocer su acción en Polonia. Y he aquí, en un diálogo en broma con los niños, la expresión de su convencimiento acerca del rol decisivo que los medios desarrollarán con ocasión de la visita a Cuba, casi veinte años más tarde:

— "Acerca de mi viaje a Cuba, gracias a la radio y a la televisión, todos, también los niños, lo saben todo. Pero vosotros, niños, ¿sabéis qué nos hemos dicho Fidel Castro y yo?

— ¡Síii!

— Es verdad, ¡todos lo saben todo!" (Roma, Parroquia del Niño Jesús, 8 de febrero de 1998).

Hemos hablado de confianza y de alianza del Papa con los medios. Pero cuidado: existe como una inocencia, pero ninguna ingenuidad de su relación con los medios. "Este conflicto se ha desatado no sólo con las armas de guerra sino también, en cierta medida, a través de los medios", dijo después de la guerra del Golfo, en la primavera de 1991. ¿Quién ha comprendido mejor cómo sucedieron las cosas?

11
VISITA A LOS ESTADOS UNIDOS.
LA ADVERTENCIA A OCCIDENTE

Narra la leyenda de Buda que Siddharta Gautama apenas nació dio cuatro pasos: hacia el Norte, el Sur, el Este y el Oeste. Una proyección simbólica hacia los cuatro puntos cardinales se halla también en el origen del pontificado de Juan Pablo: fue realizada en nombre de la "potestad de Cristo que no conoce ocaso" y motivada por el mandato misionero que mueve a la Iglesia "para que las palabras de vida de Cristo lleguen a todos los hombres" (22 de octubre de 1978).

Ya en su primer año de pontificado, Juan Pablo concreta esa proyección universal, que es al mismo tiempo ideal y geográfica, de su misión hacia las gentes: hacia el Sur del mundo con el viaje a México, hacia el Este con el triunfal "retorno a la patria", hacia el Norte y el Oeste con la misión conjunta en Irlanda y en los Estados Unidos (29 de septiembre a¹ 8 de octubre). Poco después de la finalización del primer año de pontificado, la visita a Turquía y a Constantinopla de noviembre de 1979 completa el escenario de la misión pontificia con los primeros acercamientos al mundo de la Ortodoxia y al del Islam que tanto lo ocuparán a lo largo del pontificado. La irradiación sucesiva a todos los pueblos, las religiones y las culturas, se hallaba como en germen en los primeros desplazamientos.

El último de los pasos simbólicos entonces es el que realizó hacia Occidente: el interlocutor más difícil. En el Sur existía el drama del hambre y en el Este el de la tiranía y conviene ir allí lo más pronto. Pero aquí, en el Norte y en el Oeste, entre Europa y América, es decir, en la encrucijada de la época y en el terminal hacia el futuro existe el desafío de la libertad y ésta es más fuerte que cualquier otra: por el destino que lleva consigo y por la raíz antigua de la cual proviene. La fuerza de este desafío es percibida lúcidamente por Juan Pablo, el cual se considera —y es percibido— como un combatiente por la libertad.

He ahí entonces a Juan Pablo, más sólido y más libre que nunca, en el encuentro con los grandes símbolos americanos: el 3 de octubre de 1979 habla en el Battery Park, una planada en la extremidad de Manhattan, donde tiene a sus espaldas Ellis Island, sobre la cual se levanta la Estatua de la libertad y delante de sí la entrada hacia Wall Street, el mundo de los negocios y de las finanzas. Se halla precisamente en la posición de quien llega a Manhattan desde el viejo mundo.

Como en toda liturgia de masa, también en este encuentro se entrelazan símbolos y palabras, y dan forma a un mensaje simplificado pero eficaz: "Mi visita a vuestra ciudad no habría sido completa si no hubiera venido a ver Ellis Island y la Estatua de la libertad, que es el símbolo de los Estados Unidos". El homenaje al símbolo del mundo nuevo es pleno, sin reservas, e induce a Juan Pablo a una larga enumeración de las características positivas de la nación que los americanos han logrado construir "sobre el fundamento de la libertad".

Pero al lado de la Estatua de la libertad, que personifica a América, él —en el conjunto de su viaje— eleva en forma provocadora otras dos figuras simbólicas: la de la justicia y la de la verdad. En el primer caso habla en nombre de la ley moral objetiva. Son las dos caras de la advertencia a Occidente.

De la libertad y de la justicia habla enseguida después de este 3 de octubre en el Battery Park. Los Estados Unidos, para ser fieles a su historia de nación "construida sobre el fundamento de la libertad", deben hoy apoyar la "búsqueda de la justicia", porque no existe verdadera libertad sin justicia y porque "la libertad adquirida debe rectificarse cada día rechazando todo lo que hiere, debilita y deshonra la vida humana". No es aceptable por ejemplo —precisará el 7 de octubre en el Capitol Hall de Washington— que "la libertad se use para dominar a los débiles, para despilfarrar las riquezas naturales y la energía, para negar a los hombres las necesidades esenciales".

De libertad y de verdad habla el 3 de octubre en la homilía en el Logan Circle de Filadelfia. También allí rinde homenaje a la historia del país que lo hospeda recordando la Declaración de independencia: "Vuestro amor a la libertad forma parte de vuestra herencia" y continúa: "Cristo mismo ha unido la libertad con el conocimiento de la verdad: 'Conocereis la verdad y la verdad os hará libres' (Jn 8, 32) (...). Por consiguiente, la libertad no puede entenderse sino en relación con la verdad revelada por Jesucristo y propuesta por su Iglesia, ni ella puede tomarse como pretexto para la anarquía moral, porque todo orden moral debe permanecer ligado a la verdad (...). Esto es particularmente pertinente cuando se considera la esfera de la sexualidad humana. Aquí, como en cualquier otro campo, no puede haber verdadera libertad sin el respeto por la verdad relativa a la sexualidad humana y al matrimonio. En la sociedad de hoy vemos muchas corrientes de pensamiento que encierran desorden y mucha relajación en relación con la visión cristiana de la sexualidad, que tienen todas una cosa en común: el recurrir al concepto de libertad para justificar todo comportamiento que ya no está en armonía con el verdadero orden moral y con la enseñanza de la Iglesia (...). Libre es la persona que ordena su comportamiento de acuerdo con las exigencias del bien objetivo (...). La ley divina es la única medida de la libertad humana y se nos da a través del Evangelio de Cristo, el Evangelio de redención" (Filadelfia, 3 de octubre de 1979).

Al posible conflicto entre libertad y verdad Juan Pablo dedicará una encíclica, la *Veritatis splendor* (1993). De libertad y justicia volverá a hablar diecinueve años más tarde, en enero de 1998, durante la visita a Cuba, donde invita a los Estados Unidos a no olvidar la justicia, y recordará a los cubanos la necesidad de no sacrificar la libertad. En el pontificado de Juan Pablo lo tenemos todo. El desafío al Occidente lo volverá a proponer en otros países, y será un tema obligado toda vez que vuelva a los Estados Unidos (1987, 1993, 1995) y dominará el choque de mediados de los años noventa con las políticas "antinatalistas" de la ONU.

Él acepta uno de los principios de la ciudad secular, la de la libertad en la esfera pública e interpersonal; pero rechaza otro, igualmente importante para este tipo de sociedad: la libertad "en absoluto y por sí misma", que coloca al hombre como medida de sí mismo y lo sustrae a la ley de Dios. Hoy es un tema difícil de llevar entre Nueva York, Filadelfia y Chicago. "Para muchos la libertad de la cual hablo es una paradoja. Inclusive es mal entendida por algunos que forman parte de la Iglesia", dirá el 4 de octubre en Chicago, hablando a los religiosos en la Fiesta de san Francisco.

Para la sociedad americana la figura del Papa ha desarrollado en el pasado la función de símbolo negativo: "papista" quería decir durante largo tiempo antiliberal, antidemocrático, autoritario.

Durante la visita de Juan Pablo estos fantasmas no reaparecen. Para dar credibilidad a las palabras del Papa, que afirma que acepta como "principio supremo" la libertad en el ámbito social e interpersonal, no están solamente los últimos decenios de diálogo ecuménico y los documentos del Vaticano II, el primero entre éstos la *Declaración acerca de la libertad religiosa*, sino que se halla también la biografía del hombre Wojtyla, la imagen de un obispo que resiste a las presiones "antiliberales" de un régimen comunista. Precisamente esa falta de equívocos acerca de la posición católica en relación con la libertad en el campo social e interpersonal y esta credibilidad personal del mensajero obtienen el efecto de evidenciar al máximo el escándalo, totalmente y sólo religioso, de un Papa que predica los límites de la libertad a un pueblo que de la libertad sin limitaciones tiende a hacer su religión.

Ya en el lenguaje del cardenal Wojtyla la libertad constituye al mismo tiempo el más grande don y la más grande tentación que se le puedan proponer al hombre. Cuando entra en conflicto con Dios ella constituye la "tentación primordial", es decir, la misma frente a la cual se hallaron los progenitores en el jardín del Edén, cuando la serpiente los sedujo con el mayor de los halagos: "Seréis como Dios" (Gn 3, 5). Esa tentación, como él lo sostiene, ha encontrado en nuestra época "el contexto histórico adecuado" para su pleno "desarrollo" y ha encontrado —agregamos nosotros al interpretar su pensamiento— en los Estados Unidos de América la patria de elección.

He aquí porque logrará decir en un mismo discurso —en el prólogo iurlandés del viaje— que éste es un tiempo de prueba extrema y que él es al mismo tiempo "maravilloso" para la Iglesia: "Debéis trabajar con el convencimiento de que esta generación, este decenio de los años ochenta en los cuales estamos a punto de entrar, podría ser crucial y decisivo para el futuro de la fe en Irlanda (...). A todos vosotros os digo: éste es un tiempo maravilloso para la historia de la Iglesia. Éste es un tiempo maravilloso para ser sacerdote, para ser religioso, para ser misioneros de Cristo" (A los sacerdotes, religiosos, religiosas, misioneros irlandeses, 1º de octubre de 1979).

A este dramático sentimiento del tiempo y a esta visión apocalíptica de nuestra época deben conducirse los llamados a los hombres de la ciudad secular, llamados lanzados durante el viaje a Irlanda y a los Estados Unidos: el no a cualquier forma de violencia, el llamado a la primacía de la ética sobre la política, la reafirmación intransigente de las normas morales tradicionales. En este contexto, no habría podido escoger temas de más ardua predicación.

Desde el primer amplio discurso en tierra americana, la homilía en el Boston Common, el 1° de octubre, el Papa advierte a sus oyentes que su discurso será duro y que él no podrá suavizar la severidad del mensaje evangélico para hacerlo agradable: "El verdadero amor es exigente, yo faltaría a mi misión si no os lo dijera con toda franqueza". Pero al mismo tiempo les advierte que su llamado a los hombres de la ciudad secular deberá interpretarse como un ofrecimiento de diálogo, y no como una apertura de hostilidades: "Espero que todo este viaje pueda ser visto a la luz de la constitución acerca de la Iglesia en el mundo contemporáneo". Porque América sintetiza la modernidad.

A pesar de la severidad del mensaje el éxito de la visita es grande. La valoración es unánime en los periódicos americanos. Según el *New York Times* el "press corps" (es decir, el conjunto de encargados de los medios de comunicación: periodistas, fotógrafos, equipos televisivos y cinematográficos, empleados de los centros de prensa) que se movilizó durante los siete días de la visita papal es "probablemente el más numeroso de la historia": catorce mil los permisos otorgados por el servicio secreto. No tiene precedentes, en materia religiosa, el espacio que los periódicos y las redes televisivas le dedican. Para la recepción en la Casa Blanca se alcanza el récord de diez mil invitaciones. Según el *Washington Post,* las multitudes que se han movido en torno al Papa son "las más grandes de la historia americana".

El Papa "severo en el púlpito y cordial en las calles" *(New York Times)* agrada a los americanos. El momento máximo de la fiesta lo obtiene del público que se podía imaginar más difícil: el de los jóvenes, con quienes se reúne el 2 de octubre en el Madison Square Garden de Nueva York y el 7 de octubre en la Universidad Católica de Washington. En el Madison los muchachos lo saludan con oleadas de "wow" que él relanza desde el micrófono cuatro veces, provocando un delirio. En la Universidad Católica las jóvenes le hacen gestos como quien lanza confetis o flores con la mano y él responde con el mismo gesto; ellas quedan entusiasmadas como si hubieran encontrado su ídolo.

"You americans have supported me very well": vosotros los americanos me habéis dado un grandísimo apoyo, dice Juan Pablo al despedirse el 7 de octubre de los periodistas que han seguido su marcha triunfal a través de cinco capitales de otros tantos "Estados". Realmente América, cosa extraña y extraordinaria, ha dado un "apoyo" imprevisto a este "gran sacerdote" polaco, que por su parte no ha sacrificado nada del patrimonio doctrinal y disciplinar, del cual es celoso depositario, para cautivar una fácil simpatía.

Pero hubo un momento realmente difícil en esos siete días americanos: aquél en el cual una mujer le dijo al Papa que a las mujeres no les bastaba el espacio que les concede a ellas la Iglesia. Es el primer caso, pero en el futuro tocará a menudo a las mujeres (en Alemania en 1980, en Suiza en 1984, en Holanda y en Bélgica en 1985) hablar al Papa fuera del coro. Y he aquí que Juan Pablo en Filadelfia repite y explica el no al sacerdocio femenino. Tres días después en Washington una religiosa —Theresa Kane's, presidenta de la Conferencia de las religiosas americanas— le pone de presente que esa explicación no satisface a muchas mujeres católicas de los Estados Unidos y le pide que actúe de tal modo que "a la mujer le sean asequibles todos los ministerios de la Iglesia". Por boca de una mujer en fin ha sido suscitado un problema que tal vez los resume todos, en esta frontera con el futuro. De todos modos Juan Pablo volverá a encontrarse frente a él cuando regrese a los Estados Unidos, ocho años más tarde.

12

VISITA A CONSTANTINOPLA, CANTERBURY Y GINEBRA. LA UTOPÍA ECUMÉNICA

A partir del segundo año de pontificado, Juan Pablo visita las tres capitales cristianas: Constantinopla (1979), Canterbury (1982), Ginebra (1984) y afirma repetidas veces que quisiera ver la cuarta —para él tal vez la más importante— que es Moscú. Las tres visitas que realiza atestiguan el impulso de su utopía ecuménica, y la que no realizará denuncia el mal éxito de esa utopía.

Juan Pablo afirma con pasión su compromiso ecuménico, pero la marcha católica hacia la unidad de los cristianos marca algún compás de demora a lo largo de su pontificado. Esto acontece en gran parte por la llegada de nuevas dificultades en Oriente —como consecuencia de los regímenes comunistas— y por la consolidación, en Occidente, de la admisión de las mujeres al sacerdocio ordenado por parte de la Comunión anglicana. Pero sucede también, en menor grado, como consecuencia del endurecimiento que algunas decisiones pontificias —tal vez no necesarias y de todos modos percibidas como irrupciones— y algunos comportamientos de las comunidades católicas de rito oriental provocan en las grandes Iglesias de la Ortodoxia.

La energía con la cual el Papa afirma la idea ecuménica al comienzo de su pontificado la veremos en este capítulo, al narrar las visitas a Constantinopla, Canterbury y Ginebra. El mal éxito ecuménico en Oriente se perfila dramático con la negativa de las Iglesias ortodoxas —excluido el Patriarcado de Constantinopla— a enviar delegados fraternos al Sínodo especial para Europa (1991). Las dificultades con la Comunión anglicana toman cuerpo en la segunda mitad de los años ochenta y llevan a una dolorosa constatación de la estadía con ocasión de la visita del arzobispo de Canterbury a Roma en 1996.

El Papa sufre a causa de esas dificultades, que se diría que lo sorprenden. Con afirmaciones y gestos simbólicos totalmente dignos de su predecesor Pablo VI, trata de relanzar la iniciativa, sin perder ninguna ocasión que se le presenta. Y en tres direcciones va más allá de la herencia montiniana por la cual se deja guiar:

— Elabora, a partir del fracaso ecuménico, la propuesta jubilar del "mea culpa" (1991-1994).

— Lanza la idea de un encuentro pancristiano, a realizarse en Jerusalén o en Belén en el año dos mil (1994).

— Invita a todas las Iglesias cristianas a ayudarlo en la búsqueda de un nuevo modo de ejercer el "ministerio petrino", es decir, el "primado" del Obispo de Roma; hacia modalidades que recuerden la Iglesia indivisa del primer Milenio y quizá impliquen elementos de una novedad histórica total, de todos modos tales que puedan ser aceptados por todos (encíclica *Ut unum sint,* 1995).

He ahí a Juan Pablo en Constantinopla a sólo un año de su elección (28 al 30 de noviembre de 1979). "Os doy la bienvenida en este histórico encuentro. Bendigo el nombre de Dios que os ha traído aquí", le dice en griego el Patriarca ecuménico Dimitrios. "Este encuentro es ya un don divino" le responde Juan Pablo en francés.

Los gestos que acompañan el encuentro en el pequeño jardín del Phanar, la residencia del Patriarca en el barrio bizantino de Estanbul, son dignos de admirar. Dimitrios con estola de color morado y dorado sale lentamente al encuentro del huésped que está revestido con una estola roja; el paso litúrgico de Bizancio es más lento que el romano y Juan Pablo frena su paso para igualarlo al del Patriarca. En el rito existe como una parábola de los diferentes tiempos y ritmos que hacen complejo el acuerdo entre la Iglesia romana que en tres años puede convocar un Concilio (lo logró Juan XXIII, entre 1958 y 1962) y las de la Ortodoxia que pueden emplear en ello inclusive cincuenta años (desde 1968 trabaja una "Comisión interortodoxa preparatoria del grande y santo Concilio de la Iglesia ortodoxa").

A los tiempos rápidos de Roma se agrega la prisa personal de Juan Pablo, que está en Constantinopla para la apertura del diálogo entre la Iglesia católica y el conjunto de la Ortodoxia y expresa este anhelo en el acto de instalación de las dos comisiones compuestas cada una por 28 miembros: "¡Ojalá pueda el alba de este nuevo milenio surgir sobre una Iglesia que ha vuelto a encontrar la unidad plena!" (29 de noviembre de 1979).

Es la afirmación más valiente de la utopía ecuménica. Algunas veces Juan Pablo la repetirá, pero nunca podrá superarla y en los años noventa se verá obligado a transformarla en los auspicios de que "en el Gran Jubileo nos podamos presentar, si no totalmente unidos, al menos mucho más próximos a superar las divisiones del segundo milenio" (*Ut unum sint,* 1995).

El mismo día que Juan Pablo entra a Turquía, el 28 de noviembre, el diario *Mylliet* (La Nación) publica en primera página una carta del terrorista y homicida Alí Agca, que acababa de evadirse de una cárcel militar: "El comandante de Cruzadas Juan Pablo II es enviado a Turquía por los imperialistas occidentales, porque en este momento crítico tienen miedo de los turcos que, junto con los otros hermanos islámicos, tratan de lograr un mayor poder económico y militar en el Medio Oriente. Si esta visita no se cancela, es cierto que yo mataré al Papa" (Bibliografía 40, p. 147).

Esta carta y el choque del Papa con el sistema soviético, por motivo de los hechos vinculados con su visita a Polonia son los únicos elementos que se produjeron antes del atentado del 13 de mayo de 1981 y que nos pueden ayudar a comprenderlo. Tal vez los servicios secretos del imperio que temía al Papa polaco ha utilizado al "lobo gris" Agca y su intención —autónoma y ya conocida— de dar muerte al Papa. O bien tal vez Agca ha sido utilizado por quien quería echarle la culpa de eso a los servicios del Este. Éstas siguen siendo —después de muchas investigaciones— las hipótesis más probables acerca del origen del atentado. Y podría haber en ello una parte de verdad en ambas versiones principales suministradas por el autor del atentado: la de haber obrado solo y la de haber sido ayudado por el servicio secreto búlgaro.

Pero ahora volvamos a la utopía ecuménica manifestada por Juan Pablo con la visita a Constantinopla. Igualmente solemne en los gestos y comprometedora en sus contenidos es la que realizó al Primado anglicano y arzobispo de Canterbury Robert Runcie, el 29 de mayo de 1982. Ya Pablo VI había estado en Constantinopla y en Ginebra, pero a Canterbury ningún papa había ido. En la cátedra episcopal que ocupó un día Agustín de Canterbury se coloca el Evangelio, mientras el Papa y el Primado ocupan su lugar abajo, ante el altar, sobre sillas iguales y a la misma altura, colocadas a los lados y ligeramente orientadas la una hacia la otra.

Para señalar que no se trata solamente de un rito de la antigua Europa cristiana que busca sanar sus heridas, he aquí la ceremonia en la capilla dedicada a los "Santos y mártires del vigésimo siglo": sobre un candelabro de seis brazos el Primado y el Papa y otras cuatro personas, en representación de las principales familias confesionales cristianas, colocan cada una un cirio pronunciando el nombre de un "mártir" de nuestra época. Comienza Juan Pablo dedicando su cirio al polaco Maximiliano Kolbe, al que cuatro años más tarde proclamará santo. Runcie pronuncia el nombre del arzobispo de San Salvador Oscar Romero. Los otros nombres son: el pastor evangélico alemán Dietrich Bonhoeffer, la religiosa ucraniana María Skobotsova (ambos, como Kolbe, víctimas del nazismo), el pastor negro estadounidense Martin Luther King, el obispo anglicano de Uganda Janani Luwun, asesinado por el dictador Idi Amin. De esta celebración en casa anglicana le vendrá a Juan Pablo la idea del "Martirologio contemporáneo" que propondrá para el Gran Jubileo y que debería conducir a una gran "Conmemoración ecuménica de los nuevos mártires", ya fijada para el día 11 de mayo del año dos mil.

Finalmente, en Ginebra, el 12 de junio de 1984 Juan Pablo tiene el encuentro con el Consejo ecuménico de las Iglesias. Tal vez no ha habido una programación consciente, pero existe la realidad de que la sucesión de las tres visitas corresponde a tres grados de cercanía: máxima es la cercanía de la Iglesia de Roma con la Ortodoxia; seguidamente viene la Comunión anglicana; la tercera es el área del protestantismo que domina la reunión de Ginebra. Y la mayor distancia se ve de inmediato en la escena de la gran sala del encuentro: para recibir al obispo de Roma se presentan hombres y mujeres, mientras ninguna mujer se había hecho presente entre los protagonistas del encuentro del Phanar y de Canterbury.

Juan Pablo recuerda el "convencimiento" de la Iglesia católica con respecto al Obispo de Roma como "polo visible de la unidad" entre las Iglesias, convencimiento al cual "nuestra fidelidad a Cristo no nos permite renunciar" y del cual "es necesario discutir con espíritu de franqueza y de amistad".

Juan Pablo añade: "Sabemos que todo esto constituye una dificultad para la mayoría de ustedes, cuya memoria talvez está marcada por ciertos recuerdos dolorosos, por los que mi predecesor Pablo VI pedía su perdón" (Ginebra, 12 de junio de 1984).

En ese momento Juan Pablo no pide perdón, y queda como un paso atrás con respecto a Pablo VI, pero más tarde lo pedirá con mayor energía que su predecesor y también dará con los hechos una respuesta positiva (con la jornada de Asís y las iniciativas para el Gran Jubileo) a la propuesta que ahora le presenta el secretario general del Consejo ecuménico de las Iglesias, el pastor negro jamaiquino Philip Potter y que de inmediato parece que no apreciara, es decir, superar "la fase de la colaboración formal" y pasar a la realización en común de actos concretos de "obediencia al Evangelio".

La diversa gradación de la utopía ecuménica según el interlocutor la notamos en esta versión modificada de su expectativa por el "alba del nuevo milenio" con la cual —un año después del encuentro de Ginebra— se dirigirá a una Iglesia protestante: "¿No podríamos aspirar a que el alba del tercer milenio constituya el advenimiento de un tiempo dedicado especialmente a la búsqueda de la plena unidad en Cristo?" (Carta al presidente de la Iglesia luterana de América James R. Crumley, 22 de junio de 1985).

Uno de los aspectos de la utopía ecuménica de Juan Pablo es su generosa extensión geográfica, en busca de todo interlocutor posible, mucho más allá de las aspiraciones esenciales de Pablo VI en Constantinopla y en Ginebra. En la *Tertio millennio adveniente* (1994) recordará que "el desarrollo de las relaciones ecuménicas" es un objetivo constante de sus viajes y dará el siguiente balance: "Bajo este perfil revisten especial importancia las visitas a Turquía (1979), a Alemania (1980), a Inglaterra y Gales y a Escocia (1982), a los Países escandinavos (1989) y últimamente a los Países bálticos (1993).

En los años noventa, cuando había caído esa utopía y se había emprendido el camino penitencial hacia la unidad, quedará solemne en los textos de Juan Pablo la afirmación de la importancia de esa meta: "Alcanzar la deseada comunión entre todos los creyentes en Cristo, podrá constituir, y constituirá ciertamente, uno de los eventos mayores de la historia humana" dirá por ejemplo en Tallin, en Estonia, durante el encuentro ecuménico del 10 de septiembre de 1993.

En este momento el camino penitencial está lejano. Pero en esta alba del pontificado ya se anuncia —con la revisión del caso Galileo, cuya apertura se remonta al mismo mes de la visita a Constantinopla— una disponibilidad, en Juan Pablo, a hacer las cuentas con la historia, que de ese camino constituye la premisa cultural.

13

REABRE EL CASO GALILEO.
LAS CUENTAS CON LA HISTORIA

Juan Pablo ya ha pasado a la historia por la valentía con la cual ha combatido el comunismo. Pero es verosímil que en la historia él permanezca, por largo tiempo, por otra inesperada valentía: de haber sometido a revisión la historia de la Iglesia, colocando en evidencia las "páginas oscuras" y las "desviaciones del Evangelio", para pedir perdón a Dios y a quien por ello ha sido ofendido. Esta máxima empresa del papa Wojtyla, que lleva el nombre de "examen de final del milenio", llegará a ser un programa explícito del pontificado con la *Tertio millennio adveniente,* a mediados de los años noventa. Pero ella se realizará a finales del pontificado —y se colocará como su síntesis— porque ya se encontraba al comienzo de él, y al comienzo se halló como revisión del caso Galileo.

Juan Pablo anuncia la revisión del caso Galileo al recordar a Albert Einstein, en un encuentro con la Pontificia Academia de las Ciencias, el 10 de noviembre de 1979, poco más de un año después de la elección. Del caso Galileo ya se había interesado el Vaticano II, que había hecho enmienda de él —sin citar al científico— en un pasaje de la *Gaudium et spes* (1965). La decisión de volver sobre el tema indica una insatisfacción por esa enmienda y por su escasa resonancia, pero indica también la plena confianza —en Juan Pablo— de que esto se podría aclarar y todo malentendido sería superado: "La grandeza de Galileo es conocida por todos, como la de Einstein; pero a diferencia de éste, a quien honramos ante el Colegio cardenalicio en nuestro Palacio apostólico, el primero tuvo que sufrir mucho —no podemos ocultarlo— por parte de hombres y organismos de la Iglesia. El Concilio Vaticano II ha reconocido y deplorado ciertas intervenciones indebidas: 'Son, por consiguiente, muy de deplorar —está escrito en el n. 36 de la Constitución conciliar *Gaudium et spes*— ciertas actitudes que a veces se han manifestado entre los mismos cristianos, derivados de no haber percibido suficientemente la legítima autonomía de la ciencia, y que, al suscitar contiendas y controversias, indujeron a muchos a establecer una oposición entre la fe y la ciencia' (...)".

"Para un ulterior desarrollo de esa toma de posición del Concilio, yo deseo que los teólogos, los sabios y los historiadores, animados por un espíritu de sincera colaboración, profundicen el examen del caso Galileo y, en el reconocimiento leal de los errores, cualquiera sea la parte de la cual provienen, eliminen las desconfianzas que todavía ese caso produce, en la mente de muchos, hacia una fructuosa concordia entre ciencia y fe, entre la Iglesia y el mundo. A esta tarea, que podrá honrar la verdad de la fe y de la ciencia, y abrir la puerta a futuras colaboraciones, yo le aseguro todo mi apoyo".

Como continuación de este anuncio, el papa Wojtyla instituye, el 3 de julio de 1981, una "Comisión pontificia para el estudio de la controversia tolemaico-copernicana de los siglos XVI y XVII", coordinada por el cardenal francés Gabriel Marie Garrone y constituida por cuatro grupos de trabajo, de los cuales son responsables el cardenal Carlo Maria Martini para la sección exegética, el cardenal Paul Poupard para la sección cultural, Carlos Chagas (presidente de la Pontificia Academia de las Ciencias) y el jesuíta George Coyne (director del Observatorio astronómico vaticano) para la sección científica y epistemológica, el P. Michele Maccarrone (presidente del Pontificio comité para las Ciencias históricas) para las cuestiones históricas y jurídicas.

Es un equipo integrado y convencido al igual que el Papa de la necesidad de "eliminar el secreto que pesa sobre la cuestión del proceso de Galileo", como lo expresa el cardenal Garrone al presentar en 1984 la más importante entre las publicaciones a la que da lugar la investigación, durante once años, el volumen *Los documentos del proceso de Galileo Galilei,* revisado por Sergio Pagano y editado por la Pontificia Academia de las Ciencias. Los estudios fundamentales ya estaban completos en 1986, con la publicación —bajo la responsabilidad del cardenal Martini— del volumen de Rinaldo Fabris, *Galileo Galilei y las orientaciones exegéticas de su tiempo,* editado también por la Pontificia Academia de las Ciencias. Si, a pesar de la integración del equipo y el trabajo solícito, el acto conclusivo llega en 1992, esto es debido a la resistencia pasiva del ambiente curial a esta iniciativa tan nueva del Papa venido de lejos. El problema se volverá a proponer con las iniciativas para el Gran Jubileo y en particular para el "examen de fines del Milenio": los proyectos pontificios que están fuera de las praxis curiales consolidadas chocan —aunque hayan sido confiados a personajes de la Curia— con una resistencia ambiental que un pontífice sin experiencia curial sólo logra vencer a largo plazo.

Finalmente la "relación Poupard", a la cual se han entregado las conclusiones de la Comisión (el cardenal Paul Poupard, presidente del Consejo para la cultura, había reemplazado a Garrone en su función de coordinador), puede ser leída solamente durante la audiencia pontificia a la Pontificia Academia de las Ciencias, el 31 de octubre de 1992. El diario *L'Osservatore romano* del 1º de noviembre la publica con este título: "Presentadas al Papa las conclusiones de la Comisión de estudio para el examen del caso Galileo. Los resultados de una investigación interdisciplinar".

El quinto párrafo es el pasaje más importante de la amplia relación, que formula —citando el texto pontificio de 1979— el "leal" reconocimiento de los "errores" de los que fue responsable el Santo Oficio y por cuyo motivo Galileo "tuvo que sufrir mucho":

"Herederos de la concepción unitaria del mundo, que se impuso universalmente hasta comienzos del siglo XVII, algunos teólogos contemporáneos de Galileo no supieron interpretar el significado profundo, no literal, de las Escrituras, cuando éstas describen la estructura física del universo creado, y este hecho los llevó a transponer indebidamente una cuestión de observación fáctica en el campo de la fe. En esta coyuntura histórico-cultural, muy lejana de nuestro tiempo, los jueces de Galileo, incapaces de disociar la fe con respecto a una cosmología milenaria, creyeron sin razón que la adopción de la revolución copernicana, por otra parte aún no demostrada definitivamente, fuese tal que hiciera vacilar la tradición católica, y que era su deber el prohibir su enseñanza. Este error sujetivo de juicio, tan claro para nosotros hoy, los llevó a adoptar una providencia disciplinar por la cual Galileo 'tuvo que sufrir mucho'. Debemos reconocer estos errores con lealtad, como lo ha pedido Vuestra Santidad".

El lenguaje es minimalista, pero la sustancia está clara. "Algunos teólogos" y "los jueces de Galileo" son expresiones que nos dan razón de lo que aconteció en el palacio del Santo Oficio y en la Roma papal de 1633. Esa opinión era seguida por todo el ambiente pontificio y esos jueces actuaron en obediencia a directivas puntuales de Urbano VIII. La implicación personal del Pontífice en la decisión concerniente a Galileo, con las disposiciones dadas el 16 de junio de ese año (y que están atestiguadas por el n. 47 de los *"Documentos del proceso"* que hemos citado arriba: "Sanctissimus decrevit", es decir "El Papa estableció") debía probablemente citarse en un documento como éste.

Sin embargo, la sustancia está clara y evidente es la valentía del reconocimiento de los "errores". Pero no menos importante es lo que dice el Papa, el 31 de octubre de 1992, al deducir del acontecimiento y de su revisión algunas "enseñanzas" para el futuro:

"Una doble cuestión interesa del debate del cual Galileo fue el centro. La primera es de orden epistemológico y concierne la hermenéutica bíblica (...). Paradójicamente, Galileo, sincero creyente, se mostró en este punto más perspicaz que sus adversarios teólogos (...). El cambio total provocado por el sistema de Copérnico ha exigido así un esfuerzo de reflexión epistemológica sobre las ciencias bíblicas, esfuerzo que debía producir más tarde frutos abundantes en los trabajos exegéticos modernos y que ha encontrado en la constitución conciliar *Dei Verbum* una consagración y un nuevo impulso (...). El juicio pastoral que exigía la teoría copernicana era difícil expresarlo en la medida en que el geocentrismo parecía que formaba parte de la misma enseñanza de la Escritura. Hubiera sido necesario al mismo tiempo vencer costumbres de pensamiento e inventar una pedagogía capaz de iluminar al pueblo de Dios. Digamos, de una manera general, que el pastor debe mostrarse pronto a una auténtica audacia, evitando el doble escollo de la actitud incierta y del juicio apresurado, ya que tanto la una como la otra podrían causar mucho mal (...).

A partir del siglo de las luces hasta nuestros días, el caso Galileo ha constituido una especie de mito, en el cual la imagen de los acontecimientos que uno se había construido era bastante lejana de la realidad. En esa perspectiva, el caso Galileo era el símbolo de la pretendida negativa, por parte de la Iglesia, al progreso científico, o bien del oscurantismo 'dogmático' opuesto a la libre investigación de la verdad. Este mito ha jugado un rol cultural considerable; él ha contribuido a anclar a muchos hombres de ciencia de buena fe en la idea de que había incompatibilidad entre el espíritu de la ciencia y su ética de investigación, por una parte, y la fe cristiana, por otra. Una trágica incomprensión recíproca ha sido interpretada como el reflejo de una oposición constitutiva entre ciencia y fe. Las clarificaciones aportadas por los estudios históricos recientes nos permiten afirmar que ese doloroso malentendido ya pertenece al pasado.

Otra enseñanza que se deduce es el hecho de que las diferentes disciplinas del saber requieren una diversidad de métodos (...). El error de los teólogos de este tiempo, al sostener la centralidad de la tierra, fue el de pensar que nuestro conocimiento de la estructura del mundo físico era, en cierto modo, impuesto por el sentido literal de la Sagrada Escritura.

En octubre de 1992 Juan Pablo ya ha madurado el convencimiento de que es necesario proyectar luz sobre todas las "páginas oscuras" de la historia de la Iglesia. La espera pasiva del ambiente curial era tal vez la que el Papa olvidara o modificara, con el paso de los años, la voluntad de "reconocer los errores" que él había anunciado al comienzo de su pontificado.

En cambio sucedió exactamente lo contrario. A lo largo de los once años de trabajo de la Comisión, Juan Pablo va llevando una vasta formación suya acerca de "páginas" determinadas, con ocasión de los viajes que lo llevan a estar en contacto con interlocutores exigentes. Ninguno de esos años carece de un pronunciamiento suyo autocrítico.

En Madrid, por ejemplo, el 3 de noviembre de 1982, habla de la Inquisición española, que fue la más terrible de todas y que es aún tema candente en aquellas tierras: "En momentos como los de la Inquisición se produjeron tensiones, errores y excesos que la Iglesia de hoy evalúa con la luz objetiva de la historia".

En Viena, el 10 de septiembre de 1983, afronta la cuestión de las guerras que están sembradas en la historia de Europa, todas ellas declaradas y combatidas por bautizados, a menudo con objetivos de injusta opresión, y declara: "Debemos confesar y pedir perdón por las culpas con las cuales los cristianos nos hemos manchado, en pensamientos, palabras y obras y a través de la inerme indiferencia frente a la injusticia".

A propósito de Galileo, de la Inquisición española y de las guerras europeas, los pronunciamientos autocríticos del Pontífice tenían una motivación más o menos directa: porque hubo Papas responsables, de alguna manera, de esos hechos. Pero se va aclarando muy pronto una actitud autocrítica de Juan Pablo que va mucho más allá de la responsabilidad de los Papas o de estructuras eclesiásticas en cuanto tales. Tal es el caso de la esclavitud, del maltrato de los pueblos indígenas de los varios continentes por parte de los colonizadores europeos, e inclusive de las mafias de Italia meridional. En estos casos la confesión del pecado se hace no en nombre del Pontificado romano, o de la jerarquía católica, sino del pueblo de los bautizados.

El primer caso que hemos encontrado es tal vez el más significativo, por esa implicación del Pontífice romano —el "nosotros" de la asamblea litúrgica— en las responsabilidades históricas y actuales de una población católica. Nos hallamos en Cosenza (Calabria), una de las regiones del sur de Italia más atormentada por la criminalidad organizada, que allá se denomina 'ndrangheta (especie de mafia). Es el 6 de octubre de 1983, y el Papa está celebrando una misa al aire libre y he aquí que en la homilía hace una lista puntual de los delitos de esa mafia y exhorta a la comunidad eclesial a hacerse responsable de ella y a ponerle remedio: "Nosotros, que somos la viña del Señor, ¡cuánta uva silvestre hemos producido, en lugar de la uva buena! ¡Cuántos odios y venganzas, derramamiento de sangre, hurtos, rapiñas, secuestros de personas, injusticias y violencias de todo género!".

En Santo Domingo, el 12 de octubre de 1984, Juan Pablo pronuncia este reconocimiento de las responsabilidades de la Iglesia católica en el maltrato de los pueblos indígenas: "La Iglesia no quiere negar la interdependencia entre la cruz y la espada que caracterizó la primera fase de la penetración misionera en el Nuevo Mundo". Juan Pablo había ido entonces a Santo Domingo para dar inicio a la "novena de años" como preparación de las celebraciones para el quinto centenario del comienzo de la evangelización de América Latina y a lo largo de los nueve años volverá sobre el tema una decena de veces, y lo volverá a tocar en contextos extraños a América Latina (en Canadá, en Australia, en los Estados Unidos) y llegará a pronunciar palabras mucho más comprometidas en 1992, como conclusión de esa novena extraordinaria.

Un año después del reconocimiento de Santo Domingo, hallándose en África, en Yaoundé (Camerún), en diálogo con los intelectuales, el 13 de agosto de 1985, dice cosas muy precisas acerca de la trata de negros, que constituye una cuestión —por las responsabilidades eclesiales— semejante al mal trato de los indios: "A lo largo de la historia hombres pertenecientes a naciones cristianas lamentablemente no siempre se han portado así y por eso nosotros pedimos perdón a nuestros hermanos africanos que han sufrido tanto, por ejemplo, a causa de la trata de esclavos". Ésta es la primera ocasión en la cual Juan Pablo trae a la memoria una página oscura de la Iglesia y concluye con una petición formal de perdón a los que fueron sus víctimas. En conjunto, en los veinte años de pontificado, han sido 25 esas peticiones de perdón, dirigidas a los interlocutores más diversos.

Recordamos el discurso a los jóvenes islámicos pronunciado en Casablanca (Marruecos), el 19 de agosto de 1985, con la invitación a la superación y al perdón por las enemistades del pasado. La visita a la Sinagoga de Roma, el 13 de abril de 1986, cuando deploró las "persecuciones" dirigidas "contra los hebreos infligidas por doquier por parte de cualquier persona; repito: ¡por cualquier persona!". (Se refería a sus predecesores). De nuevo en 1986, se celebra la Jornada de Asís por la paz (27 de octubre) durante la cual Juan Pablo afirma en nombre de la Iglesia: "No siempre hemos sido constructores de paz".

Para 1987 existe este rápido recuerdo de los malos tratos a los amerindios por parte de los colonizadores, más puntual y apasionado en relación con la alusión hecha al tema cuatro años antes en Santo Domingo: "Es un deber reconocer la opresión cultural, las injusticias, la destrucción de vuestra vida y de vuestras sociedades tradicionales. Lamentablemente no todos los miembros de la Iglesia fueron fieles a sus responsabilidades como cristianos" (Phoenix, Estados Unidos, encuentro con los amerindios, 14 de septiembre de 1987).

A partir de 1987 las confesiones autocríticas se hacen más numerosas y en 1988 encontramos al menos dos, pronunciadas en Estrasburgo. La primera es del 8 de octubre y reconoce que la Iglesia no predica contra la injusticia con la fuerza que sería necesaria: "No deben existir privilegios para los ricos y los fuertes, y la injusticia para los pobres y los minusválidos. ¿La Iglesia lo dice con voz adecuadamente fuerte? Tal vez no. También los miembros de la Iglesia tienen sus debilidades. Nosotros somos la Iglesia, ¡vosotros y yo!". Aquí Juan Pablo no precisa los roles ni las responsabilidades, sino que tiende a despertar un sentido de corresponsabilidad comunitaria.

El segundo pronunciamiento de Estrasburgo es más importante, y lo hace tres días después ante el Parlamento europeo y constituye una reprobación formal del integrismo medieval, que los Papas de esos siglos hicieron valer: "La cristiandad latina medieval —para no mencionar otra cosa— nunca rehuyó la tentación integrista de excluir de la comunidad temporal a aquellos que no profesaban la verdadera fe" (11 de octubre de 1988).

De integrismo el Papa polaco será acusado inclusive después y a pesar de esa solemne afirmación de Estrasburgo. Y recibirá la acusación más directa y resentida precisamente en su Polonia, recién salida del dominio comunista, durante el viaje de 1991, a causa de su predicación en defensa de la vida. Se defenderá con una nueva declaración contra el integrismo: "La Iglesia desea participar en la vida de la sociedad solamente como testigo del Evangelio y son extrañas para ella las tendencias a adueñarse de cualquier sector de la vida pública. No es conciliable con la verdad cristiana una actitud fanática o fundamentalista" (Olstyn, 6 de junio de 1991).

Nuestro recorrido ha llegado a 1989 y en ese año volvemos a encontrar el tema de la participación de los cristianos en las guerras de Europa, tema que ya había aparecido en 1983 y en 1985. Esta vez la reflexión, contenida en la *Carta apostólica para el quincuagésimo aniversario del estallido de la Segunda Guerra Mundial* (26 de agosto de 1989) tiene un tono dramático que ya nos dice cuánto camino había recorrido Juan Pablo —en un tiempo breve— en una materia tan delicada: "Las monstruosidades de esa guerra se manifestaron en el continente que por más largo tiempo ha permanecido en la irradiación del Evangelio y de la Iglesia. ¡Realmente es difícil continuar el camino cuando tenemos detrás de nosotros este terrible calvario de los hombres y de las naciones!".

En 1990 Juan Pablo realiza dos viajes a África (Cabo Verde, Guinea-Bissau, Mali, Burkina Faso, Chad, en enero–febrero; Tanzania, Burundi, Ruanda, Costa de Marfil, en septiembre) que nos ofrecen material abundante en el tema del colonialismo y trata de negros, pero este tema lo trataremos más ampliamente y con mayor energía durante la visita a la "Casa de los esclavos", en la isla de Gorée (Senegal) el 22 de febrero de 1992: "Desde este santuario africano de color negro imploramos el perdón del cielo".

En cambio ya es pleno el pronunciamiento autocrítico con referencia a los conflictos con el Oriente ortodoxo en esta "confesión de pecado" realizada en Bialystok (Polonia) durante el encuentro en la catedral ortodoxa, el 5 de junio de 1991: "No podemos no admitir con humildad que en la relación entre nuestras Iglesias en el pasado no siempre ha reinado el espíritu de fraternidad evangélica. Dondequiera ha existido el error, independientemente de la parte que sea, ¡esa falta debe superarse mediante el reconocimiento de la propia culpa delante del Señor y mediante el perdón!".

Tal vez la expresión más fuerte de petición de perdón, Juan Pablo la realiza en octubre de 1992 con la visita a Santo Domingo, que él califica como un "acto de explicación" y creemos que él no ha usado, en otro contexto, una palabra tan fuerte: "Mediante la peregrinación al lugar donde comenzó la evangelización —peregrinación que ha tenido el carácter de acción de gracias— hemos querido, al mismo tiempo, cumplir un acto de expiación ante la infinita santidad de Dios por todo lo que, en este impulso hacia el continente americano, ha sido marcado por el pecado de la injusticia y la violencia (...). A estos hombres no cesamos de pedirles perdón. Esta petición de perdón se dirige sobre todo a los primeros habitantes de la nueva tierra, a los indios y luego también a aquellos que como esclavos fueron deportados desde África para los trabajos pesados. 'Perdona nuestras ofensas'. También esta oración forma parte de la evangelización" (Aula de las audiencias, 21 de octubre de 1992).

Durante trece años —desde la revisión del caso Galileo a esta peregrinación de expiación en el quinto centenario del comienzo de la evangelización de las Américas— Juan Pablo ha acumulado una veintena de pronunciamientos autocríticos, a nombre de la Iglesia y con referencia a su historia. Es mucho, pero todavía poco con respecto a lo que hará en este campo a partir de 1993.

Hasta aquí las cuentas con la historia Juan Pablo las viene haciendo manteniéndose en el surco trazado por el Vaticano II y por Pablo VI: hace explícito lo que el Concilio había firmado implícitamente (Galileo), hace llegar a los destinatarios el mensaje que los padres conciliares habían consignado en documentos (hebreos, musulmanes, comunidades ortodoxas y evangélicas), pide perdón por materias nuevas (inquisición, integrismo, indios, mafia, trata de negros) lo que ya había sido afirmado en general y en línea de principio.

Casi todos estos pronunciamientos autocríticos del Papa los formula durante los viajes; en ellos se expresa la ansiedad del Papa misionero que, en el desarrollo de su misión a las gentes, siente la necesidad de reconocer las responsabilidades de aquellos que se habían acercado a esas gentes antes que él llevando el mismo anuncio. Podríamos tal vez concluir que —al menos para la primera fase de su pontificado— si no hubiera viajado, tal vez el Papa no habría pedido perdón.

Pero totalmente nueva e históricamente inédita será la autocrítica milenaria y evangélica que Juan Pablo desarrollará a partir de 1993 y que ya no tendrá una prevalente motivación misionera, sino jubilar y penitencial. No tenderá a desalojar el campo de la predicación a las gentes de los malentendidos y de los equívocos acumulados en la historia, sino a preparar en espíritu de "reconciliación y penitencia" el paso del segundo al tercer milenio. Con el "examen de fines del milenio" —que no tiene precedentes en la tradición católica— la historia de la Iglesia, que era para los Papas el laboratorio de todas las prudencias, se transformará en el campo de la máxima audacia.

14
EL PRIMER PAPA DE LA ÉPOCA MODERNA QUE SUFRE UN ATENTADO

La sangre llega siempre inesperadamente. Y totalmente inesperado fue el atentado al Papa, en la plaza de San Pedro, en medio de la multitud. En la época del terrorismo internacional, la imagen del Pontífice que se desploma ensangrentado sobre el vehículo blanco se convierte en un signo del tiempo.

Es la primera vez que el Papa es víctima de la violencia física en la época moderna. Tenemos por primera vez un Papa en el hospital. Las fotos que lo representan en traje de mañana o sentado en el lecho, con la botella de agua y el desodorante sobre la mesa de noche, contribuyen a modificar la imagen del pontificado. Ha sido a través de estas imágenes como el mundo ha comprendido el signo dramático de este pontificado. Ellas han ligado la figura del Pontífice al desconcierto de la época.

El miércoles 13 de mayo de 1981, a las 5:17 p.m., Juan Pablo saluda y bendice a los treinta mil turistas y peregrinos que llenan la plaza para la audiencia general. Sobre el coche descubierto el Papa pasa lentamente y abraza a los niños. Como todos los miércoles, como lo ha hecho siempre en todos los viajes. Helo ahí mientras está terminando la segunda vuelta por la plaza y se está acercando al Portón de bronce. Ahora tiene en brazos a Sara Bartoli, una niña de dos años que tiene una bombita. Mirémoslo un minuto más, porque no volveremos a verlo así; del atentado sanará pero la señal del sufrimiento caracterizará su imagen.

Entre la multitud se encuentra Mehmet Alí Agca, de 23 años, nacido en Yesiltepe, Turquía suroriental, célibe, condenado a muerte por homicidio, evadido de una prisión militar de Estambul, terrorista profesional, conocido por la policía de medio mundo. Empuña una "Browning" calibre 9. Dispara en dos ocasiones y alcanza al Papa en el abdomen. Es casi un milagro (la autoambulancia pronta, el corazón que resiste a pesar de la pérdida de tres litros de sangre, la infección que se previene) que no muera. Faltan tres días para completar treinta y un meses de pontificado, y cinco para que cumpla sesenta y un años.

Los disparos hacen volar las palomas de la plaza. La "Toyota" blanca arranca de improviso, entre la multitud consternada, que nada sabe. Con el Papa ensangrentado, entre los brazos del secretario don Stanislaw, los hombres de la "vigilancia" agarrados a los lados. Llega al Arco de las Campanas a la izquierda de la fachada de San Pedro. Allí estaciona, durante las ceremonias que se realizan en la plaza, una ambulancia para el auxilio inmediato. Lo colocan en la ambulancia, pero carece de los equipos para la reanimación. Lo retiran y lo colocan en la ambulancia apropiada. A las 5:24 p.m., la ambulancia sale por la puerta de Santa Ana, bordea los muros vaticanos por la parte del ingreso a los Museos, y sube en sólo ocho minutos al Policlínico Gemelli. Durante la carrera se daña la sirena. Abordo se hallan el médico personal del Papa, Renato Buzzonetti, un enfermero y don Stanislaw. Hasta el hospital el Papa está consciente, como para ayudar a la carrera con las oraciones. Cuando está en la camilla pierde el conocimiento.

En el Policlínico Gemelli estaba preparado un pequeño apartamento en el décimo piso, para el caso de una hospitalización del Papa. Y allí lo llevan en una camilla. Pero es un viaje inútil y lo vuelven a bajar precipitadamente, hacia la sala de cirugía. Al ingresar en la sala el pulso está casi imperceptible. Don Stanislaw le administra la unción de los enfermos. El anestesista le retira el anillo del dedo.

A las 6:00 p.m., se inicia el trabajo de los cirujanos. La intervención quirúrgica dura cinco horas y veinte minutos. Corte y recorte del canal gastroentérico en los puntos afectados por el proyectil: una intervención "clásica" de la cirugía militar. La radio y la televisión transmiten a todo el mundo las noticias, fragmentarias e indirectas, acerca de las condiciones del Papa. Más tarde se sabe que el riesgo de muerte por desangramiento ha sido grave. Al abrir el abdomen encuentran sangre, mucha sangre. "Había tal vez tres litros", dirá el cirujano Crucitti a Frossard: "El proyectil, después de haber entrado por la pared anterior del abdomen, había atravesado el hueso sacro. Pero los órganos esenciales sólo habían sido tocados ligeramente" (Bibliografía 10, p. 288).

La pesadilla colectiva dura hasta el domingo siguiente, 17 de mayo, cuando la Radio Vaticana transmite a la multitud de la plaza San Pedro la voz grabada del Papa, fatigada y lenta, pero clara: "Oro por el hermano que me ha herido, al cual he perdonado sinceramente. Unido a Cristo, sacerdote y víctima, ofrezco mis sufrimientos por la Iglesia y por el mundo".

El "examen médico, legal y balístico" del tribunal de Roma establecerá que Alí Agca ha disparado las dos veces desde una distancia de tres metros, o máximo tres metros y medio, estando "a la derecha del vehículo en el que viajaba el Santo Padre" y "un poco más adelante".

El primer proyectil hiere al Papa en el abdomen, atraviesa el hueso sacro, sale por los lomos, roza el espaldar de la Toyota, y va a terminar en el tórax de Anne Odre, una turista americana. Le extirparán el bazo y le encontrarán allí dentro el proyectil: Anne habría muerto si ese proyectil la hubiera herido sin la "pérdida de fuerza lesiva", según dirá el examen del tribunal, sufrida por haber "atravesado el abdomen del Sumo Pontífice".

El otro proyectil, disparado cerca de un segundo después del primero, "sigue una trayectoria más alta": destroza el índice de la mano izquierda del Papa —mano que estaba apoyada a un espaldar de la Toyota y que Juan Pablo, en ese instante estaba llevando al abdomen— le hiere el brazo derecho más arriba del codo ("lesión en sesgo", según el examen) y hiere el brazo izquierdo de otra turista americana, Rose Hall, que se hallaba al lado izquierdo de Anne Odre.

Las dos mujeres heridas con el Papa son internadas en el Hospital del Santo Spirito, que se halla a doscientos metros de la plaza San Pedro. El Papa es llevado al Policlínico Gemelli, a pesar de la urgencia y los peligros del tráfico, porque —como narrará don Stanislaw a Frossard— una vez "había dicho que si un día hubiera tenido necesidad de atenciones clínicas, debía ser internado como todos los demás en un hospital, y que el hospital podía ser el Policlínico Gemelli" (Ibíd., p. 286).

Instalado en un pequeño apartamento (una habitación y una antesala) en el décimo piso del Policlínico, el Papa permanece internado hasta el 3 de junio. Presionando a los médicos, se hace dar de alta. Vuelve a su trabajo. El 6 de junio, fiesta de Pentecostés, baja a San Pedro para leer un saludo a las delegaciones ecuménicas que han venido para la conmemoración de los Concilios de Constantinopla y de Éfeso (en el 1600º y en el 1550º aniversario). Pero una semana después Wojtyla vuelve a sentirse mal. Se sabrá luego que se trata de una infección debida a las transfusiones de sangre de la intervención quirúrgica y que ha constituido el riesgo más fuerte de muerte para el Papa. Pero en este momento existe en él "un movimiento de fiebre, debido a un proceso inflamatorio pleuro-pulmonar derecho", como expresa el boletín médico n. 19, del 24 de junio.

El Papa fue hospitalizado nuevamente el día 20. El boletín precisa que se trata de infección producida por "cytomegalovirus": el cuadro hematológico, las investigaciones bio-humorales y los exámenes microbiológicos nos han documentado la existencia de una reciente infección derivada de cytomegalovirus, cuyo proceso aparece como benigno".

El 5 de agosto viene la segunda intervención de los cirujanos, para el "cierre de la colestomía de protección", es decir, para eliminar el tubo artificial que, partiendo del colon, salía del abdomen. Lo habían colocado el 13 de mayo para "permitir" al intestino cortado y cosido nuevamente que "cicatrizara". Pasada la cicatrización, superada la infección de "cytomegalovirus", las funciones fisiológicas han sido nuevamente "canalizadas" en la parte terminal del intestino. Hacía falta todavía una semana de alimentación semilíquida para que el Papa fuera dado de alta.

Deja el Policlínico Gemelli el 14 de agosto. Permanecerá en convalescencia en Castelgandolfo hasta el 30 de septiembre. El 4 de octubre celebra de nuevo en la plaza San Pedro. Los médicos dicen que está "completamente restablecido". Aparece en forma, tan sólo un poco más flaco y resiste bien una celebración de tres horas y media. Tiene la voz robusta, como siempre. Su paso es enérgico. Vuelve a tomar posesión de la plaza en la cual había corrido el riesgo de morir y muestra que no teme un nuevo atentado. O mejor, aparece decidido a no dejarse bloquear por ese temor. Después del rito baja como siempre entre la multitud y estrecha las manos, acaricia a los niños y a los enfermos, toca y bendice a todos.

Este contacto con la multitud había sido desaconsejado, porque era demasiado peligroso. Pero Juan Pablo no obedeció a la consigna; quiso mostrar a sí mismo y a todos (la ceremonia se transmitía en mundovisión) que a pesar del "evento" —como lo llama— del 13 de mayo sigue siendo el de antes.

El 7 de octubre tiene lugar la primera audiencia en la plaza San Pedro. Había sido anunciada para el aula Pablo VI, al abrigo de la multitud incontrolable de la plaza. Pero él quiere vencer el último tabú. No sólo mantiene la audiencia en la plaza, sino que realiza con el coche blanco esa gira entre la multitud, la misma que había estado haciendo el 13 de mayo cuando Alí Agca lo hirió.

Se llega a saber (lo escriben los diarios y no lo desmiente nadie) que la permanencia de 77 días en el Policlínico Gemelli le ha costado al Vaticano 45 millones de liras. Es el último acto de esta "comedia humana" que duró cinco meses, que ha recuperado la figura pontificia para la condición humana normal. Víctimas de un atentado hay miles en el mundo cada año; internado en un hospital de la ciudad adonde con dificultad llegó a bordo de una ambulancia, que se abre camino en el tráfico de la primera periferia en una hora de mucho movimiento; operado dos veces, con los detalles anatómicos transmitidos a la opinión pública por los medios de comunicación; varias veces fotografiado, enflaquecido y con fiebre, como todos los abuelos víctimas de un incidente. En la historia del pontificado no permanecerá inactiva esta imagen del Papa hospitalizado.

El Papa estuvo en el hospital, no para visitar a los enfermos, sino porque nunca se había visto enfermo. Una vez Raniero La Valle, un periodista teólogo italiano, al escribir en la revista *Concilium* (8/1975, p. 111) acerca del Papa como Obispo de Roma, indicó la oportunidad de que se hiciera "atender en los hospitales de la ciudad, y no en salas de cirugía expresamente instaladas en el Vaticano", como había sucedido con Pablo VI con ocasión de la intervención de la próstata (1969). He aquí la violencia modificadora del atentado y de las señales que lleva consigo: lo que sonaba hasta el día anterior como una audaz utopía se realiza ante los ojos del mundo.

Mehmet Alí Agca, como lo prevé el Tratado entre la Santa Sede e Italia (que equipara, en el artículo 8, "el atentado contra la persona del Papa" al que se realizara "contra la persona del rey"), fue condenado a cadena perpetua, el 22 de julio de 1981 —70 días después del atentado— después de una investigación y un debate que nada revelaron acerca de las razones de ese delito. La sentencia, depositada el 24 de septiembre, afirma la convicción de que tras el gesto del turco ha habido una "maquinación": "El atentado contra Juan Pablo II no fue obra del 'delirio' ideológico de un delincuente que lo hizo todo 'por sí solo sin ayuda de nadie' (...), sino que fue fruto de una maquinación compleja, orquestada por mentes ocultas interesadas en crear nuevas condiciones desestabilizadoras". Pero agrega: "La Corte se ve obligada a firmar que los elementos obtenidos no permiten, en el estado actual, revelar la identidad de los promotores de la 'conspiración'".

También en el Vaticano se piensa que se trató de "varios cerebros" y no de un "delincuente que lo hizo todo por sí solo". El secretario de Estado, el cardenal Agostino Casaroli, expresó este convencimiento en una circunstancia solemne; al hablar en la Basílica Vaticana, el 29 de junio de 1981, fiesta de los santos Pedro y Pablo, en una celebración que hubiera debido ser presidida por el Papa: "Un corazón —¿o son corazones?—, un corazón hostil ha armado una mano enemiga para atacar en el Papa el corazón mismo de la Iglesia, para tratar de hacer callar una voz que, sola, ¡se ha levantado para proclamar, con una valentía fruto de amor, la verdad, para predicar la caridad y la justicia, para anunciar la paz!".

Mucho se ha escrito acerca del tema del complot. Como conclusión de una de sus investigaciones, una red televisiva independiente inglesa, la "Itv", dijo que estaba en condiciones de afirmar que la Santa Sede estaba "convencida" de que el KGB soviético había participado en el complot contra el Papa. Eran los meses en los cuales el sindicato polaco Solidarnosc, protegido por el Papa polaco, sacudía el orden de los países comunistas y alguno había decidido que Juan Pablo debía salir de la escena. "La Santa Sede nunca ha dado declaraciones ni ha expresado hipótesis relacionadas con cualquier organización o país como eventuales mandantes del atentado contra Juan Pablo II", precisó en esa ocasión (5 de septiembre) el vicedirector de la Sala de Prensa vaticana Pierfrancesco Pastore.

Alí Agca en el primer proceso sostuvo que actuó solo. Pero más tarde declaró que había tenido tres cómplices, presentes como él en la plaza: Oral Celik, Omer Ay, Sedat Kadem. Es la denominada "pista búlgara", por causa de la cual se hizo un segundo proceso, en el cual todos fueron absueltos por insuficiencia de pruebas. Pero el ministerio público, al pedir la absolución de los imputados, afirmó que había logrado la certeza del complot: "Agca no ha actuado solo, no puede haber actuado solo. Había un complot, una organización que ha comprometido y protegido a Agca".

15

DA GRACIAS A LA SANTÍSIMA VIRGEN PORQUE LO LIBRÓ DEL PELIGRO

Con el papa Wojtyla el pontificado romano sale del orden y de las reglas de una tradición secular y se entrega a la aventura, que es la aventura de la misión "ad gentes", en la cual el Pontífice quisiera ver implicada a toda la Iglesia católica. La aventura de la misión es también choque con el mundo. De este choque forma parte, misteriosamente, el acontecimiento del atentado, un drama que ha resumido en imagen el drama de todo el pontificado.

En el capítulo anterior habíamos acompañado a Juan Pablo al Policlínico Gemelli después de los disparos de Alí Agca. Ahora volvemos al lugar de los disparos para tratar de captar los signos que el atentado ha llevado consigo. Y henos aquí, delante de un casquillo sobre el pavimento, en medio de un círculo de yeso de la investigación realizada por la policía. Cada signo ha dejado su huella en la plaza. Este círculo, que duró un día, podría ser el signo de nuestro tiempo.

No ha sido colocada ninguna señal sobre la plaza, como recuerdo del atentado. Y ha sido una decisión acertada. Cinco meses después de los disparos, el 4 de octubre, Juan Pablo volvió a celebrar en la plaza de San Pedro. Fue una nueva toma de posesión del lugar, una superación del tabú. Una plaquita en el piso, como recuerdo del atentado, hubiera sido un punto firme a favor del tabú.

L'Osservatore Romano ha usado a menudo tonos solemnes para recordar el aniversario del atentado. Pero la retórica celebrativa nunca ha implicado al Pontífice. Antes bien, más de una vez, Juan Pablo ha usado el tono de la ironía para este tema imposible. "Le aseguro, eminencia, que ningún lugar es más peligroso que la plaza de San Pedro", dijo una vez al cardenal francés Decurtray, que le refería las habladurías acerca de una centuria de Nostradamus, que tendían a presentar como infausta su ida a Lyon, en octubre de 1986.

No existe una narración vaticana oficial del atentado, y mucho menos una interpretación suya. El Papa siempre se ha limitado a hablar del significado espiritual del evento. Para los hechos queda en pie la versión dada por la magistratura italiana, en los documentos de los dos procesos. He aquí cómo están resumidos en la ordenanza de envío a un nuevo juicio del segundo procedimiento, firmado por Ilario Mastella: "Con sentencia fechada el 22 de julio de 1981, la primera Corte penal de Roma condenaba al ciudadano turco Mehmet Alí Agca a la pena de cadena perpetua, con aislamiento diurno durante el período de un año, por haber atentado en Roma, plaza de San Pedro, el 13 de mayo de 1981, actuando con fines de terrorismo, contra la vida del sumo pontífice Juan Pablo II, disparando dos veces contra él, con una pistola marca Browing calibre 9, que produjeron lesiones personales al mismo y además, por error en el uso del arma, también a las ciudadanas estadounidenses Odre Anne y Hall Rose". El acontecimiento del atentado se halla consignado en relaciones como ésta, que al menos no aumentan la confusión de los corazones.

El atentado ha aumentado enormemente la vigilancia en torno a la persona del Papa y los medios han intensificado la cobertura de sus desplazamientos. Esto se vio de inmediato el 4 de octubre de 1981, con ocasión del primer regreso a la plaza de San Pedro. Todo el perímetro de la columnata estaba protegido, la gente era registrada e inspeccionada con los detectores de metales, los periodistas estaban apostados a porfía con los agentes de la policía. Pero él, el Papa, no aceptó permanecer alejado de las multitudes. Muy pronto volvió a frecuentar la plaza y a salir en Roma, por Italia y por el mundo.

Fruto del síndrome del atentado es el "papamóvil": un vehículo especial con vidrios blindados que desde 1981 el Papa usa en sus desplazamientos al aire libre. Juan Pablo aborrece este instrumento que lo aísla de la multitud y apenas puede lo abandona. Pero en los planes de desplazamiento está siempre previsto este vehículo, cuando se prevé que va a haber multitud de gente. Se ha escrito que el "papamóvil" es la nueva "silla gestatoria del pontífice romano" (Gianni Baget Bozzo). Y entonces es necesario decir que les resulta realmente difícil a los Papas bajar de esa silla, o de su sombra impuesta por el terrorismo.

El atentado creó la sensación del peligro constante, toda vez que el Papa sale del Vaticano. Ese peligro teóricamente era conocido. Ya Pablo VI había corrido el riesgo de ser aplastado por la multitud en Jerusalén (1964) y había sufrido una especie de atentado en Manila (1970), cuando un pintor disfrazado de sacerdote lo había atacado y herido ligeramente en el tórax con un puñal en forma de cruz. Pero ninguno hubiera imaginado posible una agresión mortal en la plaza San Pedro. Éste al menos fue el convencimiento expresado por el ambiente vaticano al día siguiente del hecho. "La impresión dominante era el impacto por el gesto: ¡violencia al Papa después de tantos siglos!", declara en una entrevista del 23 de septiembre de 1981 al *Messaggero* el decano del Sagrado Colegio, el cardenal Confalonieri, que en su vida (tenía entonces 88 años) había asistido a otras tragedias.

La marca de la sangre ha modificado también la popularidad, ya inmensa, de este papa del gesto y de las multitudes. Como que la ha avivado, introduciendo en ella un elemento de mayor profundidad. Existe una seriedad nueva, en el modo con el cual se perciben sus palabras —después de ese hecho— por los fieles y por la opinión pública. Bastará pensar en el efecto que desde entonces tienen sus llamados contra la violencia y el terrorismo. Después de la carta de Pablo VI a los "hombres de las Brigadas rojas" (abril de 1969) y las súplicas del mismo Wojtyla "a los hombres de la violencia, que son también hijos míos" (Navidad de 1980, durante el secuestro de D'Urso), se ha pedido a un pontífice una palabra de sangre, como para hacer más participado y más comprensible el mensaje de la Iglesia.

Otro efecto del atentado ha sido el de hacer que fueran verdaderas las palabras acerca de la participación en el dolor ajeno, que un Papa puede llegar a pronunciar inclusive demasiado a menudo y no siempre con un tono que convence. Juan Pablo visita continuamente hospitales y enfermos, en Roma y durante sus viajes. Ya lo hacía Pablo VI, siguiendo el ejemplo de Juan XXIII.

Pero debe haber sido extraordinaria la emoción de los hospitalizados en el Policlínico Gemelli, cuando recibieron la visita del Papa internado al igual que ellos. Podemos imaginar el paso vacilante de Juan Pablo, vestido con una bata, con las bolsas del drenaje colgadas en la cintura, su curiosidad detallista —que es propia de todos los hospitalizados— por la situación de los otros enfermos que ahora preguntaban por la salud de él. "Ahora sé mejor que antes que el sufrimiento es una dimensión de la vida, de tal naturaleza que en ella más que nunca profundamente se injerta en el corazón humano la gracia de la Redención", dirá el 14 de agosto al dejar por segunda vez el Policlínico Gemelli. Y al misterio del sufrimiento le dedicará uno de los documentos más personales de su pontificado: la carta apostólica *Salvifici doloris* (10 de febrero de 1984).

Para Juan Pablo, la estadía en el Policlínico Gemelli fue también ocasión de una reflexión específica acerca de la relación entre médico y paciente, que luego se volvió a hacer sentir en las charlas a los médicos y a los enfermos. Al menos dos veces, en esos 77 días, se opuso a los proyectos del equipo que lo atendía y acabó por imponer su voluntad: cuando quiso dejar por vez primera el hospital, el 3 de junio, y los médicos consideraban que eso era una imprudencia; cuando se opuso a su proyecto de aplazar hasta octubre la intervención para liberarlo de la prótesis intestinal.

"No olvidéis que si vosotros sois los médicos, yo soy el enfermo y que tengo que haceros partícipes de mis problemas de enfermo, sobre todo de esto: no quisiera volver al Vaticano si no estoy completamente curado. Me siento absolutamente en condiciones de someterme a una nueva operación". Así le habló al equipo reunido para decidir, según el relato de Crucitti a Frossard (Bibliografía 10, p. 304).

Quedan en pie, insondables para el observador, las consecuencias del atentado en el hombre Wojtyla. Al retomar después de cinco meses la actividad pública, el Papa dedica los discursos de las primeras cinco audiencias generales (a partir del 7 de octubre de 1981) al "contenido de mis meditaciones en ese período en el cual he participado en una gran prueba divina" (Bibliografía 1). Cuenta que se ha sentido "segregado y destinado a la muerte" como el apóstol Pedro encarcelado por el rey Herodes. Citando la Biblia se aplica a sí mismo la reflexión de

Pedro liberado de la cárcel: "Ahora me doy cuenta realmente de que el Señor me ha arrancado de la mano de Herodes".

Cita la Segunda Carta de Pablo a los corintios, donde afirma que "el poder se manifiesta en la debilidad" (12, 9), y hace esta aplicación personal: "Con grande reconocimiento al Espíritu Santo, pienso en aquella debilidad que Él me ha permitido experimentar desde el día 13 de mayo, al creer y confiar humildemente que ella haya podido servir al fortalecimiento de la Iglesia y también al de mi persona humana". Es evidentemente un "fortalecimiento" en la fe al que el Papa hace alusión, casi como para proponerse una entrega más total a la propia misión, más allá de cualquier cálculo de "prudencia humana", incluyendo el que es instintivo y primordial, el de la seguridad física.

Podemos intuir algo de ese fortalecimiento por la visita que el Papa realiza a Alí Agca en la cárcel el 27 de diciembre de 1983, en una celda de máxima seguridad del brazo "G7" de la cárcel de Rebibbia. Esa visita completó con el gesto la palabra de perdón ya pronunciada por Juan Pablo y ofrece al mundo algo así como la última imagen del atentado. Se trataba de la imagen a través de la cual el Papa deseaba que se recordara.

Mehmet Alí Agca, veintiséis años, cabello negro, suéter azul celeste, barba de un día, sale al encuentro del Papa. Se inclina y casi se arrodilla, besa la mano derecha que el Papa le tiende. Luego apoya la frente sobre el dorso de la mano del Pontífice: es un gesto de la cultura islámica que indica respeto y confianza en el interlocutor.

Las imágenes de aquel encuentro las hemos visto todos en la televisión. Al lado derecho de la celda está la cama de Alí. Al lado izquierdo, en el rincón opuesto a la puerta de ingreso, están dos sillas, una de ellas con el espaldar contra el termosifón. Sobre ésta se sienta Alí. Sobre la otra Wojtyla. El Papa pasa su mano derecha cerca de la rodilla de Alí y se le acerca con la cabeza como para decir: "Ahora hablemos". El operador se retira. Regresará al final de los 21 minutos, para fotografiar el saludo de despedida. "Lo que nos hemos dicho es un secreto entre mi persona y él", dice más tarde el Papa a los periodistas: "Le he hablado como se habla a un hermano a quien he perdonado y goza de mi confianza".

Juan Pablo dirá a Frossard que no había tenido miedo de morir en la carrera hacia el Policlínico Gemelli: "No por valentía, sino porque, en el mismo instante en que yo caía en la plaza de San Pedro, he tenido el vivo presentimiento de que me salvaría. Esta certeza nunca me ha abandonado, ni siquiera en los peores momentos, tanto después de la primera operación, como durante la enfermedad viral. Una mano ha disparado, otra ha guiado la bala" (Bibliografía 10, p. 318).

La mano que lo salva es la de la "misericordia" del Señor, que en Juan Pablo adquiere personalidad, y él la siente como la cercanía de Dios. Apenas pueda moverse de Roma, irá a darle gracias —el 22 de noviembre de 1981— en el Santuario del Amor misericordioso de Collevalenza (Todi) y desde allí habla de este modo: "Mis experiencias personales de este año, ligadas a los acontecimientos del 13 de mayo, me ordenan que grite: 'Lo debemos a la misericordia de Dios si no hemos muerto'".

Muy pronto la "misericordia" del Señor asume el rostro materno de María y Juan Pablo realizará no una sino dos peregrinaciones de acción de gracias a la Santísima Virgen, en el primero y en el décimo aniversario del atentado y escogerá con este fin el santuario de Fátima: "Cuando fui alcanzado por el proyectil del autor del atentado en la plaza de San Pedro, no reparé al principio en el hecho de que ese era el aniversario del día en el cual María se había aparecido a los tres niños en Fátima, en Portugal" (Bibliografía 14, p. 243).

María está siempre presente en la piedad de Juan Pablo. Se diría que hay una dimensión mariana constante en su oración. Pero esta presencia no contrasta con la fuerte orientación cristocéntrica de sus convicciones teológicas que hemos puesto en evidencia en el capítulo 7 y que están atestiguadas por la fórmula de aceptación de la elección, por el discurso del comienzo de su pontificado (22 de octubre de 1978) y por su primera encíclica *Redemptor hominis* (1980).

He aquí cómo él mismo describe —en el libro *Cruzando el umbral de la esperanza*— esa fecunda presencia simultánea del Hijo y de la Madre en el cielo de su piedad, al hablar de los motivos que lo han impulsado a elegir las palabras *Totus tuus* (todo tuyo) como lema episcopal: "Esta fórmula no tiene simplemente un carácter pietista, no es una simple expresión de devoción: es algo más. La orientación hacia esa devoción se ha afianzado en mí en el período en el cual, durante la Segunda Guerra Mundial, trabajaba como obrero en una fábrica. En un primer momento me había parecido que yo debía alejarme un poco de la devoción mariana de la infancia, en favor del cristocentrismo. Gracias a san Luis Grignon de Montfort comprendí que la verdadera devoción a la Madre de Dios es en cambio realmente cristológica, aún más, está profundamente arraigada en el misterio trinitario de Dios y en los misterios de la Encarnación y de la Redención" (Bibliografía 14, p. 231).

Al "hilo mariano" que atraviesa y une las varias fases de su formación, Juan Pablo dedica un párrafo sugestivo también en el volumen autobiográfico *Don y misterio* (Bibliografía 16, p. 37-39). Allí se halla la historia completa de su piedad mariana. En *Cruzando el umbral de la esperanza* está la afirmación de que ella encuentra su inspiración en el capítulo 8 de la *Lumen gentium,* precisamente en el sentido de esa orientación cristocéntrica de la devoción a María: "Cuando participé en el Concilio, me reconocí plenamente en este capítulo, donde volví a encontrar todas mis experiencias anteriores ya desde los años de la adolescencia y también ese vínculo particular que me une a la Madre de Dios en formas siempre nuevas" (Bibliografía 14, p. 232).

La fecunda presencia de María y de Cristo en su piedad, como se expresa en los actos de su pontificado, se podría documentar con una reseña de sus decisiones innovadoras, aún mínimas, con respecto a sus predecesores y a la tradición romana:

— Apenas elegido Pontífice define el Rosario como "mi oración predilecta" (Ángelus del 29 de octubre de 1978) y cinco meses después comienza el rezo de esta oración el primer sábado de cada mes en la Radio Vaticana, desde la Capilla Paulina o desde otro lugar del Vaticano o desde Castelgandolfo.

— Quiere que en la Basílica Vaticana se practique la "adoración perpetua", en la Capilla del Santísimo Sacramento. Comienza esta práctica con una misa celebrada en esa capilla el 2 de diciembre de 1981.

— Hace preparar un pesebre monumental en la Basílica de San Pedro para la Navidad de 1981 y otro (acompañado por el árbol de Navidad) en la plaza de San Pedro para la de 1982.

— Hace colocar —en 1982— una imagen de la Virgen sobre un frontis de los palacios vaticanos, a la izquierda del patio de San Dámaso, visible desde la plaza de San Pedro. De eso habla a la Curia el 28 de junio: "Desde este año, una dulce imagen mariana vela desde lo alto del Palacio apostólico sobre las multitudes que convergen hacia este centro de la cristiandad para orar y para 'ver a Pedro'".

— Establece que en la Basílica de San Pedro todos los días "fieles y visitantes" sean invitados "con el toque de la campana" al rezo del "Ángelus", a las 12 m (esta práctica comienza el 25 de marzo de 1982).

— En 1982 quiere que se vuelva a la práctica de la celebración de la fiesta de los santos patronos de Roma Pedro y Pablo, el 29 de junio (la festividad civil había sido suprimida en 1977 y la memoria de los santos patronos había sido trasladada al domingo siguiente).

— También en 1982 establece que se vuelva a hacer la procesión en Roma del Corpus Christi, con la participación del Papa, desde San Juan de Letrán hasta Santa María la Mayor, el día de esta fiesta (que, como la de los santos patronos, había sido trasladada al domingo siguiente).

Nos limitamos a las innovaciones de los primeros cuatro años que bastan para dar prueba de esa viva presencia en la piedad de Juan Pablo, su preocupación pastoral y pedagógica, la intención de armonizar las novedades litúrgicas introducidas por Pablo VI con la religiosidad popular tradicional. Con esa preocupación pueden relacionarse también las celebraciones del Año Santo extraordinario de la Redención en 1983 y del Año Mariano, que se extiende del 6 de junio de 1987 al 15 de agosto de 1988.

Totus tuus quiere decir también la proyección espontánea a confiarlo todo a la intercesión de María. Podríamos citar una infinidad de textos. Es suficiente éste, que es más expresivo que todos los demás porque es improvisado y gritado el día de Pascua de 1988 (Año Mariano), al final del mensaje "Urbi et Orbi": "¡Ora por todo el mundo, por toda la humanidad, por todos los pueblos! ¡Ora por la paz en el mundo, por la justicia! ¡Ora por los derechos del hombre, especialmente por la libertad de religión, por cada hombre, cristiano y no cristiano! ¡Ora por la solidaridad de los pueblos de todos los mundos, el primero y el tercero, el segundo y el cuarto!". Sin duda en esta invocación gritada está todo el pontificado de Juan Pablo hasta ese momento. Cuando un pensamiento dominante guía la vida de un hombre, se revela en la palabra inmediata y ante todo en la que es gritada. Y aquí el pensamiento es éste, que resume la teología wojtyliana: que todo el drama del mundo se puede confiar a María, porque su "signo", es decir el "signo de la mujer" del que habla el Apocalipsis, es signo de salvación para la historia del mundo. Como lo veremos, esa invocación gritada desde el balcón de la Basílica de San Pedro, en el corazón del Año Mariano, sintetiza la encíclica *Redemptoris Mater,* que había sido publicada doce meses antes, en vista de ese año.

Existe algo más profundo en el papa Wojtyla que continuamente se relaciona con María, o mejor con "la señal de la mujer", que dominaría la historia y en particular nuestra época, revelando de él al mismo tiempo la índole dramática y el destino de salvación. Este nivel "más profundo" no se expresa totalmente en palabras, su comunicación está confiada en parte a los gestos de piedad del Pontífice. Y en parte a invocaciones que son poesías antes que oraciones. Sería necesario ante todo realizar en ellas una búsqueda de lenguaje y ninguno —que sepamos— la ha intentado hasta ahora. El biógrafo tiene sino una intuición de conjunto. Trataremos de decir lo esencial de ella.

Me refiero ante todo a una declaración del cardenal Ratzinger, del 25 de marzo de 1987, quien al presentar a la prensa la encíclica *Redemptoris Mater* y el Año Mariano que ella anunciaba, dijo: "El Año Mariano significa que el Papa quiere mantener dentro de nuestro momento histórico la 'señal de la mujer' como esencial 'signo del tiempo': sobre el camino indicado por este signo avanzamos sobre las huellas de la esperanza hacia Cristo, que conduce la historia a través de Aquella que indica el camino".

Como se ve también Ratzinger tiene dificultad para expresar con palabras la intuición profunda de Juan Pablo. Y esto es consolador para nosotros.

"Señal de la mujer", es decir, la señal que fue prometida a nuestros primeros padres con las palabras dirigidas a la serpiente: "Pondré enemistad entre ti y la mujer" (Gn 3, 15). Lo cual fue develado plenamente con el último libro de la revelación, el Apocalipsis, que habla de la "señal de la mujer" y la presenta como "señal grande en el cielo", asechada por el dragón y vencedora contra él. Sigue diciendo Ratzinger: "En el libro que concluye el Nuevo Testamento se habla expresamente de 'señal de la mujer', que en un determinado momento de la historia se levanta sobre ella, para reconciliar entre sí, desde aquel momento en adelante, el cielo y la tierra. La señal de la mujer es señal de la esperanza. Ella es la que indica el camino de la esperanza".

He aquí entonces la intención del Papa, comunicada a Ratzinger y presentada por éste a los periodistas: el Año Mariano y la invocación de María, el "totus tuus", las consagraciones y las peregrinaciones marianas, el ciclo de Jasna Gora y todo lo demás quieren mantener dentro de nuestra historia la señal de la mujer, es decir, la esperanza de la victoria sobre la serpiente, del bien sobre el mal. Todo esto Juan Pablo nos lo comunica con palabras nuevas y gestos antiguos según una pedagogía católica ya experimentada en la tradición romana: el Año Mariano sirve para decir a todos lo que la encíclica dice a los lectores de la Biblia.

Pero la "señal de la mujer" nos hace pensar también en la mujer y en las mujeres de nuestra historia; en la mujer que engendra al hombre y a quien está confiado el hombre; a la mujer guardiana del amor y de su fruto. Y aquí tocamos otro nivel profundo de Juan Pablo, también éste sugestivo y oscuro, que volveremos a tocar en el capítulo 20 acerca de la "teología del cuerpo" y de la "teología de la mujer" (usa esta expresión en *Cruzando el umbral de la esperanza:* Bibliografía 14, p. 238) a la cual tiende su predicación y que podríamos indicar con este dibujo circular, donde la reflexión se profundiza mediante retornos y variaciones eslavas y literarias, totalmente extrañas a la tradición romana: María, la señal de la mujer, la serpiente, el niño, Cristo, María, la mujer, la vida, el cuerpo, el amor... Y en esta profundidad encontramos a von Balthasar, el teólogo suizo a quien Karol Wojtyla y Juan Pablo citan a menudo y que ha levantado sobre la Iglesia del siglo XX algunas luces, que permanecerán, sobre los capítulos difíciles y nuevos de la "figura mariana" de la Iglesia y de la dimensión corporal e inclusive sexual de la redención. Esta consonancia es puesta en evidencia eficazmente por el teólogo y obispo Angelo Scola en un ensayo acerca de los fundamentos antropológicos del magisterio de Juan Pablo sobre el amor y sobre la mujer (Bibliografía 89).

El que quiera profundizar las componentes teológicas de la predicación de Juan Pablo deberá reconstruir finalmente esta dependencia de cada uno de sus niveles más profundos con respecto a sugerencias que vienen del gran teólogo suizo.

A von Balthasar —y también a Congar— puede ser atribuido el impulso de Juan Pablo a la confesión de culpas históricas de los cristianos, y que el teólogo suizo afronta en su libro *Quién es el cristiano* (1965), en *Casta Meretrix* (1961) y en *Raíz de Jesé* (1960).

En Juan Pablo se asoma también la disponibilidad a interrogarse acerca de la "contrariedad" al Evangelio de los títulos reservados al Papa, que von Balthasar denuncia en *Sponsa Verbi* (1961) y de lo cual Juan Pablo habla en *Cruzando el umbral de la esperanza* (Bibliografía 14, p. 6,12).

Totalmente balthasariana es luego la audacia de afirmar como posible la esperanza de que todos los hombres se salven, que el grande teólogo propone en *Esperar para todos* (1986) y a la cual Juan Pablo se asocia en *Cruzando el umbral de la esperanza,* en el capítulo 28. Sobre esta frontera Juan Pablo se asoma con una valentía increíble en un Papa y es asombroso que esa exposición no haya sido atacada por la crítica: cita expresamente a von Balthasar y hace de ello el argumento principal (es decir, que la Iglesia nunca ha pretendido poder afirmar que alguno se ha condenado) y concluye así: "El silencio de la Iglesia es, por consiguiente, la única posición oportuna del cristiano".

Inclusive la decisión de Juan Pablo de dirigirse —con tanta decisión— al mundo no cristiano, que se remonta a 1985, podría derivar de una sugerencia precisa que viene de von Balthasar. Lo veremos al final del capítulo 23.

16

DEFIENDE A SOLIDARNOSC
Y COMBATE EL COMUNISMO

Durante diez años Juan Pablo defiende a Polonia de la amenaza soviética: desde el primer viaje a su patria en junio de 1979 (capítulo 9) hasta las elecciones de junio de 1989, que llevan a la formación de un gobierno guiado por el católico Tadeusz Mazowiecki, quien recibe felicitaciones y augurios también del Kremlin (24 de agosto), ya gobernado con firmeza por Michail Gorbachov. Pero antes de firmar esas felicitaciones liberadoras, Gorbachov debe rechazar —durante una tumultuosa sesión de las directivas del Partido de Varsovia— la propuesta rumana de una intervención en Polonia semejante a la realizada en Checoslovaquia en 1968.

De esa aventura decenal, que constituye en gran parte el aporte de Juan Pablo a la derrota del comunismo, aquí nos interesa el aspecto sujetivo: el drama del hombre Wojtyla, que del pontificado recibe la fuerza para ayudar a su patria, pero a quien el pontificado mantiene forzadamente alejado de la patria y que tal vez teme implicar a la Iglesia en una cuestión polaca que no la atañe.

Ese drama pudo ser doloroso para el hombre Wojtyla, pero constituyó una feliz circunstancia histórica que apresuró la salida pacífica de Europa oriental del dominio soviético y restituyó la figura papal al derecho del amor patrio, del cual la había despojado la larga tradición ascética y neutral de los Papas italianos. Baste decir que la despersonalización nacionalista de Pío XII había llegado a tal rigor que usó la expresión "vuestra patria" cuando se dirigía a los italianos (Bibliografía 64, p. 352).

Sólo rara vez dio Juan Pablo alguna señal del drama sujetivo que estaba viviendo, mientras lograba constantemente en cambio ofrecer una imagen de fuerte identificación con los destinos de su patria y de firme decisión de no abandonarla en el momento de la necesidad. En los primeros años ochenta demostró desagrado por el apelativo de "Papa polaco", que sin embargo, había usado con gusto en los primeros tiempos de su pontificado: veía en ello una nota de reproche para su patria. Alguna vez —recuerdo un encuentro con los trabajadores de la fábrica Solvay, en Livorno, en 1982— manifestó este desagrado con las palabras: "¡No os hablaré de Polonia!".

Una sola vez, si no erramos, afronta la cuestión con un texto escrito y lo hace para aclarar autorizadamente —ya con hechos cumplidos— que lo que ha realizado por su patria lo ha hecho como Papa y no como persona privada y que por consiguiente lo habría hecho, o lo haría en favor de cualquier país que no fuera Polonia. Esto lo dice el 20 de octubre de 1989, al recibir en el Vaticano a Mazowiecki, el primer católico que asumió la guía del gobierno polaco después de la Segunda Guerra Mundial. Como respuesta al agradecimiento de Mazowiecky "por el apoyo que nos ha brindado en estos años", Juan Pablo declara solemnemente: "Pienso que si he hecho algo a este respecto, lo he hecho como parte de mi misión universal y así deben verlo".

La ayuda de Juan Pablo a la patria que se hallaba en peligro la narraremos con diez hechos, que resumen un decenio de pasión y de oraciones.

31 de agosto de 1980: firma del protocolo de Dantzig, del cual nace oficialmente Solidarnosc. Como ya se había hecho en los otros días de huelga, por la mañana, al interior del cancel n. 2 de los astilleros Lenin se celebra la misa; sobre la verja la imagen de la Virgen de Czestochowa y un gran póster de Juan Pablo dominan el panorama.

25 de diciembre de 1980: a la salida de la misa de medianoche, en Varsovia, grupos de jóvenes gritan: "¡Viva Juan Pablo II rey de Polonia!".

19 de enero de 1981: Juan Pablo recibe al líder de Solidarnosc, Lech Walesa, de viaje por Italia y afirma que "no existe y no debe existir ninguna contradicción entre una iniciativa social autónoma como el sindicato Solidarnosc y la estructura de un sistema que se basa en el trabajo".

28 de marzo de 1981: en el vértice de un período dominado por la concreta amenaza de una intervención soviética, Juan Pablo envía un dramático telegrama al primado Wyszynski, gravemente enfermo, en el cual afirma que "los polacos tienen el innegable derecho de resolver sus problemas por sí solos, con las propias fuerzas". Al día siguiente afirma el mismo principio en el saludo dominical desde la ventana, apelando a la Carta final de Helsinki, entre cuyos firmantes se hallan la URSS y la Santa Sede y que rechaza toda forma de ingerencia en los asuntos de otro país. En esta misma fecha escribe a Leonid Breznev, presidente del Presidium del Soviet Supremo. Dicha carta no es conocida, pero se dice que contiene los mismos conceptos del telegrama a Wyszinski y de la advertencia dada desde la ventana, con un valor *ad personam* en relación con su destinatario real (Bibliografía 44, p. 252 y 267; 62, p. 221).

Un mes y medio después sucede el atentado, el 28 de mayo muere Wyszinski y el 13 de diciembre de 1981, se proclama el estado de sitio en Polonia. Juan Pablo así habla al mediodía, desde la ventana: "Los acontecimientos de las últimas horas me piden que me dirija una vez más a todos por la causa de nuestra patria, para pedir oraciones. ¡No se puede derramar sangre polaca, porque ya demasiada ha sido derramada, especialmente durante la última guerra!".

26 de agosto de 1982: en Czestochowa se festeja el 600º aniversario del santuario, y sobre el escenario de las celebraciones un trono vacío señala la ausencia del Papa. Estaba prevista para esta fecha una segunda visita de Juan Pablo, pero el gobierno impuso un aplazamiento.

10 de octubre de 1982: en la plaza de San Pedro, Juan Pablo proclama santo a Maximiliano Kolbe con el título de mártir. La celebración es entendida en Polonia también como un resarcimiento para la nación duramente golpeada por la ley marcial: cuatro días antes de la canonización el gobierno disuelve formalmente Solidarnosc.

29 de diciembre de 1982: la agencia soviética Tass acusa al Papa (que desde hace un año todos los domingos y todos los miércoles habla de su patria) de fomentar "actividades subversivas" en los países comunistas, de ser responsable de la crisis en Polonia y de llevar adelante "una acción propagandista anticomunista a gran escala".

16 a 23 de junio de 1983: segunda visita de Juan Pablo a Polonia, que él comienza con estas palabras: "¡Mi grito será el grito de toda la patria!". Existe todavía la ley marcial. Cada palabra debe ser calculada. Todo gesto puede ser peligroso. Todas las veces que el Papa dice "solidaridad" se oye un aplauso que vale por una concentración. En el encuentro con las autoridades Juan Pablo aclara de este modo su actitud de polaco y de pontífice: "Seguiré considerando como mío todo verdadero bien de mi patria, como si yo continuara mi vida en esta tierra y tal vez aún más, por motivo de la distancia. Con la misma energía seguiré sintiendo lo que podría amenazar a Polonia, lo que podría causarle daño, traerle deshonra, lo que podría significar un estancamiento o una depresión" (16 de junio).

8 a 14 de junio de 1987: tercera visita a Polonia. El cielo de la patria está más sereno. En Moscú está Gorbachov desde hace dos años, se da comienzo a las reformas. Juan Pablo saluda de este modo a los polacos: "¡Oh mi tierra polaca! ¡Tierra duramente probada! ¡Tierra hermosa! ¡Tierra mía! ¡Seas bendita! ¡Recibe mi saludo! Os saludo a vosotros, compatriotas, que conocéis la alegría y el sufrimiento de la existencia en esta tierra!" (Varsovia, 8 de junio).

Hablando a los obispos, el último día de ese viaje, Juan Pablo hace el balance del "desafío" comunista que la Iglesia ha aceptado y que él ha conducido en primera persona: "Después de mil años el cristianismo en Polonia ha tenido que aceptar el desafío que está contenido en la ideología del marxismo dialéctico, el cual califica toda religión como un factor alienante para el hombre. Conocemos este desafío. Yo mismo lo he experimentado en esta tierra. La Iglesia lo está experimentando en diferentes lugares del globo terrestre. Se trata de un desafío muy profundo (...). Puede ser un desafío destructivo. Sin embargo, después de años de experiencias, no podemos dejar de comprobar que éste puede haber sido también un desafío que ha comprometido a fondo a los cristianos para emprender esfuerzos, en busca de nuevas soluciones. En este sentido viene a ser, de algún modo, un desafío creativo; de ello es un elocuente testimonio el Concilio Vaticano II. La Iglesia ha aceptado el desafío; ha leído en él uno de los providenciales signos de los tiempos y por medio de este signo, con una nueva profundidad y fuerza de convicción, ha dado testimonio de Dios, de Cristo y del hombre, contra todos los reduccionismos de naturaleza epistemológica o sistemática, contra toda dialéctica materialista".

Para la determinación con la cual Juan Pablo llevó adelante su lucha decenal, baste tener presente la audacia de la segunda visita a Polonia, en junio de 1983, cuando estaba todavía vigente la ley marcial. Al día siguiente de la proclamación del estado de sitio, el 13 de diciembre de 1981, el diario francés *Le Monde* criticó la prudente reacción vaticana y escribió que el Papa hubiera debido "ir a Polonia". Contra las reglas seculares de la diplomacia pontificia, la segunda visita aconteció cuando todavía persistía el estado de sitio: la audacia pontificia pareció que igualaba la fantasía de los medios.

Juan Pablo no esperaba que el derrumbe del comunismo aconteciera durante su pontificado. Lo contará en confianza muchas veces, después de 1989. Pero nos limitamos a consignar una broma que contó a Frossard, probablemente en el verano de 1982:

"El Papa está orando, y pregunta al Padre Eterno: 'Señor, ¿Polonia obtendra algún día la libertad, la independencia?'. 'Sí', le responde Dios, 'pero no mientras tú vivas'. Y el Papa insiste: 'Señor, ¿después de mí habrá de nuevo un papa polaco?'. 'No mientras vivo yo', respondió Dios" (Bibliografía 11, p. 49).

En una materia tan seria, ¡nada más creíble que una broma! Pero he aquí el punto al cual queríamos llegar: aunque no preveía un final rápido del comunismo, Juan Pablo siempre actuó expresando en cada palabra y en cada gesto la certeza de ese final. "Quedaban en el misterio solamente el momento y las modalidades", dirá en Praga el 21 de abril de 1990. Después de la caída de la cortina de hierro hablará de "un incidente de cincuenta años", no comparable con los "mil años del cristianismo" eslavo (Ibíd.). Pero así había pensado siempre, como lo atestigua esta expresión de octubre del año anterior: "El régimen militar resiste desde diciembre, ¡la Virgen de Czestochowa desde hace seiscientos años!" (vuelo Libreville-Roma, 19 de febrero de 1982).

Poco sabemos, aún hoy, acerca del modo con en cual los responsables del imperio soviético reaccionaron ante la elección de Juan Pablo. Pero podemos imaginar que fue exactamente lo contrario del entusiasmo que manifestó el escritor ruso Aleksandr Solzenicyn, desterrado en

América: "¡La elección del papa Wojtyla es la única cosa buena que le ha sucedido a la humanidad en el siglo XX!" (Bibliografía 53, p. 54).

La "Relación Bogomolov" (comisionado por el Politburo y que Oleg Bogomolov —director del Instituto del Sistema Socialista Mundial ante la Academia de las Ciencias— entrega el 4 de noviembre de 1978, ¡sólo 19 días después del cónclave!) había dado buenas sugerencias acerca del modo de relacionarse con el nuevo Papa: "Según representantes católicos de alto nivel, la elección del cardenal polaco promoverá la universalización de la Iglesia —es decir, su activismo en todos los sistemas sociopolíticos, sobre todo en el sistema socialista... Es probable que este diálogo tenga por parte del Vaticano un carácter más sistemático y agresivo que bajo Pablo VI. Se puede prever que Wojtyla será menos disponible para compromisos con los gobiernos de los Estados socialistas, especialmente con respecto a los nombramientos en las Iglesias locales" (*La Stampa* de Turín, 23 de abril de 1993).

En el Kremlin no carecían de elementos al evaluar. Pero los responsables no lograron atender las sugerencias de los expertos, como resulta claro por la reacción de Leonid Breznev ante la noticia de la negociación que el gobierno polaco estaba llevando a cabo con el Vaticano para la primera visita del Papa a su patria: él aconseja al secretario del Partido comunista polaco que "cierre las fronteras" al Papa. Gierek en las memorias narra que le había presentado esta objeción por teléfono: "¿Cómo podría yo dejar de recibir a un Papa polaco, cuando la mayoría de mis connacionales son católicos?". Breznev con su réplica demuestra que no capta la novedad del Papa polaco: "Gomulka era un comunista mejor que usted, porque no dejó entrar a Pablo VI a Polonia y no aconteció nada terrible" (Bibliografía 44, p.199).

Después de un año de las sugerencias de Bogomolov, el 13 de noviembre de 1979 la secretaría del Comité central del Partido comunista soviético adopta malas providencias con una "Resolución Suslov": actuar sobre "los círculos vaticanos que se declaran a favor de la paz", difundir materiales que "denuncian la tendencia peligrosa de Juan Pablo II" y otras sugerencias análogas que no habían dado resultados ni siquiera en los tiempos del papa Pacelli, imaginemos si los darían en la era de Wojtyla (*La Stampa* de Turín, 23 de abril de 1993).

17

EL PAPA VIAJERO.
EL PAPA MISIONERO

En los primeros veinte años de su pontificado, Juan Pablo había realizado 132 viajes en Italia y 84 fuera de ella, que dan un total de 216. Esos viajes han llevado al Papa a 116 países diferentes y a 252 diversas localidades italianas.

El continuo viajar es el aspecto a la vez más vistoso y más original de su pontificado, y también el más discutido. Él se sirve de las visitas pastorales y de las peregrinaciones como medio de comunicación y como instrumento para el gobierno de la Iglesia.

Llama la atención ante todo la vistosidad de sus viajes. Constituyen su actividad más relevante por razón del tiempo y de las energías. Se calcula que hasta hoy (1998) ha empleado, en sólo viajes internacionales, un año, dos meses y nueve días de su vida como pontífice. Ellos tienen un rol decisivo para determinar la imagen del pontificado, y señalan con fuerza, en los medios y en la escena mundial, la presencia de la Iglesia católica.

Ningún hombre en el mundo, entre 1978 y fines del siglo, ha sido visto directamente por tanta gente y por multitudes tan numerosas como aquellas que en todos los continentes han festejado a Juan Pablo. Y ningún otro hombre o mujer en el mundo ha podido atraer por tanto tiempo la atención de los medios internacionales y de cada uno de los países incluidos en la agenda del Papa viajero.

La originalidad de su modo de viajar es otro aspecto de interés. Él no es quien ha inventado los viajes pontificios: también en época moderna, habían viajado ampliamente Pío VI y Pío VII en la edad napoleónica, Pío IX en el intento por detener la disgregación del Estado Pontificio, Pablo VI después del Concilio. Pero su modo de viajar es diferente de todos los otros. Él no es un viajero ocasional, sino un viajero por método y por vocación.

La comparación hay que establecerla con Pablo VI, que ha creado los viajes pontificios de la época contemporánea. Pero con Juan Pablo no tenemos un Papa que ocasionalmente viaja, para realizar misiones simbólicas, como lo hacía Pablo VI, que viajó a Tierra Santa, a la ONU, a Constantinopla, a Ginebra, a África, a la India, a América Latina, a las Filipinas y a Australia, a Fátima.

Con Juan Pablo tenemos un Papa viajero que se mueve con la intención de visitar cada iglesia local, por una sistemática movilización misionera de la comunidad católica mundial. Los nueve viajes internacionales del papa Montini han sido nueve misiones simbólicas, para abrir el diálogo o volver a tomar los contactos con los hermanos separados y el hebraísmo, con la comunidad internacional, con los diversos pueblos y continentes. Los 84 viajes internacionales de Juan Pablo constituyen en cambio la parte básica de su misión ordinaria como papa, su modo de ejercer el "ministerio petrino" y de promover la "nueva evangelización".

La finalidad y los resultados de sus viajes son objeto de una discusión continuada dentro y fuera de la Iglesia, a lo largo de todo el pontificado.

Las principales objeciones internas se expresan en nombre de la iglesia local, del ecumenismo y del rechazo al triunfalismo.

Los países independientes del mundo son hoy 200: el Papa ha visitado tres sobre cinco y en una treintena ha ido más de una vez:

— Ha estado dos veces en Argentina, Australia, Bélgica, Benín, Burkina Faso, Camerún, Canadá, Corea del Sur, Croacia, El Salvador, Filipinas, Guatemala, Nicaragua, Nigeria, Papua Nueva Guinea, Perú, Portugal, Eslovaquia, Suiza, Hungría, Uruguay, Venezuela, Zaire;

— tres veces ha estado en Australia, Brasil, Costa de Marfil, Alemania, Kenya, México, República Checa, República Dominicana;

— cuatro veces en España y Estados Unidos, seis veces en Francia, siete veces en Polonia.

En Italia ha estado dos veces en Belluno, Brescia, Génova, Milán, Nápoles, Reggio Calabria, Siena, Treviso; tres veces en Bolonia, cuatro veces en Loreto y Turín; cinco veces en Asís.

Los viajes más largos al exterior han sido los que realizó a Uruguay, Chile y Argentina en abril de 1987 y al Extremo Oriente (Bangladesh, Singapur, Fidji, Nueva Zelanda, Australia, Seychelles) en noviembre de 1986, que duraron 14 días cada uno. El más largo en una sola nación fue el que realizó en Brasil (el país con el número más alto de obispos y de bautizados católicos) en julio de 1980, que ocupó 13 días. Los más largos en Italia han sido los que realizó a las diócesis de Emilia en junio de 1988 y en la región napolitana en noviembre de 1990: cinco días.

Los viajes internacionales han sido, en promedio, cuatro cada año. Pero como de 1981 a 1994 prácticamente no viajó, por motivo del atentado y de la ruptura del fémur derecho, el promedio real sube a seis viajes por año. Ellos lo han llevado cuarenta y cuatro veces a varias partes de Europa y treinta y ocho veces a otros continentes.

Con los cuarenta y cuatro viajes por Europa ha visto todos los países de Europa occidental, incluyendo Liechtenstein, Malta y San Marino. Le faltan Andorra, Gibraltar y Mónaco. Pero al este de Italia y en la Europa excomunista no ha podido llegar a Bielorusia, Bulgaria, Grecia, Rumania, Rusia, Serbia y Ucrania.

Ha estado diecinueve veces en América, visitando todos sus países con excepción de las dos Guayanas, Surinam y algunos pequeños estados de las Antillas. Doce han sido los viajes a África y siete los viajes a Asia y Oceanía.

Ha viajado lo que le habría bastado para realizar 25 veces la vuelta al planeta, y sin embargo, al menos siete viajes los ha soñado y aún no ha podido realizarlos: a Jerusalén y Moscú, a China y a Vietnam, a Irlanda del Norte, a Ucrania y a Bielorrusia.

En el Medio Oriente sólo ha podido visitar el Líbano. A Belén y a Jerusalén desearía ir para el Gran Jubileo y probablemente irá, pero su sueño es más amplio: quisiera visitar la Tierra Santa junto con Irak y Siria, Egipto, Jordania y el Líbano, con un itinerario que recorra toda la geografía bíblica, desde Abraham y Moisés hasta Jesús.

A Irlanda del Norte quiso ir en septiembre de 1979, cuando visitó la comunidad católica irlandesa y llegó hasta Drogheda, en el límite con el Ulster. Pero le explicaron que no era prudente aventurarse más allá, porque su presencia podría provocar más guerra que paz.

Le hacen falta todos los países con régimen comunista, con excepción de la Polonia de los tres primeros viajes, de Cuba (1998) y de algunas pequeñas repúblicas africanas que visitó mientras se hallaban bajo regímenes marxistas-leninistas, como Congo Brazzaville (1980), Benin y Guinea Ecuatorial (1982). Después que cayó el imperio soviético, pudo visitar Checoslovaquia (1990), de nuevo la República Checa y la Eslovaca (1995), Albania (1993), Lituania, Letonia y Estonia (1993), Croacia (1994 y 1998), Eslovenia y Berlín (1996), Sarajevo (1997). Pero aún después de la caída de la Cortina de hierro, sigue faltándole Rusia, así como todos los otros países de mayoría ortodoxa, desde Ucrania hasta Bielorrusia, desde Bulgaria hasta Rumania, adonde antes no había podido ir a causa del comunismo, actualmente no puede ir por causa del conflicto con las "Iglesias hermanas".

Naturalmente le quedan prohibidas China y Vietnam. Muchas veces ha llamado a las puertas de China, desde Seúl y desde Roma, pero no lo han escuchado. Y aún más le duele no poder ver la comunidad católica de Vietnam, que es la más numerosa de Asia después de la de Filipinas.

En sus salidas al mundo, Wojtyla es ayudado por la facilidad con la cual la figura pontificia se impone en el mundo de los medios.

La fascinación de los medios en parte se produciría con cualquier Papa, pero en parte sucede porque el Papa es él. La primera carta que juega es la de las entrevistas en el avión. Los periodistas seguían también a Pablo VI, que pasaba a saludarlos, pero no aceptaba preguntas

Wojtyla en cambio las acepta todas, inclusive ahora cuando ya no da la vuelta en el avión, sino que se limita a un saludo colectivo, en la zona del avión reservada a los periodistas. Todo acontece con una gran confusión, entre micrófonos y cámaras, fotógrafos que saltan sobre las poltronas, grabadoras que cubren el rostro del Papa. Cada uno de los periodistas puede hacer una pregunta en su idioma y el Papa le responde, como puede, en el mismo idioma. Estas entrevistas siempre constituyen la noticia y nunca ha sucedido que el Vaticano tuviera que desmentir alguna respuesta referida por un periódico.

Además del contacto directo, existe una segunda regla de los medios que el Papa sigue como por instinto: va donde hay peligros, visita países en guerra, va donde lo aconsejan que no vaya y donde no quieren, habla de inmediato —aún desde el avión— del tema prohibido de esa visita. Por ejemplo, de la ley "marcial" mientras viaja a Polonia en 1983, cuando precisamente allá existía el "estado de sitio". O de la matanza de San Bartolomé en la "noche de San Bartolomé", como lo hizo el 23 de agosto de 1997 en París. En fin, él crea el evento, si éste todavía no existe.

En los viajes pontificios ya ha sucedido de todo un poco.

El Papa se ha encontrado en estado de sitio, no sólo en Polonia, sino también en Argentina (1982), El Salvador (1983), Guatemala (1983), Timor Este (1989), Saragevo y Beirut (1997). Fue impugnado por la juventud sandinista en Managua, Nicaragua (1983). Casi tiene un atentado en Fátima (1982): un sacerdote tradicionalista trató de atacarlo con una bayoneta.

Se halló en medio de una violenta represión —con el humo de los gases lagrimógenos que llegaba hasta el altar— durante una misa en Santiago de Chile (1987). En São Paulo (Brasil) en 1980 y en Asunción (Paraguay), en 1988 un encuentro con los trabajadores y uno con los "constructores de la sociedad" se transformaron —sin contrariedad del Papa— en manifestaciones contra las dictaduras de los dos países.

A veces es el mal tiempo el que crea "interés", al desviar el avión de su ruta. Esto sucedió en septiembre de 1988, durante un traslado de Botswana a Lesotho; cuando el avión se ve obligado a aterrizar en Johannesburg y el Papa tiene que llegar a Maseru con un viaje de cuatro horas en automóvil a través de la sabana.

En 1984, en Canadá, una tempestad de nieve impide el aterrizaje en Fort Simpson, cerca del Círculo Polar Ártico, donde está programado un encuentro con los Esquimales. En 1986, al regreso de la India, el avión va a parar a Nápoles, porque los aeropuertos de Roma estaban cerrados, debido a la nieve. Allí llega el Papa la mañana siguiente en tren.

Hasta las enfermedades de 1992 (tumor en el colon) y 1993 (primera manifestación de la enfermedad nerviosa que le produce el temblor de la mano izquierda y la fijeza de la mirada) parece que él no advierte la fatiga de los viajes, de la cual se repone rápidamente.

"¿Cómo hace para resistir físicamente tantos viajes?", le preguntan una vez los periodistas, y ésta es la respuesta: "Es mejor no pensar en ello, sino hacerlo" (vuelo San Juan de Puerto Rico-Roma, 13 de octubre de 1984).

Los periodistas vuelven a hacerle esa pregunta un año y medio después: "¿Cómo hace para no sentirse cansado, después de semejante viaje?", y la respuesta es aún más inocente: "Yo también me admiro" (vuelo Lima-Roma, 6 de febrero de 1985).

Su reacción es enérgica cuando la pregunta se refiere a los gastos de los viajes: "¡Son cosas estúpidas cuando hablan de los gastos y tratan de impedir que el Papa viaje!" (vuelo Seychelles-Roma, 2 de diciembre de 1986).

A los niños de una parroquia romana les explica que para él caminar y viajar ha sido siempre la cosa más natural: "Desde muchacho yo era un gran caminante! Luego he llegado a ser un gran viajero y espero seguir siéndolo!" (parroquia de San Vicente Pallotti en Pietralata, 18 de febrero de 1996).

Una vez Alessandro Monno, un acólito de 11 años, le pregunta, durante la visita a la parroquia romana de San Benedetto fuori Porta San Paolo (febrero de 1988): "¿Por qué vas dando vueltas por el mundo?". El Papa le responde: "¡Porque el mundo no está aquí! ¿Has leído lo que dijo Jesús? 'Id y evangelizad todo el mundo'. Por eso voy por todo el mundo".

Así habla a los muchachos. Para los grandes el mensaje es éste: "Siento que ha llegado el momento de comprometer todas las fuerzas eclesiales para la nueva evangelización y para la misión ad gentes". Así está escrito en la encíclica *Redemptoris missio* (22 de enero de 1991), que presenta la motivación más profunda de sus viajes "misioneros". Porque "el Obispo de Roma es el primer heraldo de la fe, por eso él tiene la primera responsabilidad de la difusión de la fe en el mundo" (aula de las audiencias, 10 de marzo de 1993).

Entre las críticas a los viajes, la más difundida en la Curia —especialmente en los comienzos del pontificado— es la que se refiere a su exceso, es decir, a su número y a su ritmo. Juan Pablo conoce esa crítica y la reconoce como justa, pero sostiene que se trata de un exceso "sugerido" por la Providencia.

18

"MUCHOS DICEN QUE EL PAPA VIAJA DEMASIADO". CUANDO JUAN PABLO OBRA "PER EXCESSUM"

Henos aquí en el corazón de la imagen y de la obra pontificia realizada por Juan Pablo. A menudo, va más allá de la medida dictada por la tradición romana. Lo hace a sabiendas y justifica ese exceso, esa audacia, ese riesgo, ese desafío con la exigencia particular del momento, o de la época. En la controversia con los colaboradores de la Curia —que siempre más débilmente tratan de recordarle la medida áurea de los Papas italianos— él invoca la sugerencia que le viene de la Providencia.

Es significativo que el primer contraste suceda en el tema de los viajes. El exceso que más inmediatamente apareció a Juan Pablo como un deber es el que más desconcertaba a sus colaboradores. El Papa defiende repetidas veces su opción, en entrevistas y discursos a la Curia, a responder a las objeciones y habla del significado de los viajes inclusive en la constitución apostólica de reforma de la Curia y en la carta *Tertio millennio adveniente*. Entre todos los textos disponibles (el más orgánico y amplio es el discurso a la Curia de junio de 1982) hemos escogido uno brevísimo, pero tal vez el más revelador del pensamiento de Juan Pablo; es una entrevista a la Radio vaticana y a *L'Osservatore Romano* publicada el 13 de junio de 1980. El objetivo inmediato de esa entrevista era el de responder a la objeción —muy fuerte entonces en la Curia: el Papa acababa de regresar de un viaje a Francia, y un mes antes había estado diez días en África y estaba a punto de partir para un recorrido de 13 días en Brasil— de que al viajar descuidaba el gobierno de la Iglesia: "Muchos dicen que el Papa viaja demasiado y en fechas demasiado cercanas. Pienso que, hablando humanamente, éstos tengan razón. Pero es la Providencia la que nos guía y a veces nos sugiere que hagamos alguna cosa *per excessum*. Es cierto que santo Tomás nos enseña que *in medio stat virtus* (la virtud está en el justo medio). Sin embargo se oía desde algún tiempo que llegaba de Francia como un llamado, como una invitación no formal, que para mí sonaba como una sorpresa" (Bibliografía 8).

¡Hacer algo *per excessum* es como un lema del pontificado, que viene muy naturalmente —y casi en broma— a contraponerse a la regla de la curia de que la virtud está en el justo medio!

La objeción de la Curia acerca del exceso de los viajes de Juan Pablo, él tuvo que soportarla por largo tiempo. Ciertamente ella fue intensa hasta el atentado (13 de mayo de 1981) y volvió sin piedad —después de un año— con la reanudación de los viajes en 1982. Ése fue un año récord, pues debía recuperar las citas a las que había faltado el año anterior, que llegó a totalizar siete salidas de Italia: África en febrero, Argentina y Ginebra en junio, Portugal en mayo, Gran Bretaña en mayo-junio, San Marino en agosto, España en octubre. Y he aquí que a la crítica acerca de la cantidad se agrega la que se refiere a la oportunidad, porque entre mayo y junio Juan Pablo va a visitar Gran Bretaña y Argentina en las semanas del conflicto por las islas Falkland y dice que quiere ir al Líbano, también envuelto en la guerra.

Juan Pablo responde a las objeciones en un memorable discurso a la Curia, para la fiesta de los santos Pedro y Pablo, el 28 de junio de ese año, cuando define sus viajes como "aplicación a escala universal del carisma de Pedro" e indica su "raíz teológica" en el hecho de que "el servicio del Papa ha acentuado hoy sus dimensiones universales".

En una circunstancia análoga, dos años antes —el 28 de junio de 1980— había atribuido sus viajes a la "conciencia de la misión": "En esta óptica el Papa viaja para anunciar el Evangelio, para confirmar a los hermanos en la fe, para consolidar la Iglesia, para encontrar a los hombres (...). Son otras tantas ocasiones de ministerio itinerante, de anuncio evangélico en la prolongación, a todas las latitudes, del Evangelio y del magisterio apostólico dilatado a las actuales esferas planetarias. Son viajes de amor, de paz, de fraternidad universal (...). En este encuentro de almas, aun en la inmensidad de las multitudes, se reconoce el carisma del actual ministerio de Pedro por los caminos del mundo".

Más interesante, en el plano humano, es lo que Juan Pablo dice en confianza —en ese mismo período de más vivo contraste con el ambiente curial— al escritor francés André Frossard como explicación del aparente exceso de viajes. Frossard pregunta por qué el Papa tiene "tanta prisa en recorrer el mundo, como si le quedara poco tiempo para congregar la grey de las buenas voluntades antes del huracán, como si se hubiera proclamado un estado de emergencia". En la respuesta de Juan Pablo éste confirma, aunque se expresa con discreción, que lo mueve la percepción de una urgencia histórica particular, esa misma que lo hacía hablar, en los ejercicios predicados a la curia en 1977, ante Pablo VI, de un "tiempo escatológico" y de un "nuevo adviento en la historia de la humanidad":

"Si Dios lo permite, iré a la mayor parte de los lugares adonde he sido invitado (...). Mientras más difícil se hace el camino de los hombres, de las familias, de las comunidades y del mundo, más necesario es que ellos tomen conciencia de la presencia del buen pastor que da la vida por sus ovejas (...). Me parece inclusive que la vida de la Iglesia posconciliar haya cambiado esta necesidad en un imperativo, con el valor de un mandato y de una obligación de conciencia (...). Tal vez me hará la observación de que no he hablado de ese estado de emergencia citado por usted, un modo para hacer comprender que la señal de la guardia habría sido alcanzada. Según mi parecer, sería mejor hablar de 'situación urgente'. Esto nos acercaría más a san Pablo y al Evangelio" (Bibliografía 10, p. 246-251).

Las críticas curiales no se detienen, pero no detienen al Papa. Él encuentra en los viajes que realiza la prueba de su necesidad. He aquí cómo la narra, improvisando, durante su primer viaje a África (2 al 12 de mayo de 1980), dirigiéndose esta vez a los destinatarios de los viajes y no a los críticos de la Curia: "Algunos, en Europa, piensan que el Papa no debería viajar, que él debería permanecer en Roma, como ha sido siempre. Leo estas cosas en los periódicos, recibo consejos en ese sentido. En cambio, si vengo aquí puedo conoceros. De otro modo, ¿cómo podría saber quiénes sois, cómo vivís, cuál es vuestra historia? Y esto me reafirma en el convencimiento de que ha llegado el tiempo en el cual los obispos de Roma —es decir, los Papas— no deben solamente considerarse como los sucesores de Pedro, sino también como los herederos de Pablo que, como bien lo sabemos, nunca se quedaba quieto: siempre estaba de viaje. Y lo que es verdad, lo es también para quienes trabajan con él en Roma y que lo acompañan" (Bibliografía 62, p. 168).

"El que la sigue la mata" dice un refrán y en efecto aconteció que Juan Pablo llegó a vencer en los años siguientes las críticas curiales, que fueron mermando hasta cesar, se diría casi por falta de tiempo, dado el ritmo de los desplazamientos y de convocaciones impuestas por el Pontífice.

En una ocasión alejada del fuego de las críticas, Juan Pablo encontró la manera de hacer alusión bromeando al hecho de que habían sido las mismas críticas las que lo habían convencido de la importancia de los viajes. Es el 6 de febrero de 1985, y al regreso de Lima a Roma (ha visitado Venezuela, Ecuador, Perú, Trinidad y Tobago) y en el avión tiene este diálogo con los periodistas:

"—Santidad, ¿conoce las críticas a sus viajes?

— Sé que son muchos los que los comprenden y los piden, porque los consideran eficaces. Pero sé también que hay personas a las cuales estos viajes no les agradan, y precisamente este hecho me confirma en la idea de que hay que realizarlos.

— ¿Pero usted los considera eficaces?

— En cuanto a la eficacia, no se puede tomar esta categoría como un criterio absoluto. También la Palabra del Evangelio rara vez produce el 100%. Pero aún una eficacia del 10% o del 15% vale la pena".

Puede ser que Juan Pablo haya notado en la crítica curial a sus viajes un eco de la prevención contra el Papa no italiano, que aunque nunca se materializó, sin embargo, flotó durante largo tiempo de su pontificado en el ambiente curial. Varias veces, bromeando, Juan Pablo recordó la imagen de Catalina de Siena (la Santa del trescientos que se interesó por el regreso de los Papas de Aviñón a Roma) que reprende a los Papas que abandonan Roma.

Tal vez su expresión más significativa en este sentido: "Y yo he pensado también: ¿qué me dice, qué me dice Catalina: debo viajar más o menos? Y me ha llegado la respuesta: sí, viajar puedes, pero no traslades nunca la sede, la Santa Sede, de Roma. ¡Viajar sí, pero siempre regresar!". Estas expresiones las dice al hablar a los alumnos del Seminario Mayor Romano, después de haber escuchado con ellos un oratorio sacro acerca de santa Catalina, el 17 de febrero de 1996: él acababa de regresar de su 69º viaje internacional, que lo había llevado a Guatemala, Nicaragua, El Salvador y Venezuela (5 al 12 de febrero), países que ya había visitado y que ahora había vuelto a recorrer en condiciones físicas agravadas y motivando casi todos los días, en los que lo hospedaban y en los espectadores de los medios —menos acostumbrados que los colaboradores a valorar su fortaleza tras la máscara del sufrimiento— la objeción acerca de la oportunidad de esa empresa. Por consiguiente, la suya no es simplemente una broma, sino una respuesta a la objeción de siempre, que ahora se enriquece con el elemento salud.

Según la Curia un papa no debería viajar sino por extrema necesidad (como lo han hecho los pontífices de la época moderna: Pío VI y Pío VII porque se vieron obligados por la Revolución francesa y por Napoleón, Pío IX obligado por el "risorgimento" italiano), o para misiones simbólicas (como lo hizo Pablo VI). De manera similar debería hablar en latín y en los Consistorios, y con el escrúpulo de no decir nunca cosas arriesgadas. Y en cambio, he aquí que Juan Pablo establece como teoría lo contrario, al decir que debe valer tanto por las palabras como por los gestos y —además del exceso— introduce en el vocabulario pontificio palabras aventuradas: "¡He expresado el deseo de ir a China porque el Papa a veces debe usar palabras arriesgadas!". Y también, en la misma ocasión: "Se debe decir también una palabra valiente. Esas palabras son esperadas al igual que los gestos".

Así habla, improvisando, a los periodistas en un encuentro en la Sala de prensa del Vaticano, el 24 de enero de 1994. Entonces, está el Papa plenamente consciente de la libertad que reivindica con respecto a todo modelo pontificio: él es el hombre del exceso y del riesgo, de la valentía y de las reacciones inmediatas, inclusive de los arranques de ira, y de las declaraciones a los periodistas. Cuando ve una injusticia, cuando nota una necesidad, ya no detiene su corazón.

Y uno podría pensar que el riesgo es conveniente precisamente para las ocurrencias con la prensa, ¡pero no! He ahí como el Obispo de

Roma habla del Sínodo de Roma al clero de Roma (en el encuentro de Cuaresma, el primero de marzo de 1990), es decir, en la sede y con el público más comprometedor para esa materia: "¿De qué manera este Sínodo podría convertirse aún más en desafío? ¡Tal vez sería útil que fuera aún más un desafío, porque muchos duermen!".

"Muchos duermen" es una cita del apóstol Pablo, pero la escogencia de la palabra "desafío" es wojtyliana. Y finalmente "audacia", que se halla entre los términos más frecuentes en la predicación de este Papa, tendiente a despertar el celo por la misión: "Ante los retos del mundo contemporáneo se requiere un suplemento de audacia evangélica" (Mensaje para la jornada de las vocaciones, 7 de diciembre de 1996).

Donde se manifiesta un exceso, allí conviene indagar. Excesivo es lo que se sale de la norma, o de una expectativa razonable. En el comportamiento humano es casi siempre señal de aspiraciones profundas. El excesivo empeño de san Pablo por los viajes es la señal de su ansia misionera. Ella deriva de la voluntad de dar una respuesta extraordinaria a una exigencia que se advierte como excepcional, que es la de la reactivación misionera de la comunión católica, en todas sus componentes locales, para disponerla a responder a los desafíos del tercer milenio.

El exceso de los viajes es la señal de un exceso más general de la misión, que puede ayudar a comprender muchos aspectos discutidos del pontificado: discutidos por los críticos, pero que él —Juan Pablo— considera que son sugeridos por la Providencia.

Además del exceso de viajes, la Curia siempre ha criticado el exceso de discursos, en un segundo momento el exceso de las beatificaciones y canonizaciones, y últimamente el exceso de sínodos. Pero se han visto excesos también en las intervenciones en favor de Polonia y acerca de la guerra del Golfo, para la defensa de la vida y de la moral conyugal, y en los *"mea culpa"* históricos. Viéndolo bien, se trata siempre de excesos debidos al ansia misionera, que es la señal esencial del pontificado. Los discursos son dictados por la misma intención de llegar a todos, intención que hace frecuentes los viajes, y los sínodos sirven para movilizar las comunidades católicas continentales en vista de la misión, y las beatificaciones están destinadas a ofrecer modelos para la animación de las comunidades. Los *"mea culpa"* tienen también como objetivo el despejar el campo de la misión para las gentes, liberándolo de incomprensiones acumuladas a través de los siglos.

Para una comprensión crítica de estas excepciones a la norma, sería necesario distinguir aquellas en las que predomina el elemento cuantitativo (viajes) de las que están más marcadas por un elemento ideológico (*"mea culpa"*). Diremos que el exceso cuantitativo se refiere tanto a los aspectos tradicionales de la actividad pontificia (canonizaciones y discursos), como a aspectos nuevos (viajes y sínodos).

Análogamente el exceso ideológico se descubre ya sea como acentuación de elementos ya marcados de la actividad pontificia (paz, ética matrimonial, defensa de la vida), ya sea como enunciado totalmente nuevo ("mea culpa", oposición a la pena de muerte). En un caso —el de la pena de muerte— es la acentuación de una afirmación tradicional relativa al aborto y la eutanasia a prolongarse en una afirmación nueva. Y éste es también un caso propio de un manual en el cual es documentable el freno ejercido por la Curia, sobre la tendencia al "exceso" del Pontífice. Se puede afirmar que todos los excesos que aquí hemos enumerado, fueron frenados parcial y juiciosamente por la Curia, aunque casi siempre el Papa —como es espontáneo imaginar, pero como no es por nada descontado que suceda: los historiadores conocen muchos casos del prevalecer de la Curia sobre los papas— parece que haya logrado imponer su línea. Pero en este caso de la pena de muerte, donde era más fuerte el peso de la praxis y los pronunciamientos del pasado, se puede decir que a Juan Pablo le hayan impedido llegar a la condena a la cual tal vez tendía.

Las resistencias de la Curia ayudan a captar el alma de un pontificado. Juan XXIII encontró una oposición sorda a su idea ecuménica y abierta del Concilio. A Pablo VI lo acusaron de que quería alterar la tradición litúrgica. Acerca de Juan Pablo se sospecha que se exceda en la misión ad gentes y sencillamente que exceda en palabras y en gestos con respecto a la tradición pontificia.

Merecería mayor atención el exceso de los discursos, que está ligado estrechamente a los viajes. En un tiempo los papas no viajaban y no hablaban casi nunca. Ya ironizaban a Pío XII, que no viajaba, pero "hablaba de todo". Luego los desplazamientos incrementaron los discursos y Pablo VI le exigió a la Librería editora vaticana que editara un volumen de más de mil páginas cada año para recoger sus "enseñanzas". Juan Pablo ha pulverizado ese récord, pues con él los volúmenes han llegado a ser dos y han aumentado su volumen. Él en los veinte años de pontificado ha producido diez veces más discursos y documentos que Pio XII, cuyo pontificado —exactamente como el de Juan Pablo en el momento en que escribimos— llegó a aproximarse a los veinte años.

Según un cálculo de la revista italiana *Trenta giorni* (julio de 1989, p. 48-53), Pio XII pronunciaba un promedio anual de 70 discursos, correspondientes a 478 páginas. Con Juan XXIII se llega a 182 discursos y 777 páginas. Con Pablo VI se llega a 347 discursos, y 1255 páginas. Con Juan Pablo a 746 discursos y 3626 páginas. En los últimos diez años el ritmo de la producción magisterial no ha variado. Por consiguiente, podemos concluir (basándonos en el número de páginas y ayudados por el hecho de que la Librería editora vaticana ha mantenido durante todo este tiempo la misma presentación tipográfica) que él ha triplicado el volumen de las palabras con respecto al papa Montini, que casi lo había duplicado con respecto a Juan XXIII, el cual había duplicado también la cantidad de discursos de Pío XII.

La constante progresión de Pío XII a Juan Pablo nos señala que existe una lógica objetiva, que podemos llamar institucional, que impulsa a los papas contemporáneos a multiplicar las ocasiones y el volumen de sus mensajes. Pero el salto que esa progresión señala con Juan Pablo ciertamente es de atribuir a la variante personal.

Pío XII multiplica las audiencias de masa y produce textos escritos en toda ocasión (antes no se usaba). Juan XXIII establece una regularidad semanal a las audiencias y agrega el saludo dominical desde la ventana y la visita a las parroquias de Roma. Pablo VI agrega los viajes en Italia y al exterior. Juan Pablo ha hecho sistemáticas las visitas a las parroquias, ha multiplicado los viajes, y ha llegado a llenar cada día con intervenciones. El caso límite se ha verificado con la visita a Ginebra el 15 de junio de 1982, cuando llegó a pronunciar 10 discursos en 12 horas.

El efecto combinado de los compromisos institucionales que se acumulan de un pontificado a otro y de la personalidad exuberante de Juan

Pablo que tiende a animar la comunidad católica más que a gobernarla (o bien que prefiere gobernarla a través de iniciativas de animación, más que a través de intervenciones normativas) determina la cantidad —que a todos parece excesiva— de los viajes y de los discursos. Es evidente el deseo de llegar a todos y de convencer a todos. Cualquier otra explicación parece insuficiente. Ha habido también la hipótesis paradójica de que era la Curia la que presionaba al Papa para la acción, en la percepción de una crisis que sería insuperable de otro modo para la catolicidad. Así en una entrevista el portavoz Navarro reaccionaba contra esta hipótesis, que era presentada por la revista italiana Panorama: "Ninguno jamás ha forzado al Papa a hacer lo que hace. Él lo hace porque cree que debe hacerlo. Una vez lo oí decir: tendremos toda una eternidad para descansar" (7 de febrero de 1993).

Acerca del exceso de discursos Juan Pablo una vez dio la misma respuesta que había dado ya para el exceso de sus viajes: "El acoso cotidiano, el apremio por todas las iglesias, así como el deseo de estar cerca de toda la humanidad en sus aspiraciones y necesidades, que me han sido confiadas, exigen un magisterio solícito y atento, en toda ocasión oportuna e inoportuna, adecuado a las necesidades y a la comprensión de todos" (Encuentro acerca del magisterio pontificio, 24 de mayo de 1983).

La cantidad de textos producidos —en virtud de esta opción— es tal que ninguno puede leerlos todos. Se puede decir que son apenas unas treinta las personas que leen habitualmente el conjunto de los textos pontificios: el teólogo de la Casa pontificia (que tiene la tarea de controlar —desde el punto de vista doctrinal— todo lo que el Papa dice, o firma), el portavoz, los colaboradores inmediatos de la Secretaría de Estado y algunos periodistas especializados en la información vaticana. Los otros, incluidos los colaboradores del Papa, se las arreglan como pueden. Y ahora ya tan sólo el computador puede informar exactamente acerca de lo que ha dicho el Papa acerca de determinada materia, en las diez, cincuenta o cien ocasiones en las que ha tratado cada tema. En esto no falta un elemento de aventura.

En el pontificado de Juan Pablo hay método y hay aventura. La aventura viene del hombre Wojtyla, el método es suministrado por la Curia. La pasión por el Evangelio lo anima a seguir la natural tendencia eslava al exceso, el estudio del latín y la disciplina eclesiástica lo predisponen a aceptar las sugerencias del método curial.

Y he aquí que este Papa que ha venido de un país lejano, pero provisto de una predisposición remota a la romanidad, ha sabido hacer de su espíritu de aventura un método de gobierno: más y mejor que a través de la Curia, él gobierna la Iglesia a través de su incesante iniciativa. O mejor, la Curia ha dado la forma de magisterio o de gobierno a su continua iniciativa de palabra y de acción. Ha resultado un pontificado que se actualiza al ritmo de los hechos o tiende a forzarlos, pero no se deja remolcar por los acontecimientos.

El debilitamiento debido a la edad y a los males no ha implicado una baja en el mantenimiento del gobierno porque a partir de la mitad de los años noventa Juan Pablo, al dar la marcha a la máquina del Gran Jubileo, tiene como delegado un "piloto automático" para la mayor parte de las actividades de animación de la Iglesia que antes desarrollaba personalmente, garantizando así una continuidad sustancial de la iniciativa incesante.

Los sínodos que se suceden con ritmo siempre más veloz, la convocación de los "coloquios" internacionales y de "asambleas interreligiosas", e inclusive la programación de gestos ecuménicos y de peregrinaciones papales jubilares —con lo inherente al diálogo con las Iglesias hermanas, el hebraísmo, el islam y las religiones mundiales— en fin todo lo que antes se apoyaba en la iniciativa inmediata y personal del Papa, ahora en gran parte ha sido confiado a la programación y al astillero central del Gran Jubileo.

De la predisposición al exceso viene la dimensión de aventura —en el sentido positivo de esta palabra— del pontificado y de ésta viene su índole imprevisible. Ninguno puede dictar reglas a un papa si no las dicta él mismo. A falta de reglas y programas, de un papa que se atenga a la tradición se pueden prever iniciativas y decisiones al aplicar el criterio de los "precedentes". Pero ese criterio resultará engañoso si el Papa hace del exceso y del riesgo una regla de comportamiento. Y he aquí que de un Papa elegido contra toda previsión ha venido, coherente y felizmente, un pontificado imprevisible.

A los veinte años de su elección, lo imprevisible de las decisiones de gobierno y de las iniciativas misioneras que han caracterizado este pontificado está a la vista de todos. Ninguno había previsto el examen de fines del milenio, o la dimensión ecuménica e interreligiosa del Gran Jubileo, o el ofrecimiento a las Iglesias hermanas de la disponibilidad para buscar juntas nuevas formas históricas para el ejercicio del "servicio petrino".

Y la sorpresa no ha llegado solamente en las horas después del mediodía o hacia la tarde del pontificado. La revisión del caso Galileo —que contenía en sí misma los gérmenes del examen de fines del milenio— se asomó al comienzo del Pontificado. Y hubo una serie de sorpresas, tales como la ampliación de la mirada y el "dar el largo" (para usar una expresión de la encíclica *Dominum et vivificantem,* 1986). Desde mediados de los años ochenta: desde Casablanca hasta la Sinagoga de Roma, a la jornada interreligiosa de Asís. Inclusive actos menores, como la misión en los países luteranos del norte de Europa (junio de 1989) no era previsible y no fue prevista.

El aspecto imprevisible no se refiere solamente a decisiones e iniciativas de este Papa. El paso de la aventura ha caracterizado felizmente también su búsqueda magisterial. Tanto para las iniciativas, como para la reflexión Juan Pablo ha dado lo mejor de sí mismo cuando dejó las amarras de la tradición pontificia y ha afrontado el mar abierto de la teología del cuerpo, o de la teología de la mujer, o de la "reconciliación y penitencia" en la Iglesia. Como es el primer Papa que no limita su gobierno de la Iglesia a las modalidades y al alcance del gobierno curial, así es el primer Papa que desengancha totalmente su magisterio de la teología romana. Ya sustancialmente estaban fuera de ella los papas Roncalli (por la recuperación de la tradición patrística y sinodal) y Montini (por influjo de la escuela francesa), pero el papa Wojtyla se aparta también con el lenguaje: él formula tesis aventuradas, se aventura en hipótesis, reivindica una total libertad de expresión, no teme hacer un uso experimental de su palabra, no se deja condicionar por exigencias de síntesis y de claridad.

Estamos frente a un pontificado en el cual la acción personal prevalece sobre la institucional y en el que la misma acción personal está marcada por el carisma y por el gesto, e inclusive por el riesgo y el exceso. En palabras y obras él se ha tomado una libertad que constituye una oportunidad para cualquier sucesor.

19

JUAN PABLO ESQUÍA Y NADA

16 de agosto de 1985, Lubumbashi, entonces Zaire, ahora Congo. Sobre la multitud hay una nube de polvo, sobre el palco papal se eleva el humo del incienso. Una gran multitud, dispuesta en forma de herradura, se halla delante y a los lados del altar. Tal vez hay unas doscientas mil personas. El Papa sube por la larga escalera delante del altar y cuando está arriba se vuelve hacia la multitud, que lanza gritos ritmados con las manos sobre la boca. El Pontífice levanta la cruz en el aire, teniéndola con la izquierda, inclinada hacia adelante. La casulla roja es impulsada hacia atrás por el viento y da a la figura del Papa la misma inclinación de la cruz. La imagen del Pontífice está como tendida hacia la multitud, pero la mitra dorada está impulsada hacia atrás por el gesto de la cabeza para saludar. La derecha del Papa se levanta y se baja sobre cada parte de la multitud, como para una caricia colectiva. Esa gente poco entiende el francés y nada comprende de la compleja homilía del Pontífice. De todo lo que el Papa ha venido a decir y a hacer, comprende sólo ese gesto paterno.

Veinte niñas con una faldita blanca y largas franjas danzan el Gloria, acompañándolo con delicados gestos con los brazos. Mitad son pequeñas y mitad grandes. Están emocionadas y felices como para la fiesta de su iniciación. El ritmo arrastra. También el Papa sigue la danza moviendo los hombros. La multitud le aplaude sólo por esto. Juan Pablo está feliz. "En África la misa es una fiesta. Y llega hasta ser ritmada con los hombros, si no es danzada", dijo una vez Senghor. "Ellos viven con el corazón, así como viven también con su cuerpo", dijo en cierta ocasión el Papa al hablar de los africanos (Bibliografía 7). Tal vez el Papa y África comienzan a entenderse, por la vía del cuerpo.

El cuerpo ha presentado grandes servicios a Juan Pablo. Y él ama su físico antes deportivo y luego sufrido. Es una corporeidad espontánea, con gestos inventivos, es la nueva imagen papal: hemos visto mucho, desde esta ventana, en veinte años. Al vestirse de blanco, después de la elección, no ha aceptado despersonalizarse como lo hacían los papas italianos y ha marcado —en el plano de la imagen— un regreso a los Papas del Renacimiento, que iban a cacería, componían epigramas y amaban el teatro.

Es un Papa que nada y va a la montaña a esquiar. Escribe en la *Redemptor hominis:* "Según mi parecer". Y obviamente no quiere la silla gestatoria. Una vez —en los primeros tiempos— en San Pedro alguno de la multitud le grita, mientras pasa: "¡Te queremos en silla gestatoria!". Él se detiene, se voltea, apunta el dedo —como lo hará un día con Ernesto Cardenal en el aeropuerto de Managua y como lo hará otro día con la mafia de Sicilia— y dice: "No, en la silla no!" (Bibliografía 88, p.104).

Es un Papa que grita a los jóvenes: "¡Llamadme Karol!". Es un Papa que habla por escrito de su elección al pontificado —que en un tiempo se denominaba, en el idioma de la Curia: "Elevación al Solio de Pedro"— como de una etapa del propio curriculum profesional: "Con ocasión de mi traslado a Roma" (*Cruzando el umbral de la esperanza,* Bibliografía 14, p. 111). Besa las niñas en la frente. Va al hospital a hacerse practicar el tac y someterse a una operación.

Éste es Juan Pablo, el primer papa que realmente se comporta como "Obispo de Roma" en sus gestos cotidianos. Él ha modificado la imagen papal, desprendiéndola del bronce y del latín que sus predecesores habían amado o soportado y lo ha acercado al sentimiento de la humanidad común y corriente. Es la única verdadera innovación de un pontificado sin reformas. Si la enfermedad nerviosa que visiblemente lo atormenta desde fines de 1992 lo obligara a dimitir, por ejemplo, después de la celebración del Gran Jubileo, su modificación de la imagen pontificia sería completa y él realmente entregaría a la Iglesia del tercer milenio un modo nuevo de ser Papa.

En efecto, no se trata solamente de una novedad de imagen, al referirnos a Juan Pablo y a sus comportamientos. Él, afirma Baget Bozzo, "cambia la figura del Pontificado al disminuir el elemento habitual para exaltar el carisma petrino" (Bibliografía 43, p. 95).

Ésta es la cara del pontificado que ha sido entendida mejor. Y es el aspecto por el cual Juan Pablo se asemeja mejor a su mito. Porque existe un mito del hombre Wojtyla intrépido e incansable, polígota y creativo, sin miedo y sin nostalgias. Y en cambio conoce el miedo y la fatiga, la dificultad de hacerse entender como todos y tal vez la tristeza por lo que no ha sido en la vida. Pero sobre este punto del hombre que prevalece sobre el Papa el mito dice la verdad: ¡realmente Juan Pablo no le ha hecho violencia a Karol Wojtyla!

Se podrían buscar por consiguiente —en las actitudes de sencillez de Juan Pablo— significados e intenciones grandes, que existen. "Nosotros debemos amar nuestro tiempo y ayudar al hombre de nuestro tiempo", dijo una vez (a la Acción Católica italiana, 30 de diciembre de 1978). Y "también un Papa puede aprender alguna cosa" dijo en confianza a los periodistas que lo interrogaban acerca del riesgo de exponerse a las contestaciones de plaza (vuelo Bruselas-Roma, 21 de mayo de 1985).

A veces las bromas contienen una intención precisa, como lo muestra este diálogo con los jóvenes:

"—¡We love you, Papa Lolek! (Nosotros te amamos, Papa Carlitos)

— ¡Lolek es nombre de niño, y yo soy un hombre viejo!

— ¡Noo! ¡Noo!

— ¿No? ¡Lolek poco serio, Juan Pablo demasiado serio. Llamadme Karol!" (Manila, 14 de enero de 1995).

El instinto de colocarse a la par con los interlocutores es tan fuerte que le bastan dos palabras para decirlo todo:

"—Viva el Papa, viva el Papa!

—¡Viva cada uno!" (Castelgandolfo, 17 de abril de 1995).

Existen intenciones precisas en las actitudes de sencillez de Juan Pablo. Pero podemos también disfrutarlas con la sencillez con la que han sido expresadas, congratulándonos de que finalmente ha llegado a ser Papa un hombre que ha logrado no dejarse dominar por la imagen recibida de sus predecesores. Porque se trata de esto: Juan Pablo es el primer papa moderno que ha aportado una imagen propia del pontificado, en lugar de someterse a la imagen heredada. Naturalmente se trata de un encuentro a medias y de un compromiso, que más correctamente podríamos expresar de este modo: en la combinación de elementos institucionales y novedad personal de donde resulta toda imagen papal, en este Papa —y por vez primera en los últimos cuatro si-glos— Karol Wojtyla prevalece sobre Juan Pablo. Él hubiera podido ser también el primer Papa en no cambiar de nombre, es decir, mantener como Papa el nombre que tenía en el certificado de nacimiento y de bautismo. Tan cierto es esto que por instinto la opinión pública así lo ha aceptado y siempre han sido más numerosos los que lo han llamado papa Wojtyla y no con el nombre pontificio. Escribió Baget Bozzo que "Karol Wojtyla nunca ha llegado a ser totalmente Juan Pablo II" (Ibíd., p. 65).

Juan Pablo tiene una sencillez severa, que vale tal vez más que la sencillez amable como indicación de la actitud del hombre a seguir siendo él mismo, a pesar de los hábitos pontificales. A veces gobierna o trata de gobernar a la multitud con energía. Y no sólo en memorables circunstancias públicas, como cuando gritó repetidas veces: "¡Silencio!" a los contestadores sandinistas, el 4 de marzo de 1983 en Managua. Pero esto sucede también en la crónica ordinaria del Aula de las audiencias, como aconteció con un grupo musical que comenzó a tocar y no terminaba hasta que el Papa dijo secamente ante el micrófono: "¡Basta!" y los músicos interrumpieron al instante (Bibliografía 88, p. 113).

La mayoría de las veces la sencillez del Papa es atraída por la sencillez de los niños. Una vez en Melbourne, Australia, el 28 de noviembre de 1986, al encontrar a unos niños de una escuela elemental hizo esta confesión acerca de sus gustos musicales —como respuesta a una pregunta acerca de cuál era su música preferida— que anticipaba una disponibilidad a dialogar con la cultura musical contemporánea y juvenil, como se manifestará plenamente el 27 de septiembre de 1997 en Bolonia, en el acto musical con Bob Dylan: "Tal vez prefiero la música clásica, pero me gusta también la moderna. No soy un hombre del pasado, no. Yo estoy muy interesado en la música contemporánea. Soy también sostenedor del... ¿cómo se llama?, ¡del Rock! Puedo distinguir los diferentes estilos. Pero entre todas prefiero la música profunda, la litúrgica, la gregoriana".

Cuando joven Wojtyla subía a los montes y escribía poesías, amaba la natación y la buena mesa, recitaba y bromeaba con las compañeras de liceo, era apasionado por las excursiones con los compañeros y más tarde con los jóvenes. Todo esto lo ha seguido haciendo, en lo posible, después de su elección.

En un tiempo existía una separación neta entre el apartamento privado y el público del Palacio apostólico: nada se debía saber de la vida privada; en la escena pública el protocolo y el latín guiaban al Papa. Juan Pablo ha roto esa separación; ha querido tener huéspedes en la capilla y en el comedor, y ha admitido periodistas y fotógrafos. Ha mezclado lo público y lo privado, personalizando la escena pública y haciendo también de la vida privada un instrumento de gobierno, o al menos de comunicación con el exterior.

Ha seguido escribiendo poesías después de la elección, pero nunca han sido publicadas. Por una declaración del portavoz Navarro sabemos que las escribe.

Se ha hecho construir —desde el principio de su pontificado— una piscina en Castelgandolfo, con el fin de seguir practicando la natación. Dicen que era también una exigencia médica. Cuando joven había tenido la mononucleosis y debía mantenerse en forma con ese deporte. Pero es probable que la piscina se la haya sugerido su deseo de libertad para el cuerpo, que debe ser muy fuerte en un hombre deportista obligado a un rol de actos oficiales ininterrumpidos.

Al ser interrogado una vez en el avión acerca de la condición humana de su vida como Papa, respondió: "Falta el contacto con los jóvenes principalmente, y luego falta el deporte".

La piscina alivió el tedio de las vacaciones de verano en Castelgandolfo, pero no le bastaba. Tenía que salir de la quinta pontificia. Una vez a los periodistas que lo seguían en un paseo en Cadore y le hablaban de la "prisión del Vaticano", les dijo: "Es necesario haber conocido esa prisión para apreciar esta libertad" (12 de julio de 1987).

Siguiendo su instinto de libertad, él interrumpe la estadía veraniega en Castelgandolfo con breves vacaciones de dos semanas en el año en los Alpes.

De este modo Juan Pablo es el primer papa de este siglo a quien hemos visto ir a vacaciones fuera de Castelgandolfo. Y es el primer Papa que haya aceptado ser fotografiado sin el hábito blanco, en traje de esquiador, o de excursionista. Cuando estuvo esquiando en el Adamello, en julio de 1984, las fotos del Papa esquiador llegaron a los periódicos antes que el *L'Osservatore Romano* tuviera el valor de escribir "el Papa ha esquiado". Porque las cosas nuevas es más fácil hacerlas que decirlas y porque —en el universo simbólico vaticano— la imagen, por antiguo instinto prevalece sobre la palabra.

Castelgandolfo era adecuado para los papas caseros, los Alpes son adecuados para el Papa viajero: "Las montañas siempre han tenido una fascinación particular para mí", dijo en una ocasión.

El Papa inventa las vacaciones en los Alpes y va seis veces a Cadore, a Lorenzago (Belluno), y otras tantas veces al Valle de Aosta. A Lorenzago va por vez primera en julio de 1987, luego en 1988, 1992, 1993, 1996 y 1998. Alterna Cadore con el Valle de Aosta, donde elige Introd (Aosta) y va allí en 1989, en 1990, en 1991, en 1994, en 1995, en 1997.

Estas salidas a vacaciones habían tenido un prólogo de excepción, el 16 y el 17 de julio de 1984, con la excursión de dos días sobre el monte Adamello, en compañía del "amigo" Sandro Pertini, presidente de la República italiana. Otras excursiones en los montes, para esquiar o pasear, las realizará en los años siguientes, dos o tres en el año, hasta cuando deberá hacerlas con menor frecuencia, y abandonó los esquís después de la caída de noviembre de 1993. Las metas de las salidas breves, de un solo día, sin preaviso público, han sido varias: el Terminillo, el Gran Sasso, la Maiella. Y sigue practicándolas también hoy, aún estando afectado por muchos males. La última que conocemos es del 6 de febrero de 1998, en la zona de Monte Cristo, sobre el Gran Sasso.

Que el Papa de las vacaciones haya sido elegido solamente veinte años después de Pío XII parece increíble. Comparamos la figura del papa Pacelli como aparece en la película *Pastor angelicus* con las fotos del Papa Wojtyla que camina por los montes con el saco al viento sobre los hombros y los zapatones, o intentemos imaginar a Pacelli con los esquís! La distancia parece de un siglo, no de dos decenios.

Al ambiente curial nunca le ha agradado la libertad en los gestos y en el movimiento que se toma Juan Pablo. Hemos visto las críticas al Papa viajero. Las que se dirigen al Papa esquiador tienen el mismo origen y son más drásticas. Así las expresa —en una conversación confidencial— el cardenal Siri, gran nostálgico de Pío XII y tal vez el que recibió mayor número de votos, después de Wojtyla, en el cónclave de octubre de 1978: "Juan Pablo II ha despertado el sentido religioso en el mundo, y esto no es poca cosa. Ha llegado a ser una gran autoridad moral hacia la cual todos miran. Pero ahora basta. Está la Curia; está el gobierno; y para gobernar es necesario estar en el escritorio. ¿Sabe qué significa confiar un dicasterio vaticano a quien llega de otro continente? Tengo temor, pero advierto que no juzgo al Papa, que si mañana el párroco de Pentema, el último pueblecito de la Liguria, lo invita, el Papa va allí. A veces pienso que la Divina Providencia ha querido un Papa de este género —una excelente persona, se entiende, con sus características— para que la Iglesia sea puesta en guardia contra tantos peligros. Muchos se han escandalizado porque ha ido a esquiar sobre el Terminillo o sobre el Adamello. Yo no me he escandalizado, porque he dicho: los papas que vendrán comprenderán que ésta es una cosa que no se debe hacer" (Bibliografía 80b, p. 290).

Estas palabras del cardenal Siri nos recuerdan una escena que —en su pequeñez— resume el paso de una época: estamos en el Palasport de Génova. Juan Pablo toma entre sus manos el rostro de la niña que lo ha saludado en nombre de 13 mil compañeros y la besa en la frente; la niña va donde el cardenal Siri, que se halla a dos pasos del Pontífice, una grada más abajo y el severo cardenal de ochenta años levanta la mano y le presenta el anillo para que ella lo bese. Hemos intuido ese día que Juan Pablo había sustituido el beso del anillo con el beso en la frente.

Pequeñas vacaciones de medio día, pasadas entre los montes o en parques naturales, Wojtyla las quiere también en el programa de los grandes viajes internacionales. La primera vez en Canadá, en 1984, sobre las

Montañas Rocosas; es el mismo año de la excursión piloto sobre el Adamello. Y luego en Kenya, tres veces en Polonia, una vez sobre el Monte Blanco durante una visita en el Valle de Aosta, una vez en Asturias, una vez en los Estados Unidos.

Los viajes expresan a la vez el ansia misionera de Juan Pablo II y la vitalidad del hombre Wojtyla. No hay que subestimar este aspecto sólo humano de los viajes wojtylianos: su gusto por moverse, salir al aire libre, ver el mundo y los pueblos. Tal vez él viaja mucho también porque es curioso de lo diferente y porque su alma es hospitalaria.

20

SUEÑA CON UNA "TEOLOGÍA DEL CUERPO"

Aquí el sentimiento de Juan Pablo es más amplio que su pensamiento. Nos damos cuenta de que él retiene la palabra y —aunque diga lo que piensa— no dice todo lo que siente. Y creemos que comprendemos que lo que siente este Papa valiente, con respecto al amor humano —y a su protagonista menospreciado por los teólogos, el cuerpo— podría ser un don grande para la Iglesia. Él probablemente no piensa en una verdadera teología del cuerpo —que tal vez ninguno se aventura a pensar, entre los cristianos de todas las confesiones— sino que la siente, o la desea. Podemos decir que sueña.

Quisiéramos conocer por entero este sueño, yendo más allá de las palabras con las que él nos lo narra, pero no nos es posible. Podemos solamente intuirlo. Para que nuestra intuición sea plena, debemos acompañar la escucha de las palabras con la observación de los gestos, en particular los gestos de cercanía física y de ternura que Juan Pablo realiza con respecto a cada interlocutor, incluyendo a las mujeres jóvenes. Y debemos tener presente la historia de sus relaciones, que duraron treinta años —desde novel sacerdote hasta cardenal— con las jóvenes parejas y sus relaciones de amor. "Desde que era joven sacerdote aprendí a amar el amor humano", escribe en *Cruzando el umbral de la esperanza* (Bibliografía 14, p. 138) donde resume esa experiencia que considera decisiva para su formación. Y nosotros la consideramos decisiva de su imagen pontificia: él es un Papa enamorado del amor humano.

Cuando habla del amor su lenguaje es audaz, aunque a veces oscuro. Juan Pablo no habla solamente de teología del cuerpo, sino también de teología del sexo: "La teología del cuerpo (...) se convierte, en cierto modo, también en teología del sexo, o más bien teología de la masculinidad y de la feminidad" (14 de noviembre de 1979).

Esa teología tiene como objetivo "comprender la razón y las consecuencias de la decisión del Creador de que el ser humano exista sólo y siempre como mujer y como varón" (*Mulieris dignitatem* 1). La principal de esas consecuencias es la naturaleza relacional del ser humano, que se manifiesta en la dimensión esponsal del cuerpo ("es decir, en su capacidad de expresar el amor": Bibliografía 2, p. 69) y halla su realización en la unión de la masculinidad y de la feminidad, que se han de entender como "unidad de los dos", donde el amor esponsal —que halla su expresión plena en la unión sexual entendida como "recíproca donación"— se coloca como modelo de todo amor (Ibíd., p. 309).

De teología del cuerpo Juan Pablo no habla una o dos veces, sino en un larguísimo ciclo de "catequesis de los miércoles", es decir, de audiencias generales: desde octubre de 1979 hasta octubre de 1984. ¡Habla de ese tema cada semana durante cinco años! Ese ciclo ahora está coleccionado en el volumen *Hombre y mujer los creó. Catequesis acerca del amor humano* (Bibliografía 2). Pero si el título lo hubiera escogido Juan Pablo habría sido: "Varón y hembra los creó", y el subtítulo probablemente habría sido: "Catequesis acerca de la teología del cuerpo".

Y la expresión de esta materia no quedó limitada a aquel ciclo de audiencias. De teología del cuerpo Juan Pablo ha venido hablando constantemente a lo largo de estos veinte años de pontificado. Entre los textos principales deben mencionarse: la *Carta a los jóvenes* (1985), la carta apostólica *Mulieris dignitatem* (1988), especialmente en los capítulos III y IV, que tratan del fundamento bíblico de la igual dignidad entre el hombre y la mujer; la *Carta a las familias* (1994), en los capítulos "Varón y hembra los creó", "La alianza conyugal", "La unidad de los dos"; la homilía para la primera celebración en la Capilla Sixtina después de la restauración de los dos ciclos pictóricos de Miguel Ángel (8 de abril de 1994); la *Carta a las mujeres* (1995).

De la *Mulieris dignitatem* citaremos la oda más bella del amor humano que hayamos encontrado en toda la obra de Juan Pablo: "En la descripción bíblica la exclamación del primer hombre al ver a la mujer recién creada es una exclamación de admiración y de encanto, que atraviesa toda la historia del hombre sobre la tierra" (n. 10).

En la *Carta a las familias* se halla esta vertiginosa hojeada sobre lo que el amor humano puede decir acerca del amor de Dios: "Usando la imagen del esposo para hablar de Dios, Jesús muestra cuánta paternidad y cuánto amor de Dios se reflejan en el amor de un hombre y de una mujer que se unen en el matrimonio".

Cuatro años antes, en la *Familiaris consortio* (noviembre de 1981) había señalado el alcance bíblico del amor entre el hombre y la mujer: "La palabra central de la revelación, 'Dios ama a su pueblo', es pronunciada a través de las vivas y concretas con las cuales el hombre y la mujer se dicen su amor conyugal". En *Amor y responsabilidad* había llegado a decir que "el amor de concupiscencia forma parte también del amor de Dios" (Bibliografía 23, p. 69).

En esta dirección las expresiones más desprovistas de prejuicios Juan Pablo las arriesga en la *Carta a los jóvenes*: "¡Sí! Por medio de ese amor que nace en vosotros, debéis ver que Dios es amor (...). Cuando Cristo dice 'sígueme', su llamada quiere decir: 'Sígueme a mí que soy el esposo de la Iglesia, mi esposa; ven, conviértete tú también en el esposo de tu esposa, conviértete tú también en la esposa de tu esposo' (...). Cristo como esposo se 'entregó a sí mismo' y a todos los esposos y a todas las esposas enseña a entregarse según la plena medida de la plena dignidad personal de cada uno y de cada una. Cristo nos enseña el amor esponsal. Emprender el camino de la vocación matrimonial significa aprender el amor esponsal, constantemente, día a día, año tras año, el amor según el alma y el cuerpo" (31 de marzo de 1985).

En la reapertura de la Capilla Sixtina, Juan Pablo —con referencia a los desnudos de Miguel Ángel— definió creativamente la Capilla como "santuario de la teología del cuerpo humano" y entre otras cosas formuló esta síntesis de su reflexión sobre la desnudez de los progenitores: "Solamente ante los ojos de Dios el cuerpo humano puede permanecer desnudo y conservar intacta su belleza" (8 de abril de 1994).

¿Pero qué sentido tiene hablar de teología del cuerpo? Como respuesta a esta objeción el Papa remite a la Encarnación, misterio central del cristianismo: "Por el hecho de que el Verbo se hizo carne, el cuerpo ha entrado, yo diría, a través de la puerta principal en la teología, es decir, en la ciencia que tiene por objeto la divinidad" (2 de abril de 1980).

He aquí un ensayo de su reflexión acerca de la masculinidad y de la feminidad desde el punto de vista de Dios: "La masculinidad y la feminidad son dos encarnaciones diferentes, dos modos de ser cuerpo del mismo ser humano creado a imagen de Dios. La función del sexo es constitutiva de la persona y no solamente un atributo de la persona. Ella demuestra que el ser humano está constituído profundamente en el cuerpo como él o ella. La presencia del elemento femenino al lado del elemento masculino, y todo junto con él, significa un enriquecimiento para el hombre en toda la perspectiva de su historia, incluyendo la historia de la salvación" (Ibíd.).

Quizá la afirmación más audaz de Juan Pablo en materia de teología del cuerpo la tenemos cuando, en *Cruzando el umbral de la esperanza*, resume así la redención: "Varón y hembra los redimió" (Bibliografía 14, p. 51).

Y he aquí cómo el Papa interpreta el "lenguaje del cuerpo" a partir de la percepción que de él tienen los amantes en el momento de la donación recíproca, en una especie de inocencia recuperada de la desnudez originaria: "Las palabras de amor pronunciadas por ambos se centran en el cuerpo, no sólo porque éste constituye por sí mismo una fuente de fascinación recíproca, sino también, y sobre todo, porque sobre él se detiene directa e inmediatamente esa atracción hacia la otra persona, hacia el otro yo, femenino o masculino, que en el impulso interior del corazón genera el amor" (Bibliografía p. 70).

"Las palabras 'estaban desnudos y no se avergonzaban uno del otro' se pueden y se deben entender como revelación —y al mismo tiempo como redescubrimiento— de la libertad que hace posible y califica el sentido 'esponsal' del cuerpo (Ibíd.). En la obra juvenil *Amor y responsabilidad* había hablado de "absorbimiento de la vergüenza por parte del amor" (Bibliografía 23, p. 139).

Existe esta profundidad antropológica y psicológica también cuando expresa de paso observaciones acerca de la sexualidad como lenguaje de amor, por ejemplo, en el *"Ángelus"* del 26 de junio de 1994: "La sexualidad constituye un 'lenguaje' al servicio del amor y por consiguiente no puede ser vivida como puro instinto".

La teología del cuerpo —en el debate cristiano contemporáneo— es una expresión que alude a la recuperación de una valoración positiva de la sexualidad y del aprecio de la ternura en la relación sexual. ¡Estos dos elementos se hallan presentes en abundancia en el sueño wojtyliano de una teología del cuerpo! Pero ellos son mejor afirmados —diríamos: más libremente— en sus gestos.

La cercanía y la ternura que Juan Pablo logra siempre expresar en relación con cada interlocutor no son solamente un don de la naturaleza, sino que son también el fruto de una larga educación en el dominio de sí y están como reflejados en su teología del cuerpo.

Deberíamos interpretar los gestos de Juan Pablo a la luz de sus escritos y releer los escritos ilustrándolos con sus gestos. Podríamos partir de un capítulo de *Amor y responsabilidad* (1960, Bibliografía 23) que tiene como título "ternura y sensualidad" y podríamos terminar con la carta del 7 de abril de 1995 a todos los sacerdotes católicos acerca de la "importancia de la mujer en la vida del sacerdote". Podríamos leer en clave autobiográfica esos escritos y en medio podríamos colocar muchas expresiones de su predicación, especialmente de la que va dirigida a los jóvenes.

En aquel capítulo se lee: "La ternura encuentra su razón de ser sólo en el amor". "La ternura es el arte de sentir al hombre todo entero, toda su persona, todos los movimientos de su alma, aun los más ocultos, pensando siempre en su verdadero bien". Su esencia "consiste en la tendencia a apropiarse los estados de ánimo de otro". Pero no es simple sentimentalismo: "El verdadero amor humano debe unir en sí dos elementos: la ternura y cierta firmeza", porque "no hay que olvidar que el amor humano es también lucha" (Ibíd., p. 146-151).

A quien quisiera continuar la investigación, señalaré todavía un pasaje de *Amor y responsabilidad*, escrito por el sacerdote y obispo Wojtyla cuando tenía entre treinta y siete y cuarenta años, y en el que ciertamente se refleja algo de su comportamiento libre y respetuoso con las mujeres: "La ternura nace de la comprensión del estado de ánimo ajeno y tiende a comunicarle cuán cercanos se está a él (...). El sentimiento por su propia naturaleza acerca a los hombres. Así nace la necesidad de comunicar a los otros nuestra cercanía interior y por eso la ternura se exterioriza en diversos actos que la reflejan: el gesto de encerrar a alguno contra uno mismo, de abrazarlo, o sencillamente de tomarlo bajo el brazo, ciertas formas de beso" (Ibíd., p. 147).

¡Cuántas veces hemos visto a Juan Pablo realizar estos gestos! Donde dice "ciertas formas de beso" podríamos pensar en los besos en la frente que da a las niñas. Y también el gesto de estrecharlas al pecho, cuando van a saludarlo en las gradas del palco, después de haberles hablado desde el micrófono.

Recordamos que hemos visto a Juan Pablo que se asoma desde la terraza de la Nunciatura en San José de Costa Rica, acercándose a una guitarrista que salta para tocarlo (3 de marzo de 1983). Y lo recordamos cuando, doce años más tarde, en el Central Park de Nueva York, roza con la mano los cabellos de la cantante que ha animado la celebración (7 de octubre de 1995). Pero entre todos los recursos de sus novedades gestuales con las mujeres, el más bello nos lleva a Sydney, Australia, el 26 de noviembre de 1986, al estadio del Cricket: besa en la frente a la niña que ha pronunciado el discurso de saludo, teniéndole la cabeza entre las manos, y después, toma de la mano a dos niñas con camisetas rojas, que forman parte del coro, uniéndose a una cadena de treinta mil personas que une toda la gente que está en el campo, con ellas se mece y canta, y finalmente abraza a las dos más cercanas, estrechándolas al pecho y apoyando la mano sobre la cabeza de las pequeñas.

Él no teme la cercanía física ni el contacto de los cuerpos, como parecía que lo hacían sus predecesores, sino que los busca y los valora inclusive como método de "encuentro" pastoral: "Tengo que recorrer todavía un camino bastante largo y espero encontrar a muchas personas y estar más cercano. Trato de hacerlo siempre en la oración, pero la visita pastoral es un momento privilegiado, ¡porque puedo tocaros y abrazaros!" (parroquia de Santa Juana Antida Thouret, Roma 13 de marzo de 1995).

En una ocasión —hablando familiarmente con los obispos de Indonesia, en Yakarta el 13 de octubre de 1989— llega a decir que la "mejor realización" de la misión del Papa en esta época "es ir, adquirir experiencias, encontrarse, tocar", como si quisiera indicar el contacto físico como un vértice del encuentro pastoral.

Y hemos llegado a la carta de 1995 acerca de la "importancia de la mujer en la vida del sacerdote". Un texto clave para colocar en su marco preciso la meditación del sacerdote Wojtyla sobre el amor.

Hemos visto cómo Juan Pablo tiene con las mujeres una libertad y una ternura que siempre nos sorprenden. Él quisiera que todos los sacerdotes tuvieran esa libertad y esa ternura. Con este fin escribe esta carta, recordando las directivas que el apóstol Pablo da a su discípulo Timoteo en la primera carta que le escribe: "Trata a las ancianas como a madres; a las jóvenes como a hermanas, con toda pureza" (1Tm 5, 2). Juan Pablo complementa esa enseñanza agregando que el sacerdote anciano deberá tratar a las niñas como a hijas, porque su "ministerio de auténtica paternidad espiritual le procura 'hijos e hijas' en el Señor".

Cada año el papa Wojtyla escribe una carta a los sacerdotes para el Jueves Santo; ésta es la decimaquinta de esas cartas, la más personal y más atrayente. Su lenguaje es libre: "Para vivir en el celibato de una manera madura y serena, parece que es particularmente importante que el sacerdote desarrolle profundamente en sí la imagen de la mujer como hermana".

Y he aquí las palabras intensas que halla para expresar esta relación difícil y elevada: "Sin duda la 'hermana' representa una manifestación específica de la belleza espiritual de la mujer, pero ella es —al mismo tiempo— revelación de su propia intangibilidad".

Delicadas son las palabras que dedica a la mujer soltera que aprende a "darse como hermana" y de este modo desempeña "una peculiar maternidad espiritual": "Este don desinteresado de fraterna feminidad irradia con su luz toda la existencia, suscita los mejores sentimientos de los que el hombre es capaz y deja siempre detrás de sí una huella de gratitud por el bien que ha ofrecido gratuitamente".

La carta nos dice algo de cuanto el hombre Wojtyla haya logrado amar cada figura de mujer, pues nunca tuvo a una en su casa ni en su vida de hombre.

Él ha llegado a ese resultado haciendo crecer en sí la imagen de la mujer como hermana.

Quizá no sea errado imaginar que los gestos de la libertad afectiva de Juan Pablo valgan más que sus palabras, es decir, que expresen de una manera más completa su sentimiento en relación con la teología del cuerpo. Tal vez sea lícito concluir con el auspicio de que la novedad gestual de este Papa pueda ser el preludio de una análoga novedad de palabra en sus sucesores. Nunca habríamos imaginado que sólo veinte años desde el pontificado de Pío XII, el "Pastor angelicus" que parecía no tener cuerpo, llegáramos a tener el don de un Papa ¡capaz de estrechar contra su pecho a las niñas como un padre a sus hijas! ¿Por qué entonces negarnos a imaginar la llegada de otro Papa que dé cumplimiento con su palabra a esa novedad gestual y nos comunique esa teología del cuerpo que Juan Pablo ha soñado y nos ha hecho soñar?

De todas maneras, a pesar de la dificultad de la materia afrontada en este capítulo, hemos llegado al convencimiento de que es el más profundo de Juan Pablo, su mejor herencia para el futuro. En esta materia, él más que expresar ha aludido, más que haber declarado ha hecho. Nos ha obligado a leer sus gestos como si fueran homilías y a entender las homilías a la luz de los gestos. Nos ha llevado a descifrar los contornos de su teología del cuerpo a través de los signos de sus gestos pontificios. En esta profundidad tenemos la impresión de haberlo amado, a Juan Pablo, más que en todos los otros aspectos de su actividad.

21

HABLA A LOS JÓVENES ISLÁMICOS
EN LA CIUDAD DE CASABLANCA

El desafío con el Islam recorre todo el pontificado. No es un desafío en el sentido de competición sino en la dirección del acercamiento, que se revela difícil. Como aplicación de la opción del Vaticano II para el diálogo con las religiones no cristianas y para remediar situaciones de desasosiego creciente, en el cual vienen a encontrarse las comunidades católicas en los países musulmanes, el Papa intenta personalmente el acercamiento directo al mundo del Islam.

El primer gesto importante es el denominado: "Sermón de Casablanca a los jóvenes islámicos", en agosto de 1985.

Poco más de un año después se tendrá la Jornada de Asís por la paz, en la cual se hallarán presentes también unos musulmanes, que aceptan la invitación del Papa a tener un encuentro con todas las religiones del mundo en un testimonio de oración y de ayuno.

Relevantes serán, para el acercamiento al Islam, la prolongada visita (una semana) a Indonesia, en octubre de 1989 y la brevísima (siete horas) a Túnez en abril de 1986.

Más importante resultarán las intervenciones acerca de las guerras del Líbano, del Golfo y de Bosnia. Especialmente acerca de la guerra del Golfo Pérsico (enero-febrero de 1991), cuando Juan Pablo expresó una oposición radical a la intervención armada contra Irak, decidida por la ONU y guiada por los Estados Unidos, cuando llegó a señalar al Islam que la Iglesia católica ya no se identifica con los intereses, la cultura y las guerras de Occidente.

El viaje a Khartoum (febrero de 1993) es el más audaz de los viajes de Juan Pablo al Islam, realizado para implorar un mínimo de libertad para las comunidades cristianas en el sur del país.

Este conjunto de gestos configura una de las empresas más originales del pontificado, como aplicación creativa del Vaticano II. Por primera vez un Papa habla a multitudes islámicas. Por primera vez llama "hermanos" a los musulmanes, reconociéndolos como tales no sólo en la común humanidad sino en Abraham, es decir, como pertenecientes a la múltiple familia de adoradores de un único Dios (monoteísmo) que se remonta al Patriarca. Por primera vez los invita a encuentros de oración. Por primera vez reconoce como menos "acorde con el Evangelio" el método de las Cruzadas para la defensa de la fe (12 de febrero de 1995).

Esta afortunada búsqueda de un acercamiento directo al Islam —tenazmente buscada, a pesar de lo exiguo de los resultados— no parece de ningún modo concluida, en el momento en que escribimos, es decir en vísperas de cumplirse el vigésimo año de Pontificado. Con ocasión del Gran Jubileo, Juan Pablo ha propuesto a los hebreos y a los musulmanes un encuentro sobre el Monte Sinaí, a realizarse probablemente en el año dos mil, en el nombre de Abraham y de Moisés. Y siempre en vista del Jubileo ha relanzado su vieja aspiración a realizar el itinerario bíblico de Abraham, de Moisés y de Jesús, que debería llevarlo desde Irak hasta Siria, a Jordania, a Egipto, a Israel y al Líbano. Si lo puede realizar, este itinerario lo pondría en contacto con seis pueblos musulmanes de los cuales uno solo —el libanés— ya ha visitado.

Al comienzo de esta aventura se halla la visita a Marruecos, el 19 de agosto de 1985, realizada por invitación del Rey Hassan II y que le permite hablar a cincuenta mil jóvenes islámicos, en un estadio de Casablanca, con ocasión de los "Juegos Panárabes". Es el primer Papa en la historia que realiza este gesto evangélico arriesgado —que recuerda a Francisco de Asís— de hablar a una multitud musulmana.

Cinco mil muchachos en traje de gimnasia cubren el tapete de hierba en el centro del campo y guían los aplausos, sueltan manojos de globos de colores con las imágenes del Rey y del Papa.

Hassan II presenta a Wojtyla "como educador y defensor de valores comunes al Islam y al Cristianismo". Juan Pablo habla un lenguaje sencillo, de primer contacto con un auditorio desconocido: "Yo vengo hasta vosotros como creyente. Quisiera dar aquí el testimonio de lo que creo, de lo que deseo para el bien de mis hermanos los hombres y de lo que, por experiencia, considero útil para todos".

No dice cosas nuevas, sino que repite lo afirmado por el Vaticano II acerca del diálogo con los seguidores de Mahoma. Pero transmite ese mensaje a los destinatarios: la novedad está aquí y no es poca cosa.

La novedad del acercamiento directo sugiere al Papa un llamado a superar las guerras del pasado y a encontrarse entre creyentes: "Los cristianos y los musulmanes hemos tenido casi siempre incomprensiones recíprocas y a veces, en el pasado, nos hemos encontrado en posiciones opuestas y hemos consumado nuestras energías en polémicas y en guerras. Yo creo que Dios nos llama a cambiar nuestras antiguas costumbres. Debemos respetarnos. Y debemos también estimularnos recíprocamente en cumplir obras de bien por el camino indicado por Dios (...). En un mundo que desea la unidad y la paz, y que sin embargo experimenta mil tensiones y conflictos, los creyentes deberán favorecer la amistad y la unión entre los hombres y los pueblos que forman sobre la tierra una sola comunidad".

La cercanía para Juan Pablo es creativa y he aquí que inclusive le permite hacer alusión al "perdón", un tema que llegará a ser una dominante del pontificado de los años noventa, pero que aquí —a mediados de los años ochenta y en tierra musulmana— es una primicia extraordinaria. Con una invocación final a "Dios bueno e infinitamente misericordioso" (que es una fórmula presente tanto en la Biblia, como en el Corán), el Pontífice pide para los cristianos y para los musulmanes "sentimientos de misericordia y de comprensión, de perdón y de reconciliación, de servicio y de colaboración".

Hay algo conmovedor en esta confianza sin prejuicios en la palabra, de hermano, con la cual el Papa apela a los musulmanes. En nombre de la común pertenencia a la humanidad y a la "gran familia de los creyentes" hace ese llamado. Pero lo hace también en nombre de la descendencia común de Abraham, el padre de todos los creyentes. Existe esta progresión creativa en el apelativo "hermanos" que Juan Pablo extiende a los musulmanes y que no tiene precedentes históricos, en el lenguaje de los Papas.

El título "hermanos" dirigido a los seguidores del Islam suena como promesa de una actitud nueva y en la práctica se ha traducido en la invitación a los islámicos a participar en las jornadas de oración de Asís de 1986 y de 1993. Esta opción, la de llamarlos hermanos y de invitarlos a encuentros de oración es probablemente muy personal, sugerida a Wojtyla por su genio práctico: si de verdad aprenden a orar juntos, cristianos y musulmanes dejarán de hacerse la guerra.

Desde el alba de su pontificado Juan Pablo se anima a llamar hermanos a los seguidores del profeta Mahoma. El 10 de diciembre de 1978, cuando no han pasado dos meses de su elección, durante un llamado por la paz en el Líbano, invocando a María "reina de la paz", exclama: "Sabemos que la Madre de Dios es rodeada de gran veneración también por parte de nuestros hermanos musulmanes".

Tres años más tarde viene finalmente la ocasión para la cual Juan Pablo tiene la esperanza de llamar *hermanos* a los musulmanes —es decir de saludarlos con el título que la grande tradición cristiana quiere que esté reservado a los hermanos en la fe, que son los otros bautizados— no al hablar desde la ventana romana, sino estrechándoles la mano, en una tierra iluminada por el sol del Islam. La audacia del acto papal nos la señala la crónica de aquel primer pronunciamiento, contenido en un discurso preparado para un encuentro que no se realizó, por ausencia de los destinatarios: En Nigeria, el 14 de abril de 1982, en Kaduna, en el Norte musulmán, cuando Wojtyla se ve obligado a leer su texto en el aeropuerto, ante las autoridades que habían venido a saludarlo, porque la cita con los jefes musulmanes, colocada en el programa, no tuvo lugar; los jefes no se presentaron, según parece por desacuerdo entre ellos, pero algún periódico acusará al Papa de ser responsable —con sus predecesores— de las Cruzadas medievales. De todos modos también las autoridades que se hallaban presentes en el aeropuerto eran de religión musulmana y el Papa les habló así: "Todos nosotros, cristianos y musulmanes, vivimos bajo el sol de un único Dios misericordioso. Todos creemos en un solo Dios creador del hombre. Aclamamos el señorío de Dios y defendemos la dignidad del hombre como siervo de Dios. Adoramos a Dios y profesamos una sumisión total a Él. En este sentido podemos, por consiguiente, llamarnos hermanos y hermanas en la fe en un solo Dios".

Siete años más tarde, Wojtyla usará dos veces la expresión "hermanos musulmanes" en una *Carta apostólica* a todos los obispos de la Iglesia católica acerca de la situación del Líbano, publicada el 26 de septiembre de 1989. Ese mismo día publica también un llamado a los musulmanes, a los cuales se dirige como a hermanos en la fe diciendo: "¿Cómo podríamos nosotros los creyentes, hijos de Dios misericordioso, nuestro Creador, nuestro guía, pero también nuestro juez, permanecer indiferentes ante todo un pueblo que muere ante nuestros ojos?".

El texto más importante en el cual Juan Pablo trata a los musulmanes como hermanos en la fe es una oración que hace incluir en la vigilia por la paz en Europa, que preside en Asís el 10 de enero de 1993, en la cual los musulmanes, son mencionados junto con los hebreos y los cristianos como hermanos por cuanto son hijos de Abraham: "Por todos aquellos que reconocen a Abraham como padre en la fe, hebreos, cristianos, musulmanes: para que se elimine toda incomprensión y obstáculo y todos colaboren para construir la paz".

Esta oración es un caso único en la liturgia católica. En ella los musulmanes son mencionados como últimos, por cuanto son históricamente —con respecto a los cristianos— los hermanos menores nacidos en Abraham, así como se mencionan primero los hebreos, hermanos mayores. Pero de alguna manera ese día los musulmanes eran los primeros en la consideración del Papa. Y en efecto, esa oración fue leída en lengua árabe, porque en esa misa el Papa quiso que Europa orara en todos sus idiomas, y en Europa ya entonces vivían 15 millones de musulmanes, de los cuales la mitad eran de lengua árabe.

En el lenguaje cristiano la palabra hermano llama otras que son amor y perdón. Juan Pablo no tiene miedo de usarlas cuando se dirige a los hermanos del Islam. Ya había definido como "hermano" a Alí Agca, con ocasión de la visita que le hizo en la cárcel, cuando dijo a los periodistas: "Le he perdonado como se perdona a un hermano que goza de mi confianza" (27 de diciembre de 1983).

La "valentía del perdón" dice a menudo Juan Pablo y usa esta expresión también en relación con el extremismo islámico. ¿Se trata de una utopía, de un desvarío de quien busca consuelo en las palabras, cuando está ofendido por los hechos? No, hay algo más. La palabra perdón usada por el Papa con referencia al Islam no es un vaniloquio, y un hecho terrible de la primavera del 1996 ha mostrado que ella tiene una cobertura áurea pagada con la vida.

El 24 de mayo de 1996 un "grupo islámico armado" de Argelia anuncia que ha "cortado la garganta" a siete monjes secuestrados en la noche entre el 26 y el 27 de marzo y así se expresa Juan Pablo el 26 de mayo, domingo de Pentecostés: "A pesar de nuestro profundo dolor damos gracias a

Dios por el testimonio de amor dado por esos religiosos. Su fidelidad y coherencia honran a la Iglesia y seguramente serán semilla de reconciliación y de paz para el pueblo argelino, del cual se habían hecho solidarios. Nuestra oración llegue también a sus familias, a la Orden cisterciense y a la pequeña comunidad eclesial que se halla en Argelia. En esta trágica prueba no les ha de faltar la valentía del perdón y la fuerza de la esperanza a ellos que están fundados sobre Cristo que ha vencido la muerte".

Hablar de perdón como respuesta a los excesos del integrismo islámico parecería insensato, o inclusive provocador, si la radicalidad evangélica del perdón no estuviera ampliamente testimoniada por los cristianos que viven en las tierras del Islam. Un documento extraordinario de esta espiritualidad del perdón ha salido a la luz precisamente con la masacre de los monjes argelinos. El Prior —previendo su destino— había enviado a los familiares este testamento, que tiene la fecha del 1º de enero de 1994:

"Si me sucediera un día (y podría ser también hoy) el que sea víctima del terrorismo que parece que quiere implicar ahora a todos los extranjeros que viven en Argelia, me agradaría que mi comunidad, mi Iglesia, mi familia se acordaran de que mi vida estaba entregada a Dios y a aquel país. (...). He vivido bastante para considerarme como cómplice del mal que parece, lamentablemente, prevalecer en el mundo, y también de aquel que me puede golpear a ciegas. Me agradaría, si llegara el momento, tener ese rayo de luz que me permitiría solicitar el perdón de Dios y el de mis hermanos en humanidad, y al mismo tiempo perdonar con todo el corazón a quien me hubiese herido" (Bibliografía 76, p. 151s).

Para el papa Wojtyla la frontera del Islam ha resultado ser la más difícil. A pesar de la falta de respuestas, él sigue asomándose sobre esta frontera con el mensaje de la fraternidad y del perdón. No realizó ese intento solamente con Marruecos. Él con gusto hubiera querido hacer más y también hoy haría más, si le fuera concedido. Este diálogo que tuvo lugar a bordo del avión que llevaba al Papa desde Nairobi hasta Casablanca, el 19 de agosto de 1985, podría repetirse hoy:

"—Santidad, ¿iría a Libia o a Arabia Saudita?

— Sí. Como lo dijo Pío XI estaría dispuesto a hablar inclusive con el diablo, si se trata de la verdad, de la religión y de los derechos humanos.

— ¿Iría a la Meca?

— Por mi sensibilidad, sí. Pero la sensibilidad de ellos tal vez es diferente".

22

VISITA A LA SINAGOGA DE ROMA
Y RECONOCE A ISRAEL

Una hora y 15 minutos dura el encuentro del Papa con los hebreos de la Sinagoga de Roma, el 13 de abril de 1986. El Pontífice abraza dos veces al rabino jefe Elio Toaff. Llama "hermanos hebreos" a sus hospederos. Recita un salmo en su idioma. Deplora la opresión de los hebreos de la cual fueron responsables sus predecesores. Recuerda conmovido el "genocidio" decretado por Hitler. Los hebreos lo aplauden con inesperado calor, en cada uno de estos momentos. Es la primera vez que un Papa entra en una sinagoga.

Los dos portavoces hebreos que hablan antes que el Papa, el presidente de la comunidad israelita romana Jacobo Saban y el rabino jefe Elio Toaff, pronuncian discursos duros. Sobre todo Saban, que recuerda el silencio de Pío XII acerca de la tragedia hebrea durante la última guerra y pide al Papa el reconocimiento del Estado de Israel. La misma solicitud, en una forma menos política y más religiosa, la repite el autorizado Toaff. El Papa no hace ninguna referencia a Israel. Defiende, en cambio, indirectamente, a Pío XII insistiendo sobre la hospitalidad ofrecida a los hebreos durante la última guerra en muchas casas religiosas y "en la misma ciudad del Vaticano".

Saban había recordado a los Papas que hacían quemar los libros hebreos y a Pablo IV que instituyó el ghetto en 1555, reduciendo a los hebreos "a miseria económica y cultural, despojándolos de algunos de los derechos más fundamentales". Acerca de este punto el Papa expresa la afirmación más comprometedora: "Los actos de discriminación, de limitación injustificada de la libertad religiosa, de opresión también en el plano de la libertad civil, en relación con los hebreos, han sido objetivamente manifestaciones gravemente deplorables. Sí, una vez más, por mi medio, la Iglesia con las palabras del conocido decreto *Nostra Aetate* (n. 4), deplora los odios, las persecusiones y todas las manifestaciones del antisemitismo dirigidas contra los hebreos en todo tiempo y por quienquiera que sea. Repito: por quienquiera que sea". En este punto se produce un aplauso prolongado. Es evidente que la repetición de las palabras "por quienquiera que sea", después de todas las alusiones de Saban a las actuaciones de los Papas, quiere indicar que el Pontífice "deplora" expresamente la opresión ejercida por los Papas y por su gobierno.

"Una palabra de execración —continúa el Papa— quisiera yo una vez más expresar por el genocidio decretado durante la última guerra contra el pueblo hebreo y que ha llevado al holocausto de millones de víctimas inocentes". Los aplausos más espontáneos los recibe cuando usa cuatro veces la expresión "hermanos", para dirigirse a sus oyentes. Al principio dice: "Queridos amigos y hermanos". Y al final: "Sois nuestros hermanos predilectos y, en cierto modo, se podría decir nuestros hermanos mayores".

El Papa y el Rabino leen un salmo cada uno y expresan propósitos comunes de colaboración, ambos con vestiduras blancas, sentados sobre dos sillas iguales. Y han visto a muchos hebreos derramar lágrimas en esa Sinagoga y al Papa mismo fuertemente conmovido. Nada o poco encontramos nuevo —en las palabras— con respecto al viraje decisivo del Concilio. Pero sí un gesto audaz, para impulsar hacia una acción concreta. El Vaticano II había comprometido a la Iglesia a cambiar su actitud. Juan Pablo —movido por su genio pragmático y gestual— indica a los católicos cuál podría ser la nueva actitud.

Con la sencillez de un hecho comprensible para todos, la visita a la Sinagoga de Roma vuelve a asumir la múltiple iniciativa de Juan Pablo en relación con los hebreos. Para remontarnos a los comienzos, deberíamos ante todo recordar el conmovido homenaje rendido a la "lápida" hebrea en el campo de Auschwitz el 7 de junio de 1979, durante el primer viaje a Polonia: "Precisamente este pueblo, que ha recibido de Dios el mandamiento 'no matarás', ha experimentado en carne propia de una manera particular lo que significa matar. Delante de esta lápida a nadie le es lícito pasar adelante con indiferencia".

El homenaje a la lápida de Auschwitz es un antecedente decisivo para comprender la iniciativa de la visita a la Sinagoga. Usando una expresión de esa homilía, podríamos decir que la visita a la Sinagoga le correspondía al "Papa que ha venido a la sede de San Pedro desde la diócesis en cuyo territorio se encuentra el campo de Auschwitz". Su aventura de hombre y de cristiano ya había pasado a través de las Sinagogas de Cracovia y de Wadowice.

Pero a su vez el abrazo con los hermanos mayores en la Sinagoga de Roma está destinado a producir otros gestos. Un año después habrá el encuentro con la comunidad hebrea estadounidense en Miami, el 11 de septiembre de 1987, preparado por una carta de agosto de ese año al presidente de la Conferencia Episcopal de los Estados Unidos, donde Juan Pablo formula esta declaración —todavía genérica, pero explícita— de arrepentimiento por las persecuciones del pasado: "No hay duda de que los sufrimientos padecidos por los hebreos son también para la Iglesia católica un motivo de sincero dolor, especialmente si se piensa en la indiferencia y a veces en el resentimiento que, en circunstancias históricas particulares han dividido a hebreos y cristianos. Ciertamente esto nos llama a tomar resoluciones aún más firmes de cooperar para la justicia y la verdadera paz".

Al comienzo de los años noventa habrá otras dos ocasiones en las cuales el cambio de actitud en relación con los "hermanos mayores" dará pasos importantes. La primera es una liturgia penitencial que se celebra en la Basílica de San Pedro como clausura del Sínodo europeo, el 7 de diciembre de 1991. En esa liturgia, en el momento de la "confesión de los pecados" se lee una invocación de perdón por la pasividad de los cristianos ante la Shoah, que constituye el texto más explícito, en esa materia, autorizado hasta ese momento por el Papa:

"Señor, nuestro liberador, en las comunidades cristianas de Europa no siempre hemos cumplido tu mandamiento, sino que, confiando en las solas fuerzas humanas, hemos perseguido lógicas mundanas con guerras de religión, con luchas de cristianos contra cristianos, con la pasividad frente a las persecuciones y al holocausto de los hebreos, con el ensañamiento contra tantos justos. Perdónanos y ten piedad de nosotros".

La segunda ocasión la ofrece el cincuentenario de la Shoah y la acoge Juan Pablo con un fuerte saludo a los "amados hermanos hebreos" presentes en la plaza de San Pedro el 18 de abril de 1993:

"En profunda solidaridad con ese pueblo y en comunión con toda la comunidad de los católicos, quisiera hacer memoria de esos eventos terribles, ya lejanos en el tiempo, pero esculpidos en la mente de muchos entre nosotros. Los días de la Shoah han marcado una verdadera noche en la historia, al registrar crímenes inauditos contra Dios y contra el hombre. ¿Cómo no estar a vuestro lado, amados hermanos hebreos, para recordar en la oración y en la meditación un aniversario tan doloroso? Estad seguros: no sostenéis solos la pena de este recuerdo; nosotros oramos y velamos con vosotros, bajo la mirada de Dios, santo y justo, rico en misericordia y en perdón".

Los frutos más importantes de la visita a la Sinagoga son tres: el acuerdo con Israel del 30 de diciembre de 1993 (que trae las relaciones diplomáticas anunciadas el 15 de junio de 1994), el documento acerca de la Shoah de marzo de 1988, la inclusión de la cuestión hebrea en el acto penitencial jubilar ya programado para el Miércoles de Ceniza del año dos mil.

We Remember: a reflection on the Shoah (Nosotros recordamos: una reflexión sobre la Shoah). Éste es el título del documento publicado el 16 de marzo de 1998 por la Comisión para las relaciones religiosas con el hebraísmo y acompañado de una carta de Juan Pablo que lo hace suyo. La Shoah es definida: "Mancha indeleble en la historia del siglo", "iniquidad indecible", "tragedia indecible", "uno de los principales dramas de la historia de este siglo", "horrible genocidio", "enormidad del crimen", "va más allá de la capacidad de expresión de las palabras", "drama terrible".

En el documento se hallan párrafos de gran interés —y nuevos en un documento vaticano— acerca del "pecado" histórico del antijudaísmo. Se hace referencia a los "sentimientos de sospecha y de hostilidad que perduraron durante siglos de los cuales, lamentablemente, también unos cristianos han sido culpables". Se reconoce que "grupos exaltados de cristianos" desde los comienzos de su toma del poder, en el imperio romano, "asaltaban las sinagogas" así como lo hacían con los templos paganos.

Se admite que en los siglos cristianos, los hebreos fueron sometidos a "una discriminación generalizada, que desembocaba a veces en expulsiones o intentos de conversiones forzadas" y que, en tiempos de crisis, "la minoría hebrea fue tomada muchas veces como chivo expiatorio, llegando a ser así víctima de violencia, saqueos e inclusive masacres".

"Los errores y las culpas" de los cristianos en los años de la guerra mundial son indicados así: "algunos sacaron ventajas de la situación" de persecución de los hebreos, "otros fueron movidos por la envidia" en su participación de hecho en la persecución, otros aun sabiendo y viviendo "no fueron bastantes fuertes para elevar sus voces de protesta".

"¿Los cristianos ofrecieron toda asistencia posible a los hebreos? Muchos lo hicieron, pero otros no. Los que ayudaron a salvar a cuantos hebreos les fue posible, hasta el punto de poner sus vidas en peligro mortal, no deben ser olvidados (...). Al lado de esos hombres y mujeres valientes, la resistencia espiritual y la acción concreta de otros cristianos no fue la que se hubiera podido esperar de unos discípulos de Cristo. No podemos conocer cuántos cristianos, en países ocupados o gobernados por las potencias nazis o por sus aliados, comprobaron con horror la desaparición de sus vecinos hebreos, y sin embargo, no fueron lo suficientemente fuertes para levantar sus voces de protesta. Para los cristianos este grave peso de conciencia de sus hermanos y hermanas durante la última guerra mundial debe ser un llamado al arrepentimiento. Deploremos profundamente los errores y las culpas de estos hijos e hijas de la Iglesia (...). Éste es un acto de arrepentimiento (*teshuva*): como miembros de la Iglesia, compartimos en efecto tanto los pecados como los méritos de todos sus hijos (...). Deseamos transformar la conciencia de los pecados del pasado en firme compromiso por un nuevo futuro en el cual ya no haya sentimientos antijudíos entre los cristianos ni sentimientos anticristianos entre los hebreos (...). Ya no se debe permitir a las semillas infectadas del antijudaísmo ni del antisemitismo que echen raíces en el corazón del hombre".

Muchos son los pasos dados por Juan Pablo hacia los hebreos, desde la visita a la Sinagoga hasta hoy, y sin embargo, su camino aún no está terminado. En efecto, tiende idealmente a una petición de perdón por las persecuciones de la historia que aún no se ha dado, pero que está madura y podría hacer cesar —o modificar— la insatisfacción que los hebreos puntualmente manifiestan ante todo pronunciamiento papal o vaticano relacionado con ellos. Esa petición de perdón podría acontecer el 7 de marzo del año dos mil, día de la Ceniza, en el cual tendrá lugar una celebración (petición de perdón) penitencial en el Circo Máximo, en Roma.

Ese acto penitencial podría ser el elemento de la petición de perdón a la cual parece tender todo el camino hacia los hermanos mayores realizado hasta hoy por Juan Pablo. Se supone que la "petición de perdón" prevista para ese día deba referirse a la Inquisición, al antijudaísmo y a las infidelidades de los católicos de nuestros días. Por lo que se refiere a los hebreos, reconocida la culpa, formulada con el documento *We Remember,* el arrepentimiento, no falta sino el acto dirigido directamente a los interlocutores: hermanos, ¡perdonadnos!

23
EN NOMBRE DE LA PAZ
LLAMA A LAS RELIGIONES A ASÍS

A mediados de los años ochenta, con una serie de iniciativas inspiradas en un único designio, Juan Pablo amplía los horizontes del pontificado en el signo de la misión a las gentes. Este relanzamiento misionero se halla resumido en un segundo lema del pontificado —después del inicial "abrid las puertas a Cristo"— formulado así en la encíclica *Dominum et vivificantem* (mayo de 1986): "En la perspectiva del tercer milenio, debemos también mirar más ampliamente y abrirnos, sabiendo que el viento sopla donde quiere".

Etapas de apertura de este período son el viaje a África en agosto de 1985 y el viaje a la India en enero-febrero de 1986. Etapas maduras son la visita a la Sinagoga de Roma en abril de 1986 y la Jornada de oración y de ayuno por la paz que tuvo lugar en Asís en octubre de 1986 con la participación de las principales religiones del mundo. Con la encíclica *Redemptoris missio*, que en el tiempo inmediato fue descuidada por los medios porque fue publicada en las semanas cruciales de la Guerra del Golfo y que hoy es olvidada injustamente por los intérpretes del pontificado.

La Jornada de Asís (27 de octubre de 1986) es el momento más creativo de este impulso a abrirse, que ya ha dislocado la figura papal en más de un escenario inédito. En los últimos dos capítulos hemos visto a Juan Pablo que por primera vez predica a una multitud musulmana y por primera vez entra en una sinagoga. Y helo ahí en Asís rodeado de bonzos e imanes, sacerdotes animistas y rabinos, shintoístas y sikhs, jainistas y zoroástricos.

La jornada se desarrolla en octubre, pero la idea de un "encuentro de oración por la paz" había sido lanzada por el Papa el 25 de enero, durante una celebración ecuménica en la Basílica de San Pablo extra muros. "La Santa Sede desea contribuir a suscitar un movimiento mundial de oración por la paz que, sobrepasando los confines de cada una de las naciones y comprometiendo a los creyentes de todas las religiones llegue a abarcar el mundo entero", dijo Juan Pablo al anunciar que estaba "iniciando oportunas consultas con los responsables no sólo de varias Iglesias y comuniones cristianas, sino también de otras religiones del mundo, para promover con ellos un encuentro especial de oración por la paz, en la ciudad de Asís".

La iniciativa del Papa era nueva, pero caída en un terreno preparado. Desde 1968 existía una "Conferencia mundial de las religiones para la paz", que celebraba asambleas periódicas con participación siempre más amplia y autorizada de los diversos grupos religiosos. Precisamente en 1986 el Consejo ecuménico de las Iglesias de Ginebra iniciaba la preparación de una Conferencia mundial de las Iglesias cristianas sobre el tema "Justicia, paz y salvaguarda de la creación" que tuvo lugar en Seúl en 1990.

El 12 de diciembre de 1985 el primado anglicano Robert Runcie había anunciado —con ocasión del encuentro Reagan-Gorbachov en Ginebra— que estaba trabajando en la preparación de un "vértice religioso por la paz". La Iglesia ortodoxa rusa en junio de 1977 había hospedado en Moscú una conferencia mundial sobre el tema "Los hombres religiosos por una paz duradera".

Los tiempos estaban maduros para un gesto de gran alcance. Juan Pablo se arriesgó y ese gesto no recibió rechazos significativos. La jornada se desarrolló sin incidentes y tuvo un eco extraordinario en el mundo, como nunca ningún encuentro interreligioso o ecuménico había tenido. Ha sido también la iniciativa de este Pontífice la que ha encontrado mayor respaldo fuera de la Iglesia católica.

Nunca una cita interreligiosa había podido contar con representaciones de esa amplitud y de ese nivel: 160 invitados oficiales, para 60 delegaciones, presentes por cuenta de 32 organizaciones cristianas, 2 hebreas y 26 no cristianas. Las delegaciones no cristianas no siempre han sido consideradas por los observadores como plenamente representativas de las religiones de su pertenencia, sobre todo por lo que se refiere al Islam y al Hinduismo. Pero es necesario tener en cuenta la falta de una organización centralizada, o al menos de cualquier organismo de representación general en estas religiones. En cambio, en cuanto al mundo cristiano, se puede afirmar con seguridad que —excepto las asambleas del Cec (Consejo ecuménico de las Iglesias)— nunca ha habido un encuentro ecuménico donde todas las denominaciones y todas las Iglesias más importantes estuvieran presentes a tan alto nivel como en Asís.

La Iglesia católica estaba representada por el Papa, por su séquito (Casaroli, Etchegaray, Willebrands, Arinze, para citar tan sólo a los cardenales) y por un par de obispos para cada episcopado continental (Quarracino, Hubert, Malone, Hume, Tomasek, Malula, Sfeir, Poletti, Fernandez, Koenig, para citar a los hombres más conocidos provenientes respectivamente de Argentina, Canadá, Estados Unidos, Gran Bretaña, Checoslovaquia, Zaire, Líbano, Italia, Australia).

Por las Iglesias ortodoxas estaban presentes el Patriarcado Ecuménico de Constantinopla (Methodios, arzobispo de Thyateira), el Patriarcado griego ortodoxo de Antioquía (Gabriel, obispo de Palmira), la Iglesia ortodoxa rusa (Filaretes, metropolita de Kiev y Galic), las iglesias ortodoxas de Georgia, de Rumania, de Bulgaria, de Checoslovaquia, de Finlandia.

Por las Iglesias orientales estaban: el Patriarcado copto de El Cairo, el Patriarcado sirio de Antioquía y de todo el Oriente (Damasco), el Catolicosato armenio de Cilicia, la Iglesia siria de la India y la Iglesia asiria de Oriente.

Entre las "Comunidades cristianas mundiales y organizaciones cristianas mundiales" las crónicas han registrado la presencia de: Unión de Utrecht (Viejos Católicos), Comunión anglicana (la delegación más numerosa: guiada por el primado Robert Runcie y compuesta por otros seis miembros provenientes de Tanzania, Japón, Nigeria, Jerusalén y Canterbury), la Federación luterana mundial (con la vicepresidenta Susana Telenowa y el secretario general Staalsett), la Alianza mundial de las Iglesias reformadas (con el presidente Allan Boesak, mestizo sudafricano conocido por su oposición al apartheid), el Consejo metodista mundial (Joe Hale, secretario general), Disciples of Christ (Paul A. Crow, presidente del "Council of Christian Unity"), la Alianza bautista mundial (Gerhard Class, secretario general), el Consejo Ecuménico de las Iglesias (con el secretario general Emilio Castro y los presidentes Barrow y Buhrig), Reformed Ecumenical Synod, Mennonite World Conference, Friends World Committee for Consultation (Religious Society of Friends, Quakers), World Youngs Women's Christian Association, World Young Men's Christian Association, International Association for Religious Freedom (IARF).

El Hebraísmo estaba representado por el Anti Defamation League of B'Rith y por la Comunidad israelita de Roma (con el rabino jefe Elio Toaff).

Entre los grupos religiosos no cristianos se hallaban los budistas de la India, Thailandia, Corea y Japón, con el Dalai Lama exiliado en la India y el japonés Nikkyo Niwano (uno de los fundadores de la Conferencia mundial de las religiones para la paz); los hindúes (con Rajmoham Gandhi, sobrino del Mahatma) y de Gran Bretaña; los zoroastrianos de la India (con Homi Dhalia); los jainistas de la India (con Subuh Karan Dasani); los sikhs de la India (con Gopal Singh); los musulmanes de Marruecos (con el jeque Mohammed El Mekki), de Pakistán (con Inamullah Khan), de Turquía (con Fahri Demir), de Italia (con el príncipe Abdulghas sam Amini), de la India, de Bangladesh, de Costa de Marfil, de Kenya, de Arabia Saudita (con el jeque Mohammed Nasir Al-Aboudi), de Mozambique; las religiones tradicionales africanas de Kenya, Ghana y Togo; la religión amerinda (con John Pretty-On-Top, Estados Unidos); los shintoístas japoneses, con el presidente de la Shrine Shinto Association de Tokio, Muneyoshi Tokugawa.

La jornada se desarrolló en tres momentos fundamentales: el recibimiento, con el discurso de saludo del Papa, en Santa María de los Ángeles, en la planicie de Asís; las asambleas separadas de las doce principales agrupaciones religiosas mundiales, para dar oportunidad a cada tradición de orar según la propia liturgia; la asamblea comunitaria, en la plaza de la Basílica inferior de San Francisco, con las invocaciones de las doce agrupaciones, propuestas la una después de la otra, con una pausa de silencio después de cada una, para evitar toda sospecha de "sincretismo religioso". La jornada había sido acordada de tal modo que permitiera "estar juntos para orar", evitando dar lugar a una "oración común", que hubiera dado motivo a la acusación de mezcolanza entre las diferentes creencias, acusación propuesta por los ambientes tradicionalistas de las varias religiones.

El recibimiento en Santa María de los Ángeles se abrió con el canto de un salmo en hebreo y se clausuró con un himno japonés. Los sesenta jefes de delegación estaban sentados en semicírculo, delante de la capilla de la Porciúncula, el Papa se hallaba en el centro y a su izquierda se hallaba el Dalai Lama, a su derecha el representante del Patriarcado de Constantinopla.

Las doce asambleas separadas tuvieron lugar al mediodía, con la duración de dos horas y media, en diferentes lugares de la ciudad de Asís. Los Bahai se reunieron en la Sala de la Cofradía San Pablo, en la calle San Pablo. Los budistas en la iglesia de San Pedro. Los cristianos (el grupo más numeroso), en la catedral de San Rufino. Los hebreos en la plazuela entre la plaza del municipio y la iglesia de San Francisco (al aire libre, para evitar celebrar una reunión de culto en un ambiente con símbolos cristianos). Los jainistas en la Casa del terciario, en la plaza del Obispado. Los musulmanes en la Sala de la Minerva del convento de San Antonio, en la plaza del municipio. La religión amerinda en la Sala de la Conciliación del Municipio. Las religiones tradicionales africanas en la iglesia de San Gregorio, en la calle Bernardo de Quintavalle. Los shintoístas en la Sala Fondo del antiguo monasterio benedictino, en la plaza San Pedro. Los sikhs en la Sala de la Expoliación del Obispado. Los zoroástricos en la Galería de los obispos del Obispado.

El rito ecuménico celebrado en San Rufino ha sido el más amplio y representativo que jamás haya tenido lugar desde cuando se comenzó el movimiento ecuménico. El Papa con vestidura blanca y estola roja, abrió el encuentro con un breve discurso en inglés: "Lo que hoy hacemos aquí no sería completo, si luego nos retiráramos sin una resolución más profunda de comprometernos a continuar la búsqueda de una plena unidad y a superar las diversas divisiones que aún permanecen".

El metropolita Filaretes leyó en ruso un trozo de la Carta de san Pablo a los romanos: "Dejemos de juzgarnos unos a otros". La presidenta del Consejo mundial de las Iglesias, Marga Buhrig, leyó en inglés un pasaje de la Carta a los efesios: "Vosotros, que en otro tiempo estábais lejos, habéis llegado a estar cerca por la sangre de Cristo". Emilio Castro, secretario general de la CEC (Consejo Ecuménico de las Iglesias), leyó en español un trozo de la Carta a los colosenses: "Como el Señor os perdonó, perdonaos también vosotros".

El representante del Patriarcado de Antioquía leyó en francés un pasaje de la Carta de Santiago: "Donde existen envidias y espíritu de contienda, allí hay desconcierto y toda clase de maldad". El metropolita de la Iglesia ortodoxa rumana leyó en árabe un trozo de la Primera Carta de Juan: "Dios es luz y en Él no hay tinieblas". Concluyó el Papa con un pasaje del Evangelio de san Juan: "Si uno me ama, observará mi paz".

Los signos centrales de la jornada fueron la oración, la peregrinación y el ayuno. La peregrinación consistió en llegar a pie, desde cada uno de los doce lugares de las asambleas separadas, a la plaza de la Basílica inferior de San Francisco para la asamblea comunitaria. Ésta tuvo lugar al aire libre para no imponer símbolos cristianos a quien no es cristiano. El Papa caminó a pie con todos los otros: esa imagen permanecerá en la iconografía del pontificado. El ayuno consistió en omitir el desayuno.

La asamblea común duró tres horas. Ha sido un gran espectáculo de vestiduras, barbas, salmos y cantos. Por primera vez en la historia del mundo las palabras y los gestos de todas las tradiciones religiosas expresaron una invocación de paz, formulada en los idiomas más diversos. La simbología fue riquísima: distribución de ramos de olivo, encendido del calumet (pipa sagrada de los Pieles rojas), ritos lustrales, palomas lanzadas a volar, antorchas encendidas, brazos levantados, abiertos, unidos, inclinaciones de toda medida y ritmo, abrazos de paz. El encuentro pacífico de las religiones fue también una fiesta de colores: el amarillo de los shintoístas, el anaranjado y el rojo de los budistas y de los hinduistas, las plumas de los indios de América, las vestiduras abigarradas de los sacerdotes africanos, el color violeta de los anglicanos, el negro de los ortodoxos y de los luteranos, la púrpura de los cardenales católicos y el blanco de la vestidura del Papa.

Abrió la asamblea el cardenal Roger Etchegaray, principal organizador de la jornada en su calidad de presidente de la Comisión *Justicia y paz:* " Estamos aquí reunidos, sin ningún vestigio de sincretismo (...).

187

Lo que haremos ahora, al ofrecer nuestras oraciones, una después de otra, debería hacer comprender a todos y a nosotros mismos cómo, aún conservando cada uno su propia identidad, todos estamos llamados a orar y actuar por el gran bien de la paz".

"Los servidores de Dios misericordioso son aquellos que caminan sobre la tierra con humildad y, cuando el ignorante se dirige a ellos, dicen: paz". Así oraron los musulmanes, citando el *Corán*. Los hindúes, rezaron esta frase tomada del *Upanishad*: "Imploramos la paz en los cielos, paz en el cielo y sobre la tierra, paz en los mares, paz en las hierbas y en las plantas, paz en todas las divinidades, paz en toda la creación". Y los budistas tomaron su oración de la introducción a la obra *Comprometidos en los caminos del Bodhisattva*: "Puedan todos los animales estar libres del miedo de ser devorados los unos por los otros". Después de encender el calumet de la paz, un indio de América dijo: "Este calumet ha sido regalado a mi pueblo por el Creador de la paz y de la amistad. Por eso yo lo ofrezco a vosotros, hermanos y hermanas de todo el mundo".

El rabino Toaff en nombre de los hebreos leyó al profeta Isaías: "Ya ninguna nación levantará la espada contra otra y ya no aprenderán el arte de la guerra". En nombre de los cristianos (se sucedieron en la lectura una mujer protestante de color, el arzobispo ortodoxo que representaba al Patriarca de Constantinopla, el arzobispo de Canterbury y el Papa) leyeron las bienaventuranzas según Lucas con la consigna paradójica: "Amad a vuestros enemigos, haced el bien a los que os maldicen, orad por los que os difaman".

Un discurso de Juan Pablo clausuró la asamblea: "Nunca como ahora en la historia de la humanidad se ha hecho evidente el vínculo intrínseco entre una actitud auténticamente religiosa y el gran bien de la paz". Ninguno protestó por la audacia del Papa al hablar en nombre de todos, reconociendo las culpas históricas de las religiones en lo que se refiere a la paz y a la guerra: "Repito humildemente aquí mi convencimiento: la paz lleva el nombre de Jesucristo. Pero, al mismo tiempo y en el mismo espíritu, estoy dispuesto a reconocer que los católicos no siempre han sido fieles a esta afirmación de fe. No siempre hemos sido constructores de la paz. Para nosotros mismos, pero también —tal vez— para todos, este encuentro de Asís es un acto de penitencia".

Después de haber recordado que "aquí nosotros estamos actuando como los heraldos de la conciencia moral de la humanidad", colocada delante del "dramático desafío de nuestra época: paz verdadera o guerra desastrosa", Juan Pablo apeló a la ONU y a los "líderes mundiales", invitándolos a "tomar nota de nuestra humilde súplica a Dios por la paz; pero les pedimos también a ellos que reconozcan sus responsabilidades y que pongan por obra las estrategias de la paz con valentía y con previsión".

"Esperamos que las armas hoy se hayan silenciado y que los ataques hayan cesado", dijo en determinado momento Juan Pablo recordando su llamado a una *"tregua universal"*. Lo había lanzado —dirigiéndose a los gobiernos, a los movimientos de guerrilla, a los terroristas, *"y a sus comandantes"*— el 4 de octubre desde Lyon. Lo había hecho transmitir a los gobiernos de las 113 nunciaturas vaticanas presentes en otros tantos países y para aquellos que no tienen relaciones diplomáticas con la Santa Sede lo había hecho llegar a las respectivas embajadas romanas por el nuncio en Italia, Luigi Poggi.

"Ha sido respetada casi en todo el mundo la tregua de Dios" escribía el diario *Corriere della Sera* del 28 de octubre, pero el balance optimista —según las primeras informaciones vaticanas— estaba destinado a una notable rectificación tan sólo un día después. *"Une treve profanée"* (una tregua profanada) es, en efecto, el título de un servicio muy detallado publicado por el diario *Le Monde* del 29 de octubre: "Con excepción de América Central, el llamado del Papa casi no ha tenido resonancia en los principales teatros de combate. En el Líbano, si las milicias rivales de Beirut se habían comprometido a hacer silenciar las armas, los combates entre los milicianos, sciitas de Amal y los combatientes palestineses han dado como resultado un muerto y dos heridos, el lunes, no lejos de Saida, en el Sur, a pesar de un 'cese al fuego' acordado el día anterior. La guerra entre Irán e Irak ha continuado, porque Teherán ha ignorado el llamado de Juan Pablo. En Afghanistán Radio *Kabul* no ha mencionado el llamado del Vaticano y la agencia Tass ha omitido su mención, aunque se felicitaba por la iniciativa ecuménica de los dirigentes de la Iglesia católica de Roma".

La resistencia afghana no había firmado la tregua, por falta de una respuesta positiva del adversario. En Sri Lanka donde los dos bandos habían aceptado la tregua, las autoridades de Colombo han acusado a los separatistas Tamil por haberla violado disparando a un avión militar y matando a un soldado.

En Punjab unos extremistas sikhs han dado muerte a tres hindúes y a un político sikh moderado. En Irlanda la jornada fue señalada por un atentado reivindicado por el IRA. En El Salvador el ejército ha acusado la guerrilla por haber atacado un puesto militar en el Norte, causando algunas víctimas. No existen informaciones acerca de varios frentes militares: Camboya, Filipinas, Angola, Mozambique y Sahara occidental".

En efecto, no hubo la "tregua universal". Hubo declaraciones de quienes querían respetarla (los gobiernos de Colombia, El Salvador, Filipinas, Irak, Israel, Líbano y Sri Lanka, las FARC de Colombia, el Frente de la Fuerza de Nicaragua, el frente Farabundo Martí de El Salvador, el Manuel Rodríguez de Chile, el Polisario, la Unita de Angola, el SPLM de Sudán, los varios partidos libaneses, los guerrilleros camboyanos, los Tamil de Sri Lanka) y tal vez en algunas partes hubo realmente "una diminución de los combates", para permitir al menos afirmar que "el llamado del Papa de un modo u otro ha sido conocido y ha tenido repercusión en un gran número de países" (*La Croix*, 29 de octubre de 1986).

Más que un hecho la tregua ha funcionado como una señal, es decir, ha tenido aquella resonancia que era necesaria para que la Jornada de Asís se impusiera también a la atención del mundo político, más allá del campo religioso, señalando la intención del Papa y de los otros líderes religiosos de influir en la condición real de paz de la humanidad y el deseo de esta última, dispuesta a confiar de alguna manera en la posible contribución de las religiones. *"Lanzo con confianza este llamado porque creo en el valor y en la eficacia espiritual de los signos"*, había dicho Juan Pablo en Lyon el 4 de octubre, al pedir la tregua.

La Jornada de Asís ha dejado su señal en el pontificado. Una segunda convocación a Asís señalada como la primera por la oración y ayuno se realizó del 10 al 11 de enero de 1993, y tuvo como finalidad la "paz en Europa y en particular en la ex Yugoslavia", con la participación de cristianos, hebreos y musulmanes. Para la segunda mitad de 1999 se convocó en Roma una "asamblea interreligiosa" que reunió de nuevo todas las principales religiones mundiales: su finalidad es el Gran Jubileo y estará bajo la responsabilidad del cardenal Roger Etchegaray, presidente del Comité para el Gran Jubileo, quien había sido el organizador de Asís.

En todos los viajes a países multirreligiosos, realizados por Juan Pablo después de la experiencia de Asís, siempre se han celebrado encuentros con los "jefes de las religiones no cristianas". A veces el llamado de Juan Pablo al diálogo no ha sido aceptado. Sucedió en 1982 en Nigeria. Lo mismo sucederá en Nairobi, en Kenya, el 19 de septiembre de 1995. Dos años antes una análoga negativa había venido de los budistas de Sri Lanka, motivado por el juicio negativo acerca del Budismo dado por Juan Pablo en *Cruzando el umbral de la esperanza* (1993, Bibliografía 14, p. 93ss). Juan Pablo sufrió mucho por esta negativa, y quiso en varias ocasiones corregir —o integrar— ese juicio y durante el encuentro agregó al texto escrito una apasionada declaración de intenciones: "Este encuentro significa estar juntos. Nosotros estamos juntos, es necesario estar juntos, ¡no estar juntos es peligroso!" (Colombo, Sri Lanka, 21 de enero de 1995).

Tal vez es posible indicar la génesis de este inesperado "abrirse" de Juan Pablo a mediados de los años noventa. Podría tratarse de la respuesta a una sugerencia del teólogo suizo Hans Urs von Balthasar, al cual el Papa entrega el premio Pablo VI en junio de 1984 y a quien nombrará cardenal en 1988. En una entrevista con ocasión del premio, Balthasar declara a la revista italiana *Trentagiorni*: "Quizá el Papa debería profundizar el diálogo con las otras religiones. Va siempre a donde los católicos. No quiero acusarlo, ha hecho mucho; lo sabe Dios, ha ido hasta Manila y a todas partes. Pero congrega en torno a sí a los católicos y la comunicación más allá de los confines de la Iglesia se perjudica".

No sabemos si han sido estas palabras de von Balthasar las que han animado a Juan Pablo. Ya hemos señalado más de una dependencia de este pontificado del teólogo de Basilea. Pero es un hecho que la ofensiva interreligiosa de Juan Pablo ha sorprendido a los observadores e inclusive a los colaboradores de la Curia romana. "Se ha dado un énfasis excesivo a los valores de las religiones no cristianas", dijo en esos meses el cardenal Ratzinger —máximo consejero del Papa— en la última página del volumen-entrevista con Messori *(Reportaje sobre la fe)*. Juan Pablo convoca la Jornada de Asís, que luego debe defender durante meses —entre el verano de 1986 y la primavera de 1987— contra las críticas internas, apelando a la Biblia, a Pablo VI y al Concilio.

24
CONTRA LA GUERRA Y LA VIOLENCIA

Ningún siglo ha visto arder tantas guerras como el nuestro y ninguno ha oído gritar a todos los Papas: "¡Paz, paz!". Benedicto XV ha pasado a la historia por haber estigmatizado como "matanza inútil" la Primera Guerra Mundial. Pío XII lanzó la advertencia: "¡Nada está perdido con la paz, todo puede perderse con la guerra!". Juan XXIII publicó la *Pacem in terris*. Pablo VI gritó en la ONU: "¡Nunca más la guerra!", y habló decenas de veces contra ésta o aquella guerra, y creó la Jornada mundial de la paz.

Juan Pablo recoge y perfecciona esa herencia. Tal vez ningún Papa ha predicado jamás la paz con la fuerza del papa Wojtyla y ninguno, como él, ha confesado el pecado de la guerra cometido por los cristianos y por él ha pedido perdón.

Además de la petición de perdón por las guerras del pasado, que es un rasgo específico del magisterio de Juan Pablo, las novedades principales de su acción y predicación de paz son cuatro:

— El mayor énfasis de la condena por principio contenida en la *Gaudium et spes* y su extensión a la guerra convencional.

— El mensaje llevado a la situación concreta: como lo atestiguan los viajes a pueblos en guerra, o la visita a zonas de guerrilla y terrorismo.

— La advertencia contra una guerra particular repetida y acompañada por iniciativas colaterales, primera entre ellas la implicación —en la acción por la paz— de los episcopados y de las religiones del área.

— El desarrollo de la doctrina de la "ingerencia humanitaria", es decir, del deber de la comunidad internacional de detener guerras vigentes desarmando al agresor.

Las primeras dos entre estas novedades se manifestaron en plenitud con los viajes a Gran Bretaña y a Argentina mientras los dos países estaban en guerra entre sí por las islas Falkland (mayo-junio de 1982). La implicación de los episcopados de países en guerra —llamados a Roma para consulta, invitados a celebraciones comunes, ayudados para desarrollar una acción coordinada por la paz— fue intentada entonces y retomada con mayor eficacia con ocasión de la guerra del Golfo (1991). La doctrina de la ingerencia humanitaria la propondrá con referencia sobre todo a la guerra de Bosnia.

La predicación más amplia en materia de paz y de guerra, Juan Pablo la desarrolla a lo largo de los meses de la preparación y del desarrollo de la guerra del Golfo y le dedicaremos el capítulo más largo de esta biografía, porque se tratará —probablemente— de su momento más original en su acción *ad extra*. Aquí nos limitamos a señalar ese énfasis de la condena de la guerra ya contenido en el Vaticano II, la primera novedad de Juan Pablo.

La afirmación más radical, contra todo tipo de guerra, Juan Pablo la hace en la ciudad de Coventry (destruída por los bombardeos alemanes, durante la Segunda Guerra Mundial), en Gran Bretaña, el 30 de mayo de 1982: "Hoy el alcance y el horror de la guera moderna, sea nuclear o convencional, hacen esta guerra totalmente inaceptable como medio para resolver divisiones y desacuerdos entre las naciones. La guerra debería pertenecer al pasado trágico, a la historia, no debería encontrar puesto en los proyectos del hombre para el futuro".

"Totalmente inaceptable" aquí lo es también la guerra convencional, como era precisamente la de las islas Falkland. El magisterio tradicional (la formulación más comprometida está en el n. 80 de la *Gaudium et spes,* que es de 1965) en cambio reservaba esa calificación a la "guerra total" y a la guerra nuclear. Por consiguiente, Juan Pablo pronunció en Coventry una palabra nueva y valiente, como nunca se había oído de boca de un Papa de la época moderna.

El viaje a Gran Bretaña estaba preparado desde hacía tiempo. Cuando llegó la guerra, todos le aconsejan que lo cancele, pero el Papa quiere mantenerlo.

La Curia queda aturdida, y caen todas las reglas seculares acerca de la neutralidad en los conflictos y acerca del alejamiento físico de ellos toda vez que sea posible. Esos criterios a Juan Pablo le parecen insensatos y hasta antievangélicos. A quien le hace notar que al visitar a un pueblo en guerra causa ofensa al otro, él responde que los visitará ambos. Y así lo hace, agregando al viaje a Gran Bretaña (28 de mayo al 2 de junio de 1982) el de Argentina (10 al 13 de junio).

Y así habla de esos viajes —de esa doble salida de las reglas diplomáticas del pontificado romano— el 28 de junio de 1982 a la Curia romana: "Esos dos viajes, realizados a muy breve distancia por la conocida situación, han sido yo diría atípicos, es decir, con un carácter pastoral diferente del de todos los otros, porque fueron realizados en condiciones que, en general, habrían desaconsejado la visita de un Papa a dos países en estado de hostilidad. Pero estos riesgos entran ya en la óptica de la acción pastoral universal del Papa de hoy. Yo no podía dejar solos a los dos pueblos, y debía por otra parte recordar ante la opinión pública de todos los países del mundo que la universalidad, dimensión esencial del pueblo de Dios, no se opone al patriotismo ni entra en conflicto con él".

Con respecto a las confesiones de pecado en materia de guerras, ya hemos visto una solemne realizada en la Jornada de Asís. Existen otras y aquí veremos tres.

La primera es una petición de perdón a Dios por las guerras de hoy y ya no sólo por las del pasado. Está formulada en la Segunda Jornada de Asís y sigue a la pregunta acerca de cómo es posible la enemistad en el mundo si Cristo la ha "destruido" y acerca de cómo es posible "matarse mutuamente" en el corazón de Europa (la referencia es a la ex Yugoslavia), en los umbrales del tercer milenio: "A esas preguntas no es posible dar otra respuesta sino la humilde petición de perdón para nosotros y para todos. Precisamente por esto nuestra vigilia de oración es también una vigilia de penitencia, de conversión" (Asís, 9 de enero de 1993, vigilia de oración por la paz en Europa).

Pero las peticiones de perdón más comprometidas son las que se refieren a la Segunda Guerra Mundial, como si los cristianos fueran responsables también de guerras decididas por otros, por no haberlas impedido, o por haber, de todos modos, participado en ellas.

En el primero de los dos textos el cristiano Wojtyla se pregunta cómo se puede "continuar el camino" teniendo a las espaldas semejante historia: "Las monstruosidades de esa guerra se manifestaron en el continente que por más tiempo ha permanecido en la irradiación del Evangelio y de la Iglesia. Verdaderamente es difícil continuar el camino teniendo detrás de nosotros este terrible calvario de los hombres y de las naciones. Semejante comprobación nos invita a un examen de conciencia acerca de la calidad de la evangelización de Europa. La caída de los valores cristianos, que ha favorecido los errores de ayer, debe hacernos vigilantes acerca de la modalidad con la cual hoy el Evangelio es anunciado y vivido" *(Carta apostólica con ocasión del 50º aniversario del estallido de la Segunda Guerra Mundial, 26 de agosto de 1989).*

En el segundo texto precisa que no fueron propiamente todos los cristianos los que quisieron la locura de la Segunda Guerra Mundial, sino que no supieron oponerse a ella, y ella hizo estragos en tierras cristianas, y en ella participaron: "Frente a toda guerra todos estamos llamados a meditar sobre nuestras responsabilidades, pidiendo perdón y perdonando. Uno queda amargamente impactado, como cristiano, al considerar que las monstruosidades de esa guerra se manifestaron en un continente que se ufanaba de un florecimiento particular de cultura y de civilización; en el continente que por más largo tiempo ha permanecido en la irradiación del Evangelio y de la Iglesia. Por eso los cristianos de Europa deben pedir perdón, aún reconociendo que fueron diferentes las responsabilidades en la construcción de la máquina bélica" *(Mensaje con ocasión del 50º aniversario de la Segunda Guerra Mundial, 16 de mayo de 1995).*

La confesión del pecado es un don del último Wojtyla, pero en materia de guerra y violencia la petición de perdón a Dios aparece desde los primeros años del pontificado. He aquí cómo habló después de las masacres de los prófugos palestinos en Sabra y Chatila, en el Líbano, el

19 de septiembre de 1982: "Pido al Señor misericordioso que tenga piedad de nuestra humanidad, que ha caído hasta esos excesos de barbarie". Entre los responsables de esas masacres estuvieron los falangistas libaneses, que se ufanaban del nombre católico y que afirmaban haber sido obligados a actuar en defensa de la patria. Esa invocación de piedad por parte del Papa por tanta barbarie era particularmente comprometedora. Doce años más tarde con referencia al genocidio de Ruanda, Juan Pablo hablará explícitamente de las "responsabilidades" de los católicos en ese acontecimiento. En su aventura de hombre y en su magisterio existe este sentimiento: él es tan contrario a la guerra porque nació durante una guerra y chocó contra otra guerra en su juventud. Él mejora su predicación de paz con toda guerra que encuentra, porque acepta que cada una cuestione su humanidad y su fe. La parte más viva de los llamados de paz de Juan Pablo es la que dirige a los grupos terroristas, especialmente cuando los pronuncia en el propio sitio, dirigiéndose físicamente hacia la región o las montañas de sus operaciones. El primero está destinado a los católicos del IRA:

"Yo, con el convencimiento de mi fe en Cristo y con la plena conciencia de mi misión, proclamo que la violencia es un mal que es inaceptable como solución de los problemas. La violencia no es digna del hombre. La violencia es una mentira porque ella va contra nuestra fe, contra la verdad de nuestra humanidad. Me dirijo a todos los hombres y a todas las mujeres comprometidos en la violencia. Hago un llamado a vosotros, de rodillas, os suplico que os alejéis de los senderos de la violencia y que volváis al camino de la paz" (Drogheda, 30 de septiembre de 1979).

En ese llamado "de rodillas" se halla el eco de la carta de Pablo VI a las Brigadas rojas (abril de 1978): "Os suplico de rodillas". Tres años después en España, al hablar a la ETA de los vascos, Juan Pablo hará valer el argumento del atentado que él mismo había sufrido: "A los jóvenes que se dejan tentar por las ideologías materialistas y violentas yo quisiera decir con efecto y firmeza —y mi voz es la de uno que ha sufrido personalmente la violencia— que reflexione sobre el camino que han emprendido. La violencia no es un instrumento que construye; ofende a Dios, tanto el que la sufre como el que la practica" (Loyola, 6 de noviembre de 1982).

Usa los mismos argumentos en Perú con los guerrilleros de Sendero Luminoso, y concluye así: "¡Os lo pido en el nombre de Dios: cambiad vuestro rumbo!" (Ayacucho, 3 de febrero de 1985). Ningún movimiento terrorista demuestra que acepta sus llamados, pero él está convencido de que la llamada evangélica al rechazo de la violencia tenga su eficacia que se debe evaluar en los tiempos del Espíritu y no en los de la crónica. Así habla en el avión, al regresar a Roma desde Perú:

—"¿Su llamado a los terroristas de Sendero Luminoso, no ha sido un grito en el desierto?

— Era necesario que una vez gritara en el desierto. Muchas veces es necesario.

— ¿Piensa que será escuchado?

— Finalmente esta voz es escuchada siempre más. Grita en el desierto desde hace dos milenios" (vuelo Lima-Roma, 6 de febrero de 1985).

Considero una fortuna personal haber visto ese día, en el aeropuerto de Ayacucho, a Juan Pablo que gritaba hacia la montaña de los senderistas y haber vuelto a verlo otro día, o mejor una tarde, ocho años después, gritar en Agrigento, desde la colina de los templos, dirigiéndose a los hombres de la mafia siciliana:

"Dios ha dicho una vez: ¡no matarás! Ningún hombre, ninguna asociación humana, ninguna mafia puede cambiar y pisotear este derecho santísimo de Dios. Este pueblo siciliano es pueblo que ama la vida, que da la vida. No puede vivir siempre bajo la presión de una civilización contraria, de una civilización de la muerte. Aquí se necesita una civilización de la vida. En el nombre de Cristo, crucificado y resucitado, de Cristo que es camino, verdad y vida, me dirijo a los responsables: ¡convertíos! ¡Un día vendrá el juicio de Dios!" (Agrigento, 9 de mayo de 1993).

Estas palabras no dicen toda su advertencia. Hay que agregar la voz de ira, la mirada severa, el brazo derecho con el puño cerrado y el índice apuntado. Con Juan Pablo ha vuelto la invectiva entre la forma de predicación papal. Y ha vuelto la "expulsión de los mercaderes del templo" entre las imágenes evangélicas propuestas a la reflexión de los cristianos. Pero puede ser que los que amenazan la paz no sean solamente los mafiosos de Sicilia, o los terroristas de los Andes. Puede resultar claro, que la amenacen más los poderosos del mundo, con sus guerras estelares. Esos mismos representantes de los Estados a quienes el Papa habitualmente recibe con todos los honores. Y he aquí cómo un día Juan Pablo ha gritado dirigiéndose a ellos, desde la Basílica de San Pedro, abandonando el texto preparado por la Secretaría de Estado y abandonándose a los sentimientos de su corazón:

"¿Por qué esta amenaza de guerra?, ¿por qué estos principios de lucha? Debemos revisar los principios fundamentales con los cuales vive la humanidad, si no son falsos, si no deben ser cambiados, para salvar la verdadera justicia, para salvar la paz en el mundo, ¡para salvar la humanidad!" (18 de marzo de 1984).

En llamados totales como éste coloca juntas la justicia y la paz, la guerra y el hambre: "¡Es necesario defender a los hombres de la muerte, millones de hombres, de la muerte nuclear y de la muerte por hambre! Es necesario defender de la muerte todo lo que es humano" (Ottawa, 20 de septiembre de 1984).

Ante amenazas apocalípticas, también su invocación se vuelve apocalíptica: "El fuego que Cristo ha traído a la tierra arda y forme una sola hoguera con nuestros orgullos, destruya los odios y las armas de muerte" (Asís, 9 de enero de 1993).

25

CREA LAS "JORNADAS MUNDIALES DE LA JUVENTUD". APUESTA SOBRE LOS MOVIMIENTOS

En el pontificado de Juan Pablo están los jóvenes. En *Cruzando el umbral de la esperanza* él sostiene que ellos han llegado por su cuenta: "Ninguno ha inventado las Jornadas mundiales de la juventud. Fueron precisamente ellos los que las crearon. La mayor parte de las veces han sido una gran sorpresa para los pastores, e inclusive para los obispos. Han superado lo que ellos mismos esperaban" (Bibliografía 14, p. 139).

Juan Pablo minimiza su rol y es verdad que los jóvenes han dado una respuesta alentadora, pero ha sido él quien primero hizo un llamado valiente.

Él ha creado las Jornadas de la juventud y no era nada sencillo hacer esa creación: las jornadas nacen a mediados de los años ochenta y son determinadas efectivamente por la respuesta juvenil, pero su llamado se remonta a los primeros días del pontificado y ha seguido su desarrollo.

El llamado se remonta a ese primer día en la plaza San Pedro, el del llamado "abrid las puertas a Cristo". Terminada la larguísima celebración, prolongada por el contacto imprevisto con la multitud, Juan Pablo quiso asomarse a la ventana para la oración del *Ángelus* y ya eran la 1:20 p.m. Después de la oración improvisó este saludo a los jóvenes que gritaban desde la plaza "viva el Papa": "¡Vosotros sois el porvenir del mundo, la esperanza de la Iglesia! Vosotros sois mi esperanza" (22 de octubre de 1978).

En diciembre comenzaron las visitas a las parroquias de Roma y de inmediato quiso el Papa que hubiera, en cada una, el encuentro con los jóvenes. Y así también para las salidas de Roma, en las diferentes partes de Italia y en todos los viajes fuera de Italia.

Una etapa decisiva fue el encuentro con los jóvenes en el Parque de los Príncipes, en París, el 1º de junio de 1980. La vigilia duró tres horas, fue una gran fiesta y un diálogo vivo, con muchachos y muchachas que hacían preguntas al Papa, el cual respondía. Pero eran textos preparados, como casi siempre. Entre los otros pasó al micrófono un joven que habló así: "Yo soy ateo. Rechazo toda creencia y todo dogmatismo. Quiero decir además que yo no combato la fe de ninguno, pero no comprendo la fe. Santo Padre, ¿en quién cree usted? ¿Por qué cree? ¿Qué vale el don de nuestra vida y cómo es el Dios que usted adora?".

Dirá Juan Pablo a Frossard que se dio cuenta en seguida de que las preguntas de ese joven "no figuraban en la lista" que le había sido presentada. Las memorizó y se propuso responder como podía, improvisando. Pero luego "el diálogo a cincuenta mil voces" de esa noche lo distrajo y no respondió a aquel joven que le había dicho las cosas más comprometedoras.

Después de regresar a Roma, Juan Pablo, "entristecido por esa omisión", escribe al cardenal Marty "para pedirle que encuentre ese joven y le presente sus excusas". El joven es hallado, las disculpas son aceptadas. Pero el Papa no olvida ese desafío y prácticamente hace de cada uno de sus encuentros con los jóvenes un intento de respuesta a esas preguntas fundamentales, porque "hoy ya no es posible hablar de la fe sin tener en cuenta la incredulidad" (Bibliografía 10, p. 52).

La gran fiesta del encuentro con los jóvenes de París fue una sorpresa para todos. Hasta ese momento ciertamente se habían visto grandes reuniones juveniles en México, en Polonia, en Irlanda y en los Estados Unidos, en África y en Italia, pero se había dicho: ¡es el tercer mundo, es Polonia, son las catolicísimas Italia e Irlanda, es América que jugaría siempre! Ninguno creía que lo mismo —y aún más— sucedería en Francia, en la desencantada París, donde se dudaba que todavía hubiera jóvenes de veinte años dispuestos a presentarse en público como creyentes. La misma sorpresa se tendrá —en proporciones agigantadas— 17 años más tarde, con la Jornada mundial que se tendrá en París en agosto de 1997 y que agrupará a un millón doscientos mil jóvenes.

En esta sorpresa de todos por las multitudes juveniles atraídas por Juan Pablo y por su constante aumento a través de los años se expresa el aprecio más amplio y unánime por su pontificado. Otros aspectos, como la defensa de la vida o el *"mea culpa"*, son apreciados por una sola parte. La lucha contra el comunismo es apreciada más ampliamente, pero no por quien ha sido o sigue siendo comunista. Aquí en cambio, en frente de la juventud, no existen objeciones. Ni la derecha ni la izquierda tienen mucho que decir a los muchachos de hoy y el verlos acercarse al Papa asombra a cualquier observador.

Con respecto a las explicaciones que se intentan, tal vez la más válida es la que se le ocurrió, al día siguiente de la visita a París, al escéptico escritor rumano y académico de Francia Eugene Ionesco: "Desde hace largo tiempo ya ninguno hablaba de Dios o de amor. Se pensaba, por el contrario, que esto haría sonreír burlonamente a la gente. ¡Pero esta vez la multitud ha venido a escucharlo y no se ha reído!" (*Le Matin,* 4 de junio de 1980). Ionesco decía esto de toda la multitud parisiense, pero lo mismo —y con mayor razón— se puede decir de los jóvenes. La misma interpretación del gran éxito con las multitudes "de toda edad" que desde el principio obtiene Juan Pablo la dio entonces otro maestro de la intelectualidad laica, el italiano Giuseppe Prezzolini: "Porque sienten en su palabra algo que trasciende a todos" (Bibliografía 48b, p. 111).

Un factor de atracción es ciertamente la franqueza de la predicación de Juan Pablo a los jóvenes. Él no acomoda el mensaje para ser mejor escuchado, sino que tiende a proponer un anuncio radical y esto parece más aceptado por las multitudes juveniles que la predicación domesticada. Escribió en *Cruzando el umbral de la esperanza:* "Aunque sean respuestas exigentes, los jóvenes no las rehuyen; se diría, más bien, que las esperan" (Bibliografía 14, p. 139).

Con frecuencia motiva en forma provocadora, en el diálogo con los jóvenes, la severidad de su mensaje: "La permisividad no hace felices a los hombres. La sociedad de consumo no hace felices a los hombres. ¡Nunca lo ha hecho!" (París, 1º de junio de 1980).

"La droga no se vence con la droga", exclama con el mismo espíritu de provocación cuatro años más tarde, al recibir en el Vaticano a los jóvenes que participaban en un encuentro mundial de las comunidades terapéuticas (7 de septiembre de 1984).

Llegará inclusive a proponer a los muchachos sus amonestaciones más radicales en defensa de la vida: "Queridos jóvenes, no tengáis miedo de defender la vida y toda la vida. ¡La vida en germen y la vida en su ocaso!" (Caravaggio, Bérgamo, 20 de junio de 1992).

Una vez, en Holanda, trató a fondo la cuestión y dijo a los jóvenes —que le presentaban las cuestiones de la nueva cultura sexual— estas palabras fuertes: "Queridos jóvenes, dejad que os hable francamente. ¿Estáis seguros de que la imagen que tenéis de Cristo corresponde a la realidad? El Evangelio nos muestra a un Cristo exigente, que quiere indisoluble el matrimonio, que condena el adulterio, aun con el solo deseo. ¡En realidad Cristo no ha sido indulgente en lo que se refiere al amor conyugal, al aborto, a las relaciones sexuales antes y fuera del matrimonio, y a las relaciones homosexuales!" (Utrecht, 13 de mayo de 1985).

Otro factor de atracción es el hecho de que el Papa cree en los jóvenes, confía en ellos, los ama, se alegra por su presencia, los escucha con gusto, y éstos perciben esta confianza, este intercambio. Él no exagera cuando dice que de los jóvenes siempre aprende algo y que se deja conducir por ellos.

"Santidad, yo creo que usted los llevará adonde quiere, a estos jóvenes...", le dice Frossard en vísperas del encuentro de París, y Juan Pablo le replicó: "¡Creo que más bien serán ellos los que me guiarán!".

Él está convencido de que en el hombre hay una profunda espera religiosa, bajo una aparente indiferencia y que los jóvenes son sus primeros portadores: "La cultura de hoy a veces se contradice de un modo blasfemo, otras veces sonríe de una manera irónica; pero el corazón del hombre en su profundidad espera: ¡todo el hombre espera a todo el Cristo!" (Sacro Monte di Varallo, 3 de noviembre de 1984).

Por consiguiente, se trata de liberarse del prejuicio que niega esa espera: "Queridos amigos, dejaos seducir por Cristo; ¡acoged su invitación y seguidlo!" (Mensaje a los jóvenes, 21 de diciembre de 1993).

La seducción es posible también en nuestra época porque: "¡Cristo es siempre joven!" (Bibliografía 14, p. 128). Y después de ser seducidos se puede llegar a ser seductores: "Id a predicar la Buena Nueva que redime: hacedlo con la felicidad en el corazón y sed comunicadores de esperanza en un mundo no raras veces tentado por la desesperación"

(Mensaje a los jóvenes, 21 de diciembre de 1993). Ser seductores inclusive en el campo de los valores humanos: "¡No dejéis nunca de proclamar y de cantar la paz!" (Ypres, Bélgica, 17 de mayo de 1985).

Pero independientemente de finalidades de apostolado o de promoción del hombre, los jóvenes son necesarios a la vida: "Tenemos necesidad de la alegría de vivir que tienen los jóvenes: en ella se refleja algo de la alegría originaria que Dios tuvo al crear al hombre" (Bibliografía 14, p. 140). Son las palabras más bellas que Juan Pablo ha escrito o pronunciado. Quizá las poesías juveniles de Karol Wojtyla no son algo importante, pero ellas fueron providenciales para animar a Juan Pablo en la palabra.

Esa bellísima frase de admiración por la "alegría de vivir que tienen los jóvenes" nos da el sentido profundo de una expresión, que repite siempre con mayor frecuencia al avanzar en edad: "Los jóvenes siempre me rejuvenecen" (Catania, 4 de noviembre de 1994). Y también: "A mí me agrada siempre encontrar a los jóvenes; no sé por qué, pero me agrada" (Siracusa, 5 de noviembre de 1994).

Su sintonía con los jóvenes no disminuye, a pesar de la edad: "¡Yo me siento joven, con todos los años que tengo!" (en una parroquia romana, 3 de marzo de 1996). De los jóvenes espera una ayuda para volver a ser joven: "¿Tenéis el dinero en el bolsillo para partir? ¡Yo también estoy entre los que aspiran a volver a ser jóvenes!" (parroquia romana de San Judas Tadeo, 6 de abril de 1997).

A veces prolonga indefinidamente la broma, pero en el fondo existe siempre lo que mueve, esa admiración, la misma de un padre que juega con sus hijos: "Algunos dicen que este bastón me ha envejecido, otros dicen que este bastón me ha rejuvenecido" (Catania, 4 de noviembre de 1994).

El bastón puede ser un juguete entre sus manos y no sabe resistir a los gritos ritmados de los muchachos:

"—John Paul Two, we kiss you! (Juan Pablo II, te besamos).

I also kiss you. ¡No jealousy! (¡Yo también os beso, a todos vosotros!)" (Manila, 15 de enero de 1995).

A menudo deja a un lado el discurso que ha escrito, o que le han preparado y se justifica así: "Más que hablaros, deseo veros así como sois: jóvenes, espontáneos, auténticos, capaces de amar" (Patio de San Dámaso, Pascua de 1980).

A veces se advierte un intento suyo por retomar el discurso serio, al que renuncia como para reconocer que también la broma con los muchachos tiene su seriedad: "Sobre esto he escrito un libro, titulado *Cruzando el umbral de la esperanza*. Pero no lo habéis leído, es mejor no leerlo. No es un libro, es un libro-entrevista" (Siracusa, 5 de noviembre de 1994).

Y cuando habla a los sacerdotes de Roma, resume así su estrategia, basada en la confianza de los jóvenes: "Es necesario contar con los jóvenes. Yo lo pienso siempre. A ellos les pertenece el tercer milenio. Y nuestra tarea consiste en prepararlos en esta perspectiva, en esta tarea. Ellos están dispuestos" (al clero de Roma, 2 de marzo de 1995).

Hemos visto que el hablar a los jóvenes lo vuelve poeta. He aquí una de sus expresiones improvisadas, en un día soleado, que nos parece digna de Horacio: ("Cuando tengas un día de sol": *Epístola*, 20): "¡Os deseo un poco de este sol en vuestra vida!" (Prato, 19 de marzo de 1986).

Pero más que el sol es el viento el que lo hace poeta con los jóvenes: "¡El viento ama a los jóvenes y a los menos jóvenes los rejuvenece!" (plaza de San Pedro, Domingo de Ramos, 5 de abril de 1988).

Al principio el nuevo Papa quiere encontrarse con los jóvenes en las parroquias de Roma y dondequiera. En los párrocos y en los obispos hay incredulidad, pero luego se ve que los encuentros son un éxito. Sigue así durante seis años, hasta que, casi por sí solas, al escuchar a Juan Pablo, nacen las Jornadas mundiales de la juventud. En realidad tenemos una iniciativa suya, o mejor dos.

La primera llega en 1984, con ocasión del Jubileo extraordinario de la Redención y la segunda en 1985, durante el año de la juventud proclamada por la ONU. Hay invitaciones a los jóvenes a venir a Roma, "para un encuentro de oración, de participación, de conversación, de alegría", dice la primera vez (Milán, 22 de mayo de 1983).

La segunda vez la invitación la hace el Domingo de Ramos: "Celebraremos, proclamaremos, testimoniaremos", y pide a los obispos, a los movimientos y a las asociaciones que apoyen la iniciativa (desde la plaza de San Pedro, 25 de noviembre de 1984).

Ambas citas tuvieron un gran éxito y se repitieron y... ésa fue la Jornada mundial de la juventud, que formalmente nació con la *Carta apostólica a los jóvenes y a las jóvenes del mundo* (31 de marzo de 1985). La jornada se celebra en dos formas: cada año se realiza en las iglesias locales y en Roma con el Papa el Domingo de Ramos, cada dos años se realiza en un lugar siempre diferente, con un programa que tiende a tocar todos los continentes.

Se celebró en Buenos Aires en 1987, en Santiago de Compostela en 1989, en Czestochowa en 1991, en Denver en 1993, en Manila en 1995 y en París en 1997. La movilización juvenil ha ido creciendo gradualmente en las seis ediciones. En Manila la multitud superó los dos millones de personas (las agencias de prensa dieron cifras exageradas, ¡hasta cuatro y cinco millones!) y se dijo que era la multitud más numerosa de todos los viajes papales. Pero, a parte la multitud de la celebración final, es la aglomeración juvenil que la precede la que crece cada vez. En París los jóvenes que participaron en la vigilia del sábado que precedió la celebración final fueron —según la policía— 750 mil. Para la Jornada que se celebrará en Roma en agosto del 2000 los organizadores prevén ¡dos millones de jóvenes!

A los encuentros juveniles y a las Jornadas de la juventud está ligado el desarrollo de la relación —decididamente muy particular— entre Juan Pablo y los movimientos eclesiales, aun más con "los nuevos movimientos y las comunidades eclesiales".

En los movimientos eclesiales Juan Pablo ve a los portadores providenciales del signo de la radicalidad evangélica en la sociedad secular de fines del milenio. Él, en efecto, está convencido de que el aproximarse al dos mil debe implicar una decidida recuperación de un anuncio cristiano sin mengua: "Es tiempo de testimoniar el Evangelio con un vigor renovado, límpido, y de predicarlo 'sine glossa'" (Rieti, 2 de enero de 1983).

De esa radicalidad así habló una vez al movimiento que quizá más ama, el de los Focolares: "Ha habido en la historia de la Iglesia muchos radicalismos del amor, como el de san Francisco, de san Ignacio de Loyola, de Charles de Foucauld y de muchos otros hasta nuestros días. Existe también un radicalismo vuestro del amor, de Chiara, de los Focolares; ¡un radicalismo que trata de hacer que este amor siempre ven-

205

za en toda circunstancia, en toda dificultad!" (Rocca di Papa, Centro Internacional del movimiento de los Focolares, 19 de agosto de 1984).

La Chiara citada aquí por el Papa es Chiara Lubich, la fundadora de los Focolares. El Papa honra con su amistad pública a esta mujer que tiene su misma edad, y va a su encuentro como al de una hermana en el palco de las audiencias, la cita y la alaba familiarmente. Cuando no la ve pregunta a la multitud: "¿Está Chiara?". Está contento porque el Movimiento de los Focolares tiene un estatuto que lo vincula siempre a tener como presidente a una mujer. Él es quien ha autorizado esa audacia.

He aquí cómo narra el hecho la misma Chiara Lubich: "Juan Pablo conoce nuestra obra y ha subrayado repetidas veces su fuerte característica mariana. Ahora bien, como es nuestra intención que también en el futuro se pueda presentar en su fisonomía mariana, también en su aspecto exterior, es decir, conservando el designio que Dios ha tenido sobre ella por haber confiado su comienzo y su desarrollo a una mujer, he tenido un día el valor de pedirle que, si lo consideraba posible, aprobara en nuestros estatutos que la presidente de la obra fuera siempre una mujer. Me respondió con entusiasmo: ¿Y por qué no? ¡Ciertamente!" (Chiara Lubich, *L'avventura dell'unitá,* Milán 1991, p. 152).

Al leer estos hechos uno lamenta el que Juan Pablo no haya tenido, entre sus muchos dones el de la sensibilidad para el derecho en la Iglesia y para las estructuras y las reformas: de lo contrario hubiera promovido unas extraordinarias, si se tiene en cuenta la libertad con la cual siempre reacciona ante propuestas de novedades que desconcertarían a otro Papa. Para captar la importancia de esta norma del estatuto de los Focolares, bastará tener en cuenta que la obra de los Focolares abarca millones de personas, se halla presente en más de cien países, ¡cuenta entre sus miembros no solamente a muchos hombres, sino también religiosos, sacerdotes, obispos y cardenales!

En los movimientos él ve un diálogo de la vitalidad de la Iglesia, que él interpreta como una compensación por la crisis de las vocaciones: "En lugar de las vocaciones tradicionales, las que llevan al sacerdocio y a las órdenes monásticas, se ha sustituido otro tipo de vocaciones, el de los movimientos laicales" (Bibliografía 12).

En vista del Gran Jubileo, Juan Pablo realizó un encuentro de "movimientos y nuevas comunidades eclesiales" en Roma, para la fiesta de

Pentecostés de 1998, que fue el año de preparación dedicado al Espíritu Santo. El sábado 30 de mayo se vio en la plaza de San Pedro un espectáculo realmente insólito: había allí ciento ochenta mil personas, pertenecientes a 56 movimientos y comunidades de todo el mundo y obispos y cardenales y todos escuchaban a Chiara, que daba su testimonio, junto con Kiko Arguello (fundador del *Camino neo-catecumenal)*, a Jean Vanier (fundador de la *Comunidad del Arca)*, a don Luigi Giussani (fundador de *Comunión y Liberación)*.

Finalmente habló Juan Pablo y resumió así su opción preferencial por los movimientos: "En nuestro mundo, dominado con frecuencia por una cultura secularizada que fomenta y reclama modelos de vida sin Dios, la fe de muchos viene puesta a dura prueba y no rara vez se sofoca y se apaga. Por consiguiente, se nota la necesidad urgente de un anuncio fuerte y de una formación cristiana sólida y profunda (...). Y entonces he aquí que los movimientos y las nuevas comunidades eclesiales son una respuesta suscitada por el Espíritu Santo, a este dramático desafío de fines del milenio (...). Su nacimiento y su difusión han traído a la vida de la Iglesia una novedad inesperada, y a veces arrolladora. Esto no ha dejado de suscitar interrogantes, desasosiego y tensiones. A veces ha implicado presunciones e intemperancias por un lado, y no pocos prejuicios y reservas por otro. Ha sido un período de prueba para su fidelidad, una ocasión importante para verificar la autenticidad de sus carismas. Hoy delante de vosotros se abre una nueva etapa, la de la madurez eclesial. Esto no quiere decir que todos los problemas hayan sido resueltos. Es, más bien, un desafío. Es un camino aún por recorrer. La Iglesia espera de vosotros frutos maduros de comunión y de compromiso".

Este discurso tiene el valor de un testamento. Con él Juan Pablo ha dado una consigna histórica a sus predilectos.

En el momento de las dificultades él ha protegido los movimientos ante el deseo de normalización expresado por los episcopados. Con la exhortación apostólica *Christifideles laici* (30 de enero de 1989) ha invitado a los obispos a valorarlos. Ha aprobado estatutos y ha otorgado reconocimientos que estaban pendientes desde hacía años. Ha autorizado algunos movimientos (como los *neocatecumenales y Comunión y Liberación)* para que dirijan sus propios seminarios, integrándolos —

cuando no era posible de otro modo— en la diócesis de Roma, que se ha convertido en un laboratorio para el desarrollo institucional de estas realidades. Presidió una liturgia en un encuentro de los neocatecumenales (Porto San Giorgio, Marche, 30 de diciembre de 1988) alentando a los obispos a aceptar esas celebraciones en sus iglesias. Ha garantizado ciudadanía a la *Renovación en el Espíritu* y a toda otra familia espiritual, preocupado de que nada fuera a perderse de todo lo que florecía en los años de su pontificado.

Los movimientos para llegar a los jóvenes, y los jóvenes para llegar a todos. Esta es una indicación práctica que Juan Pablo, después de años y venciendo la repugnancia de la mayoría, ha logrado transmitir a su Iglesia y que dejará como principal herencia operativa a su sucesor.

26

FRENA LOS EPISCOPADOS PROGRESISTAS. CONFÍA EN LA CURIA

Los Ángeles, 16 de septiembre de 1987. Nunca había sucedido en los 35 viajes internacionales anteriores del Pontífice, que un encuentro con el episcopado durara cuatro horas, que tuviera el carácter de un encuentro de trabajo, implicara cuatro discursos al huésped, pronunciados por otros tantos delegados de la asamblea. Esto sucedió y es una novedad americana con la libertad de expresión que caracteriza la comunidad católica estadounidense, los cuatro obispos dicen al Papa su desasosiego, el de ser impugnados desde la base y reprochados por Roma. Juan Pablo, con la misma libertad, responde reafirmando los límites a la adaptación local que Roma considera inderogables.

Se hallan presentes 320 obispos. La asamblea ha seleccionado los temas a tratar y los relatores. Saluda al Papa el presidente de la conferencia, el arzobispo de St. Louis, John L. May: "Usted ha acogido gustosamente nuestra solicitud para discutir con nosotros".

Pasa primero al micrófono el cardenal Bernardin, arzobispo de Chicago y expresidente de la Conferencia. Es un hombre de gran prestigio, el cual morirá diez años más tarde y conmoverá al mundo por la serenidad cristiana con la que mirará frente a frente la muerte. Le han confiado el tema más delicado, el de las relaciones con Roma: "Vivimos en una sociedad abierta en la cual cada uno aprecia la libertad de expresar la propia opinión. Muchos tienden a poner en discusión las cosas, especialmente esos problemas que son importantes para ellos, como la religión. Ellos quieren conocer los motivos por los cuales se toman ciertas decisiones y se sienten libres de criticar si no están de acuerdo y si no están satisfechos con las explicaciones (...). La tensión en sí no es necesariamente debilitante ni destructiva. Con frecuencia es una señal de crecimiento (...), a veces a usted lo entienden mal, alguno afirma que usted no comprende la situación actual en la cual se halla la Iglesia en diferentes partes del mundo. Es también doloroso para nosotros en nuestra calidad de pastores de nuestras iglesias particulares encontrarnos proyectados hacia posiciones contrapuestas a las de la Santa Sede, o de algunos grupos de nuestras mismas diócesis (...). Debemos estar en condiciones de hablar con los otros con completa sinceridad, sin miedo. Esto debería aplicarse a nuestros coloquios con la Santa Sede y entre nosotros como obispos".

Ahora le corresponde a John R. Quinn, arzobispo de San Francisco y también expresidente de la Conferencia. Su tema es la dificultad de los americanos para aceptar la enseñanza moral de la Iglesia: "Estamos muy preocupados porque sectores particulares de la enseñanza de la Iglesia —tanto en el ámbito de la moral sexual como en el social— son a veces sometidos a una crítica negativa en nuestro país, a veces inclusive por parte de católicos de buena voluntad. Este fenómeno puede en algunos casos atribuirse al carácter permisivo, narcisista y consumista de nuestra sociedad (...). Sin embargo, consideramos que este problema debe mencionarse en cualquier presentación de la situación actual de la enseñanza moral de la Iglesia (...). El diálogo y la discusión naturalmente no sustituye nunca la decisión del magisterio, pero, lo ha mostrado muy bien el cardenal Newman, han sido y son su indispensable premisa".

Interviene en tercer lugar Rembert G. Weakland, arzobispo de Milwaukee, quien había sido coordinador de la preparación de la carta acerca de la economía, que se hizo cargo de la predicación acerca de la justicia del papa Wojtyla y que fue leída en los Estados Unidos como un grave ataque a la sociedad liberal americana. Habla de laicos y de mujeres: "Actualmente la Iglesia en los Estados Unidos puede ufanarse del mayor número de fieles instruidos en el mundo (...). Los fieles se inclinan a mirar el valor intrínseco de un argumento propuesto por los ministros de la Iglesia, más bien que aceptarlo sobre la base de la autoridad (...). Además, por lo que se refiere a los problemas políticos, los católicos de los Estados Unidos son celosos de su tradición de libertad y se resienten profundamente cuando se les dice cómo deben votar sobre un determinado problema, o por cuál candidato han de votar (...), no hay palabras para explicar cuánto dolor experimentan hoy muchas y competentes mujeres que se sienten como ciudadanas de segunda en una Iglesia a la que aman".

El último en hablar es Daniel E. Pilarczyk, arzopispo de Cincinnati y vicepresidente de la Conferencia. Trata de las vocaciones laicales y religiosas, porque ninguno de los temas candentes ha sido descartado: "Lo que estamos experimentando es una ampliación de la vocación de la Iglesia y del ministerio de la Iglesia, un concepto que en otros tiempos incluía tan sólo a los sacerdotes y a los religiosos pero que actualmente incluye a los laicos en un número siempre creciente de funciones (...). Damos la bienvenida a los desarrollos que están haciendo de la Iglesia de nuestro país, una Iglesia con una participación y una colaboración siempre más profundas, más bien que un consejo de unos pocos activos y de muchos individuos pasivos".

La presentación ha sido sagaz. Los relatores son cuatro exponentes de la posición liberal, pero son también cuatro protagonistas de un debate que ha superado desde hace tiempos los confines de los Estados Unidos y que estos mismos hombres se han encontrado varias veces para representar en los sínodos y en la escena mundial.

El Papa responde a todas las cuestiones.

Relaciones con Roma: "Es importante evitar una visión puramente sociológica de esa relación. La Iglesia universal no puede ser concebida como el conjunto de las Iglesias particulares, o como una federación de Iglesias particulares".

Magisterio moral: "Algunos sostienen que el disentir del magisterio es totalmente compatible con ser buenos católicos y no constituye un obstáculo para recibir los sacramentos. Éste es un grave error (...). Vuestro diálogo debe tratar de demostrar la inaceptabilidad del disentimiento y de la confrontación como política y método en el ámbito de la enseñanza de la Iglesia".

Laicos y mujeres: "El servicio de nuestra guía espiritual debe escuchar y alentar, desafiar, y a veces corregir (...). Las mujeres no están llamadas al sacerdocio. Eso no altera de ninguna manera el hecho de que las mujeres son verdaderamente parte esencial del designio evangélico".

Vocaciones: "Os pido que seáis vigilantes para que la enseñanza dogmática de la Iglesia sea presentada a los seminaristas con fidelidad y claridad y plenamente aceptada y comprendida por ellos".

Juan Pablo queda agradecido por haber podido escuchar y responder. Agradece por esta experiencia a lo vivo del camino americano del catolicismo: "Me he esforzado por cumplir mi rol de sucesor de Pedro en un espíritu de solidaridad fraterna con vosotros. Deseo tan sólo estar al servicio de todos los obispos del mundo y confirmarlos en su ministerio colegial. Me he sentido siempre muy animado en esta tarea por vuestro apoyo y por vuestra común participación en el Evangelio. Por todo esto, os expreso una vez más mi profunda gratitud".

Repetidas veces, en sus viajes, Juan Pablo ha tenido que hacer frente a la protesta de la base católica. En Alemania y en Suiza, Holanda y Bélgica le fueron planteadas cuestiones por los portavoces de cada ambiente eclesial o social. A veces, —y esto había sucedido también en las situaciones difíciles de México, Zaire, Chile y Argentina— habían sido obispos los que habían hablado con franqueza al Papa. Pero nunca como en los Estados Unidos había sido la misma Conferencia Episcopal la que se había hecho la intérprete, en forma colegial y pública del desasosiego de la comunidad local en su relación con Roma.

Son dos los elementos que caracterizan la reacción del Papa: acepta la confrontación, pero rechaza las solicitudes. El pontificado de Juan Pablo marca un paso importante hacia delante en la relación entre el Papa y los episcopados, que ahora hablan, discuten, a veces conciertan y deciden juntos. Pero el Papa es tan disponible para la confrontación como severo en hacer valer las prerrogativas del pontificado romano en todo lo que ha recibido de la tradición como esencial o considerado como esencial. En síntesis las cuatro horas de Los Ángeles, que hemos detallado arriba, sirvieron a los obispos para mostrar a la comunidad católica que ellos transmitían al huésped la inquietud de base y sirvieron al Papa para señalar a los católicos que sus obispos no hubieran podido tener su misma velocidad, en la búsqueda de nuevas relaciones y nuevas reglas. Para afirmar, en otras palabras, que el episcopado estadounidense debía frenar su carrera hacia el futuro.

El freno colocado a los episcopados progresistas es una de las constantes del pontificado. Milagrosamente esta acción de freno no ha producido grandes conflictos si se excluye el área centroeuropea (Austria, Alemania, Suiza y Holanda) y algunos casos aislados en Francia y en los Estados Unidos. Pero a lo largo de todo el pontificado Juan Pablo ha tenido que ejercerla, invirtiendo en ella gran parte de su popularidad. En particular, esa acción ha tenido como destinatarios todos los episcopados más grandes del mundo y principalmente los tres que cuentan con un número de obispos que se acercan o superan los 300: Brasil, Italia, Estados Unidos. El hecho de que entre los episcopados progresistas incluyamos el italiano es para señalar que el freno de Roma se aplica también cuando no están en discusión grandes temas doctrinales o disciplinares, sino solamente la orientación pastoral. Otro elemento significativo: Esa acción de freno —que se indica con la asamblea del episcopado latinoamericano en Puebla, en enero–febrero de 1979— alcanza su fase más intensa a mediados de los años ochenta. Desde esa época en adelante existe como una especie de resignación de los episcopados en la línea dictada por Roma, o el conflicto abierto en el área de lengua alemana.

Hemos visto la severidad de Juan Pablo con el episcopado estadounidense que él consideraba demasiado liberal. Análogamente se expresó con el episcopado brasileño, al que consideraba demasiado social y político y con el episcopado italiano al que juzgaba demasiado concentrado en la "opción religiosa" y poco disponible a colocarse como "fuerza social" y a reivindicar el "rostro católico" del país, oscurecido pero no cambiado por una secularización superficial.

Han quedado memorables las imágenes de este Papa que en Fortaleza en 1980, en Loreto en 1985, en Chicago en 1979 y en 1987 reprocha episcopados tan numerosos que tienen obispos y cardenales que tienen mayor experiencia que él y —al menos en el caso de Italia— guían Iglesias de origen antiquísimo llenas de clero y de actividades misioneras.

Análoga valentía muestra Juan Pablo cuando debe visitar iglesias donde es impugnado abiertamente. Ya hemos señalado la primera de esas impugnaciones, que le llegaba de una religiosa precisamente en los Estados Unidos en octubre de 1979. Y helo ahí que escuha serenamente y responde calmadamente al sacerdote Markus Fischer y a la señora Margrit Stucky–Schaller, quienes durante la visita a Suiza de junio de 1984 le presentan cuestiones sobre el celibato obligatorio para el clero latino y acerca del sacerdocio para la mujer. Y el Papa escucha una decena de veces cuestiones análogas (planteadas más por mujeres que por hombres) durante las visitas a Holanda y a Bélgica en mayo de 1985. Y no olvidaremos que lo hemos visto en la catedral de Den Bosch, en Holanda, cuando suplica a la base católica que acepte al obispo que él ha nombrado y que ellos consideran tremendamente conservador: "Creedme, queridos hermanos y hermanas, que me hace mal saber que estáis sufriendo. Pero estad convencidos que realmente yo he escuchado, examinado, orado. Y he nombrado a aquel que ante Dios, he juzgado como el más adecuado. Entonces aceptadlo en el amor de Cristo". Era la tarde del 11 de mayo de 1985. Conviene señalar la fecha, porque una súplica semejante para que fuese aceptada una decisión romana nunca se había escuchado antes y no sabemos si se escuchará en el futuro.

Otros de sus nombramientos episcopales serán cuestionados en tiempos más recientes en Suiza, en Austria y en Alemania. Y los nombramientos impuestos a veces parecerá que aceleren en lugar de frenar la crisis.Y Juan Pablo deberá acudir, ayudándose con el bastón, para remediar algunos de esos daños. Un día lo oímos en Salzburgo suplicar así a los católicos austriacos: "¡No salgáis de la Iglesia, más bien entrad en ella!" (19 de junio de 1998).

La regla de comportamiento seguida por Juan Pablo en relación con los obispos ha sido la misma que ha aplicado con las familias religiosas (memorable fue el conflicto con la Compañía de Jesús, heredado del pontificado de Pablo VI y decidido con autoridad entre 1981 y 1983), con los sacerdotes, con las asociaciones laicales: máxima disponibilidad para escuchar, firmeza en la defensa de la doctrina y de la disciplina, ninguna reforma. Es verosímil que cualquier sucesor tenga que encontrarse frente a las mismas cuestiones, tal vez sin el carisma que le ha ayudado a él a tenerlas —la mayor parte de las veces eficazmente— bajo control.

La falta de verdaderas reformas en este pontificado aparece más clara en materia de gobierno de la Curia y de la Iglesia. Este gobierno, después de veinte años, es todavía exactamente el mismo del pontificado montiniano.

La reforma de la Curia romana, publicada el 28 de junio de 1988, confirma la validez del organismo de gobierno dejado en herencia por Pablo VI. Los cambios son mínimos y ninguno afecta la sustancia. Se dice lo mismo de la reforma del cónclave (febrero de 1987) y de la del Vicariato de Roma (enero de 1998). Y lo mismo vale para los hombres. Ha usado sistemáticamente el personal que ha encontrado en el momento de la elección, y ha reducido a lo mínimo los llamados externos. Entre los protagonistas de la Curia solamente los cardenales Ratzinger y Etchegaray son su invención.

Lo mismo se puede decir de las modalidades de gobierno de la Iglesia universal. Las competencias de la Curia y de las representaciones pontificias (que han pasado, de 89 que eran al morir Pablo VI, a 167) han quedado las mismas, tanto sobre el papel como en la práctica. Los sínodos han continuado con la periodicidad y el procedimiento establecidos por el papa Montini. Es una fórmula ya gastada. Se ha estudiado detenidamente una renovación pero no se ha hecho nada.

Cinco veces ha convocado Juan Pablo el colegio cardenalicio, cosa que antes no se hacía, pero de allí no ha salido ninguna novedad, ni de método ni de contenido. No ha cambiado ni el quorum de los 120 cardenales electores (limitándose a nombrar tres más en el Consistorio del 21 de febrero de 1998, pero con la premisa de que se trataba de una "derogación" ocasional), ni el límite de los 80 años para entrar en el cónclave, ni la exigencia a los obispos de dimitir a los 75 años, ni la duración quinquenal de los encargos en la Curia.

Otra innovación, potencialmente notable pero en la práctica de escaso alcance, ha sido la del quirógrafo de noviembre de 1982 con el cual Juan Pablo ha entregado al Secretario de Estado la representación y el ejercicio de la soberanía temporal sobre el Estado de la Ciudad del Vaticano.

No hay otras reformas que sean dignas de este nombre, con excepción de los Consistorios extraordinarios y esta delegación de los poderes temporales al Secretario de Estado. Pero hay dos innovaciones prácticas del gobierno curial, que no han sido formalizadas pero que han alcanzado en estos veinte años un notable grado de eficacia: son las consultas ocasionales de episcopados que convoca en Roma para resolver cuestiones extraordinarias y pequeñas reuniones de trabajo que se realizan en el apartamento privado y con frecuencia a la mesa y en las cuales —parece— se deciden más cuestiones que en las audiencias establecidas.

Subvalorando las reuniones de trabajo en el apartamento privado, que sirven generalmente para instruir una decisión insólita o para resolver contrastes curiales —más bien que escuchar por separado a los sostenedores de las diferentes tesis, prefiere hacerlos discutir en su presencia—, convendrá mirar con atención las convocatorias informales de grupos de obispos o de episcopados completos. Éstas han sido numerosas y generalmente eficaces para individuar una solución de compromiso, cuando el contacto normal a través de las representaciones pontificias, las visitas ad limina y las congregaciones curiales no logran hacer frente a un nuevo conflicto.

En junio de 1981 tenemos la primera consulta extraordinaria. Un vértice acerca de Centroamérica, que dura cuatro días, con la participación de los presidentes de seis conferencias episcopales, de los superiores provinciales, del Celam (Conferencia episcopal latinoamericana) y los organismos de la Curia interesados en el asunto.

En enero de1983 se lleva a cabo la "consulta informal acerca de la paz y el desarme", a la cual son llamados los episcopados de siete países de la OTAN (Estados Unidos, Bélgica, Francia, Alemania Federal, Gran Bretaña, Italia y Holanda) y los responsables de la Curia.

En octubre de 1984 es el episcopado de Perú el que tiene una verdadera asamblea general en Roma. La iniciativa es de la Congregación para la doctrina de la fe. Se habla de la teología de la liberación y del caso del padre Gutiérrez.

Luego le corresponde a Suiza. La Conferencia Episcopal se encuentra con el Papa y los jefes de Dicasterio en marzo de 1985. Una nueva convocatoria de los obispos suizos tendrá lugar en abril de 1991 para afrontar "las tensiones que existen en la diócesis de Coira".

Convocatorias más comprometedoras se realizan en marzo de 1986 y en marzo de 1987 y atañen a los dos episcopados más numerosos: Brasil y Estados Unidos. Y así se continúa con cualquier otro episcopado, o con los obispos de áreas enteras en crisis: como los que estaban implicados en la Guerra del Golfo, convocados del cuatro al seis de marzo de 1991; o los de la ex Yugoslavia, llamados a Roma el 17 de octubre de 1995.

Para el gobierno ordinario de la Iglesia Juan Pablo confía en la Curia, pero no limita su acción a la instrumentalización curial ya existente. El mismo freno a los episcopados progresistas lo realiza a través del gobierno curial, pero cuando éste no basta para mantener la situación bajo control, suple personalmente teniendo encuentros con los episcopados durante los viajes o convocando a consultas extraordinarias.

Se sirve también de los sínodos particulares (como el holandés de enero de 1980), extraordinarios (el de 1985 a los veinte años del Concilio) y especiales (el europeo de 1991, el africano de 1994, el panamericano de 1997, el asiático de 1998, el europeo de 1998), que estaban previstos en la normatividad montiniana, pero no habían sido convocados (excepto una asamblea extraordinaria en 1969) por Pablo VI.

Los viajes, los Sínodos, las consultas extraordinarias de los episcopados, el Año Santo extraordinario de 1983, el Año Mariano de 1987–1988, la preparación de 9 años para el quinto centenario latinoamericano (1984-1992), las beatificaciones y canonizaciones, las Jornadas mundiales de la juventud y las Jornadas de la familia, la gran preparación al Jubileo del dos mil muestran que Juan Pablo no se resigna a gobernar la Iglesia a través del instrumento curial. Él mira hacia delante y, frente a situaciones nuevas, tiende a actuar con anticipación; toma la iniciativa y ofrece un objetivo común donde se perfila una división; no teme dar respuestas sencillas a cuestiones complejas.

Y no se trata de una intención que le atribuye el biógrafo. Así presentó una vez la finalidad de los viajes: "En Europa especialmente se habían creado dos tendencias que han producido también malos frutos (...). Y he aquí precisamente para qué han servido estas peregrinaciones, al ir al corazón de la Iglesia, en la realidad del pueblo de Dios, y, por consiguiente, evitando el dejarse implicar en la confrontación entre derecha e izquierda, entre conservadurismo y progresismo. Las peregrinaciones han servido para introducir un elemento de equilibrio en la actuación de las reformas conciliares, a la luz naturalmente de la tradición; y, por tanto, para hacer que hoy esas dos tendencias, si no han desaparecido propiamente, queden un poco al margen" (Bibliografía 13).

Con respecto al gobierno de la Iglesia, todo el pontificado, más allá de cada una de las iniciativas, se puede interpretar así: para cada tensión que se manifiesta, hay que buscar soluciones hacia delante, posiblemente unitarias y en la dirección del relance misionero inclusive experimentando alguna praxis nueva de consulta episcopal pero sin innovaciones estructurales. Él no tiene sensibilidad para las estructuras, o tal vez se convenció de que no tiene necesidad de reformas para actuar fuera del cauce curial. Sustancialmente la empresa ha tenido éxito. Pero, el sucesor tendrá que actuar de inmediato e imponer reformas que hagan permanente la renovación de la Curia y la nueva libertad del Papa realizada como un hecho por Juan Pablo.

27
ROMPE CON LEFEBVRE
Y CON LOS TEÓLOGOS CONTESTATARIOS

¿El sufrimiento más grande para Juan Pablo habrá sido el del atentado, que lo afectó en el cuerpo y en el alma?

¿O el de los peregrinos que murieron por él en los incidentes y en los atentados que han acompañado sus desplazamientos sobre la tierra?: ¿en Kinshasa, Zaire (mayo de1980); en Fortaleza, Brasil (julio de 1980); en Monserrat, España (noviembre de 1982); en Cochin, India (febrero de 1986); en Maseru, Lesotho (8 septiembre de 1988); en Tuxtla, México (mayo de 1990)?

¿O el estado de sitio en Polonia, proclamado en diciembre de1981, que es el año del atentado? ¿O, quizás, que en su patria haya progresado el secularismo después de la caída del comunismo?

¿O tal vez, la comprobación de que el cardenal Hans Hermann Groer, que había sido arzobispo de Viena, es realmente responsable de actos de pedofilia (primavera de 1998). Y ahora él, que ha querido colocarlo en esa sede —en lugar del amadísimo cardenal Koenig— contra el parecer de los obispos austriacos, debe darle orden de alejarse de Austria y no volverse a presentar "como obispo ni como cardenal?"

Ninguno puede decir cuál es el mayor sufrimiento de un hombre y nosotros ni siquiera lo imaginamos en el caso de Juan Pablo. Pero el hecho eclesial objetivamente más grave del pontificado ha sido el cisma tradicionalista del obispo francés Marcel Lefebvre, consumado con la consagración de cuatro obispos no autorizada por Roma (30 de junio de 1988) y sancionada con la excomunión (2 de julio). Ésta es la única ruptura formal de la comunión eclesial por parte de una comunidad entera de personas en los años de Juan Pablo.

A este cisma tradicionalista siguió una amplia contestación de los teólogos innovadores: La Declaración de Colonia (firmada por 163 alemanes, austriacos, suizos y holandeses) con fecha del 26 de enero de 1989, denuncia un "nuevo centralismo romano", habla de una extensión "inadmisible" de la "competencia magisterial del Papa", invita a los obispos —cuando sea necesario— a oponerse a Pedro "abiertamente". Con las mismas posturas se pronuncian 130 franceses y belgas el 20 de febrero y 52 flamencos inmediatamente después. Los españoles son 62 y llegan el 19 de abril. Los italianos son 63, el 13 de mayo.

He aquí al Papa entre el cisma de derecha y la contestación de izquierda, mientras en toda Europa está cayendo el comunismo y él siente que "el siglo madura". En el momento del máximo éxito externo, Juan Pablo encuentra las mayores dificultades en la Iglesia.

El cisma de Lefebvre atrajo la atención de los medios más allá de su dimensión real. A eso contribuyeron la rareza del acontecimiento —desde 1870, es decir, desde la separación de los viejos católicos a continuación del Concilio Vaticano I, no se producía un cisma en la Iglesia católica— y la lentitud de su consumación, como un cisma anunciado, con excomunión anunciada.

El espectáculo ha sido mayor que el hecho. Éste existió, sin embargo, y sigue existiendo, pues parece que los fieles de Lefebvre no aumentan pero tampoco disminuyen con los años. Su reintegración exigirá varias generaciones. Según las apreciaciones vaticanas los fieles que seguían las actividades de la Fraternidad de Lefebvre eran, en el momento del cisma, de 60 a 80 mil. En cambio, según los responsables de la Fraternidad eran de 120 a 200 mil. Al morir Lefebvre (25 de marzo de 1991) las dos partes defendían todavía esas cifras. Hoy los lefebvrianos sostienen que están presentes en 56 países y que tienen cerca de 300 sacerdotes.

Marcel Lefebvre ha sido el adversario más intransigente del "aggiornamento" proclamado por el Vaticano II. Fue el único entre los 2500 padres de aquel Concilio que haya llevado su oposición hasta organizar una comunidad vinculada a las normas preconciliares, especialmente en materia de liturgia y de formación del clero, contrastando la autoridad de tres papas (Montini, Luciani, Wojtyla) y desafiando la excomunión. El comienzo de su rebelión tiene una fecha fuertemente simbólica: el año 1968. En 1970 funda en Econe (Suiza) la Fraternidad San Pío X.

Entre las señales de la aventura lefebvriana, aquí nos interesa lo que concierne a la figura de Juan Pablo, el cual se mostró dispuesto a toda concesión, con tal de que no se afectara en nada la autoridad doctrinal y normativa del Vaticano II. Y fue —en el momento— una señal importante, porque duraba todavía una corriente contestataria de izquierda que acusaba al papa Wojtyla como si renunciara a la herencia conciliar y asumiera sustancialmente tesis tradicionalistas bajo una afirmación formal de fidelidad al Concilio. Esa lectura será desmentida —como lo veremos— por la última decisión del Papa acerca de Lefebvre y sobrevivirá solamente como un interrogante crítico: "¿Tradicionalismo sin Lefebvre?", será el editorial del primer número de 1999 de la revista *Concilium*.

Juan Pablo había intentado la recuperación de Lefebvre. Y esto es verdad. Lo había recibido al día siguiente de su elección, en noviembre de 1978, por iniciativa del cardenal Siri que narrará: "Fui yo quien lo llevé a donde el Papa. Se abrazaron. Bastaba escribir tres líneas en *L'Osservatore Romano*: concluida la paz. Y en cambio, el Papa leyó el dossier de la Congregación para la doctrina de la fe" (Bibliografía 53, p. 384; 75b, p. 283-286). Es precisamente la diferencia entre Siri y Wojtyla. Hacer las paces en forma incondicional con Lefebvre significaba legitimar su negación del valor doctrinal y normativo del Vaticano II e inclusive de la validez canónica del pontificado de Pablo VI. Para el cardenal Siri esto no era un problema, para el papa Wojtyla sí.

Después de leer el dossier Juan Pablo recomienda a sus negociadores (los cardenales Cagnon y Ratzinger) que intenten todo paso posible que no sea contra el Concilio. El protocolo firmado por Lefebvre el 15 de mayo de 1988 y del cual se retractó de inmediato —tal vez por la presión de sus colaboradores, quienes según parece lo habían juzgado como demasiado conciliador con respecto al "espíritu del Concilio y de Asís"— implica una declaración de "fidelidad a la Iglesia, al pontífice y al magisterio eclesiástico, además del compromiso de respetar la disciplina canónica, evitando toda polémica acerca del Concilio y de sus reformas". Como contrapartida Lefebvre obtiene la reconciliación canónica de los sacerdotes ordenados ilícitamente (es decir, después de la suspensión *a divinis,* por decisión de Pablo VI, en 1967), la concesión a la Fraternidad de un estatuto y de una "cierta exención" de la autoridad de los obispos, la facultad de usar el antiguo misal, el nombramiento de un obispo escogido de entre los miembros de la Fraternidad, la creación de una comisión romana —para dirimir lo contencioso— de la cual formarán parte dos miembros de la Fraternidad. Lefebvre está en desacuerdo acerca de los dos últimos puntos: no se conforma con un obispo y no quiere esperar que lo nombre el Papa, sino que pretende que los suyos sean la mayoría en esa comisión.

Juan Pablo durante semanas hace todo lo posible por evitar el cisma, exponiéndose a la crítica de los ambientes católicos progresistas y —según parece— también al malhumor de los episcopados de Suiza y de Francia, más interesados que otros en la cuestión y temerosos de que Roma, para salvar la unidad de la Iglesia desconozca el Concilio. Pero finalmente rechaza las últimas exigencias claramente provocadoras, afirma que el concepto de tradición invocado por Lefebvre es "malentendido" y lanza la excomunión.

Con un *motu propi*o del 2 de julio de 1988 bajo el título *Eclesia Dei,* Juan Pablo recuerda que resultarán excomulgados —al igual que los cuatro obispos consagrados el 30 de junio (Bernard Fellay, Bernard Tissier, Richard Williamson, Alfonso de Gallareta) y los dos consagrantes (Lefebvre y el obispo brasileño emérito Antonio de Castro Mayer)— todos los que realicen actos formales de adhesión al cisma.

Los herederos de Lefebvre han vuelto a hacer sentir públicamente su oposición al Papa con ocasión de la programación wojtyliana del Gran Jubileo. El padre Franz Schmidberger, sucesor de Lefebvre como jefe de la Fraternidad, declaró a la agencia *Ansa* el 28 de abril de 1994, que "el proyecto del año dos mil sobre el Sinaí es contrario al primer mandamiento de Dios". El 22 de mayo de 1995 después de la petición de perdón de Juan Pablo en Olomouc, por las guerras de religión, un comunicado de la Fraternidad afirmaba que esas palabras "son altamente ofensivas para la

Iglesia católica y para todos aquellos que han dado su vida por ella y por la Europa cristiana". En la prueba del tradicionalismo, por consiguiente, Juan Pablo es considerado como inaceptable sobre todo para el diálogo con las religiones no cristianas y por el *"mea culpa"*.

En la izquierda no ha habido un cisma formal, en los años de Juan Pablo, pero sí una continua invectiva recíproca y la declaración de ilegitimidad entre el Pontífice y la más radical de la teología progresista y de las comunidades de base. También en esta dirección Juan Pablo se muestra tolerante en el plano personal y práctico, pero severo en el plano de los principios. Y también con los teólogos contestatarios finalmente se realiza una ruptura de hecho cuyas señales no se han de buscar tanto en las censuras de la Congregación para la doctrina de la fe (los procesos a los teólogos continúan con los criterios, el ritmo y las normas del tiempo de Pablo VI, al menos hasta la reforma del procedimiento, promulgada en agosto de 1997), sino en pronunciamientos públicos del Pontífice que tienen el tono de la invectiva.

El más severo y amplio de esos pronunciamientos lo hará el 22 de junio de 1996 en Paderborn, Alemania, donde recuerda a los obispos la necesidad de "ejercer la propia autoridad" contra aquellos que "bajo las falsas apariencias de una argumentación objetiva y concreta y con métodos de instrumentalización someten a los fieles cuestiones que en realidad son de naturaleza e importancia secundaria, colocándolas en el centro del interés público". Se refiere a la consulta "Nosotros somos Iglesia", que ha recogido millones de firmas en diferentes países (1995), pero sobre todo en Austria, donde se realizó la primera aparición pública y en Alemania, y allí se pide a los fieles que firmen peticiones acerca del sacerdocio femenino, el celibato eclesiástico, la democracia en la Iglesia (en sintonía con la *Declaración de Colonia* y los otros manifiestos teológicos de 1989). El favor de Juan Pablo a la línea del diálogo inclusive con este movimiento, resultará más clara dos años después en Viena, cuando dirá a los obispos austríacos: "¡Os recomiendo no abandonéis el diálogo!" y los invitará también a "aprender a arriesgar en el diálogo".

Pero por más severo que fuera, ese pronunciamiento no fue interpretado como una exhortación al episcopado a abandonar el diálogo con "Nosotros somos Iglesia".

Con análoga intransigencia, Juan Pablo había estigmatizado (en el volumen *Cruzando el umbral de la esperanza,* 1994) a los teólogos moralistas que se oponen al magisterio en materia de ética familiar y sexual: "Cuando la verdadera doctrina es impopular, no es lícito buscar una popularidad fácil" (Bibliografía 14, p. 190).

Palabras aún más severas usó en Piura, Perú, el 4 de febrero de 1985 con referencia a la corriente más radical y filomarxista de la teología de la liberación, aplicando a sus sostenedores la parábola evangélica del Buen Pastor, donde se dice que quien no entra por la puerta "es un ladrón y un salteador". Ya había usado en forma polémica las palabras evangélicas en Managua, Nicaragua, el 4 de marzo de 1983, aplicándolas a los sacerdotes que colaboraban con el régimen sandinista.

Los primeros años del pontificado habían estado marcados por un violento debate acerca de la "teología de la liberación", que luego se esfumó y casi desapareció. Juan Pablo consideró que él había planteado adecuadamente la cuestión de autorizar la publicación de dos instrumentos de la Congregación para la doctrina de la fe, en 1984 y en 1986, que "realizan una revisión crítica de esa teología y proponen una lectura del mensaje de liberación aceptable para Roma" (Bibliografía 64, p. 360).

Quizá con razón, él siempre ha sostenido que ha propuesto una predicación en la línea de la componente moderada de la teología de la liberación. Así una vez, durante un viaje a Brasil (16 de octubre de 1991), respondió a la interpelación de un periodista que le preguntaba si no le sucedía que alguna vez hacía de teólogo de la liberación: "¡Pero yo hago siempre de teólogo de la liberación! Aún le diré más: yo soy ese teólogo de la liberación que permanece siempre vigilante en su puesto" (Bibliografía 50, p. 65).

Según su método de gobierno mediante la iniciativa hacia delante, proyectada para quitar espacio a las fuerzas centrífugas, Juan Pablo más que prestar atención a la ala tradicionalista y a la contestataria se dedica a estimular una convergencia unitaria hacia el centro: lo hace con los viajes y las catequesis en Roma, lo indica en el *Catecismo de la Iglesia Católica* (diciembre de 1992), *la magna charta* para la dilatación de este compromiso con una dimensión a nivel de toda la Iglesia.

Juan Pablo demuestra que tiene más aprecio a este Catecismo que a cada una de sus encíclicas, inclusive más que al nuevo Código de derecho canónico, promulgado en 1983. Por las palabras que pronuncia y por los gestos que realiza con ocasión de su publicación, se tiene la impresión que él lo considera como la obra maestra de su pontificado.

Al ordenar su publicación, el 11 de octubre de 1992, afirma solemnemente: "Yo lo reconozco como un instrumento válido y legítimo al servicio de la comunión eclesial y como norma segura para la enseñanza de la fe". Al presentarlo "al pueblo de Dios", el 7 de diciembre del mismo año dice que su publicación "debe sin duda clasificarse entre los mayores eventos de la historia reciente de la Iglesia". Al día siguiente lo indica como "el fruto más maduro y completo de la enseñanza conciliar".

Juan Pablo, el papa de la misión, hace hincapié en el Catecismo. Él está más interesado en la predicación a las gentes y a la nueva evangelización que en el debate teológico y en las cuestiones de la organización interna de la Iglesia. Lo mueve la urgencia de llegar a todos, el escrúpulo de que donde quiera y siempre que se proponga un anuncio seguro, ligado a la gran tradición, actualizado según el Vaticano II. Y considera que la regla para todo esto se halla en el Catecismo, que define también como "la *magna charta* del anuncio de nuestra época".

28
EXALTA EL "GENIO" DE LAS MUJERES, PERO NO HACE REFORMAS PARA ELLAS

"¡Gracias a ti, mujer, por el hecho de que eres mujer!". Esta exclamación, digna de un enamorado es de Juan Pablo y se halla en la *Carta a las mujeres,* publicada el 10 de julio de 1995.

Igual entusiasmo se halla en la exhortación apostólica *Vita consecrata* (marzo de 1996), que nos presenta a la mujer como "un signo de la ternura de Dios hacia el género humano".

Algo análogo lo habíamos encontrado ocho años antes en la carta apostólica *Mulieris dignitatem* (30 de septiembre de 1988): "Nuestros días esperan la manifestación de ese genio de la mujer que asegure la sensibilidad para el hombre en toda circunstancia: ¡por el hecho de ser hombre!".

La *Mulieris dignitatem* es un documento personalísimo y central en el pontificado. Esboza una "relectura femenina de la Biblia" (así escribe el diario francés *Le Monde,* al día siguiente de la publicación), hasta corregir dos milenios de interpretación de los pasajes de Pablo que colocan al hombre como cabeza de la mujer. Y corrige al mismo Pablo (ningún Papa jamás lo había hecho), o bien lo que en él hay de antiguo y establece que "las razones de la sumisión de la mujer al hombre deben interpretarse en el sentido de una sumisión recíproca".

Los gestos además han sido el lugar de una ternura particular de este Papa hacia las mujeres. Es una ternura que se expresa en libertad, y configura una revisión radical de los gestos pontificios: nunca se había visto —y esperamos que ahora siempre se vea— a un Papa besar en la frente a las niñas, estrecharlas contra su pecho, tomarlas de la mano y casi danzar con ellas.

Pero es bueno decirlo todo acerca de Juan Pablo y las mujeres, y entonces añadiremos que este Papa tan generoso en palabras y en gestos no ha realizado —hasta hoy— ninguna reforma para abrir nuevos campos a la responsabilidad de las mujeres. Y algo habría podido hacerlo aun dentro de la preocupación de no dar pasos adelante en materia de sacerdocio: por ejemplo para el diaconado femenino no existen las mismas dificultades.

Esta admiración y este apoyo sin reformas se expresan perfectamente en un saludo dominical del 3 de septiembre de1995: "Hago un llamado a toda la comunidad eclesial, para que quiera favorecer de todos modos, en su vida interna la participación femenina (...). Éste es el camino que hay que recorrer con valentía. En gran parte se trata de valorar plenamente los amplios espacios que la ley de la Iglesia reconoce a la presencia laical y femenina. Pienso, por ejemplo, en la docencia teológica, en las formas permitidas de ministerios litúrgicos, incluyendo el servicio en el altar, en los consejos pastorales y administrativos, en los sínodos diocesanos y en los concilios particulares, en las diferentes instituciones eclesiales, en las curias y en los tribunales eclesiásticos, en muchas actividades pastorales hasta las nuevas formas de participación en la atención pastoral en las parroquias en caso de escasez de clero, excepto los oficios propiamente sacerdotales. ¿Quién puede imaginar las grandes ventajas que tendrá la pastoral y la belleza que asumirá el rostro de la Iglesia, cuando el genio femenino actúe plenamente en los varios ámbitos de su vida?".

Todo eso es verdad. "En gran parte" se trata de valorar los espacios ya existentes, ¡pero se trata también de crear nuevos! Y en esto no ha habido ninguna señal eficaz en los primeros veinte años del pontificado de Juan Pablo.

Pero volvamos a su texto principal acerca de la mujer, la *Mulieris dignitatem*. Pertenece al fecundísimo 1988, el año del centro del pontificado, el de las esperanzas en el Oriente (Milenio Ruso) y de la encíclica *Sollicitudo rei socialis*, de la ruptura con Lefebvre y de la autocrítica de Estrasburgo acerca del integrismo (capítulo 13). He aquí algún pasaje de la *Mulieris dignitatem*, en el cual Juan Pablo esboza su relectura de la Biblia a lo femenino: "'Sed sumisos los unos a los otros en el temor de Cristo' (Ef 5, 21). El autor de la Carta a los efesios no ve ninguna contradicción entre una exhortación así formulada y la comprobación de que 'las mujeres sean sumisas a sus maridos como al Señor; porque el marido es cabeza de la mujer' (Ef 5, 22-23). El autor sabe que este planteamiento, tan profundamente arraigado en la costumbre y en la tradición religiosa de ese tiempo, debe atenderse y actuarse de una manera nueva, como una 'sumisión recíproca en el temor de Cristo' (Ef 5, 21). En relación con lo antiguo esto es evidentemente nuevo, es la novedad evangélica. Encontramos diversos pasajes en los cuales los escritos apostólicos expresan esta novedad, aunque en ellos se hace sentir también lo que es antiguo, lo que está arraigado también en la tradición religiosa de Israel (...).

La conciencia de que en el matrimonio existe la recíproca 'sumisión de los esposos en el temor de Cristo', y no solamente la de la mujer al marido, debe abrirse paso en los corazones, en las conciencias, en el comportamiento, en las costumbres. Y éste es un llamado que no cesa de urgir, desde entonces a las generaciones que se suceden, un llamado que los hombres deben acoger siempre nuevamente (...). Todas las razones a favor de la 'sumisión' de la mujer al hombre en el matrimonio deben interpretarse en el sentido de una 'sumisión recíproca' de ambos 'en el temor de Cristo'".

La audacia de esta reinterpretación de Pablo ha sido reconocida por los movimientos de las mujeres y había sido solicitada por teólogos favorables a ellos. He aquí cómo estaba formulada la solicitud en la cuarta de las *"Dieciséis tesis"* acerca de la "Mujer en la Iglesia", publicadas por Hans Kung en 1976 (12 años antes de la carta del papa Wojtyla): "Las afirmaciones neotestamentarias acerca de la subordinación de la mujer deben interpretarse a la luz de la situación sociocultural del tiempo y transcritas críticamente en la situación socio-cultural actual". Y es exactamente lo que ha hecho Juan Pablo.

Otra palabra audaz a las mujeres Juan Pablo la dice con ocasión del Año Internacional dedicado a ellas por la ONU, en 1995. En dos ocasiones llega hasta el punto de pedirles perdón por las injusticias sufridas en la historia por parte de los hombres de la Iglesia: "La igualdad entre el hombre y la mujer es afirmada desde la primera página de la Biblia, en el estupendo relato de la creación (...). Sobre las huellas de su divino Fundador, la Iglesia es portadora convencida de este mensaje. Si a veces, a lo largo de los siglos y bajo el peso del tiempo, algunos hijos suyos no han sabido vivirlo con la misma coherencia, esto constituye un motivo de una gran pena". Así habla Juan Pablo en el saludo dominical del 10 de julio de 1995.

Y poco después, en la citada *Carta a las mujeres:* "Lamentablemente somos herederos de enormes condicionamientos que, en todos los tiempos y en todas las latitudes, han hecho difícil el camino de la mujer, no reconocida en su dignidad, mal interpretada en sus prerrogativas, y no rara vez marginada e inclusive reducida a la esclavitud (...). Si en esto no han faltado, especialmente en determinados contextos históricos, responsabilidades objetivas inclusive en no pocos hijos de la Iglesia, siento por ello un sincero desagrado. Esta pena se ha de traducir para toda la Iglesia en un compromiso de renovada fidelidad a la inspiración evangélica, que —precisamente acerca del tema de la liberación de las mujeres de toda forma de opresión y de dominio— tiene un mensaje de perenne actualidad, que brota de la actitud misma de Cristo (...). Sí, es la hora de mirar con la valentía de la memoria y el franco reconocimiento de la responsabilidad en la larga historia de la humanidad, a la cual las mujeres han dado una contribución no inferior a la de los hombres, y muchas veces en condiciones mucho más incómodas (...). Con respecto a esta grande, inmensa 'tradición' femenina, la humanidad tiene una deuda incalculable" (*Carta a las mujeres,* 10 de julio de 1995).

Acerca de la necesidad de volver a escribir la historia en femenino Juan Pablo vuelve a hablar a fines de ese mes:

"Para una renovada apreciación de la misión de la mujer en la sociedad, sería oportuno volver a escribir la historia de un modo menos unilateral. Lamentablemente una cierta historiografía ha prestado más atención a los acontecimientos extraordinarios y clamorosos, que al ritmo ferial de la vida, y la historia que de allí resulta es casi solamente la de las realizaciones de los hombres. Es necesario hacer una inversión de tendencia. ¡Cuánto debe decirse y escribirse acerca de la enorme deuda del hombre hacia la mujer en todos los sectores del progreso social y cultural! Con el intento de contribuir a colmar esta laguna, quisiera hacerme voz de la Iglesia y rendir homenaje al múltiple, inmenso, aunque a menudo silencioso, aporte de las mujeres en todos los ámbitos de la existencia humana" (saludo dominical, 30 de julio de 1995).

229

La atención de Juan Pablo a las mujeres se había manifestado en seguida, desde el comienzo de su pontificado. Entre los programas había anunciado de inmediato salir al encuentro de la otra mitad del cielo: "¡Oh, si pudiéramos juntos descubrir el significado multiforme de la misión de la mujer, yendo de la mano con el mundo femenino de hoy!" (sobre la tumba de santa Catalina de Siena, Roma, 5 de noviembre de 1978).

Este ir "de la mano" ha sido a menudo también algo real y literal y muchas veces Juan Pablo ha bromeado sobre esa inesperada cercanía. He aquí una ocurrencia improvisada, a menos de un mes de su elección: "Yo pensaba que las religiosas eran gente buena, y en cambio, ¡son personas que hacen mucho ruido, gente tan enérgica que quiere destruir al Papa en el primer encuentro..., al menos su sotana!" (a las religiosas, Aula Nervi, 10 de noviembre de 1978).

Con frecuencia las organizaciones feministas han organizado pequeñas manifestaciones contra el Papa, durante sus viajes. Hay que dejar constancia de que Juan Pablo nunca ha sido indelicado con ellas, aunque no halló el modo de encontrarse con ellas. De su actitud cautelosa y respetuosa es testigo este diálogo con los periodistas en el avión:

— "Santidad, ¿qué responde a las organizaciones feministas que han anunciado manifestaciones para los días de su visita a Canadá?

— Yo respondo siempre esto: que todas las personas me resultan simpáticas.

— ¿También estas señoras?

— Sí, ¡muy simpáticas! Para las personas hay que tener este amor. Pero por otra parte se debe decir la verdad: *amicus Plato, sed magis amica veritas* (Platón es amigo, pero más amiga es la verdad), como ya decían los filósofos griegos" (Vuelo Roma–Québec, 9 de septiembre de 1984).

Al final de su insistencia, apasionada e inclusive poética acerca del genio femenino conquistó a los críticos más desconfiados. Y fue bien aceptada por los medios una expresión suya demasiado rápida y sugestiva para no prestarse a contestaciones: "¡Pertenece al genio de la mujer también el llorar!" (saludo dominical desde el Policlínico Gemelli, 8 de mayo de 1994).

Siempre han sido bien acogidas sus bromas con las niñas. Por ejemplo, el 26 de enero de 1997 una niña romana, Georgia, se asoma al mediodía con el Papa desde la ventana del estudio y lee —con desparpajo— un saludo en nombre de sus compañeros de la Acción católica romana que están en la plaza y Juan Pablo dice: "¡Quizá es la primera vez que una pequeña mujer habla desde esta ventana!".

Aunque no haya realizado reformas, Juan Pablo señala su oportunidad en más de un texto: "Es urgente dar algunos pasos concretos, a partir de la apertura a las mujeres de espacios de participación en varios sectores y a todos los niveles, también en los procesos de elaboración de las decisiones, sobre todo en lo que les atañe" (*Vita consecrata*, marzo de 1996).

Parece que él deja a otros la tarea de responder a esa urgencia. Personalmente no se dedica, tal vez por motivo de su opción de actuar como misionero del mundo y de no ocuparse de praxis y reformas. Tal vez en esta materia ha sufrido un boicot más compacto de parte de la Curia. Sin embargo, ha mostrado repetidas veces una disponibilidad subjetiva a dar espacio a las mujeres.

Desde los primeros viajes (la cuestión se planteó con el viaje a los Estados Unidos en octubre de 1979) autorizó a las mujeres a "leer" en las misas papales y así se ha hecho después en Roma. Una vez asigna a una mujer —la estadounidense Mary Glendon— el encabezar una delegación oficial vaticana: fue en 1995 y se trataba de representar a la Santa Sede en la Conferencia de la ONU acerca de la mujer que tenía lugar en Pekín. En el capítulo 25 hemos citado su placet al estatuto de los Focolares que quería que hubiera siempre una mujer en el cargo de presidente. En ambos casos a una mujer le ha sido dada la precedencia sobre sacerdotes y obispos.

29

ABRE AL PATRIARCADO DE MOSCÚ
Y RECIBE A GORBACHOV.
LA DESILUSIÓN ECUMÉNICA

Ésta es la historia de una ilusión ecuménica que duró el espacio de una mañana y está ligada al final, igualmente rápida, de la "perestroika" de Michail Gorbachov, después de la disolución de la Unión Soviética. La ilusión —en la que creyó Juan Pablo con firme esperanza— fue la de que con la caída de los regímenes comunistas habría favorecido un salto adelante en el camino ecuménico hacia el Oriente, hasta entonces obstaculizado por esos regímenes ateos. El Papa dio nuevo motivo a esa esperanza al enviar una delegación de diez cardenales a las celebraciones del Milenio de la Ortodoxia rusa (1988) y encargó al cardenal Casaroli de llevar a término su Ostpolitik, cultivada durante un cuarto del siglo, preparando un acuerdo con Gorbachov.

La realidad fue obstinadamente diferente. El desencadenarse de los nacionalismos puso nuevamente en conflicto las Iglesias locales. La crisis fue máxima en Ucrania, donde ni el Patriarcado de Moscú ni la Santa Sede lograron moderar el comportamiento de las propias comunidades nacionales. El nombramiento por parte del Papa de algunos obispos para los católicos que viven en Rusia llevó a la ruptura decidida con el Patriarcado (1991), destinada a durar, a pesar de interrupciones parciales y de contactos, hasta hoy.

El cardenal Agostino Casaroli realiza su obra maestra: va a Moscú con ocasión de las celebraciones del Milenio ruso encabezando la más extraordinaria delegación que un Papa haya enviado a una Iglesia hermana en la época moderna (18 miembros, con los cardenales Etchegaray y Willebrands, Martini y Lustiger, Glemp y O'Connor), se encuentra con Gorbachov en el Kremlin (13 de junio de 1988), prepara su venida a Roma y el encuentro con Juan Pablo (1º de diciembre de 1989), obtiene la autorización para el nombramiento de los obispos y la invitación para que el Papa visite la URSS.

Pero lo que finalmente el régimen soviético permite no puede ser aceptado por la Iglesia ortodoxa rusa, y se llega a la dolorosa paradoja de que la visita de Juan Pablo a Moscú, tan deseada por el Papa eslavo y destinada precisamente a perfeccionar ese salto ecuménico, ¡apenas sale del veto del Kremlin cae en el veto de la Iglesia hermana!

Entre los hechos negativos del pontificado, éste fue el más inesperado para el papa Wojtyla y tal vez el que tuvo las más penosa resonancia en él. Como había contado tanto con la búsqueda de la unión con las Iglesias de la Ortodoxia y lo que había soñado mucho en 1979 al realizar la visita al Patriarca de Constantinopla parecía estar al alcance de la mano cuando vio que la celebración del Milenio ruso coincidía con la fase madura de la reforma gorbachoviana.

La rapidísima reacción del nacionalismo ruso que arrolló a Gorbachov —quien acababa de invitar al Papa— obligó al patriarca Alexis II a oponerse a la visita papal y a levantar la protesta pública contra la intromisión de Roma. Inúltilmente —en el decenio siguiente— Alexis y Wojtyla se enviarán mutuamente mensajeros y se darán cita en Hungría (1996) y en Austria (1997). Para atestiguar que la antigua aversión puede vencer toda actitud personal, aun de hombres valientes, hasta hoy los dos indiscutibles protagonistas de la ecumene cristiana no sólo no lograron realizar una visita recíprocamente, sino que ni siquiera encontraron el modo de reunirse en un territorio neutral.

El segundo encuentro de Yeltsin con el Papa, el 10 de febrero de 1998, se pude definir "cordial" y fecundo en cuestiones internacionales (salió a flote en particular la "completa identidad de posturas acerca de Irak"; eran los días de una nueva tensión entre Saddam y los Estados Unidos), pero confirmará este estancamiento en las relaciones con la Ortodoxia rusa y la falta de cualquier novedad para la invitación al Papa para visitar a Rusia.

"El Papa se siente plenamente invitado", dijo el portavoz vaticano, al recordar que la invitación había sido formulada por Gorbachov en

1989 y confirmada por Yeltsin en la visita del 20 de diciembre de 1991. Pero "esta vez" no se habló de ese tema, porque el patriarcado de Moscú no considera todavía posible la visita.

De todos modos el período de la proyección ecuménica hacia Oriente ha dejado dos herencias importantes: una serie de documentos que trazan una estrategia que podrá reanudarse el día de mañana y la lección de la *kénosis* (fracaso) ecuménica, que ha marcado profundamente los años noventa del pontificado y de donde ha salido la inspiración para el examen de fines del milenio.

Los documentos más importantes que Juan Pablo ha producido en la fase creativa de este impulso hacia Oriente son dos: la encíclica *Slavorum apostoli* (julio de 1985) y la carta apostólica *Euntes in mundum* (marzo de 1988). Un tercer texto, aún más importante, llegará siete años más tarde y constituirá el intento de relanzar el diálogo después de la experiencia fallida, la carta apostólica *Orientale lumen* (abril de 1995).

"¡Desaparezca lo que divide a las Iglesias, así como también a los pueblos y a las naciones!", grita Juan Pablo en la Basílica de San Pedro, durante la homilía de la fiesta de los santos Cirilo y Metodio, el 14 de febrero de 1985. Éste es el fuego que lo anima en el tejido de esos documentos.

En esta pasión por el acercamiento de la Ortodoxia el Papa llega a pronunciar palabras entre lo bíblico y lo mítico, de difícil interpretación pero de seguro enamoramiento: "*¡Lux ex Oriente* (la luz viene del oriente). La fe, la vida religiosa de nuevo viene a nosotros, a Europa, desde el Oriente europeo!". Así habla a los periodistas dos meses antes del encuentro con Gorbachov, durante el vuelo Roma-Seúl, el 6 de octubre de 1989.

Está cayendo el muro de Berlín y Juan Pablo espera ver a la Europa del espíritu respirar finalmente con ambos pulmones. En abril de 1990 está en Checoslovaquia, para celebrar la caída de la Cortina de hierro y desde allá anuncia un Sínodo especial para Europa, a realizarse a fines de 1991.

Y todos lo acusan de impaciencia y de forzar los tiempos, pero él tiene un sentimiento del tiempo más agudo que cualquier otro, en la ecumene cristiana. Y en efecto será demasiado tarde para esa fecha, porque en Ucrania ha explotado la cuestión uniata, y el Patriarcado de Moscú ha protestado por los nombramientos de obispos destinados al cuidado pastoral de los católicos que viven en los territorios de la URSS y ha llegado la guerra entre Croacia (católica) y Serbia (ortodoxa).

Las Iglesias ortodoxas rehusan enviar "delegados fraternos" al Sínodo europeo. Está presente solamente el representante del Patriarca de Constantinopla, que el 2 de diciembre de 1991 toma la palabra en el aula del Sínodo, delante de Juan Pablo y pronuncia —en nombre de los ausentes— una requisitoria sin prececentes, desde cuando el papa Juan XXIII había convocado el Vaticano II. Spyridion Papagheorghiou, el enviado de Constantinopla acusa a la Iglesia de Roma de "alejarse" del Vaticano II y de mirar con intenciones expansionistas el Oriente, considerando los países ortodoxos "como tierra de misión".

Éste es tal vez el más amargo entre los días del Papa. El metropolita ortodoxo deja la asamblea sinodal en el desaliento. Juan Pablo se levanta y lo abraza. Los "padres" aplauden. Aplauden el abrazo, no las acusaciones del delegado. Y con ese aplauso alientan al Papa a realizar una valiente revisión evangélica del camino y de los errores y de todo lo que está a las espaldas, en los siglos lejanos y en los últimos meses.

Cinco días más tarde, el 7 de diciembre, durante una celebración penitencial en San Pedro, Juan Pablo —hablando en nombre de todas las comunidades cristianas— pronuncia una frase que es como un perno alrededor del cual gira toda la aventura del pontificado: "El Evangelio pone en evidencia nuestro pecado, que humildemente reconocemos en la raíz de la crisis vivida por la Iglesia en nuestro tiempo".

Las dificultades —dice también Wojtyla— no deben hacer olvidar la "urgencia de la búsqueda ecuménica" hacia "una única fe proclamada por espíritus reconciliados", que son los únicos que podrán predicar un "Evangelio irradiante". Y también: "En la Europa que está en camino hacia la unidad política, ¿podemos admitir que sea precisamente la Iglesia de Cristo un factor de desunión y de discordia? ¿No sería uno de los escándalos más grandes de nuestro tiempo?".

La conversión de Juan Pablo de la utopía a la penitencia ecuménica alcanzará su forma plena el 13 de diciembre de 1991, en el discurso de clausura del Sínodo. En las palabras pronunciadas ese día ya es percepible el espíritu del "examen de fines del milenio" que él propondrá tres años más tarde.

"Del segundo milenio —diversamente del primero— el cristianismo sale dividido, pero deseoso de una nueva unidad (...). La ausencia de algunos delegados fraternos ha sido para el Sínodo una *kénosis* (palabra griega que significa "anonadamiento", "vaciamiento", "empobrecimiento", ndr) sui generis, pero —vivida y sentida en el espíritu de la oración de Cristo por la unidad de sus discípulos— ella puede servir para la causa en la cual el Sínodo se ha comprometido" (es decir, la de la "nueva evangelización" de Europa, causa que se ha de llevar en común entre todas las Iglesias cristianas).

Kénosis es una palabra que contiene un gran compromiso. El Nuevo Testamento la usa para indicar la pasión de Cristo. En particular el "despojarse" del Hijo de Dios que asume la condición de siervo (Flp 2, 7). Por consiguiente, Juan Pablo con ella quiere indicar que la ausencia de los delegados de las Iglesias ortodoxas de Rusia, Bulgaria, Grecia, Rumania y Serbia ha sido para el Sínodo una herida, una experiencia de fracaso, que es necesario vivir en espíritu penitencial para que pueda estimular hacia un esfuerzo renovado por un entendimiento entre las Iglesias. Desde aquel día él se dedicará incansablemente —y a pesar de todas las incomprensiones— a elaborar ese camino penitencial que él denominará examen de fines del milenio.

Sin el Concilio no habría existido los *"mea culpa"* de Juan Pablo. Y si Juan Pablo no hubiera viajado, los *"mea culpa"* no hubieran sido tan numerosos y participados. El examen de fines del milenio, en cambio, es fue la verdadera novedad de este Papa y que vale más que todos los *"mea culpa"* sumados, no habría existido sin la experiencia del fracaso, sobre todo la del jaque ecuménico a Oriente, que llega a continuación de la caída del comunismo.

30

CELEBRA LA CAÍDA DEL COMUNISMO
PERO NO SE RESIGNA AL TRIUNFO
DEL CAPITALISMO

Apenas se abre la puerta del Este, el Papa eslavo se presenta para la cita. La caída del muro de Berlín es el 9 de noviembre de1989, el primer gobierno poscomunista presta juramento en Praga el 9 de diciembre y tan sólo cuatro meses después el 21 de abril de 1990, Juan Pablo visita Checoslovaquia y convoca desde Velehrad un Sínodo de los obispos de Europa para evaluar "el alcance de esta hora histórica". De una misión que le había confiado la Providencia para el redescubrimiento de la "unidad espiritual de Europa" había hablado durante la primera visita a Polonia y considera maduro el tiempo para que ese redescubrimiento se amplíe. La "sacudida" del Este le parece como una señal de la época, una ocasión única para la Iglesia de los países excomunistas, que debía aprovecharse pronto, antes que el consumismo de marca occidental trasmita su virus a los pueblos de la Europa centro-oriental y vuelva a producir el desierto en las Iglesias que la prolongada persecución religiosa y la resistencia de los episcopados a los gobiernos han vuelto a poblar milagrosamente. Él es un hombre del Oriente que vive en Occidente, en este sacudimiento continental, y él no espera los hechos sino que los anticipa y como que quiere forzarlos.

Juan Pablo vive todo el año 1990 —desde el encuentro con el Cuerpo diplomático el 19 de enero, hasta la segunda visita de Gorbachov al Vaticano el 18 de noviembre— como una celebración ininterrumpida del renacimiento religioso de la Europa centro–oriental. Hablando de los diplomáticos, describe como una victoria de la "Europa del Espíritu" la "sacudida" de 1989 y rinde homenaje "a los pueblos que, al precio de inmensos sacrificios, lo han emprendido y a los responsables políticos que lo han favorecido".

Pero la fecha central de esta celebración, que es también ocasión para el anuncio del Sínodo, es el fin de semana de abril en Checoslovaquia, entre Praga, Velehrad y Bratislava. Este es el 46° viaje fuera de Italia, que lo lleva por primera vez —si excluímos a Polonia— a un país del Pacto de Varsovia.

"Hoy nos encontramos frente a las ruinas de una de las muchas torres de Babel de la historia humana". Con este tono bíblico Juan Pablo saluda a los católicos checos el 21 de abril de 1990. Recuerda la tiranía que han sufrido y saluda una nueva época: "Gracias a la Providencia todo eso ya ha pasado", ha concluido "una utopía trágica", ha "madurado el siglo". Ahora es posible abatir "todos los muros que dividen a hombres y naciones".

Once años antes, desde Gniezno (Polonia), había llamado a "manifestar" la unidad de Europa y había sido acusado —especialmente por los intelectuales laicos y liberales— de perseguir un sueño medieval. Y he aquí que Juan Pablo responde al que lo acusó de querer un regreso a los siglos oscuros y lo hace precisamente hablando "a los intelectuales y a los representantes de las Iglesias no católicas", el 21 de abril, en el Castillo de Praga: "La Europa unida ya no es solamente un sueño, no es un recuerdo utópico de la Edad Media. Los hechos de los cuales somos testigos demuestran que esa meta es concretamente alcanzable".

El tono alto de las palabras de Juan Pablo halla correspondencia en las conmovidas palabras del presidente Havel y en la gran fiesta que le hacen la laica Praga y las muy católica Velehrad y Bratislava. Vaclav Havel habla como poeta al Papa poeta: "No sé si sé qué es un milagro. A pesar de eso oso decir que hoy, pasado el mediodía, participaré en un milagro: en el mismo lugar donde, hace cinco meses, en el día en que nos alegrábamos por la canonización de Inés de Bohemia, se decidía el futuro de nuestro país, en ese sitio hoy el jefe de la Iglesia católica celebrará la santa misa y dará gracias a nuestra Santa por su intercesión ante aquel que tiene en sus manos la marcha misteriosa de todas las cosas".

La participación personal del Papa es máxima en todo momento. En el diálogo con la multitud por las calles de Praga ante todo, y parece realmente un sueño que esto suceda en una ciudad tan escéptica, tal vez la menos cristiana de Europa, junto con Berlín, en el sentido del número de los bautizados. En los tres abrazos (a la llegada, en la catedral, al despedirse) al cardenal Frantisek Tomasek, de 91 años, protagonista de la prolongada resistencia y de la liberación final del comunismo, a quien Juan Pablo denomina "vieja encina del Espíritu" e "intrépido pastor, admirado por todo el mundo cristiano". En el recuerdo, en fin, de la propia participación en la gran lucha: "Durante muchos años la puerta de vuestro país parecía estar cerrada. Todavía hace un año, y aún menos, no se podía pensar que pudiera venir el Papa, él también eslavo e hijo de una nación hermana".

Éste es el tono de los diez discursos que pronuncia durante las dos jornadas: "Es ciertamente providencial que me haya correspondido a mí el ser el primer Pontífice en entrar en esta tierra para traerle el saludo de la paz. Los fieles de Bohemia, de Moravia y de Eslovaquia tienen en Roma un Pastor que comprende su idioma. Él comprendía también su silencio, cuando la Iglesia en este país era Iglesia del silencio y consideraba como parte de su misión el ser su voz".

Finalmente la afirmación más importante de esas dos jornadas y tal vez de todo el pontificado con respecto a la caída del comunismo, afirmación expresada ante los intelectuales, en el Castillo de Praga: "La pretensión de construir un mundo sin Dios se ha demostrado que es ilusoria. Y no podía ser diversamente. Quedaban en el misterio solamente el momento y las modalidades".

Volverá a Praga otras dos veces, en 1995 y en 1997, pero no volverá a encontrar allí el clima mágico de abril de 1990. Durante la segunda visita, al hablar con los periodistas en el avión, puede trazar este fulminante balance del "incidente" comunista en el trasfondo del milenio cristiano:

— "Usted vuelve a países que han sido comunistas...

— Era un incidente de casi cincuenta años. Los mil años del cristianismo son un período que pesa más que éstos poco más de cuarenta años de comunismo" (vuelo Roma-Praga, 20 de mayo de 1995).

En los cinco años intermedios entre los dos viajes a Praga, Juan Pablo visita Hungría en 1991, Albania, Lituania, Letonia y Estonia en 1993, Croacia en 1994. Todas estas visitas (y también la de Eslovenia y la de Berlín en 1996) le permitirán recordar todavía el "incidente" comunista y la salida providencial de él.

"Lo que aconteció en Albania, nunca había sido registrado en la historia", dirá en Tirana el 25 de abril de 1993, al referirse al intento de eliminar las religiones, que había durado cuarenta años.

"Desde este lugar tan impregnado de historia quiero dirigir un urgente llamado en favor de la libertad a todos vosotros aquí presentes, al pueblo alemán, a Europa, también ella llamada a la unidad en la libertad, ¡a todos los hombres de buena voluntad!", dirá en Berlín, el 23 de junio de 1996, ante la puerta de Brandeburgo y a Kohl, quien estaba inesperadamente conmovido.

Al celebrar la caída del comunismo, Juan Pablo no olvida nunca el poner en guardia a los pueblos que han salido de él contra los "peligros" del capitalismo. Esto lo hizo por primera vez en Praga, al hablar a los obispos checos y al llamarlos a "predisponer las oportunas defensas inmunizantes contra ciertos virus como el secularismo, el indiferentismo, el consumismo hedonista, el materialismo práctico y el ateísmo formal, hoy ampliamente difundidos".

Dos semanas después de la visita a Praga, Juan Pablo sale para el segundo viaje a México (6 al 14 de mayo) y allí dice que la caída del comunismo no se puede considerar como el "triunfo" del capitalismo, como si se tratara del "único camino para nuestro mundo".

Ya antes de viajar a Praga, mientras se reabrían fronteras y se rehacían gobiernos en media Europa, en enero de ese año, Juan Pablo había ido a África por sexta vez (25 de enero al 1º de febrero) y ante el cuerpo diplomático, en la capital de Chad, había afirmado: "Las grandes transformaciones que se están realizando en la Europa del Este no deben apartar la atención del Sur" (N'Diamena, 1º de febrero de 1990). Y como esa expresión resultó demasiado diplomática, hizo que el portavoz diera esta explicación: "El Pontífice considera providencial y profético este viaje suyo entre hombres privados de este modo de su libertad, precisamente mientras todos miran hacia el Este de Europa que se libera".

Todos han podido apreciar el sentido del límite con el cual Juan Pablo ha interpretado la caída del comunismo y la parte que él desempeñó en ella. Ciertamente no le desagrada la evaluación de su rol dada por Michail Gorbachov: "Todo lo que ha sucedido en la Europa oriental en estos últimos años no habría sido posible sin la presencia de este Papa, sin el gran rol —inclusive político— que él ha sabido desempeñar en la escena mundial" (*La Stampa,* 3 de marzo de 1992).

"Las palabras de Gorbachov son sinceras y me confirman lo que siempre he pensado de él: es un hombre digno", dice Juan Pablo a Paolo Mieli, director de *La Stampa,* que le presenta ese texto antes de su publicación.

Pero él, hablando de sí mismo, dirá siempre alguna cosa menos y contrastará repetidas veces apreciaciones providencialistas de esa caída. "Sería simplista decir que ha sido la Divina Providencia la que hizo caer el comunismo. El comunismo como sistema es, en cierto sentido, el que ha caído por sí solo. Ha caído como consecuencia de sus propios errores y abusos", dice en *Cruzando el umbral de la esperanza* (Bibliografía 14, p.146).

"Yo pienso que si ha habido un rol determinante es el del cristianismo en cuanto tal, de su contenido, de su mensaje religioso y moral, de su intrínseca defensa de la persona humana y de sus derechos. Y yo no he hecho más que recordar, repetir, insistir en que éste es un principio que se debe observar", así respondió un año antes a una pregunta de Jas Gawronski (Bibliografía 15, p. 13).

En esa misma entrevista, había sorprendido al entrevistador con esta observación acerca de las "cosas buenas" y de las "semillas de verdad" presentes en el comunismo: "Los partidarios del capitalismo a ultranza tienden a desconocer también las cosas buenas realizadas por el comunismo: la lucha contra la desocupación, la preocupación por los pobres. En el comunismo ha habido una preocupación por lo social, mientras el capitalismo es más bien individualista" (Ibíd., p. 15).

A finales de ese año trata de convencer a sus mismos colaboradores de que la caída del comunismo no implica una legitimación moral del capitalismo:

"Así como en el pasado era necesario decir la verdad acerca del hombre a la Europa del Este, más allá del muro de Berlín, ahora es necesario recalcar esa verdad también al hombre que vive en el Oeste. El hombre es igual en todas partes" (a la Curia, 21 de diciembre de 1993).

Su predicación contra los riesgos de la libertad entendida como fin para sí mismo será tan decidida, especialmente en sus dos regresos a su patria después de la caída del comunismo (junio de 1991 y junio de 1997), que será acusado, junto con la Iglesia por los compatriotas que habían pasado rápidamente del comunismo al neo-capitalismo de tenerle miedo a la libertad. Y así reaccionará, con palabras improvisadas y desconsoladas: "¡La Iglesia entendida como un obstáculo a la libertad es un contrasentido especialmente en Polonia: la Iglesia, a través de los siglos, en Polonia ha sido siempre el centinela de la libertad y esto vale de manera particular para los últimos cincuenta años!" (Wroclaw, 1º de junio de 1997).

Con respecto a la apreciación acerca de la parte que desempeñó Juan Pablo en la caída del comunismo, diremos que por parte de los observadores laicos se comparten generalmente la opinión de Gorbachov. Para la evaluación de los observadores más atentos en ambiente católico citaremos una declaración del arzobispo Jean Louis Tauran, responsable vaticano de las relaciones con los estados: "El papa Juan Pablo II ha sido como un detonante que ha hecho explotar las contradicciones que minaban la vida de esa sociedad y mantenía oprimidas aquellas Iglesias" (*La Discussione*, Roma, 8 de mayo de 1993). Más puntualmente el historiador jesuita Giacomo Martina presenta esta lectura: "Las aspiraciones a la libertad religiosa y a la defensa de la persona han tenido un peso, junto con factores políticos y económicos. Pero con el apoyo del Papa a Solidarnosc, Polonia ha abierto el camino. Las reivindicaciones de los polacos han sostenido las aspiraciones de los rusos y ucranianos y otros, mantenidas en secreto hasta entonces. Creo que la historia aceptará este juicio de un influjo personal de Juan Pablo II".

31

"HE COMPRENDIDO
LO QUE ES LA EXPLOTACIÓN".
EL PAPA DE LOS TRABAJADORES
Y DE LOS MARGINADOS

"He comprendido lo que es la explotación y me he colocado de inmediato al lado de los pobres, los desheredados, los marginados y los indefensos. Los poderosos de este mundo no siempre miran bien a un Papa de este estilo". Estas claras palabras están, entre las más explícitas de Juan Pablo, pronunciadas en la entrevista con Jas Gawronski (Bibliografía 15, p.18).

Juan Pablo no tiene miedo de las palabras. Habla de explotación, oprimidos, poderosos. Son palabras de la propaganda comunista, pero son también palabras de la Biblia y sobre todo son palabras de los pobres y de los trabajadores. El Papa con ellas quiere hablarles. Y se compromete a la misma franqueza: "¡Es necesario llamar por su nombre toda injusticia!", dice en una audiencia general, el 21 de febrero de 1979, al recordar su primer viaje internacional, a México, que fue ocasión para grandes pronunciamientos acerca de los campesinos, los indios, los trabajadores.

Pero no había sido la vista al tercer mundo la que lo había movido contra la injusticia; él ya estaba decidido a marchar en esa dirección cuando fue elegido Papa y esa determinación le venía de la experiencia polaca. Cuando dice "he comprendido lo que es la explotación" se refiere a la experiencia del trabajo obrero realizado en su juventud y a la de la opresión de la nación polaca por parte de los vecinos.

En sus encuentros con los obreros, recuerda con frecuencia la experiencia del trabajo manual: "¡Durante cuatro años he sido obrero y para mí esos cuatro años valen más que dos doctorados!", dice a los trabajadores de Pomezia (Roma) el 14 de septiembre de 1979. Y pocos meses después en Turín, gran ciudad industrial, con un estilo de vida altamente secularizado, invita a todos a encontrarse en la "realidad" del trabajo: "¡Estoy convencido de que podemos encontrarnos en esta realidad con cada hombre! ¡En esto podemos encontrarnos con todos!" (13 de abril de 1980).

Durante los encuentros con obreros y sindicalistas, con ocasión de la fiesta de san José obrero (19 de marzo), a quien va a festejar con regularidad en una región obrera de Italia, quiere que haya un diálogo y acepta todas las preguntas y reconoce inclusive una prioridad democrática del mundo del trabajo sobre el de la Iglesia: "Me pregunto, al visitar este *Consejo de fábrica*, si el modelo del *Consejo pastoral* no es precisamente el *Consejo de fábrica,* ya que el *Consejo de fábrica* es más antiguo que el parroquial. ¡Tengo que agradeceros por que nos habeis dado una idea para la vida eclesial!" (En la fábrica Solvay de Livorno, 19 de marzo de 1982).

A veces los trabajadores critican a la Iglesia, "que en la historia siempre ha estado ligada a los poderosos" y el Papa hace su confesión: "Os agradezco por todas vuestras observaciones, todas vuestras palabras, también las más sinceras, aunque las verdades expresadas en estas palabras eran verdades duras, dolorosas" (San Salvo, Chieti, 19 de marzo de1983).

Cuando se trata de reivindicar el derecho al trabajo, Juan Pablo aparece más valiente que los sindicatos italianos —y que todo país donde esté hablando del tema— y les solicita que intensifiquen su lucha: "¡Yo me permito volver a proponer a las organizaciones sindicales este gran objetivo de la ocupación para todos!" (Prato, 19 de marzo de 1986).

Ocho años más tarde los sindicatos italianos son todavía más débiles y el desempleo ha seguido aumentando y Juan Pablo invita a acentuar la protesta, porque "si en esto no reclaman los hombres, reclamará Dios", dice a sindicalistas, al invitarlos a cuestionar las "compatibilidades" del sistema, si ese sistema no puede dar trabajo a todos: "Vosotros, los representantes de los sindicatos, debéis gritar en alta voz, debéis exigir el cambio de este orden!" (Aula Nervi, 19 de marzo de 1994).

Y obviamente su tono no es diferente si en lugar de Italia se trata de Brasil: "¡La reforma agraria no puede ser paralizada, porque es una cuestión de justicia social y de democracia y es necesario defender la democracia!" (A los periodistas brasileños que acompañan al presidente José Sarney de visita en el Vaticano, 10 de julio de 1986).

Se murmura —inclusive en la Curia— que la predicación social de Juan Pablo es demasiado insistente y él explica que es fruto de una opción: "He hecho y hago mía la opción por los pobres, ¡me identifico con ella!" (a la Curia, 21 de diciembre de 1984). Y también: "Siento que pesa sobre mí, como sucesor de Pedro, la responsabilidad de no dejar ningún intento por servir a la causa de la justicia y de la solidaridad entre los hijos de una misma patria y entre las naciones, en vista de un mañana mejor" (Saludo dominical, 21 de enero de 1985).

Él quisiera que la opción por los pobres la hicieran todos en la Iglesia: "¡Los cristianos no pueden dejarse arrebatar —por ninguna ideología y por ningún sistema— la bandera de la justicia, que es la misma exigencia de la caridad!" (Lima, 15 de mayo de 1988).

Y espera que su grito contagie y que toda la Iglesia grite: "Cuando miles de millones de hombres carecen de alimento, cuando millones de niños quedan por eso marcados de por vida, mientras miles de ellos mueren, yo no puedo callar, nosotros no podemos permanecer silenciosos o inertes" (Mensaje de Cuaresma, 20 de febrero de 1985).

Acerca de la cuestión social Juan Pablo ha escrito tres encíclicas: La *Laborem exercens* (1981), la *Sollicitudo rei socialis* (1988) y la *Centesimus annus* (1992) en el momento de la caída del comunismo. Con respecto a los documentos sociales de Juan XXIII y de Pablo VI, ellas acentúan la crítica al mundo capitalista y el ofrecimiento de solidaridad a los hombres del trabajo por parte de la Iglesia.

La *Laborem exercens* llegó a ser de inmediato un instrumento de batalla en manos de los sindicalistas católicos en América Latina (especialmente por los párrafos que se refieren a las libertades sindicales y a la propiedad de la tierra) y en Polonia, el congreso de Solidarnosc alabó —el mismo día de su publicación: 16 de septiembre de 1981— el planteamiento "personalista" y en particular los pasajes referentes a la participación de los trabajadores en la gestión de las empresas.

La *Sollicitudo* y la *Centesimus* se deben leer juntas, porque Juan Pablo publicó la segunda —a sólo tres años de la primera— para completar su mensaje, actualizándolo de acuerdo con la nueva situación creada por la caída del comunismo. Son dos los planteamientos principales: la *Sollicitudo* se oponía tanto al capitalismo como al comunismo y pedía una "corrección radical" de los dos sistemas, la *Centesimus* —cuando había caído el comunismo— se limita a proponer la corrección del capitalismo. La una propone una crítica de conjunto del capitalismo en nombre de los valores espirituales y del tercer mundo, y la otra desarrolla la interpretación de la economía occidental, indicando sus aspectos positivos y negativos.

En las más maduras de sus encíclicas sociales, Juan Pablo habla de "positivismo del mercado y de la empresa", con tal que "estén orientados hacia el bien común". Pero el sentido de su denuncia viene de su convecimiento de que esa orientación, en la fase actual de "mundialización de la economía" todavía no existe y se puede lograr solamente con la "lucha".

Juan Pablo —que en la *Laborem exercens* ya había usado la palabra marxista "alienación"— ha usado siempre, en su predicación social, la palabra lucha y en la *Centesimus* llama a conducirla a los pueblos y los trabajadores, y les promete la ayuda de la Iglesia: "Se puede con razón hablar de lucha contra un sistema económico entendido como método que asegura el absoluto predominio del capital con respecto a la libre subjetividad del hombre", n. 35. Allí precisa también que, "en este grande y fecundo campo de compromiso y de lucha", deben entrar "en el nombre de la justicia, los sindicatos y las otras organizaciones de los trabajadores".

En el párrafo 43, contra quien imagina que ha pasado el tiempo del compromiso obrero, agrega que —para colocar al hombre como medida y no como objeto del mercado y de la empresa— "todavía es necesario un gran movimiento asociado de los trabajadores, cuyo objetivo es la liberación y la promoción integral de la persona".

Acerca del rol activo de la Iglesia en esta lucha, Juan Pablo habla dos veces. En el párrafo 61 describe la "miseria inhumana" del tercer mundo y afirma que la Iglesia, en nombre de su opción por los pobres, "ha sentido y siente la obligación de denunciar esa realidad con toda claridad y franqueza, aunque sepa que este grito no siempre será acogido favorablemente por todos".

Más fuerte es el otro pasaje, en el párrafo 26: "La crisis del comunismo no elimina en el mundo las situaciones de injusticia y de opresión" y a aquellos que buscan "una nueva y auténtica teología y praxis de la liberación, la Iglesia no ofrece sólo su doctrina social sino también su compromiso concreto y su ayuda para combatir la marginación y el sufrimiento".

Del capitalismo la encíclica aprecia la eficacia económica, pero rechaza su horizonte ideal y denuncia sus consecuencias prácticas. En el párrafo 19, Juan Pablo afirma que el capitalismo "converge" con el totalitarismo comunista, "en reducir totalmente al hombre a la esfera de lo económico", toda vez que "niega la existencia autónoma y el valor a la moral, al derecho, a la cultura y a la religión".

Ésta es la conclusión: el capitalismo podrá proponerse al Este y al tercer mundo, si la "lucha" por corregirlo logra "enmarcar" su "libertad económica" en un "sólido contexto jurídico que la coloque al servicio de la libertad humana integral". De otro modo los riesgos y los daños serán enormes.

La *Centesimus annus* ha aclarado por primera vez en la historia en qué puede exactamente —e inclusive operativamente— consistir el anticapitalismo siempre teóricamente afirmado por los Papas. Y ha vuelto a proponer en el triunfo de Occidente, la de la Iglesia católica como la única voz activa y realmente anticapitalista, capaz de hacerse escuchar en la escena mundial.

Juan Pablo ha permanecido creativamente fiel al planteamiento de la *Centesimus annus* a lo largo de los años noventa. Después de la caída de los regímenes comunistas había proclamado —en su visita a Praga, el 21 de abril de 1990— que ya era posible abatir "todos los muros que dividen a hombres y naciones". Pero he aquí cómo vuelve a ver ese sueño seis años más tarde, al hablar desde Gniezno (Polonia), el 3 de julio de 1997, es decir, en el mismo lugar y en el mismo día de su proclama por la unidad de Europa, lanzada durante la visita a Polonia en 1979: "¿No será que después de la caída del muro, el visible, se ha descubierto otro, el invisible, que sigue dividiendo nuestro continente, el muro que pasa a través de los corazones de los hombres? Es un muro hecho de miedo y de agresividad, de falta de comprensión para los hombres de origen diverso, de diverso color de piel, de diversas convicciones religiosas; es el muro del egoísmo político y económico, de la disminución de la sensibilidad con respecto al valor de la vida humana y la dignidad de todo hombre. Inclusive los éxitos indudables del último período en el campo económico, político y social no ocultan la existencia de ese muro. Su sombra se extiende sobre toda Europa. La meta de una auténtica unidad del continente europeo está todavía lejana. No existirá la unidad de Europa hasta cuando ella no se base en la unidad del espíritu".

La crítica al liberalismo capitalista no le ha sido nunca perdonada a Juan Pablo por los intelectuales de Occidente, los cuales, sin embargo, han exaltado coralmente su acción contra el comunismo. Pero una parte minoritaria de esos intelectuales le han reconocido un privilegio de credibilidad, con respecto a toda otra voz puramente anticomunista o anticapitalista.

Como ejemplo de esa reserva, he aquí el comentario del diario francés *Le Monde* al viaje de Juan Pablo a Praga en abril de 1990, que es una acusación frontal de "contradicción", aunque en un momento de máxima apreciación de su obra como Papa eslavo: "No se puede al mismo tiempo alabar la libertad, la democracia, el desarrollo económico, que siguen siendo para los pueblos del Este los únicos valores impulsores, y moverse contracorriente, denunciando lo que ha denominado 'los virus' de la sociedad occidental" (Editorial "La Europa cristiana de Juan Pablo II", 24 de abril de 1990). Y he aquí, en cambio a Piero Ostellino, columnista del *Corriere della Sera*, que basa precisamente sobre esa "contradicción" su aprecio por la posición del Papa: "Una Iglesia que fuese sólo anticomunista sería una Iglesia coja. Pero una Iglesia que, además de esta condena, tiene la valentía de denunciar todas las otras formas de reducción del hombre, es una fuerza ético--política extraordinaria, una realidad que todos han de tener en cuenta" (Entrevista a *Il Sabato*, 22 de agosto de 1987).

32

SE OPONE RADICALMENTE
A LA GUERRA DEL GOLFO

El Papa que lucha contra el comunismo y que no se resigna al triunfo del capitalismo es también el Papa que se opone radicalmente a la
Guerra del Golfo Pérsico (17 de enero al 27 de febrero de 1991), es decir, a la operación de "policía internacional", decidida por la ONU y
guiada por los Estados Unidos, que obliga —con 43 días de bombardeos y una rápida operación terrestre— a Irak de Saddam Hussein a re-
tirarse de Kuwait, al que había invadido y anexado en agosto de 1990.
Juan Pablo, con insólita insistencia, condena esta guerra, antes como
eventualidad y luego como un hecho, y reafirma ese juicio después de
la "victoria" de la coalición. Su "condena" implica un juicio de responsabilidad moral sobre las dos partes en conflicto.

Se da un momento —el del vencimiento del ultimátum de la ONU
a Saddam, a mediados de enero y el del comienzo de los bombardeos— en el cual Juan Pablo queda solo, en su oposición a la guerra,
contra todo el Occidente y contra la mayoría de los gobiernos del mismo mundo árabe. No le siguen ni siquiera los episcopados de los países que participan en la guerra o sostienen sus gastos. Esa soledad es decisiva para la colocación histórica de la figura de Juan Pablo, que hasta
ese momento el Occidente había visto que podría considerarlo un propio portavoz, en virtud de la lucha común contra el comunismo. Su
oposición frontal a la expedición punitiva contra Irak y la crítica a la
ONU hegemonizada por los Estados Unidos —que constituía su
necesario corolario— no pudieron de ninguna manera estar equivoca-
das. El Papa en ese caso no estaba con el Occidente y tampoco con las
mayorías episcopales de las comunidades católicas de Occidente.

La Guerra del Golfo es un evento revelador del alma geopolítica más profunda del pontificado; aquella que lo quiere aliado del tercer mundo, preocupado por hablar al Islam, promotor —no con palabras, sino de hecho— de un nuevo orden mundial en el cual no haya potencias dominantes y pueblos que no gozan de igual dignidad. Una disociación semejante de la política y de las guerras de Occidente había sido intentada por Pablo VI en los años de la intervención americana en Vietnam (1964-1975), pero Juan Pablo pudo decir y hacer más que su predecesor, también porque entonces el mundo había salido del bipolarismo soviético–atlántico que había obligado al papa Montini a una formal equidistancia.

La razón principal de la oposición de Juan Pablo a esta guerra hay que buscarla en su convicción personal de que había llegado el momento, para los cristianos, de expresar una objeción radical en relación con la guerra como aporte a su "proscripción" de la vida internacional. Ese convencimiento ya lo había mostrado Juan Pablo con las visitas a Gran Bretaña y a Argentina durante la guerra de las islas Malvinas (mayo-junio de 1982) y la guerra Libanesa (especialmente en el período de 1982-1984) y volverá a expresarlo en la guerra de Bosnia (1993-1995). El conflicto del Golfo fue la ocasión en la cual se manifestó y fue comprendido mejor por el mundo.

El 2 de agosto de 1990, Irak invade Kuwait y el mismo día el Consejo de Seguridad de la ONU "exige" por unanimidad el "retiro inmediato e incondicional" de los iraquíes de Kuwait (Resolución 660).

El 10 de agosto, Irak proclama a Kuwait como su "decimonovena provincia", mientras llegan a Arabia Saudita las primeras tropas americanas (al final los Estados Unidos movilizarán más de medio millón de hombres), y también la Liga árabe decide enviar tropas.

El 29 de noviembre, el Consejo de Seguridad de la ONU lanza un ultimátum a Irak: antes del 15 de enero de 1991 debe abandonar Kuwait (Resolución 678).

Bajo la guía de los Estados Unidos se forma una coalición en la cual participan 39 países (entre ellos una decena puede considerarse de mayoría católica: Argentina, Austria, Bélgica, Francia, Italia, Holanda, Polonia, Portugal, España, Hungría), la cual movilizará al final 700 mil hombres, 900 aviones y 300 barcos.

El 17 de enero a las 12:40 de la madrugada, se inicia la ofensiva de los aliados denominada "Tempestad en el desierto", que tiene su punto fuerte en ataques aéreos nocturnos (dieciocho mil envíos contra objetivos estratégicos, ciento doce mil para lograr la superioridad en la zona de las operaciones) y lanzamiento de misiles desde los barcos (300 Cruise) contra objetivos militares. El 13 de febrero, misiles aliados atacan un refugio en Bagdad; donde mueren cerca de 300 civiles.

A las 4 de la madrugada del 24 de febrero parte la ofensiva aliada de tierra: las tropas entran en Irak y Kuwait. Al día siguiente veinte mil iraquíes se rinden sin combatir. Un misil Scud iraquí alcanza Dhahran (Arabia Saudita) y causa la muerte 27 soldados americanos.

El 27 de febrero, 21 de las 42 divisiones iraquíes son destruidas o neutralizadas, los prisioneros son cuarenta mil, los muertos tal vez otro tanto (nunca se tendrá un cálculo atendible. Se calcula desde pocos millares según las relaciones de la ONU hasta trescientos mil por parte de asociaciones humanitarias internacionales). Irak anuncia la aceptación de todas las resoluciones de la ONU, y el comando aliado ordena el "cese de fuego" a las 6 de la mañana del 28 de febrero.

Durante los cuarenta y tres días de la guerra, así como en las semanas que la precedieron y siguieron fue incesante, y realmente extraordinario el tesón del Papa, antes para conjurar la intervención, luego para apresurar su final, y por último para reparar los daños. Se opuso al ultimátum e intentó forzar su vencimiento, sugirió a los europeos que asumieran una iniciativa de mediación y finalmente se dirigió personalmente a Saddam Hussein (además de haber apelado a los no alineados, y de haber apoyado las iniciativas de Mitterrand y de Gorbachov, y de haber intentado inducir a la ONU para una función mediadora) y a George Bush el mismo día del vencimiento del ultimátum.

Entre el 26 de agosto (primera alusión pública, en el "Ángelus") y el 6 de marzo (discurso de clausura del vértice episcopal acerca de las consecuencias de las guerras) trató el tema de la Guerra del Golfo —en discursos y textos escritos— unas cincuenta veces. Igualmente intensa ha sido la acción diplomática del Vaticano y la de acompañamiento público de la predicación papal por parte de los diversos organismos y del portavoz de la Santa Sede. Nunca este Papa, ni siquiera para Polonia había intervenido con tanta insistencia sobre una cuestión internacional como lo hizo para la Guerra del Golfo. Pero extraordinaria, aún más que la cantidad, ha sido la calidad del empeño de Juan Pablo en esta coyuntura.

Así se expresa, en tres ocasiones particulares, de este su pensamiento dominante: la primera vez al dirigirse a toda la humanidad, el día de Navidad en 1990; la segunda vez a la comunidad internacional, con el discurso al cuerpo diplomático del 12 de enero de 1991; la tercera vez a un solo hombre, el que llevaba la mayor responsabilidad de decisión junto con Saddam Hussein, es decir, al presidente de los Estados Unidos, George Bush, el 15 de enero de 1991.

El día de Navidad, el Papa está angustiado por las participaciones de tantas naciones cristianas en la "concentración maciza de hombres y armas" en el Golfo Pérsico y así habla del tema en el mensaje *Urbi et Orbi:* "La luz de Cristo está con las naciones atormentadas del Medio Oriente: Para el área del Golfo, temerosos esperamos el disiparse de la amenaza de las armas. ¡Que se convenzan los responsables de que la guerra es una aventura sin regreso!".

A causa de esta palabra fuerte, por esta expresión que repetirá muchas veces, en las semanas y en los años siguientes, Juan Pablo será considerado un "pacifista". Tan cierto es eso que el Papa se vio obligado a aclarar que esa no era su intención y lo hizo en una intervención, neta e improvisada, la mañana del 17 de febrero en la parroquia romana de Santa Dorotea: "Queremos una paz justa, ciertamente, pero no somos pacifistas, no queremos la paz a toda costa. Queremos la paz y la justicia. La paz es siempre obra de la justicia".

Hay dos pasajes importantes del discurso al cuerpo diplomático (12 de enero de 1991), aquel en el cual es más concreta la indicación papal y donde es evidente que no es reducible su predicación al eslogan pacifista:

"Por una parte, se ha asistido a la invasión armada de un país y a la violación brutal de la ley internacional, como ha sido definida por la ONU y por la ley moral; en efecto, se trata de hechos inaceptables. Por otra parte, cuando la concentración maciza de hombres y de armas que se siguió tenía objetivo el poner un término a lo que es necesario calificar como agresión, no hay alguna duda de que, si ella llegara a desembocar en una acción militar, aunque sea limitada, las operaciones serían particularmente sangrientas, sin contar las consecuencias ecológicas, políticas, económicas y estratégicas, de las cuales tal vez no medimos todavía la gravedad y el alcance. En fin, dejando intactas las causas profundas de la violencia en esta parte del mundo, la paz obtenida con las armas no llevaría a otra cosa sino a la preparación de nuevas violencias (...).

El recurso de la fuerza para una causa justa no sería admisible sino en el caso de que este recurso fuera proporcional al resultado que se quiere obtener, y si se separan las consecuencias que las acciones militares, más devastadoras a causa de la tecnología moderna, tendrían para la supervivencia de las poblaciones y del mismo planeta. Las exigencias de la humanidad nos piden hoy que vayamos resueltamente hacia la absoluta proscripción de la guerra y que cultivemos la paz como bien supremo, al cual todos los programas y todas las estrategias deben estar subordinadas".

Sigue la carta del Papa a Bush, que reproducimos por entero. Fue enviada el mismo día del vencimiento del ultimátum, el 15 de enero, junto con otra carta, sustancialmente idéntica, dirigida a Saddam Hussein.

Reproducimos la carta dirigida a Bush porque la novedad histórica es el Papa que contrasta Occidente, no el Papa que predica la paz al mundo:

"A Su Excelencia, el Señor George Bush, presidente de los Estados Unidos de América.

Siento el apremiante deber de dirigirme a usted, en su calidad de jefe de Estado del país más comprometido, con hombres y con medios, en la operación militar en curso en la región del Golfo.

En los días anteriores, interpretando los sentimientos y las preocupaciones de millones de personas, he subrayado las trágicas consecuencias que podría tener una guerra en esa área. Deseo ahora repetir mi firme convicción de que es muy difícil que la guerra traiga una solución adecuada a los problemas internacionales y que, aunque una situación injusta pudiera resolverse momentáneamente, las consecuencias que con toda probabilidad derivarían de la guerra serían devastadoras y trágicas. No podemos ilusionarnos de que el empleo de las armas, y sobre todo los armamentos altamente sofisticados de hoy, no provoque, además del sufrimiento y la destrucción, injusticias nuevas y tal vez peores.

Señor presidente, estoy seguro de que, junto con sus colaboradores, también usted ha evaluado claramente todos estos factores, y no ahorrará ulteriores esfuerzos para evitar decisiones que serían irreversibles y llevarían sufrimientos a millares de familias de sus conciudadanos y a muchas poblaciones del Medio Oriente.

En estas últimas horas que nos separan del vencimiento, establecido por el Consejo de Seguridad de las Naciones Unidas, espero realmente, y me dirijo con viva fe al Señor, para que la paz pueda salvarse todavía. Espero que, con un esfuerzo extremo de diálogo, pueda restituirse la soberanía al pueblo de Kuwait y que el orden internacional, que es la base para una coexistencia entre los pueblos verdaderamente dignos de la humanidad, pueda restablecerse en el área del Golfo y en todo el Medio Oriente.

Invoco sobre usted abundantes bendiciones divinas y, en este momento de grave responsabilidad frente a su país y frente a la historia, ruego sobre todo para que Dios lo ilumine para que tome decisiones que sean realmente para el bien de sus conciudadanos y de toda la comunidad internacional".

Si miramos el conjunto de las intervenciones y de los gestos realizados en esos meses, encontramos que Juan Pablo actuó con el declarado triple objetivo de evitar la guerra, de llevar ayuda a las comunidades católicas y cristianas del Medio Oriente amenazadas por los acontecimientos, y de señalar al mundo árabe que la Iglesia católica y la ecumene cristiana en general no eran solidarias con la intervención armada de la coalición guiada por los Estados Unidos. No logró el primer objetivo, pero colocó buenas premisas para la realización de los otros dos.

Según lo refirieron los patriarcas católicos del Medio Oriente en la cumbre vaticana del 4 al 6 de marzo (convocado por Wojtyla para afrontar las consecuencias de la guerra y en el cual participaron los episcopados de todos los países implicados), los intelectuales del mundo árabe habían percibido la posición del Papa diferente con respecto al Occidente cristiano del cual es considerado un portavoz. Y también la opinión pública del Norte del mundo había notado confusamente que la predicación de las Iglesias cristianas ya no coincide con los intereses de los Estados de tradición cristiana.

En la cumbre del vaticano, los presidentes de las conferencias episcopales de Inglaterra y de los Estados Unidos informaron acerca de la dificultad que habían encontrado para poner de presente a los respectivos parlamentos y pueblos las reservas de las Iglesias acerca del uso de la fuerza. Posiciones análogas a la vaticana habían sido tomadas por el patriarca Alexis de Moscú y por la asamblea del Consejo Ecuménico de las Iglesias que en los días de la guerra estaba reunida en Canberra, Australia (7 al 20 de febrero). Pero si el mundo conoció la oposición de las Iglesias cristianas a esa guerra, el mérito fue de la predicación papal, tenaz y obstinada. Ésta resultó más radical, es decir, más coherentemente inspirada en una perspectiva de "proscripción absoluta de la guerra", con respecto a la de la mayoría de los episcopados católicos y de las Iglesias no católicas de los países que habían enviado tropas al Golfo Pérsico.

Aun afirmando la inaceptabilidad de la ocupación de Kuwait y la necesidad de un "gesto valiente" por parte del dictador de Irak, el Papa constantemente apeló —negando que ellas existieran en este caso— a dos de las cinco condiciones clásicas para que se pueda tener una "guerra justa" (causa justa, autoridad competente que la declare, último recurso, proporción, probabilidad de éxito): las del último recurso y de la proporción.

Sin embargo, hay que observar que el Pontífice no usó nunca la expresión "guerra justa". Sólo una vez, el 12 de enero, al hablar al cuerpo diplomático, se aproximó a ella con esta paráfrasis, con la cual enunciaba el criterio de la proporción: "El recurso a la fuerza por una justa causa no sería admisible...".

En ese mismo discurso el Papa invocó las dos condiciones —del último recurso y la proporción— con una sola frase: "La paz es todavía posible, la guerra sería el declinar de toda la humanidad". Por eso, para el Papa existían todavía otros medios por intentar y no había proporción entre la injusticia que se quería sanar y las que tendrían lugar con el conflicto. Con respecto a la expresión "el declinar de la humanidad", que algún comentarista calificó como catastrofismo, el Papa aclaró su sentido al día siguiente: "En las condiciones actuales una guerra no resolvería los problemas, sino que solamente los agravaría".

La formulación más sencilla del criterio del último recurso, que se cita continuamente en las intervenciones papales, es ésta: "Se debe hacer todo lo posible para evitar la solución bélica en este ambiente del Golfo" (a los periodistas en el vuelo hacia Tanzania, 1º de septiembre).

El condicionamiento de los medios occidentales —en su gran mayoría inclinados a aceptar el juicio estadounidense de la inevitabilidad de esta guerra— impidió a la opinión pública que percibiera el carácter concreto de los llamados del Papa, que fueron escuchados con un sentido de fastidio: como se escucha a quien habla de otra cosa, pronuncia tal vez lindos discursos, pero no entra en el mérito de los hechos y no se hace cargo de las cuestiones serias que los otros están afrontando.

Es una idea falsa. Nunca como en esa ocasión el Papa tuvo el cuidado de ser concreto, a lo largo de todos los siete meses, desde la invasión iraquí a Kuwait hasta la rendición de Saddam. A la exhortación de principio, para que se movieran "hacia la absoluta proscripción de la guerra", siempre unió la indicación de los pasos a realizar, o la crítica de los pasos dados, entrando en el mérito de las cuestiones y de las responsabilidades políticas del conflicto, para incidir mejor en los acontecimientos. No dijo solamente "nunca jamás la guerra", sino que precisó: "Nunca esta guerra en el Golfo Pérsico" (16 de enero).

El 9 de agosto de 1990 hace publicar en *L'Osservatore Romano* una nota —es el primer pronunciamiento vaticano, a seis días de la invasión a Kuwait— que contiene ya tres de las cuatro principales directrices de la acción papal: condena de la violación del derecho internacional por parte de Irak ("¿qué fin han tenido la dignidad y la soberanía de un Estado independiente, miembro con pleno derecho de la comunidad internacional?"), indicación del camino de la ONU y de los "medios pacíficos", disuasión del camino militar apenas emprendido por los Estados Unidos (la nota invita a los responsables de las naciones a "evaluar seriamente las consecuencias de ciertas decisiones" y precisa: "Esto vale tanto para las acciones de los unos como por las reacciones de los otros").

El 26 de agosto tenemos la primera intervención pública del Papa, día en que a los tres elementos ya indicados por *L'Osservatore Romano* agrega el cuarto: la atención a "todos los pueblos del Medio Oriente, sobre todo a aquellos tan sufridos del Líbano y de Palestina".

El 1º de septiembre, en el vuelo hacia Dar Es Salam (Tanzania), excluye la guerra como instrumento de solución del litigio e indica a la ONU como la sede para resolverlo: "Son problemas de vida internacional y la Santa Sede desea que se puedan resolver con las instancias internacionales, que ya son más suficientes que en otros tiempos".

El 2 de octubre en Nueva York el arzobispo Sodano ofrece la adhesión de la Santa Sede a una declaración de la Conferencia para la Seguridad y la Cooperación en Europa, que pide el retiro de Irak de Kuwait, precisando que "la Santa Sede no puede dejar de insistir sobre la urgencia de buscar una solución también al drama del Líbano y de Palestina" y "la necesidad de la búsqueda de soluciones pacíficas".

El 4 de enero de 1991 acude a los ministros de Relaciones Exteriores de la Comunidad Europea para que en el intento de "preservar el derecho internacional, los medios pacíficos prevalezcan sobre el recurso a instrumentos de muerte devastadores y terroríficos": es decir pide una iniciativa que —diferenciando la posición europea de la estadounidense —desbloquee el ultimátum.

El 11 de enero envía un telegrama al secretario de la ONU en misión a la ciudad de Bagdad, donde el adverbio "finalmente" resume una crítica al rol débil de la ONU con respecto al rol fuerte de los Estados Unidos: "La autoridad moral de la organización que usted representa contribuya a hacer prevalecer finalmente el diálogo, la razón y el derecho y se eviten de ese modo decisiones con consecuencias desastrosas e imprevisibles".

El 12 de enero afirma que "la paz es aún posible", hay espacio para iniciativas que prolonguen la búsqueda de una solución pacífica más allá de los tres días concedidos por el ultimátum y sostiene que una solución de fuerza dejaría intactas las "causas profundas" de la crisis y prepararía "nuevas violencias".

El 13 de enero pide a Irak un "gesto de paz" y a la comunidad internacional el compromiso de una "Conferencia de paz" para "todos los problemas del Medio Oriente", que es un apoyo a la propuesta que acababa de presentar el presidente francés Mitterrand.

Con los mensajes del 15 de enero a Bush y a Saddam, pide al primero que "evite decisiones irreversibles", que llevarían a "injusticias nuevas y tal vez peores", y al segundo "un gesto generoso": es aún una propuesta para continuar las negociaciones, a pesar del vencimiento del ultimátum.

Incluso en una oración del 16 de enero, cuando el ultimátum está vencido, habla contra el ultimátum, y lo llama "renacimiento de guerra": "Sugiere con tu Espíritu soluciones nuevas, gestos generosos y honorables, espacios de diálogo y de espera paciente más fecundos que los actuales vencimientos de la guerra".

El 24 de enero, al recibir al embajador de Singapur, acude a los países no alineados, que tímidamente comienzan a hacer sentir su voz: "Expreso la esperanza de que países como el suyo, no implicados en el conflicto, se unan para buscar medios nuevos y creativos para promover el regreso al diálogo y a la negociación como el único verdadero camino para restaurar el orden internacional y la paz".

El 27 de enero de nuevo apoya las iniciativas de los no alineados y de los países árabes moderados: "Que se vean coronados con el éxito los esfuerzos de aquellos que, generosamente, siguen proponiendo iniciativas para la interrupción del conflicto".

El 21 y el 22 de febrero le pide al portavoz que diga: "La Santa Sede aprueba la iniciativa soviética". Es un apoyo al plan Gorbachov para un cese acordado de las hostilidades, que evite los ataques terrestres de los aliados.

A lo largo de los siete meses, nunca se interrumpe la atención del Pontífice a la realidad y a su desarrollo. Él habla para incidir en las decisiones. Su posición es realista, y con frecuencia resulta aliada con las iniciativas de paz de otros.

Después de los acontecimientos, para un juicio de conjunto son suficientes estas palabras del Papa como clausura de la cumbre episcopal, el 6 de marzo: "La Guerra del Golfo ha producido muerte, destrucción e ingentes daños económicos y ambientales", y también:

"Las incomprensiones podrían aumentar, si no se produce pronto un compromiso de todos para dedicarse al diálogo y a la confianza recíproca". Una confirmación plena de la inaceptabilidad moral del uso de la fuerza por parte de los aliados, reforzada por la falta de cualquier reconocimiento por el resultado obtenido.

Son tres —a mi modo de ver— las razones que impulsaron a Wojtyla a exponerse con tanta audacia a esta predicación contra el uso de la fuerza para resolver la cuestión del Golfo: el convencimiento de que ésta pudiera ser la primera guerra evitable, al cesar la divergencia Este–Oeste; el temor de que ella fuese el preludio de una tensión de guerra entre el Norte y el Sur; el temor de que apareciese ante los musulmanes como una guerra entre el islam y el cristianismo.

De "temor por el futuro" habló Wojtyla, a los párrocos de Roma el 14 de febrero: "Ésta es nuestra preocupación más grande, nuestro temor por el futuro: los pueblos, como consecuencia de esta guerra, pueden ser aún más enemigos, en lugar de caminar hacia una verdadera solidaridad amplia y universal".

Las intervenciones de paz de Juan Pablo no eran nuevas, como ya lo hemos visto. La acentuación que encontramos, con ocasión de esta guerra, se explica por aquel "temor por el futuro" del cual habló a los párrocos romanos. Estaban de por medio la comprensión entre los pueblos, el diálogo interreligioso, la misión de una Iglesia mundial históricamente asentada en el Norte y misioneramente tendida hacia el Sur. "Estamos preocupados por la continuación de nuestra visión conciliar del mundo".

Se podría preguntar si era razonable que el Papa se expusiera tanto en una materia tan dudosa, tan contrastada, tan contradictoria como la guerra. Se nos pregunta si no hubiera sido más sensato limitarse a recordar el principio de no matar, sin entrar en la cuestión práctica del modo a seguir para restablecer el derecho internacional violado. Otros, en su lugar, habrían podido actuar de un modo diferente. Pero Juan Pablo se siente atraído por los grandes desafíos. "Éste es un tiempo radical y pide una fe radical", dijo en una ocasión. Y en medio de la guerra, como conclusión de los ejercicios espirituales, el 23 de febrero recordó así esta actitud suya: "En el momento en que el mundo se halla de nuevo entre alternativas radicales, y así lo percibimos, la Iglesia participa en esta radicalidad de las alternativas, es consciente de que su misión no puede ser sino ésta".

La implicación personal del Pontífice en la predicación contra la guerra produjo también alguna novedad significativa de lenguaje, tanto en los llamados como en las plegarias.

Juan Pablo ha usado con frecuencia, en las semanas de la guerra, el lema de Pablo VI: "Nunca más la guerra", y una vez el de Benedicto XV: "Matanza inútil" (2 de febrero). Pero también mezcló sus lemas a los de otros, por ejemplo en esta plegaria del 16 de enero: "Nunca más la guerra, aventura sin retorno; / nunca más la guerra, espiral de lutos y de violencia; / nunca esta guerra en el Golfo Pérsico, / amenaza para tus criaturas en el cielo, en la tierra y en el mar".

"En esta hora de violencia inaudita y de matanzas inútiles", es el comienzo de una plegaria del 2 de febrero. En otras ocasiones definió la guerra como "trágica aventura" (12 de enero), "trágica experiencia" (13 de enero), "camino indigno de la humanidad" (27 de enero), "amenaza para toda la humanidad" (3 de febrero).

Creativo es también el encabezamiento ecuménico e interreligioso de algunas plegarias, escritas personalmente por el Papa y formuladas de tal modo que puedan expresar también la invocación de "nuestros hermanos hebreos y musulmanes" (así los llama el documento final de la cumbre episcopal del 4 al 5 de marzo).

La más significativa es la plegaria n. 5 de la paraliturgia con la cual se clausuró la cumbre episcopal "por la paz justa y duradera en Tierra Santa y en Jerusalén", donde se pide que "los seguidores del cristianismo, del hebraísmo y del islam, que invocan al Dios único, eterno y misericordioso, puedan cooperar con espíritu de entendimiento recíproco". Pero ya una plegaria del 16 de enero tenía este encabezamiento: "Dios de nuestros Padres, grande y misericordioso, Señor de la paz y de la vida, padre de todos...". Como introducción del "rosario por la paz" de ese día el Papa había dicho: "Exhorto a todos a sentirse en sintonía con los otros creyentes, sobre todo con esas poblaciones de fe hebrea, cristiana y musulmana, que están más afectadas por esta guerra".

Finalmente, el 6 de febrero, para implorar que Irak no use armas químicas y bacteriológicas, el Papa —inclusive para formular la invocación en términos comprensibles para los seguidores del Islam— dice: "Que el Dios de la misericordia escuche nuestra súplica".

Esta intención de orar junto con los musulmanes y los hebreos ha sido declarada explícitamente en el Ángelus del 27 de enero: "Oremos aún más por y con todos los creyentes, pertenecientes a las tres religiones que hallan en el Oriente Medio sus raíces históricas". Y el deseo de la visita a Jerusalén, expresado el 6 de marzo, tiene como objetivo el ir allí "como peregrino para relanzar desde allá, junto con los creyentes hebreos, cristianos y musulmanes, ese mensaje y esa invocación de paz ya dirigidos a toda la familia humana, el 27 de octubre de 1986 en Asís".

Totalmente nueva es una plegaria "por los soldados de todos los frentes que, obligados por decisiones dolorosas, se combaten mutuamente en la Guerra del Golfo; líbralos de sentimientos de odio y de venganza, haz que conserven siempre en su corazón el deseo de la paz, para que frente a los horrores de la guerra la turbación no sea para ellos depresión y desesperación".

Habitualmente las oraciones por los combatientes quieren atraer a Dios a la propia parte y piden la victoria. Precisamente en esos días se tuvieron bastantes ejemplos impresionantes de esta religiosidad arcaica tanto en las llamadas telefónicas de Saddam como en las invitaciones de Bush a "orar por nuestros muchachos del Golfo". Es un signo de los tiempos la invocación ecuménica del Papa, que no distingue entre los iraquíes y los otros y tiene sólo en cuenta la angustia de los hombres obligados a combatir los unos contra los otros.

Hay que señalar finalmente el experimento de una oración que liga la suerte de los hombres a la de los animales ciertamente nueva en la liturgia papal y, quiza, prefiguración del eco que la sensibilidad ecológica podría tener en la piedad cristiana. Me refiero a la cuarta de las cinco plegarias que intercalaban el "rosario por la paz" del 2 de febrero, que tenía como título *Por la salvaguarda de los hombres y de la creación":* "Mira con compasión la humanidad lacerada por la guerra; conserva las criaturas del cielo, de la tierra, del mar, obra de tus manos, amenazadas por destrucciones entre sufrimientos inauditos".

Toda esa interacción de lenguajes y de gestos venía de la pasión por el hombre de la cual es portador el hombre Wojtyla y que se manifestó de muchas maneras en esos meses. He aquí el eco que de ella dio Lech Walesa al salir del encuentro con el Papa, el 7 de febrero: "Me ha dicho que no logra dormir. Se pregunta cómo es posible, en el mundo de hoy, seguir disparándose los unos contra los otros".

33

AFRONTA EL RÉGIMEN
ISLÁMICO DE KHARTOUM

La visita del 10 de febrero de 1993 a Khartoum, capital de Sudán, es tal vez la misión más arriesgada del pontificado. En ese país está vigente desde hace dos años la ley islámica, la Shari'a y existe —desde hace diez años— una violenta guerra civil entre el Norte árabe y musulmán y el Sur negro, animista y cristiano. Esa guerra es la versión violenta de la difícil confrontación entre islam y cristianismo que atraviesa desde hace un siglo todo el continente africano y se releva dramático a lo largo de la faja subsahariana, precisamente en las regiones donde se mezclan y se hacen frente poblaciones árabes y negras.

Sudán es el único país dominado por la ley del Corán que Juan Pablo logra visitar durante su pontificado. El resultado de la visita aparentemente es modesto, o nulo. Pero el Papa logra su objetivo principal que es el de llevar la solidaridad a la Iglesia católica a una comunidad perseguida, y parcialmente logra también el objetivo secundario, que es el de señalar la cuestión Sudán a la opinión pública mundial. Queda insodable el tercer efecto, que también se proponía: provocar para una confrontación abierta el fundamentalismo islámico. Él habló con su franqueza habitual, pero no ha recibido respuesta. Queda en pie el hecho de que la visita a Khartoum puede ser entendida, en conjunto, como la segunda predicación del pontificado a los seguidores del Islam después de la Casablanca.

Para fotografiar el clima tenso en el cual se coloca la visita de Juan Pablo, bastará recordar que esos son los meses en los cuales Sudán es objeto de repetidas denuncias internacionales por la violación de los derechos humanos, por parte de la ONU y de la Comunidad Europea, mientras los Estados Unidos lo incluyen en el elenco de los Estados que sostienen el terrorismo internacional. Para entender el riesgo objetivo que corrió Juan Pablo —con la denuncia de la persecución a la que está sometida la población cristiana del Sur y la continua cita de los documentos de la Conferencia Episcopal, censurados por el régimen— basta recordar lo que le sucede un año después al arzobispo de Canterbury y Primado anglicano Carey, que visita la comunidad del Sur y se encuentra con los jefes de dos grupos rebeldes, John Garang y Rick Machar: el gobierno de Sudán califica como "indeseada" esa visita y rompe relaciones diplomáticas con Londres.

Cuando aterriza en Khartoum, última etapa de un viaje (el décimo a África) que lo ha llevado a Benin y a Uganda, Juan Pablo sabe muy bien que corre riesgo. Y así responde a los periodistas en el avión: "La misión de la Iglesia, de la Santa Sede, de los nuncios, de los obispos es siempre la de recordar a los gobiernos, a los gobernantes que son musulmanes que la ley coránica puede referirse solamente a los creyentes del Islam y que no se puede imponer esta ley absolutamente a los que tienen otra fe, que son cristianos".

Es consciente de que las imágenes de su presencia en Khartoum serán instrumentalizadas, pero esto no lo detiene: "El riesgo existe siempre (...). Existe un riesgo a dondequiera se vaya, pero sobre todo ahora ese riesgo principal del cual os he hablado, el riesgo que corrió Jesús al enviar a los doce pescadores (...). Dentro de estos principios podemos hacer un cálculo sobre los riesgos. Para mí la cosa no digo que es providencial, pero así parece".

Él considera providencial lo que otro Papa probablemente habría evitado para no correr riesgos de imagen y para no hacer correr riesgos reales a la comunidad católica sudanesa, a la que quisiera socorrer. Cuatro días antes de su llegada a Khartoum, mientras se halla en Gulu, en el norte de Uganda, había llegado a donde el Papa el obispo Parides Taban, ordinario de Torit, una ciudad de Sudán meridional reconquistada por las tropas del gobierno. Taban vive en una especie de clandestinidad desde hace meses, en las zonas controladas por los rebeldes autonomistas del ejército de liberación popular. Hallar a este obispo para el gobierno de Khartoum es como hallar a un jefe rebelde.

Taban había entregado a Juan Pablo una lista de catequistas sepultados vivos por las tropas del gobierno en la región de Bor y un llamado dirigido directamente a él, el Papa, y firmado dos días antes en Kaya —en la clandestinidad, en territorio sudanés— por seis obispos: dos católicos (el mismo Taban y Joseph Gasi, obispo de Tombura-Yambio), dos episcopalianos, un anglicano, y un presbiteriano. Es un texto dramático. Informa que han habido bombardeos contra los civiles —cinco muertos y muchos heridos— cuando el Papa ya estaba en África (la visita a Benín había comenzado el 3 de febrero) y una columna de setenta vehículos militares se estaba dirigiendo hacia Yei, un fortín de los rebeldes.

"En Khartoum —escriben los seis obispos cristianos en la carta al Papa— encontrarás un tapete rojo y muchos discursos oficiales. Deberías saber, Santo Padre, que ésta es la misma gente que está guiando una ofensiva militar contra nosotros e intensificando la guerra, que tiene como rehenes en Juba a trescientos mil sudaneses, que limita la predicación del Evangelio, las actividades de la Iglesia y discrimina al pueblo según la raza; que sigue practicando la esclavitud capturando y vendiendo niños africanos" (Bibliografía 50, p.767).

Probablemente nunca, en su aventura planetaria, Juan Pablo había recibido un mensaje más fuerte que éste. Y no puede pasarlo desapercibido, imaginando que es la exasperación de seis obispos la que pinta al diablo más malo de lo que es. Ya al salir de Roma el Papa conocía toda la situación sudanesa, por el dossier que le había sido presentado por el nuncio y los obispos. A los nueve obispos los había recibido en visita *ad limina* cuatro meses antes, el 2 de octubre de 1992 y los había animado a continuar con sus denuncias en la patria y en el exterior. Cuatro días después de esa voz de aliento, el 6 de octubre, los obispos sudaneses tuvieron en Roma una conferencia de prensa, para "dar al mundo una imagen realista de la situación intolerable de sufrimiento del pueblo sudanés".

"En el actual régimen sudanés —dijeron entre otras cosas los obispos— se niega totalmente los derechos a la vida, a la libertad de expresión, a la instrucción y a profesar la propia fe. La gente común está aterrorizada por la política represiva del régimen fundamentalista islámico que quiere arabizar e islamizar por la fuerza a la población no árabe y no musulmana, inclusive hasta el punto de usar negar el alimento como arma. Genocidios y asesinatos de inocentes están en el orden del día en Sudán. A los medios no se les permite indagar acerca de la verdad de los hechos y denunciar la verdad (...). Sudán se ha convertido en país de refugiados y de desplazados. Huérfanos y niños robados son llevados al norte del país, donde se les adoctrina en la religión islámica y se les tienen en las casas como sirvientes y sin remuneración. Éste es el estado de esclavitud del siglo XX (...). En 1989 fueron expulsados todos los misioneros del Sur Kordafan, con el pretexto de que el territorio se había convertido en zona de guerra. Gradual y sistemáticamente expulsaron personal misionero de otras partes de Sudán como por ejemplo de Juba e inclusive de El Obeid y de Khartoum. Últimamente han sido arrestados catequistas y sacerdotes locales, han sido torturados y sometidos a interrogatorios extenuantes (...). El régimen actual ya no concede permisos para la construcción de iglesias y de centros pastorales. A los prisioneros no musulmanes se les promete la libertad si se convierten al Islam. Los líderes cristianos son buscados por el régimen, son torturados, aterrorizados y encarcelados (...). El régimen insiste para que Sudán sea totalmente una nación árabe islámica que se gobierne con leyes islámicas" (*Civiltá Cattolica*, 20 de marzo de 1993, p. 585-587).

La propaganda oficial de islamización sostiene que las Iglesias cristianas representan potencias extranjeras, anti-islámicas. Esa propaganda sostiene que el cristianismo es una religión "importada" desde Occidente; ésta es una afirmación particularmente odiosa para los sudaneses y no sólo porque el cristianismo viene de Palestina, sino también porque él estaba presente en Sudán —como en Egipto y en Etiopía— mucho antes de que llegara, desde Arabia, el Islam.

Con este transfondo oscuro, luego hubo la disponibilidad para la visita papal obviamente limitada a la capital. En vísperas de la llegada del Papa el Gobierno sudanés se mostró dispuesto a algunas concesiones: facilidad para acceder a la misa celebrada al aire libre, comunicación radiofónica, liberación de algún sacerdote.

El régimen niega que haya islamización y discriminación religiosa. Una carta pastoral de los obispos, de contenido análogo a la conferencia de prensa de Roma, ha sido secuestrada por los servicios secretos como contraria a la seguridad del Estado. Sus denuncias son consideradas como "propaganda". En esta línea se inspira el general Omar Hassan Ahmed al

Bashir, que saluda al Papa en el aeropuerto a las 11:00 a.m., del 10 de febrero, quien le dijo que tendrá la "rara oportunidad de ver los hechos con sus ojos y de ver cómo Sudán, sociedad multirreligiosa, multirracial y multicultural, haya ideado instrumentos y comportamientos a través de los cuales todos pueden vivir serenamente en armonía, fraternidad y tranquilidad". Por consiguiente, se trata de una refutación a los obispos, pero a éstos los citará el Papa en cada discurso. Y ya desde el aeropuerto su respuesta es neta. Invita a sus interlocutores a "escuchar la voz de nuestros hermanos oprimidos", pero también les advierte que él no callará, porque "cuando la gente es débil, pobre e indefensa, tengo que levantar mi voz en favor de ella". Y aclara el sentido de su misión: "Todo lo que pide la Iglesia es la libertad para continuar su misión religiosa y humanitaria".

En el aeropuerto se hallan solamente las autoridades, pero de inmediato por el camino Juan Pablo es agasajado por una multitud de cristianos, en su gran mayoría prófugos de las regiones meridionales. Tienen banderas con los colores del Vaticano y levantan telas blancas que tienen letreros, cruces y nombres, que son los nombres de las víctimas de la islamización.

Sobre un estandarte está escrito en inglés: "Santo Padre, habla en nombre de quienes no pueden hablar".

Juan Pablo habla de verdad. La segunda cita es en la catedral, luego devolverá la visita al general en el palacio presidencial, después del mediodía celebrará una misa a la cual asistirán doscientas mil personas, y finalmente hablará de nuevo en el aeropuerto, al salir hacia Roma. En la catedral habla al clero y a los catequistas; conoce las "graves dificultades" en las cuales se desenvuelve su vida, a causa de las "tristes condiciones del país" por causa de la guerra y también de la "ruptura de las buenas relaciones que deberían existir entre los cristianos y los musulmanes"; les suplica que "no piensen que hayan sido olvidados por el resto del mundo", porque el Papa y toda la Iglesia oran por ellos.

Y he aquí cómo le habla al jefe del Estado, al manifestarle la esperanza de que Sudán pueda encontrar una forma constitucional que le permita la "convivencia pacífica" de las diferentes comunidades:

"Excelencia, ésta es la esperanza que yo renuevo aquí hoy. Es una esperanza que nace de la confianza, porque la paz siempre es posible. El hombre es un ser racional, dotado de inteligencia y voluntad, y por consiguiente, es capaz de encontrar soluciones justas a las situaciones de conflicto, cualquiera que haya sido su duración y por más intrincadas que sean las motivaciones que las han causado. Los esfuerzos para volver a vivir en armonía dependen de la voluntad de las partes interesadas y de su interés por favorecer las condiciones necesarias para la paz. Pero cuando la acción constructiva no sigue las declaraciones de principio, la violencia puede volverse incontrolable (...). Los fundamentos de la paz han sido indicados por los mismos obispos sudaneses que han dicho: 'No es posible lograr la paz sin la justicia y el respeto a los derechos humanos' (Comunicado del 6 de octubre de 1992). En un país multirracial y multicultural una estrategia de confrontación nunca traerá paz y progreso. Sólo el respeto de los derechos humanos garantizado legalmente en un sistema de justicia igual para todos puede crear las justas condiciones para la coexistencia pacífica y la cooperación al servicio del bien común. Mi esperanza para vuestro país puede expresarse más concretamente con el deseo muy sentido de ver a todos los ciudadanos —sin discriminaciones debidas a los orígenes étnicos, a la formación cultural, a la posición social o las convicciones religiosas— asumir una parte responsable en la vida de la nación contribuyendo con sus peculiaridades diferentes a la riqueza de toda la comunidad nacional".

Durante la misa en el Green Square —en honor de la beata Josefina Bakhita, una esclava sudanesa, que luego fue religiosa, a la que había beatificado en la plaza de San Pedro nueve meses antes—, Juan Pablo afirma la solidaridad de toda la Iglesia al dirigirse a los nueve obispos sudaneses y al unirse a las denuncias de las cuales el régimen hace mofa: "Hoy, el sucesor de Pedro y toda la Iglesia reafirman su apoyo al llamado apremiante de vuestros obispos por el respeto de vuestros derechos de ciudadanos y de creyentes".

Están escuchando al Papa y están celebrando con él siete de los nueve obispos, además del obispo Emérito de Khartoum. Los otros dos, los de Torit y Tombura Yambio, que viven en las zonas de guerra civil, lo escuchan por radio. "Yo espero con todo el corazón que mi voz os llegue, hermanos y hermanas del Sur", dice Wojtyla como último saludo.

El Papa obviamente afirma también la intención de paz de su visita, que es la de "promover una nueva relación entre cristianos y musulmanes" y finalmente pronuncia una advertencia contra el fundamentalismo que en Khartoum nadie jamás ha podido pronunciar ni antes ni después de él: "Usar la religión como pretexto para la injusticia y la violencia es un abuso terrible y debe ser condenado por todos aquellos que creen realmente en Dios".

Es una advertencia al islam, las más fuertes de las tres principales que Juan Pablo dirige en el conjunto de su pontificado a este interlocutor difícil, tentado por el uso de la violencia en nombre de la fe. Las otras dos las pronunciará en Túnez y en Abuja (Nigeria).

Desde Túnez, el 24 de abril de 1996, lanza esta proclama: "¡Ninguno puede matar en nombre de Dios, ninguno puede aceptar el dar muerte a un hermano!".

Desde Abuja, el 22 de marzo de 1998, dirá: "¡Toda vez que se usa la violencia en nombre de la religión, debemos aclararles a todos que, en esa circunstancia, no estamos ante la verdadera religión!".

¿Por qué decimos que la advertencia de Khartoum es más fuerte que la de Túnez y la de Abuja? No por la energía de las palabras, que siempre es grande. Tampoco por la situación más difícil. En efecto hablará desde Túnez a Argelia, donde el drama de la violencia es máximo y desde Abuja se referirá a la violencia que los cristianos sufren en el norte de Nigeria.

Las palabras de Khartoum son las más fuertes porque el Papa aquí ha dirigido a los violentos del islam el mismo llamado que exactamente un mes antes había pronunciado en Asís (Jornada de ayuno y de oración por la paz en la ex Yugoslavia) en defensa de los musulmanes de Bosnia, contra la "limpieza étnica" llevada a cabo por los serbios y también por los croatas. El Papa que el 10 de febrero condena la violencia islámica es el mismo que el 10 de enero había defendido, con esas mismas palabras, a los seguidores del islam contra la violencia cristiana.

Al reflexionar sobre la intolerancia que en el pasado también los cristianos han practicado, Juan Pablo advierte profundamente el drama en el cual se debate hoy el islam. Y junto con las advertencias, le dedica su oración: "Oro todos los días por Argelia, para persuadir —a través del cielo— a nuestros hermanos musulmanes y sobre todo a los islámicos, de que no se puede obrar como ellos obran" (Vuelo Roma–Manila, 11 de enero de 1995).

34

HOMBRE SUFRIDO:
EL TUMOR, LA CAÍDA, EL PARKINSON

Hombre audaz y fuerte en un tiempo, Juan Pablo a mediados de los años noventa se ve obligado al uso del bastón y a moderar su paso mientras se apresura a llegar al cambio del milenio. He aquí una paradoja de la suerte: a fines de 1994, cuando su imagen se impone a todos como la del hombre de los dolores, ¡la revista americana *Time* lo elige como *man of years* (hombre del año)!

Karol Wojtyla sanó de las heridas del atentado, pero desde entonces la señal del sufrimiento ha caracterizado su imagen. Esa señal se vuelve dominante a partir del 1992. Según uno de los médicos que lo atienden, —Corrado Manni, anestesista del policlínico Gemelli— esa señal había recorrido un camino profundo, antes de aparecer a los ojos de todos: "Juan Pablo II nunca se ha repuesto del trauma psicológico derivado de su atentado de 1981. He aquí por qué, desde entonces, parece tan debilitado. No es un hecho de senilidad, sino de sufrimiento interior. Si eres un hombre de amor y te disparan, los reflejos sobre tu psique serán profundos" (Bibliografía 84, p. 59).

1992 es el decimocuarto año del pontificado, y es el año de la intervención a causa de un tumor en el colon y del primer temblor de la mano izquierda. De ahora en adelante cada año llevará su cruz.

El 11 de noviembre de 1993 llega la primera caída delante de la multitud en el aula de las bendiciones.

El 28 de abril de 1994 sufre la segunda y más grave caída, en el baño del apartamento privado: resbala sobre el piso mojado, al salir de la tina y se quiebra el fémur derecho. Le implantan una prótesis y debe resignarse al uso del bastón.

El día de Navidad de 1995 se ve obligado a interrumpir el mensaje *Urbi et Orbi* por un conato de vómito, o un cólico abdominal provocado por un mal, desconocido en ese momento, que lo obligará a detenerse varias veces, en marzo y en agosto de 1996.

Ese mal desconocido será diagnosticado como apendicitis crónica y la operación se efectuará el 8 de octubre. Es la sexta intervención durante los veinte años de pontificado que lo mantiene en el hospital —siempre el Policlínico Gemelli. Por el total de las intervenciones permanece 116 días allí, ¡casi cuatro meses!

En 1997 se registra la progresión áspera de la enfermedad nerviosa que provoca el temblor, fatiga el paso y la palabra y vuelve rígido el rostro. Un síndrome atribuido a la "faja extrapiramidal" del sistema nervioso, según dice el portavoz. Es la misma faja a la que pertenece la enfermedad de Parkinson. El 11 de enero de 1998 el maestro de ceremonias Marini lo sostiene con un movimiento decidido, al comienzo de la celebración en la Capilla Sixtina, cuando parecía que estaba a punto de caer de bruces, amodorrado o sorprendido por un vértigo.

Pero esas dificultades no le impiden empresas épicas como el viaje a Cuba en ese mismo mes o el vía crucis en el Coliseo, el Viernes Santo de 1998, realizado bajo una lluvia y un viento que asustaba a los más jóvenes. Mientras escribimos, al cumplirse los veinte años de pontificado, Juan Pablo se encaminaba hacia la celebración del Gran Jubileo con el paso que le vimos esa tarde: la andadura torcida y el rostro decidido, dirigido resueltamente hacia el Tercer Milenio.

Una característica del vía crucis en el policlínico Gemelli, a partir del tumor de 1992, es el comentario que él mismo ha venido haciendo al mundo: al dar la noticia en primera persona de las hospitalizaciones, al poner al día a las multitudes acerca de su convalecencia, bromeando acerca de su andadura y jugando con el bastón, respondiendo con puntualidad e ironía a las preguntas de los periodistas: "Quisiera deciros algo confidencial: iré esta tarde al Policlínico Gemelli para someterme a algunos exámenes diagnósticos" (Plaza de San Pedro, 12 de julio de 1992).

Desde esa intervención a causa de un tumor en el colon (era grande como una naranja, dijeron los médicos y ya había allí células cancerígenas, pero la extirpación fue total) se alivió y un año después puede dar este informe a los periodistas en el avión, durante el vuelo Roma–Kingston (Jamaica), el 9 de agosto de 1993: "Hasta ahora camino con mis pies, inclusive en las montañas. Hago todo lo posible por mantenerme en forma, para no crear problemas". Es la primera jornada de un viaje que culmina en la extraordinaria jornada que pasó con los jóvenes en Denver (Estados Unidos).

Por eso, Juan Pablo sigue proyectando grandes empresas, pero los achaques ahora lo toman por sorpresa. Y él se amolda a hacer de ellos la crónica: "El jueves pasado, como sabéis, me vi obligado a una breve permanencia en el hospital, porque me caí mientras bajaba las gradas del podio para acercarme a los presentes al final de una audiencia" (saludo dominical, 14 de noviembre de 1993).

Afortunadamente él bromea sobre el asunto, ayudado por su italiano de fantasía que siempre le duplica el afecto de la multitud: "Os saluda el Papa deficiente pero no decaído todavía" (21 de noviembre de 1993).

Pero caerá de nuevo y más gravemente y esta vez los médicos aprovechan la ocasión para mirar con más cuidado en su organismo. "Me están examinando hasta el fondo de mi organismo. Ni siquiera sabia que existían esos órganos y esas posibilidades" (saludo dominical del policlínico Gemelli, 22 de mayo de 1994).

La prótesis del fémur lo afectará más que los otros achaques, y le obligará a ese hombre deportista como lo ha sido y cree serlo todavía a apoyarse en el bastón y en algún momento le da la impresión de que ya no podrá caminar. Su reflexión se vuelve dramática, y él compara esta caída con el atentado: "He comprendido que tengo que introducir la Iglesia de Cristo en este Tercer Milenio con la oración, con diferentes iniciativas, pero he visto también que esto no basta; había que introducirla con el sufrimiento; con el atentado de hace trece años y con este nuevo sacrificio" (saludo dominical, 29 de mayo de 1994).

Había expresado el mismo concepto unos dias después del atentado, al comentar con el vicario de Roma el resultado —negativo para la parte católica— del referendum popular sobre la ley del aborto en Italia: "¡Se ve que todavía no hemos sufrido bastante!" (al cardenal Poletti, Policlínico Gemelli, 17 de mayo de 1981).

Se repone y casi se acostumbra a la prótesis. Todavía arrastra un poco el paso, ya se ríe de sí mismo y bromea acerca de la duración del pontificado: "¡Es hermoso tener muchos cardenales en el Vaticano sin que haya cónclave!", dirá mientras estaba a la mesa con los cardenales, el 14 de junio de 1994.

La prensa mundial comienza a hacer pronósticos acerca del pos-Wojtyla y él se da cuenta de que también las multitudes incesantes de las audiencias y del domingo se preguntan cómo está realmente: "Cada domingo hacéis un control del Papa: si está bien, o si está mejor. ¡Haremos lo que nos es posible!" (Desde la ventana, el 19 de junio de 1994).

Este hombre ha cambiado vida y patria, nombre e idioma con gran naturalidad, pero ahora ¡cuánto le cuesta cambiar el paso! "Me desagrada dar espectáculo caminando con el bastón", dice desahogándose con los médicos que lo animan a usarlo, en julio de 1994. Pero ya al mes siguiente se ha familiarizado con ese bastón y dice al cirujano que alaba su función: "¡Soy yo quien lleva el bastón, no es el bastón el que me lleva a mí!".

Siente gusto en responder a los achaques con las bromas. "¿Cómo está, Santidad?", le preguntan en la montaña y responde como tal vez lo habrían hecho una vez los Papas burlones y romanescos del Renacimiento, pero así no se habrían arriesgado a hablar los severos Papas de los últimos decenios: "¡Como un pobre diablo!" (Introd, Aosta, 17 de agosto de 1994).

"¡Eppur si muove!" (¡Sin embargo se mueve! – Frase de Galileo), dice hablando de sí mismo porque emplea mucho tiempo en recorrer los veinte metros para llegar a la mesa de la presidencia, en el Aula del Sínodo, el 6 de octubre de 1994.

Gritan en la plaza: "¡Viva el Papa! ¡Viva el Papa!", y él comenta: "¡Por ahora vive!" (8 de octubre de 1994). E ironiza a los periodistas que lo siguen con el binóculo para ver si le tiembla la mano o si tropieza todavía: "Vean, ¡ninguna página se ha caído! ¡Todas las hojas han quedado en la mano!" (Siracusa, 5 de noviembre de 1994).

El italiano le ayuda a combatir la mala suerte, en polaco esboza un informe más cuidadoso: "Habéis hecho bien en venir para ver cómo se presenta este Papa. Dicen que está envejeciendo y que no está en condiciones de caminar sin bastón. Y en cambio, ¡de alguna manera, todavía, todavía, todavía...! Tiene todavía la voz, la cabeza no anda tan mal!" (a un grupo de polacos, 6 de enero de 1995).

También con los periodistas trata de ser puntual: "Todo marcha bien, pero la pierna no está suficientemente fuerte y se debe apoyar esta pierna con el bastón; ésta es la situación verdadera, psicomédica" (vuelo Roma-Manila, 11 de enero de 1995).

El golpe ha sido duro, vuelve a viajar y se siente renacer: "¡Yo estoy un poco sorprendido, no creía que me iba a encontrar nuevamente en Alitalia, con la perspectiva de ir hasta las Filipinas, diez-once horas, en cambio a Zagreb una!" (vuelo Roma-Manila, 11 de enero de 1995).

Vuelve a moverse también en Roma. No deja en un segundo plano las visitas a las parroquias: "En este año me hacían falta un poco las visitas a las parroquias. Hacían falta a causa de esta pierna, que se ha vuelto célebre... Pero ahora, con el primer domingo de Cuaresma, volveremos, con la gracia del Señor, y esperamos que se pueda continuar, hasta cuando la Providencia nos lo permita" (al clero de Roma, 2 de marzo de 1995).

Y he aquí que debe dar otro anuncio de sus achaques, pero esta vez sin preaviso, por un ataque improviso, y afortunadamente está acostumbrado a estos mensajes: "Excusen, debo interrumpir. *Benedicat vos omnipotens Deus, Pater et Filius et Spiritus Sanctus*" (Mensaje *Urbi et Orbi*, Navidad de 1995).

La larga costumbre con los anuncios de las hospitalizaciones le permite ser breve: "¡Orad, pero estad serenos!", dice al entrar al policlínico Gemelli el 6 de octubre de 1996.

La familiaridad con los achaques genera el pensamiento de la muerte. En un comienzo la alusión es en broma. Gritan: "Viva el Papa", y él dice: "Con este grito será difícil morir, ¡pero llegará el momento!" (Castelgandolfo, 26 de diciembre de 1994). La primera alusión seria la hace con los jóvenes: "Todos vosotros pertenecéis ya al tercer milenio. ¡Tal vez, yo no lo sé!" (Trento, 30 de abril de 1995).

Se vuelve frecuente el interrogante si podrá entrar en el Tercer Milenio, o si deberá mirarlo desde lejos, como Moisés la tierra prometida. "Tal vez el Señor nos permitirá ver este dos mil, este comienzo del Tercer Milenio!" (Roma, Parroquia de los santos Martín y Antonio Abad, en Castel di Decima, 19 de noviembre de 1995).

Pero afortunadamente dura el deseo de bromear. Le cantan "Vive cien años" (el canto augural polaco "Sto lat") y él comenta: "Entonces me quedan todavía 22, ¡antes bien, 23!" (Roma, Parroquia de San Atanasio en Pietralata, 18 de mayo de 1997).

35

DESAFÍA EL NORTE DEL MUNDO EN DEFENSA DE LA VIDA

Es la noche entre el 28 y el 29 de abril de 1994, y el Papa cae en el baño, le toman una radiografía y le dicen que se ha fracturado el fémur. No viajará a Sicilia al día siguiente como estaba previsto, sino que irá por quinta vez al Policlínico Gemelli. ¿Y qué dice Wojtyla, hombre de los dolores? Dice a quien lo socorre en la noche: "¡Tal vez faltaba esto para el año de la familia!".

Faltaba el precio del sufrimiento, porque ya estaba el resto. En un mes y medio había intervenido una decena de veces, inclusive gritando en el micrófono, para detener el proyecto de la ONU en vista de la Conferencia del Cairo sobre "Población y desarrollo", que tendrá lugar en septiembre. Existe un proyecto y él teme que perjudique la vida y la familia, por ello propone a los pobres un plan de reducción de los nacimientos, al planificar la contracepción sin excluir el aborto.

La implicación de Juan Pablo en esta oposición es máxima y sobreviene un conflicto sin precedentes entre la ONU y la Iglesia católica. Solamente para Polonia —en tiempos de Solidarnosc— y para la Guerra del Golfo, había conducido campañas personales igualmente apasionadas.

El primer ataque del Papa contra la Conferencia del Cairo es del 18 de marzo de 1994. Ese día recibe a la señora Nafis Sadik, secretaria general de la Conferencia y dice: "El borrador del documento final es para mí causa de gran preocupación. Algunas propuestas contradicen los principios éticos fundamentales. Aquí está en discusión el futuro de la humanidad".

275

Acusa ese documento porque no condena la esterilización ni el aborto, y porque "ignora el matrimonio como si perteneciera al pasado". Aun más, lo acusa porque apunta al control de los nacimientos, en lugar de apuntar al desarrollo.

El Papa sabe que detrás de ese documento se hallan los fuertes intereses del mundo desarrollado, asustado por el avance de los pobres sobre el planeta. Percibe que sus palabras son débiles con respecto a esos intereses y levanta el tono de la voz. Al día siguiente, el 19 de marzo, al hablar a los trabajadores denuncia "las soluciones que tratan de imponer a las naciones pobres los poseedores del capital: ellos proponen como medio principal la destrucción del derecho a la vida, ¿no es éste un absurdo evidente?".

Para hacerse oír en la ONU no basta levantar la voz. Y he aquí que el 25 de marzo el cardenal secretario de Estado —por mandato del Papa— convoca para un "encuentro de información" a todos los embajadores acreditados ante la Santa Sede para exponer la "gran preocupación" del Papa en vista de la Conferencia.

Pero al Papa no le bastan los embajadores, quiere actuar sobre los gobernantes. Es la Pascua —3 de abril— y en el mensaje *Urbi et Orbi* anuncia que ha escrito una carta a todos los jefes de estado del mundo, para pedir que "se hagan todos los esfuerzos para que no se aminore el valor de la persona humana, ni el carácter sagrado de la vida, ni la capacidad del hombre de amar y de entregarse. La familia sigue siendo la fuente principal de humanidad, y cada estado debe protegerla como un tesoro precioso".

Después de la Pascua descansa un día en Castelgandolfo, realiza una gira por los montes de los Abruzos —es el último paseo por la montaña, antes de la ruptura del fémur— y cuando acaba de regresar a Roma, en la audiencia general del 6 de abril, dice improvisando las palabras más vivas: "Estamos preocupados de que este año para la familia no llegue a ser un año contra la familia. Y podría llegar a ser fácilmente un año contra la familia si estos proyectos se convierten en los proyectos reales de la Conferencia mundial del Cairo. ¡Nosotros protestamos! ¡No podemos caminar hacia el futuro con un proyecto de muerte sistemática de los que aún no han nacido!".

Es Juan Pablo apasionado, tenso, que repite las palabras y grita ante el micrófono. Su tono es semejante al que usó el 9 de mayo del año anterior cuando amenazó con el "Juicio de Dios" a los mafiosos, en el Valle de los templos de Agrigento. Por otra parte, el año 1993 había sido el año de una invectiva totalmente idéntica en materia de acogida a la vida lanzada precisamente en los Estados Unidos, desde Denver, el 15 de agosto como conclusión de la Jornada mundial de la juventud: "¡Ay de vosotros si no lográis defender la vida!".

"Nosotros protestamos" había sido el lema —y de él vino el nombre "Protestantismo"— de los príncipes luteranos en la Dieta de Spira de 1529. Pero quizá Juan Pablo no piensa en ese precedente y en el sonido insólito que la palabra "protesto" tiene en boca de un Papa. Sólo en otra ocasión había sido usada esa expresión, en Polonia, en junio de 1991 y también lo había hecho en defensa de la vida: "Yo, Obispo de Roma, protesto contra el modo con el cual se quiere plantear la unidad de Europa. ¿Pero cuál debe ser el criterio? ¿La libertad? ¿Pero qué libertad? ¿La de quitarle la vida al niño que todavía no ha nacido?". Gritar en polaco le resulta más fácil que en italiano y entonces había tenido que excusarse: "Perdonad mis palabras fuertes, pero yo debía decirles" (Wloclawek, 7 de junio de 1991).

Durante ese mismo viaje a Polonia, había justificado la invectiva —siempre en el tema del aborto— con su pertenencia al pueblo al que reprendía: "¡Esta tierra es mi patria, por eso me permito hablar así. Y tenéis que comprender todos vosotros, que tratáis con mucha ligereza estas cosas, que estas cosas me causan un mal, y también a vosotros os deben causar un mal!" (Kielce, 3 de junio de 1991).

El 17 de abril de 1994, en la parroquia romana de San Bernardino en Fontana Cándida, anuncia con palabras directas, desprevenidas, la batalla que está a punto de sostener: "Regreso al Vaticano para combatir un proyecto elaborado por las Naciones Unidas que quieren destruir la familia. Yo digo sencillamente: ¡no, no! Pensadlo bien. Convertíos. ¡Si sois Naciones Unidas no debéis destruir!".

Ese mismo día, desde la ventana del estudio grita a la multitud que lo escucha bajo la lluvia y ciertamente no espera esa ira: "Me pregunto: ¿A qué sociedad llevará esta permisividad ética, lamentablemente tan difundida en los estratos de la sociedad materialmente más ricas y secularizadas? ¿No existen ya síntomas preocupantes que hacen temer por el futuro de la humanidad?". Tiene la voz ronca, hace una interrupción por algún acceso de todos y —como lo había hecho en Polonia— se asombra de su misma fogosidad: "No es mi intención caer en el pesimismo ni en el alarmismo; pero considero que mi deber absoluto es levantar con fuerza la voz de la Iglesia a propósito de una causa tan importante".

"Debemos levantar una línea Maginot en defensa de la familia", dice a los padres del Sínodo africano el 21 de abril, y precisa que deberá ser "más eficaz que la de 1939, cuando los alemanes entraron por otra parte".

Se realizan entre tanto en Washington los trabajos del Comité preparatorio de la Conferencia del Cairo y el 28 de abril Diarmuid Martin —el diplomático vaticano que participó en él— refiere al Sínodo que "la Santa Sede se ha encontrado en minoría" acerca de la cuestión del aborto "pero ha logrado que los textos al respecto fueran colocados entre paréntesis para volver a ser discutidos en el Cairo, lo cual no es poco".

En cambio es poco. El Papa escucha esa débil relación, cae la tarde, y en la noche dice que tal vez faltó el precio del sufrimiento, en esa batalla. La caída bloquea sus intervenciones durante un mes. La espera acrecienta la pasión. La cual fermenta en el sufrimiento, en el dolor, tal vez en el miedo de que ya no podrá caminar.

El 29 de mayo de 1994 está de nuevo en el Vaticano y vuelve a hablar desde la ventana y considera un "don" ese mes que ha pasado en el hospital. Toma de allí tema para su lucha en defensa de la familia y anuncia que lo hará valer —ese argumento— "delante de los poderosos del mundo". Cuatro días más tarde vendrá Clinton, el primero de los "poderosos" a quien encontrará y también el más poderoso se sitúa en posiciones lejanas de las suyas, en materia de familia.

"Yo quisiera —dice Juan Pablo improvisando— que se exprese hoy, a través de María, mi gratitud por este don del sufrimiento, nuevamente ligado al mes mariano de mayo (el atentado había sucedido el 13 de mayo de 1981). Quisiera dar gracias por este don". "He comprendido que es un don necesario, que debía encontrarse el Papa en el Policlínico Gemelli, que debía estar ausente de esta ventana durante cuatro semanas, cuatro domingos. Que debía sufrir. Como ha tenido que sufrir hace 13 años, hace lo mismo también este año".

Por esta razón Juan Pablo establece como un puente entre el atentado y la caída en el baño del apartamento privado, como si fueran los dos mayores "sufrimientos". Tal vez considera menos grave los que le produjo el tumor en el colon, en julio de 1992. O quizá los relaciona solamente porque ambos acontecieron en mayo. Pocos les dan tanta importancia a las fechas como el Papa polaco.

"Todo esto lo he meditado y lo he repensado de nuevo durante mi permanencia en el hospital. Y he encontrado de nuevo a mi lado la gran figura del cardenal primado de Polonia Stefano Wyszynski, que al comienzo de mi pontificado me dijo: 'Si el Señor te ha llamado, tú debes introducir la Iglesia en el tercer milenio'".

He ahí quién se halla en el origen de la atención del papa Wojtyla para los milenios y los jubileos: está el "primado del Milenio" (es decir, bajo el cual se celebraron los mil años del bautismo de Polonia en 1966) y, a través de él, se halla la sensibilidad apocalíptica del cristianismo eslavo, también del que está ligado a la Iglesia de Roma.

"Él mismo —sigue diciendo al hablar de Wyszynski— ha introducido a la Iglesia de Polonia en el segundo milenio. Y así me lo dijo". Se trata de una tarea cara, una misión que cumplir. Aún más, es la misión que ha de cumplir.

"He comprendido entonces —continúa Juan Pablo la dramática explicación de su destino como Papa— que debo introducir la Iglesia de Cristo en este tercer milenio con la oración, con diferentes iniciativas, pero he visto también que no basta. Había que introducirla con el sufrimiento; con el atentado hace trece años y con este nuevo sacrificio".

He aquí que el sufrimiento del hospital se une al clavo de la familia que lo atormenta desde hace trece meses: "¿Por qué ahora —pregunta— por qué en este año de la familia? Precisamente, porque la familia está amenazada. La familia está agredida".

Ahora el Papa convaleciente grita. El aspecto es dolorido, pero la voz es fuerte, indignada. Dice una cosa difícil y la dice con el cuerpo y con el alma. Grita que sufre por motivo de la familia. No es que él ofrece el sufrimiento por la familia "amenazada", sino que el sufrimiento le ha venido —le ha sido enviado— por motivo de esa amenaza, para impedir que se cumpla.

Es la idea mística del Papa que representa la Iglesia y sufre en su nombre: una idea antigua —ligada al título papal de "vicario de Cristo"— que Wojtyla ha reactualizado varias veces.

"Debe ser agredido el Papa, debe sufrir el Papa, para que vea el mundo que existe un Evangelio superior, el Evangelio del sufrimiento, con el cual se debe preparar el futuro, el tercer milenio, el de la familia, el de cada familia y el de todas las familias". Así se expresa una vez más en tono enérgico.

Parece que lo haya dicho todo, y vuelve el tono discursivo. En cambio, falta un granito de arena, el más wojtyliano. Este sufrimiento por la familia no es un pensamiento devoto, que vale solamente para los fieles, sino que debe hacerse valer delante de los "poderosos del mundo".

Juan Pablo concluye con una acción de gracias y exalta la validez y grandeza del sufrimiento. "Doy gracias a la Virgen Madre por el don del sufrimiento. Comprendo que era importante tener este argumento delante de los poderosos del mundo. De nuevo debo encontrar a estos poderosos del mundo y debo hablar. ¿Qué argumentos? Me queda este argumento del sufrimiento. Y quisiera decirles: comprende por qué el Papa está de nuevo en el hospital, de nuevo en el sufrimiento. ¡Comprendedlo! ¡Repensadlo!".

Hemos reconstruido la pasión, el "exceso" de pasión con la cual Juan Pablo levanta su voz en defensa de la vida. Lo hemos hecho con las palabras más íntimas, improvisadas y gritadas, que no retiene cuando se le mueve el corazón. Pero ahora queremos agregar, para completar el relato, dos textos oficiales como los más significativos entre los muchos que esa pasión le ha dictado.

El primero es un pasaje de la *Carta a las familias,* el 22 de febrero de 1994. Estamos en el n. 21 y allí se halla esta advertencia a la civilización occidental que ha venido del cristianismo, la cual últimamente ha producido "leyes contrarias al derecho de cada hombre a la vida": "Nos hallamos frente a una enorme amenaza contra la vida, no solamente de cada individuo en particular, sino también de toda la civilización. La afirmación de que esta civilización ha llegado a ser, bajo algunos aspectos, 'civilización de la muerte', recibe una confirmación preocupante".

Son palabras tal vez excesivas, pero expresan la intención de Juan Pablo de colocar ante el mundo un anuncio de transparente radicalidad evangélica. De esta intención deriva la otra, expresada en la encíclica *Evangelium vitae* (El Evangelio de la vida), el 30 de marzo de 1995. Estamos siempre en el clima de esa pasión por la vida y la encíclica lleva su signo, tanto por la fuerza de la síntesis magisterial que esboza en esa materia, como por la novedad del pronunciamiento contra la pena de muerte, que ella propone —a pesar de la dificultad de una tradición ininterrumpida a favor de esa pena— por coherencia con la radicalidad afirmada en materia de aborto y de eutanasia.

El pronunciamiento contra la pena de muerte lo quiere Juan Pablo y lo impone a la Curia, que resiste y lima como puede la energía papal. La prueba de que eso sea debido a la voluntad del Papa está en las fechas: cuando se termina la encíclica —que es un documento personal— acaba de ser publicado el *Catecismo de la Iglesia Católica* (7 de diciembre de 1992), que en cambio es un texto de la institución —producido durante siete años de trabajo por una comisión internacional, con una consulta a los episcopados— y que ya daba un paso adelante en materia de pena capital. Es decir, afirmaba que el legislador "se limitará al uso de medios incruentos, porque responden mejor a las condiciones concretas del bien común y son más conformes con la dignidad de la persona humana" todas las veces que esos medios "son suficientes para defender la vida humana contra el agresor y para proteger el orden público" (n. 2267).

Es una indicación de contrariedad substancial de la Iglesia a la pena de muerte. Pero para captarla como tal sería menester hacer una lectura fundamentada con referencia a las afirmaciones de licitud del pasado y al hecho de que el mismo Estado de la Iglesia practicó a través de los siglos —hasta mediados del ochocientos— la pena de muerte. La discusión pública en cambio cita esos precedentes para poner de relieve la reticencia del Catecismo y para denunciar las "dos medidas" de la Iglesia: radical en materia de aborto, posibilista en materia de pena de muerte.

El mismo Juan Pablo —que siempre interviene contra las ejecuciones capitales, en cualquier parte del mundo— no está satisfecho con el texto del Catecismo, reconoce un fondo de verdad en la polémica pública y quiere un pronunciamiento más claro. Formula en su encíclica y dispone que según la nueva afirmación se corrija el *Catecismo*, en vista de la edición definitiva (1997).

En la encíclica él alaba como "una señal de esperanza" la "siempre más difundida aversión de la opinión pública a la pena de muerte" (n. 27), y es esa misma aversión la que ha llevado a las polémicas acerca del Catecismo. Luego hace notar que también "en la Iglesia" se registra una "creciente" tendencia que pide la "abolición total" de esa pena. Y finalmente afirma que ella puede ser considerada legítima solamente "en casos de absoluta necesidad", es decir, "cuando la defensa de la sociedad no fuera posible de otro modo", pero en seguida precisa que hoy "estos casos ya son raros, por no decir hasta prácticamente inexistentes".

Si lo hubieran dejado hacer, Juan Pablo habría afirmado acerca de la pena de muerte lo que ya había dicho de la guerra, al advertir a la humanidad para que se moviera hacia su "absoluta proscripción". Pero lo que ha dicho ya es mucho y el mundo debería quedarle agradecido. O por lo menos los cristianos, que de un Papa deberían apreciar sobre todo lo que hace y dice para ayudar a los hermanos a recuperar la radicalidad evangélica en nuestra época.

36
FINALMENTE
VISITA SARAJEVO Y BEIRUT

Año de dolor y de proyectos es 1994 para Juan Pablo. Probablemente fue el año del más grande sufrimiento y de la máxima fecundidad. Cae en el baño, se enfrenta a la ONU en defensa de la vida, debe renunciar a visitar Sarajevo y Beirut. Los periódicos indagan acerca de los escenarios de la sucesión y él proyecta el Gran Jubileo con el entusiasmo de un Papa recién elegido.

Juan Pablo sufre cuando no puede viajar y sobre todo cuando se ve obligado por las guerras a renunciar a viajes proyectados desde tiempo atrás e inclusive anunciados. Se puede afirmar que el mayor sufrimiento de 1994 le llegó por la renuncia forzada a los viajes al Líbano y a Sarajevo, causada por la guerrilla libanesa y por la guerra de Bosnia.

La visita al Líbano la deseaba desde siempre. Juan Pablo había hablado de ella desde el comienzo de su pontificado y particularmente en 1982 y luego había renovado el proyecto casi cada año, hasta cuando pudo anunciarla para mayo de 1994. Pero una serie de atentados a iglesias católicas —parece que eran favorecidos por la derecha maronita, que temía de la visita papal una legitimación de la presencia siria en el país— lo obligó a aplazarla.

Aún más dramática fue la renuncia a la visita a Sarajevo, sitiada por las tropas serbio-bosnias y mal protegida por las fuerzas de la ONU. En la imposibilidad de proyectar una visita regular, después de tres años de espera, Juan Pablo lanza su corazón más allá del obstáculo anunciando unilateralmente —con una decisión única en veinte años de pontificado— que visitará Sarajevo el 8 de septiembre.

El proyecto originario era visitar conjuntamente Sarajevo (Bosnia), Belgrado (Serbia) y Zagreb (Croacia). Debe renunciar de inmediato a la etapa de Belgrado, por la oposición del Patriarcado ortodoxo: y es una nueva y dolorosa etapa de la *kénosis* (derrota) ecuménica. Para ver Sarajevo Juan Pablo insiste durante todo el verano y su insistencia conmueve el mundo. Renunciará solamente el 6 de septiembre, dos días antes de la fecha que había fijado para la visita, después que el responsable de las fuerzas de la ONU en la ex Yugoslavia, el japonés Akashi, ha declarado que no está en condiciones de garantizar la "seguridad" de la visita.

Como no pudo visitar Sarajevo el 8 de septiembre, Juan Pablo ese mismo día celebra una misa en el patio de la residencia veraniega de Castelgandolfo "en unión con la comunidad" de la capital bosnia. Lee la homilía que hubiera debido pronunciar en el estadio de Sarajevo, grita "¡basta con la guerra!", invita a los católicos a perdonar y a pedir perdón, condena la limpieza étnica, pide que se revisen las sanciones a Serbia, envía un beso de paz al patriarca de la Iglesia ortodoxa serbia Pavle que no ha querido que llegara a Belgrado.

El 10 y 11 de septiembre visita Zagreb y repite los mismos llamados y advertencias. La televisión lo muestra dolorido y turbado, inseguro en sus piernas, escasamente ayudado por el bastón que aún no sabe usar, carente de toda gana de bromear e improvisar. Su sufrimiento físico —nunca tan evidente— traduce perfectamente el sufrimiento moral de no poder abrazar juntos a los tres pueblos (croata, serbio y bosnio) que quisiera ver hermanados. Él está afligido también por el hecho de que sus repetidas invitaciones al perdón no obtienen nunca un sólo aplauso espontáneo de la gente.

Para la guerra de Bosnia Juan Pablo ha intervenido continuamente, desde que se inició en 1991. Para invocar la paz convocó en enero de 1993 una Jornada de oración y de ayuno en Asís. Para expresar el grado de su participación en esta tragedia pueden bastar las palabras que pronuncia durante una celebración "por la paz en los Balcanes" que tiene lugar en la Basílica vaticana el 23 de enero de 1994, en la época en la cual madura la decisión de anunciar unilateralmente la visita: "No debéis sentiros abandonados. ¡No estáis abandonados! Estamos con vosotros y estaremos con vosotros y siempre más estaremos con vosotros!".

Al final de ese año habla de esa guerra un domingo, desde la ventana, anunciando la publicación de una "Carta a los niños": "Esta carta va dirigida también a aquellos que son responsables de las guerras, lejanas y cercanas. Pensamos en todos, pero tal vez con especial insistencia en los cercanos, de la otra orilla del Adriático. A éstos les decimos hoy, cuarto domingo de Adviento, seis días antes de la Navidad: ¡deteneos, deteneos ante el Niño Divino!" (18 de diciembre de 1994).

Pero a pesar de sus gritos apasionados, la guerra continúa e inclusive empeora: "Lo que se está consumando ante los ojos del mundo entero constituye una derrota de la civilización", dice desde la ventana el 16 de julio de 1995.

Como no puede acercarse ni reconciliar a los croatas y a los serbios, a los católicos, ortodoxos y musulmanes, convoca en Roma a los representantes de las comunidades católicas de toda la ex Yugoslavia y declara: "¡Nuestra fe nos dice que no podemos ser felices los unos sin los otros y, mucho menos, los unos contra los otros!". Es el 17 de octubre de 1995 y dirige estas palabras "a los obispos y a los nuncios de Bosnia Herzegovina, Croacia, Federación yugoslava, Macedonia, y Eslovenia".

Deberá esperar todavía un año y medio antes de poner pie en Sarajevo. Irá allí del 12 al 13 de abril de 1997 y será —a su modo— una revancha sobre la mala suerte de ese proyecto. Durante la celebración en el estadio llegará inclusive la nieve, ciertamente fuera de la estación, para hacer inolvidable la escena.

El cardenal Vinko Puljic le muestra la ciudad que está en ruinas y le enumera los daños. Los muertos —desde el comienzo de la guerra en 1991 hasta su final en 1995— han sido 270 mil: ¡doscientos por día! Hay un millón de exiliados. Los desplazados son más de un millón.

Como lo había sido en Zagreb, la visita será una predicación ininterrumpida del perdón y de la reconciliación. "Perdonemos y pidamos perdón" es la consigna que repite en siete de los nueve discursos.

Habla al pueblo y a los gobernantes, a la multitud en la misa y a los obispos, a los musulmanes y a los hebreos, a los ortodoxos y a los voluntarios de la Cáritas. A todos y en todo lugar.

Obviamente el llamado más comprometedor lo dirige a los cuatro obispos católicos de Bosnia Herzegovina, invitándolos a considerar la reconciliación como su "primera tarea", que se ha de realizar "con la sanación de los ánimos probados por el dolor y, a veces, embrutecidos por sentimientos de odio y de venganza".

En Sarajevo no hay familia que no llore un muerto. Es necesario tener presente esta condición humana desolada para comprender la valentía mostrada por el Papa en su predicación. Se dirigió así a los pobladores de Sarajevo: "Ciudad símbolo de los sufrimientos de este siglo", puede llegar a ser la "ciudad símbolo de la reconciliación en Europa", pero esta transformación se podrá realizar solamente sobre la base de una verdadera renovación que parta del perdón, pues de lo contrario el camino de las "venganzas" acabará por destruir el resto actual de convivencia de los tres pueblos diferentes: los musulmanes, los serbios ortodoxos y los croatas católicos. Sólo el Papa podía llevar a la ciudad mártir este mensaje y ser escuchado si no seguido. Él ha percibido esa posibilidad y ha querido realizarla.

La pasión de Juan Pablo por el Líbano dura mucho más de la que siente por Sarajevo. Ella nace antes de la elección, cuando los cardenales durante la sede vacante envían un mensaje "para la crisis libanesa" y se asoma en el primer discurso del pontificado, el de la Capilla Sixtina al día siguiente de la elección con el cual invoca "paz en la libertad" para la "amada tierra del Líbano".

Luego Juan Pablo hablará seguido, en toda ocasión, de su deseo de visitar el Líbano, o al menos la ciudad de Beirut.

Su pasión por la ciudad mártir del Medio Oriente es muy semejante a la que experimentará por Sarajevo en los años noventa. En ambos casos existe la memoria de una prolongada convivencia multicultural e interreligiosa, en ambos existe la necesidad de estimular la comunidad internacional para una intervención de paz y existe el Islam como interlocutor primario y una comunidad católica que corre el riesgo de quedar aplastada antes del conflicto y después por los acuerdos de paz.

De los centenares de intervenciones de Juan Pablo por el Líbano citamos dos, que bastan para expresar la fuerza de su pasión. El primero lo improvisa, lo grita en un mal italiano pero en estilo evangélico excelente: "No podemos permitir que se destruya un pueblo, un país. ¡Son nuestros hermanos, nuestros hermanos cristianos, nuestros hermanos musulmanes!" (Plaza San Pedro, 23 de abril de 1989).

Los llama "hermanos". ¡Qué hermosa es esta invocación de fraternidad que incluye a los musulmanes! Juan Pablo, con una de sus audacias mal soportadas por la Curia, ha llamado muchas veces "hermanos" a los musulmanes.

La otra cita pertenece al Juan Pablo que confiesa la responsabilidad de los hijos de la Iglesia y les suplica que no se combatan unos a otros. Nos hallamos en el momento más duro del desafío entre el ejército regular del general Samir Geagea y las tropas del general Michel Aoun, que es definido por los medios internacionales como "guerra cristiana" y Juan Pablo suplica: "¡Pido que se suspendan de inmediato los combates fratricidas!" (mensaje al patriara maronita Pierre Sfeir, 6 de febrero de 1990).

Y helo en Beirut, el 10 y 11 de mayo de 1997, en esta segunda "misión imposible", a un mes de la de Sarajevo. Puede visitar los dos países cuando ya no se dispara pero en los corazones aún no hay paz. Y especialmente los corazones católicos en ambas tierras parecen estar atenazados por la desesperación al descubrir que también la paz puede carecer de un camino de salida: en Sarajevo, porque perciben que están sumergidos entre una mayoría musulmana, en el Líbano porque no se ve el final de la presencia siria.

Se trata de misiones imposibles, en un tiempo por la guerra y ahora por la dificultad de hablar de paz y de entenderse de verdad. Esto es tan cierto que ninguno ama visitar lugares como éstos, donde uno se compromete y no gana nada. Pero Juan Pablo, en ambos casos, dice la verdad incómoda acerca de los dos países sin callar ni siquiera la responsabilidad de su parte, es decir de la comunidad católica. Y se puede decir que tanto en Beirut, como en Sarajevo, él es comprendido por las multitudes.

Por otra parte quien dice la verdad habla en nombre de todos y parece que ni siquiera los musulmanes tienen dificultad para entender al

Papa. Cuando reivindica la soberanía del Líbano como clausura de la visita, habla también en nombre de ellos.

"Voy al Líbano, al Líbano soberano", había dicho a los periodistas al partir de Roma y había parecido una provocación. Al final de las dos jornadas precisa esa provocación pidiendo a quien gobierna en el mundo el respeto del derecho internacional en esta área, para que en particular se garantice la soberanía, la autonomía legítima y la seguridad del Líbano.

Otra verdad incómoda Juan Pablo la dice a Israel, al definir como amenazante su ocupación del Sur del Líbano. La tercera la dice a Siria, recordando que entre las mayores dificultades del país está la presencia de fuerzas armadas no libanesas en el territorio.

Una verdad incómoda, muy incómoda la dedica a sus hijos católicos, recordando la guerra que han sostenido entre ellos durante tantos años, favoreciendo así la ocupación israelita y el protectorado sirio y lacerando a la Iglesia que se ha visto obligada a "ver que sus hijos eran asesinados, mataban y se mataban entre sí".

Ésta es la libertad de palabra que le conquista a Juan Pablo el favor de las multitudes. Éstas nunca lo dejan solo en los días de la visita, tanto en los barrios shiitas como en los sunnitas, así como obviamente en los cristianos. Jóvenes musulmanes y ortodoxos están presentes junto con los católicos la tarde del sábado en el santuario de Nuestra Señora del Líbano y una parte notable de la gran multitud del domingo por la mañana en la misa campal, en el distrito central de Beirut, está conformada por musulmanes, unos cincuenta mil sobre trescientos mil.

37

"EL ESPÍRITU HOY SOPLA EN CUBA"

La primera imagen nos muestra al Papa que deja lento y encorvado con su bastón la Plaza de la Revolución, en La Habana, a la una de la tarde del 25 de enero de 1998. La celebración de la misa ante un millón de personas (ésta es la apreciación de la televisión cubana), presente Fidel Castro, ha durado tres horas. Ahora Juan Pablo, después de quitarse los ornamentos, se va solo desde el palco hasta el papamóvil. La muchedumbre ya no lo ve, camina sobre la hierba. Emplea más tiempo del necesario. Ha cumplido su misión.

Ese Papa cansado que regresa con el bastón nos recuerda al Papa heroico que parte con la cruz hacia su misión. Así lo había conocido el mundo veinte años antes el 22 de octubre de 1978, cuando lo habíamos visto caminar alto y fuerte en la plaza San Pedro, después de haber lanzado la proclama del pontificado: "Abrid las puertas a Cristo". Acaba de repetir durante la misa esa proclama misionera. Tal vez ha contribuido a la apertura de otra puerta.

La segunda imagen viene también de esa celebración. En la mitad de la homilía, la predicación papal es interrumpida por un grito de libertad. Acaba de citar la Escritura: "La verdad os hará libres", cuando un grupo de jóvenes deletrea una frase no prevista por los organizadores: "El Papa libre nos quiere libres". Se ve el desconcierto en el rostro del cardenal Ortega el hombre a quién le corresponderá guiar el tiempo después de la visita y existe también ansiedad en los rostros del séquito vaticano. Pero no en el rostro del Papa. Él escucha sereno la repetición del grito, espera que termine y luego —como para mostrar que lo ha comprendido plenamente— responde así: "¡Sí, libres con la libertad que Cristo ha traído!".

El viaje a Cuba (21 al 25 de enero de 1998) tal vez no ha sido el mayor evento del pontificado. Fue importante, sí, pero no primario. Sin embargo, merece un capítulo por la madurez del gesto y de la palabra con la cual Juan Pablo lo ha conducido. Llevados por el nerviosismo americano por todo lo que se refiere a Cuba los medios internacionales lo han sobreestimado. En cambio, el Papa lo vivió con serenidad y seguridad, en cada momento. También en este grito de libertad que viene de la muchedumbre y no se sabe adónde puede llevar. Se diría que Wojtyla esperaba ese eslogan. Casi como para alentarlo había repetido 17 veces en esa homilía las palabras "libertad, liberar, liberación".

Gritos de libertad no previstos por los organizadores, los había escuchado otras veces, en viajes quizá más comprometidos, en presencia de poderes estatales más fuertes como en Polonia en 1979, en 1983 y en 1987, en Brasil en 1980, Chile en 1987, Paraguay en 1988, Timor Este en 1989. Y en otras ocasiones, por ejemplo —Filipinas 1981, Argentina 1982, Guatemala 1983, El Salvador 1983, Haití 1983, Zaire 1980 y 1985, Sudán 1993— no hubo gritos de la multitud, pero la muchedumbre era un solo grito de consenso con la predicación de rescate del Papa. La serenidad de esa escucha y la seguridad de todo el viaje le venía a Juan Pablo por esta experiencia única de confrontación, en nombre del Evangelio, con toda forma de absolutismo estatal.

Parecía increíble esa vigilante presencia en un hombre tan sufrido y acontecía además en un contexto ansioso como el del oficialismo cubano, dominado por rituales impenetrables y rodeado de voces incontrolables, donde no era posible saber si Fidel estaría presente en ese acto papal, o si para aquella misa habría la transmisión televisiva en directo.

No ha faltado quien ha intentado una explicación psicológica de la excepcional fortaleza física del Papa: que él estaba como rejuvenecido por la confrontación con el comunismo, es decir, con el adversario de su juventud. Una impresión en ese sentido ya la tuvieron durante la conversación en el avión los periodistas, cuando Juan Pablo respondió con flexibilidad y prontitud a una decena de preguntas, durante más de media hora. Eso no sucedía desde enero de 1995, durante el vuelo Roma–Manila, cuando despertó su gana de hablar la novedad del gran viaje internacional, después de la interrupción de los viajes debido a la caída y a la prótesis en el fémur derecho

La visita de Juan Pablo a Cuba se puede resumir en las dos imágenes del Papa anciano que recibe sereno el grito de libertad de la multitud y que regresa encorvado de su misión, y en tres frases. La más penetrante de ellas la dice durante el vuelo Roma–La Habana, en la conversación con los periodistas a bordo del 767 de Alitalia, como respuesta a la pregunta de "¿qué cosa desearía escucharle a Fidel Castro?". "Quiero que me diga la verdad, su verdad como hombre, como presidente, como comandante y luego quiero que me diga la verdad acerca de su país, acerca de las relaciones entre el Estado y la Iglesia, acerca de todo lo que nos interesa". Decir la verdad, significa salir de la propaganda para llegar a una verdadera confrontación, que podría ser también de colaboración. Es interesante notar la correspondencia entre esta intención del Pontífice y el grito de libertad de los jóvenes durante la homilía.

La segunda frase de Wojtyla la improvisa al final de la homilía en la Plaza de la Revolución: "¡El viento de hoy es muy significativo, porque el viento simboliza el Espíritu y el Espíritu sopla donde quiere y hoy sopla en Cuba!". No se necesita comentario. Es la más bella improvisación del Papa en sus viajes .

La tercera frase no es improvisada y viene después de la visita. El miércoles 28 de enero, en la audiencia general, hablando en polaco a los polacos —como resumen del discurso en italiano, dedicado a la misión cubana— dice: "Mi visita a Cuba me ha recordado mucho mi primer viaje a Polonia, en 1979. Deseo a nuestros hermanos y hermanas de esa hermosa isla que los frutos de esta peregrinación sean semejantes a los frutos de esa peregrinación a Polonia".

Todavía cansado del viaje, pero satisfecho, muy satisfecho por su manera de realizarse y confiado en los "efectos" que podrán venir, Juan Pablo —en el discurso en italiano— se había detenido en describir la acogida popular: "Ya desde mi llegada he sido rodeado por una gran manifestación del pueblo que ha asombrado también a los que, como yo, conocen el entusiasmo de las gentes latinoamericanas".

En esta evaluación, Wojtyla insiste en el testimonio público de la fe que la visita ha hecho posible. En particular el Papa polaco exulta por la figura de Cristo levantada en la plaza de La Habana, que debe haberle recordado la cruz que dominaba la plaza de la Victoria en Varsovia, ese 2 de junio de 1979, fecha en la cual comenzaron muchas cosas: "En la gran Plaza de la Revolución en La Habana he visto un enorme cuadro que representaba a Cristo con la inscripción "¡Jesucristo, confío en ti!". He dado gracias a Dios porque precisamente en ese lugar dedicado a la "revolución" ha encontrado su lugar Aquel que ha traído al mundo la auténtica revolución, la del amor de Dios que libera al hombre del mal y de la injusticia y le regala la paz y la plenitud de la vida".

Con las declaraciones a bordo del avión y los doce discursos de la visita, Juan Pablo ha lanzado un triple mensaje, destinado a tres interlocutores distintos, pero que debemos leerlos unitariamente para comprender todo su alcance: la Iglesia cubana, Fidel Castro, los Estados Unidos.

A los Estados Unidos les ha pedido que cambien su política del embargo, que está desde hacía 35 años y causa hambre en los pobres. Ha repetido tres veces su solicitud. En el avión a la pregunta sobre lo que tenía que decir acerca de esa política, había respondido lapidariamente: "¡Que cambie, que cambie!". El 23 de enero en Camagüey dice: "Los embargos económicos son siempre condenables por cuanto lesionan a los más necesitados". Finalmente, el último día, en la despedida a Castro en el aeropuerto: "Las restricciones económicas impuestas desde el exterior del país son injustas y éticamente inaceptables" .

Pero antes que las palabras ha sido el hecho mismo de la visita lo que se colocó —objetivamente— como una crítica a los Estados Unidos. Los portavoces de la administración estadounidense la habían considerado "prematura" y después del evento han criticado sus contenidos: "Comprendemos y respetamos la posición del Papa, pero el embargo es una cuestión de ley, una ley que goza de un apoyo amplio y fuerte por parte de la población y de ambos partidos políticos", declaró el portavoz de la Casa Blanca Mike McCurry, el 26 de enero, cuando el Papa se hallaba a bordo del avión que lo regresaba a Roma.

Además de las declaraciones acerca del embargo y del hecho de la visita, hizo gestos que pueden leerse como significativos para los Estados Unidos. El Papa se encontró cinco veces con Fidel: a la llegada y a la partida, la tarde del martes 22 en el Palacio de la Revolución, la tarde del miércoles en la Universidad (donde la presencia de Castro no era prevista), en la misa del 25 donde era prevista pero no estaba en el programa el saludo a los pies del palco querido por el Papa. Cinco veces el hombre más respetado del mundo estrechó la mano del hombre al cual los Estados Unidos querían expulsar de la comunidad internacional. Durante la visita al Palacio Fidel presenta a Wojtyla sus hermanos Raúl y Ramón y sus hermanas Angela y Agustina: "Mi hermana Agustina quisiera abrazarlo como se hace en Roma", dice Fidel. Y el Papa le responde: "¡Hagámoslo!". La abrazó y ella lloraba.

A Fidel Castro el Papa le solicitó la verdad acerca de Cuba, pero le hizo tres solicitudes específicas, para concretar esa verdad:

— Un "gesto de clemencia" para los prisioneros políticos. La solicitud la formuló, durante el encuentro del 22 de enero en el Palacio, el cardenal Sodano al número dos del régimen Carlos Lage. Lo hizo al transmitir "las suplicas de algunos detenidos cubanos que se habían dirigido al Santo Padre para pedirle que se hiciera su intérprete solicitando un acto de clemencia. Lage respondió que la solicitud sería "acogida con atención".

— Reformas que conjuguen libertad y justicia, evitando que "una de ellas sea relegada a un nivel inferior". El Papa habló de ese tema sobre todo en la homilía en la misa de La Habana (25 de enero), aludiendo a la mortificación de la libertad llevada a cabo por el régimen castrista y especificando que "un estado moderno no puede hacer del ateísmo o de la religión uno de los propios ordenamientos jurídicos", pero invitando también a no ceder ante las "fuerzas ciegas del mercado" exaltadas por el "neoliberalismo capitalista, que lleva al enriquecimiento exagerado de unos pocos a precio del empobrecimiento creciente de muchos".

— Plenitud de la libertad religiosa. Juan Pablo habló de esto en el discurso a los catorce obispos del país, entregado por escrito en el encuentro en la nunciatura el día 25, precisando que la Iglesia necesita, espacios, obras y medios" para su misión que no es sólo "cultual", sino también "profética y caritativa".

A la Iglesia cubana Juan Pablo dijo, como es obvio, las cosas más importantes: la ha alentado a reivindicar "con insistencia" un espacio adecuado en la vida pública, le ha solicitado que eduque a los católicos —y sobre todo a los jóvenes— y a no ceder a la tentación de emigrar, y a participar en la vida política, para favorecer un cambio "gradual y pacífico" (24 de enero).

Es necesario decir todavía algo acerca del *testimonio público de la fe* suscitado y legitimado por la presencia del Papa, que probablemente es el dato sobresaliente de la visita y su mayor herencia. Ya en vista del viaje el Papa había obtenido el restablecimiento de la Navidad como fiesta civil, la autorización para una "peregrinación" en toda la isla al santuario de la Virgen del Cobre, y la primera aparición televisiva del cardenal Ortega para presentar el evento. Las multitudes en las visitas papales fueron cada día más numerosas y espontáneas, hasta llegar al millón de personas. Las cuatro celebraciones fueron transmitidas en directo por la radio y la televisión nacional. El gobierno favoreció la afluencia a las celebraciones declarando semifestivas las jornadas papales en cada provincia cuando llegaba la visita papal.

Una confrontación de acercamiento y una colaboración dialéctica entre el régimen y la Iglesia se iniciaron, aunque de una manera experimental, en vista y con ocasión de la visita. Con el fin de que sean permanentes Juan Pablo ha dado consignas precisas a los obispos. Ha dejado una Iglesia fortalecida, destinada a desarrollar un rol de interlocutora primaria en la transición. Ha dado un ejemplo de confrontación exigente, pero flexible y respetuosa.

La visita ha tenido algún resultado inmediato. "La Secretaría de Estado ha sido informada de que el gobierno de Cuba ha liberado un cierto número de detenidos, como acto de clemencia y de buena voluntad y como recuerdo de la visita del Papa a Cuba". Así se lee en un comunicado publicado el 12 de febrero. Un mes más tarde "acogiendo la invitación del Papa" el gobierno de los Estados Unidos anuncia un alivio del embargo contra Cuba.

En fin, hubo un gesto de buena voluntad, en relación con el Papa tanto por parte del gobierno cubano, como de los Estados Unidos. No es mucho, pero es la señal de una mejor escucha en la escena mundial de lo que habían tenido —en circunstancias análogas— los predecesores y el mismo Juan Pablo, por ejemplo con ocasión de la Jornada de Asís (1986) y de la solicitud de una tregua en todas las guerras del mundo.

Por último, una anotación acerca de la cobertura excepcional por parte de los tres mil periodistas, fotógrafos y operadores televisivos, llegados a Cuba de todo el mundo. Tal vez fue excesiva, pero objetivamente dio fuerza al mensaje papal. Mil seiscientos eran estadounidenses, lo que indica que la fiebre de los medios americanos tenía principalmente razones políticas. Los españoles eran trescientos, y allí había el vínculo tradicional, cultural e idiomático, que atraía la atención. Los italianos eran doscientos sesenta y los movía un especial interés por el Papa.

Cuando se realizó la visita a Cuba, el pontificado wojtyliano se acercaba a los 20 años, el más largo del siglo, superando el de Pío XII. Está fuera de todo precedente el hecho de que un Papa gana en atracción con el pasar del tiempo.

38

LA CITA CON EL TERCER MILENIO

A partir de los años noventa los días y las obras de Juan Pablo estuvieron guiados por un único sueño: celebrar el Gran Jubileo e introducir la Iglesia en el Tercer Milenio. Él siente cada año más la fatiga de ser Papa, pero revive también cada día más fuerte el sueño de esa misión.

Con el proyecto del Gran Jubileo —definido detalladamente en la primavera de 1998— Juan Pablo vuelve a dar impulso al pontificado y coloca como una hipoteca sobre el año dos mil: ahora no solamente existe una cita con el Tercer Milenio, sino que esa cita se ha precisado con fechas y actos a cumplir en cada una de ellas y él tendrá que ser fiel a esa cita. Los proyectos *ad extra* de visitar la Tierra Santa, de encontrarse en el Sinaí con los representantes de las religiones monoteístas y de tener un encuentro pancristiano en Jerusalén, o en Belén, todavía son genéricos, pero él —con el calendario del Año santo del dos mil, publicado el 26 mayo de 1998— ha tomado compromisos extraordinariamente precisos consigo mismo y con la Iglesia. Los más novedosos fueron:

— Abrir la "puerta santa" de la Basílica de San Pedro la noche de Navidad de 1999 y la cerrará en la Epifanía del 2001. El Jubileo desembocó en el nuevo milenio y constituyó un acto simbólico con el cual el Papa introdujo la Iglesia en el nuevo milenio.

— En espera de actos ecuménicos de mayor compromiso —"se están dando contactos", ha dicho el arzobispo Crecencio Sepe— ha sido anunciada para el 18 de enero del 2000 la apertura de una "puerta santa" ecuménica que será la de la Basílica de San Pablo extramuros, y será abierta con una "celebración ecuménica".

— Ha fijado el día —podría ser el más importante del pontificado— en el cual realizará un acto penitencial con petición de perdón. Este acto será el 8 de marzo del 2000, miércoles de Ceniza, en el Circo Máximo.

— El 7 de mayo, en el Coliseo, se tendrá la "Conmemoración ecuménica por los nuevos mártires", es decir por los mártires de nuestro siglo pertenecientes a todas las Iglesias.

— El 11 de junio del 2000, Pentecostés, será una "Jornada de oración por la colaboración entre las diferentes religiones" y una "asamblea interreligiosa" —que tendrá lugar en Roma, con una probable peregrinación a Asís— está convocada para los días del 24 al 28 de octubre de 1999.

— El 3 de octubre del 2000 se realizará la "Jornada para el diálogo hebreo-cristiano".

Con el Gran Jubileo Juan Pablo II hace como el padre de familia del Evangelio que saca de sus arcas lo nuevo y lo viejo. Hemos enumerado las cosas nuevas que él ha querido y he aquí las cosas viejas que él ha aceptado que otros agreguen: habrá jornadas para niños, religiosos, enfermos, artistas, diáconos permanentes, artesanos, mujeres, migrantes, trabajadores, sacerdotes, científicos, periodistas, docentes universitarios, ancianos, familias, deportistas, responsables de la administración pública, militares y policías. A mediados de agosto del 2000 se celebrarán en Roma la Jornada mundial de la juventud y a final de Junio el Congreso eucarístico internacional.

¿Y que hará Juan Pablo en ese Jubileo de los Jubileos? Todas las tardes se asomará a la ventana para saludar a los pelegrinos reunidos en la plaza San Pedro, y espera asomarse al mundo con un gran viaje por toda la geografía de la Biblia hebrea y cristiana: "Sería algo muy elocuente si, con ocasión del año 2000, fuera posible visitar todos aquellos lugares que se hallan en el camino del pueblo de Dios de la Antigua Alianza, a partir de los lugares de Abraham y Moisés, a través de Egipto y el Monte Sinaí, hasta Damasco, ciudad que fue testigo de la conversión de Pablo" (*Tertio millenio adveniente* 24).

Es un proyecto que incluiría Irak y Siria, Egipto y Jordania, Israel y el Líbano. En el monte Sinaí, donde Moisés recibió las Tablas de la Ley, Juan Pablo quisiera orar junto con hebreos y musulmanes. En Jerusalén o en Belén quisiera tener un "encuentro pancristiano". Usa palabras nuevas, arriesga iniciativas sin precedentes, arroja el corazón más allá de cualquier obstáculo diplomático, interreligioso y ecuménico. ¡Y más allá del milenio!

¿Qué decir de este plan jubilar grandioso, tal vez exagerado? La estructura que ha sido preparada, tiene algo de excesivo, pero las citas más nuevas que hemos enumerado arriba dan consistencia a todas las dimensiones esenciales (la ecuménica y la interreligiosa, la histórica y la social) de la gran idea jubilar del Pontífice. En el momento se diría que nada se ha perdido de cuanto había de creativo en esa idea y que ella ha tenido un desarrollo coherente a través de las diversas fases por la que hasta hoy ha pasado:

— Desde la nota enviada a los cardenales a comienzos de 1994 hasta la discusión con el Consistorio extraordinario del 13 al 14 de junio de ese año.

— Desde la carta apostólica *Tertio millennio adveniente* (14 de noviembre de 1994) hasta la constitución del Comité Central del Gran Jubileo (16 de marzo de 1995).

— Desde el primer encuentro consultivo con los episcopados (15 al 16 de febrero de 1996) hasta la publicación del Calendario jubilar (26 de mayo de 1998).

La guía del Comité para el Gran Jubileo ha sido confiada al cardenal Roger Etchegaray. Él fue el organizador de la Jornada de Asís de 1986 y fue el único entre los cardenales que reaccionó con entusiasmo ante la primera propuesta del programa jubilar presentada por Juan Pablo en el Consistorio extraordinario en junio de 1994.

Etchegaray es el corazón ardiente de la Curia y es el único personaje curial capaz de entrar en plena sintonía con Juan Pablo y sus proyectos más utópicos y avanzados.

Dependientes de Etchegaray existen ocho comisiones, de las cuales las más importantes para los objetivos del proyecto papal son la ecuménica, la teológico–histórica, la interreligiosa y la de los nuevos mártires.

Ante todo está la Comisión ecuménica. A los diez miembros católicos "se ha decidido unir seis representantes de las otras iglesias y comunidades eclesiales como miembros adjuntos. Esto permitirá un examen más atento de las posibilidades ecuménicas concretas y favorecerá la cooperación". En el organigrama del Comité central, esta Comisión se enumera en primer lugar, por cuanto "desempeña un rol predominante en vista de la dimensión ecuménica que el Santo Padre ha querido imprimerle al final del segundo milenio".

La finalidad de la Comisión fue "encontrar los caminos para una participación ecuménica primero en la preparación y luego en la celebración misma del año 2000", con la esperanza de que en ese año "se pueda organizar un encuentro pancristiano para que los cristianos profesen pública y solemnemente su fe común". Será necesario también reflexionar sobre "algunas praxis de los Jubileos del pasado, que han causado fuertes tensiones con los otros cristianos" (¡las indulgencias!), teniendo en cuenta el hecho de que "la celebración de los jubileos es una praxis católica desconocida por los ortodoxos y, en el pasado, hostilizada por la Reforma y sus herederos".

La Comisión para el diálogo interreligioso quizo presentar el año del Jubileo "no como un evento exclusivamente cristiano, es decir, irrelevante para los que pertenecen a otras religiones y mucho menos como una contraposición a éstas". Por analogía con la Comisión ecuménica, ella tiene la tarea de preparar "un encuentro de oración con hebreos, musulmanes y jefes de las otras religiones". A ellos presentó el Jubileo "como la ocasión para un recíproco examen de conciencia, un momento de arrepentimiento y de perdón". Hemos indicado que aquí se puede descubrir una de las propuestas más fuertes del Papa. Bastará citar esta frase de la *Tertio millenio adveniente*: "Cristo pertenece de algún modo a toda la humanidad".

La "Comisión para los nuevos mártires" no tiene como finalidad iniciar procesos de beatificación, sino de "hacer tomar conciencia de la importancia del martirio hoy y de su dimensión ecuménica". Tiene el objetivo de "reunir testimonios para una memoria futura, que recoja las riquezas aún inexploradas del martirio en nuestros días". Tiende a realizar para este año santo del 2000, un "catálogo" de los nuevos mártires, con la colaboración de las conferencias episcopales y de las Iglesias hermanas. En el momento en que escribimos ya ha recogido ocho mil fichas. El catálogo debería estar publicado con ocasión de la "conmemoración ecuménica de los nuevos mártires" fijada para el 7 de mayo del 2000.

Existe también una Comisión social que promovió iniciativas "para hacer que el año 1999 fuera un verdadero año de la caridad" (desde la conversión personal hasta la deuda internacional) y para que "el año 2000 sea un año de paz": "se emprenderán acciones a gran escala a favor del cese de hostilidades entre pueblos para una tregua, inclusive acudiendo a gestos simbólicos, vigilias de oración y ayunos".

Este programa está lleno de propuestas, típicamente wojtylianas, que mantienen en gran alarma a la Curia: el *"mea culpa"* atemoriza casi a todos, el proyecto acerca de los "nuevos mártires" pasa por encima de la Congregación para las Causas de los santos, e inclusive los organismos de avanzada —o más abiertos— que trabajan por el diálogo ecuménico e interreligioso se ven como forzados hacia direcciones que no están maduras. ¡Pero el Papa tiene prisa y hay que arriesgar con él! En otros tiempos el sol nacía y se ponía sin prisa sobre el pontificado romano destinado a durar en los siglos. Y los jubileos escondían esa estabilidad. Pero en los tiempos de Juan Pablo, los días y las noches se suceden con mayor rapidez como si estuvieran en una competición entre sí, produciendo de tal manera espejismos y sobresaltos.

Llamar a los "hermanos separados" a abrir juntos la "puerta santa" —aunque sea la de San Pablo extramuros— es casi insensato. Algunos de ellos se separaron precisamente por motivo de las puertas santas y de sus indulgencias. Llamar a lo hebreos a celebrar los dos mil años del nacimiento de Cristo es otra admirable apuesta. Pero Juan Pablo ya ha obtenido algunos resultados: el rabino jefe de Roma, Elio Toaff, ha declarado que su comunidad participará en el evento jubilar si éste renovará "el compromiso fuerte de este pontificado por el diálogo entre las religiones monoteístas, incluyendo el islam". ¡Y el rabino se ofreció a realizar el viaje a Jerusalén junto con el Papa!.

Grande es también la propuesta de un "martirologio contemporáneo": como signo de confianza en los hombres, de valentía ecuménica y de sentirse libre de las normas. Los "mártires" eran los que morían por amor a la fe, pero Juan Pablo ya ha proclamado santo a Maximiliano Kolbe con el título de mártir, precisando que en el testimonio de caridad, ofrecido por él en el lager de Ausehwitz, se expresó el más grande testimonio posible de la fe cristiana. Y ha expresado el mismo concepto —más lapidariamente— una vez refiriéndose al juez siciliano Rosario Livatino asesinado por la mafia y a otros como él: "Son mártires de la justicia e indirectamente de la fe" (Agrigento, 9 de mayo de 1993).

En esta atención de Juan Pablo a los mártires se trasluce su sentimiento trágico del momento histórico que estamos viviendo, en el cambio de milenio. Él lo percibe al mismo tiempo como un período de máxima prueba y de máxima oportunidad para la fe, porque ¡nunca como hoy se han presentado tantos ultrajes al hombre y nunca como hoy el hombre ha dado tanto testimonio! ¡El hombre, sí, también el hombre no cristiano, también los cristianos no católicos!

Quien no capta la dialéctica de su visión de la historia, que entiende como conflicto entre el bien y el mal, queda desorientado por el alternarse, en los discursos y en las palabras de Juan Pablo, por los mensajes de miedo y de confianza extraordinaria. "Nuestra época es particularmente hambrienta de espíritu", escribió en la *Redemptor hominis* (1979). Y otra vez dijo a Frossard (Bibliografía 10, p. 225): "Tenemos motivos para temer que el mundo hacia el cual vamos aparezca más terrible que todo lo que conocemos del pasado".

Una vez evoca los jinetes del Apocalipsis: "La amenaza de la catastrofe nuclear y la plaga del hambre se asoman estremecedoras en el horizonte como en los jinetes fatales del Apocalipsis" (Basílica de San Pedro 1º de enero de 1984). Otra vez compite con Juan XXIII en el anuncio de un nuevo Pentecostés: "En la proximidad del Tercer Milenio de la redención, Dios está preparando una gran primavera cristiana de la cual se ve ya el comienzo" (*Redemptoris missio,* 1991). No teme mostrar a los jóvenes los escenarios apocalípticos: "En este mundo se hacen sentir continuamente las sacudidas cósmicas y apocalípticas de la desobediencia originaria" (Plaza San Pedro, 31 de marzo de 1985). Pero también a los jóvenes les anuncia: "¡Éste no es un mundo viejo que termina, sino que es un mundo nuevo que tiene el comienzo!" (Lisboa, 10 de mayo de 1991).

Con respecto a los tonos dramáticos, baste decir que ha formulado su pregunta desolada y teológica acerca de los que sobrevivieron a los campos de exterminio: "¿Dónde estaba Dios en Auschwitz, en Hiroshima, en Nagasaki? ¿Dónde está Dios cuando los niños mueren de hambre, cuando los hombres y las mujeres son torturados, cuando jóvenes llenos de esperanza tienen que morir?" (Vaduz, Liechtenstein, 8 de septiembre de 1985).

Su palabra más verdadera se da cuando coloca juntos, en un único vaticinio, el mal y el bien, la prueba y la esperanza: "Una nueva aurora parece surgir en el cielo de la historia que invita a los cristianos a ser sal y luz de un mundo que tiene enorme necesidad de Cristo redentor del hombre" (Lisboa, 10 de mayo de 1991).

El final del milenio para él resume la época y la historia. En él ve simbolizada la prueba y la gracia para la generación actual. Y por eso él quisiera hablar de eso a todos, quisiera purificar la Iglesia para que hablara de eso a todos, quisiera recoger todos los testimonios de salvación que son concedidos a este tiempo (los mártires), ¡quisiera encontrarse con todos los creyentes en el Sinaí y con todos los cristianos en Jerusalen!

Un día, improvisando con los periodistas, trazó este balance de sus viajes y esta proyección de su viaje a Jerusalén, que coincidió simbólicamente con su movimiento hacia el Tercer Milenio: "Yo hasta ahora he viajado a través del mundo, pero al final es necesario llegar a los lugares sagrados, a la tierra de Jesús. Era también la tierra de Moisés. Han dicho de mí que soy un nuevo Moisés, no sé por qué, pero lo han dicho. Aquí se halla el autor del libro que lleva este título" (Sala de prensa vaticana, 24 de enero de 1994). Somos dos los autores del libro que tiene como título *Wojtyla el nuevo Moisés* (Bibliografía 51), Domenico del Rio y yo. Sabemos que ese título no le ha gustado pero lo ha hecho pensar, porque contiene la comparación con Moisés que debe atravesar el Mar Rojo con su pueblo, como Juan Pablo debe introducir la Iglesia en el Tercer Milenio. Moisés no entró con el pueblo elegido en la tierra prometida, sino que tuvo que conformarse con verla desde lejos, mientras él ya colocó el pie en el Tercer Milenio. Una vez les pidió a los polacos que lo ayudaran, con la oración, para que pueda llevar a término esa misión: "El 16 de octubre de 1978, en el Cónclave, el Primado del milenio, el cardenal Wyszynski me dijo: '¡Tú deberás introducir la Iglesia en el Tercer Milenio!'. Como pasan los años y me estoy volviendo cada vez más viejo, ayudadme con vuestra oración, para que yo pueda cumplir esa misión" (Legnica, 2 de junio de 1997).

39
"EN NOMBRE DE LA IGLESIA YO PIDO PERDÓN"

"Hoy yo, Papa de la Iglesia de Roma, en nombre de todos los católicos pido perdón por los males causados a los no católicos a lo largo de la historia atribulada de estas gentes, y al mismo tiempo aseguro el perdón de la Iglesia católica por los males que hayan padecido sus hijos". Así habla Juan Pablo en Olomouc, en la República Checa, el 21 de mayo de 1995.

Es la más bella entre sus peticiones de perdón. Ya en la escogencia de las palabras es evidente la intención de formular un texto ejemplar. Si acaso en el pontificado ha habido un discurso capaz de marcar por sí solo una fecha, una palabra equivalente a un hecho, ese discurso y esa palabra los debemos buscar en la homilía de Olomouc.

Ese día Juan Pablo proclamaba beato con el título de "mártir", a Jan Sarkander, un sacerdote bohemio asesinado por las autoridades protestantes durante las guerras de religión que en esas tierras fueron las más violentas de Europa y duraron un siglo y medio. La Iglesia evangélica consideró como "provocatoria" esa beatificación. Algunos de sus representantes no participaron en el encuentro ecuménico con el Papa previsto para el 20 de mayo en Praga. Se organizaron manifestaciones en memoria de los "mártires" evangélicos, asesinados por los católicos.

En este contexto de contraposición dramática debe apreciarse al gesto de Juan Pablo. La prensa mundial lo juzgó genial, los evangélicos bohemios se declararon asombrados por ello, y valió por sí solo para invertir la situación. Tan cierto es esto que en ocasión de la tercera visita a Praga, del 25 al 27 de abril de 1997, Juan Pablo ya no encontrará esa oposición resentida, y todas las invitaciones al encuentro ecuménico en la catedral de San Vito serán atendidas por los interlocutores evangélicos.

Una inversión análoga de una situación ecuménica desfavorable Juan Pablo la realiza en Eslovaquia, poco más de un mes después del perdón "pedido y ofrecido" en Olomouc. Es el 2 de julio de 1995 y estamos en Kosice. El Papa proclama beatos y mártires a tres sacerdotes que fueron muertos por las autoridades protestantes en 1619. Como había sucedido en Olomouc, la proclamación provoca la protesta de los evangélicos quienes la víspera se reúnen alrededor del monumento que recuerda a veinticuatro "mártires" evangélicos ajusticiados por las autoridades católicas en 1687 en Presov. El Papa en la homilía de Kosice —por la mañana— rinde homenaje a la "grandeza espiritual" de los mártires evangélicos y después del medio día, va a pie y en silencio bajo la lluvia, a orar delante del monumento de los martires calvinistas, en un rincón de la plaza de la ciudad antigua de Presov. Es el más humilde e inesperado de los actos ecuménicos de Juan Pablo.

Delante de aquella lápida ora en silencio, tal vez pide perdón a esos cristianos que murieron por su fe rehusando someterse al Papa y fueron muertos en nombre de la fe, por otros cristianos que defendían el pontificado. Se halla presente el obispo luterano de Presov, Jan Midriak el cual, después de la oración silenciosa, saluda al Papa y le agradece el que haya ido allí. Rezan juntos el Padrenuestro. "Apreciamos realmente el gesto y nunca habríamos pensado que algo semejante pudiera suceder", dirá luego Midriak a los periodistas.

¿De dónde le vienen al Papa la genialidad de estos gestos ecuménicos? En la primera parte de esta biografía, en el capítulo 13 al tratar el caso Galileo hemos señalado unas veinte ocasiones en las cuales Juan Pablo —entre 1982 y 1992— había recordado hechos negativos de la historia de la Iglesia y algunas veces había pedido perdón. Pero debemos reconocer que en las palabras de Olomouc y en el acto de Presov encontramos una fuerza nueva, un timbre de voz y una calidad evangélica nunca notados en Juan Pablo.

Con respecto a los pronunciamientos autocríticos de la primera parte del pontificado, el hecho nuevo es el programa penitencial en vista del

Jubileo que hemos denominado "examen de fines del milenio" y que precisamente prevee actos de "purificación de la memoria histórica" y gestos de perdón "pedido y ofrecido" como los de Olomouc y de Presov. Ese programa está anunciado en la carta apostólica *Tertio millennio adveniente* (noviembre de 1994), uno de los textos clave del pontificado y tal vez el más personal de todos, pero ya había sido propuesto y discutido en un Consistorio extraordinario de la primavera de ese año. Hemos tratado de individuar de dónde le ha venido al Papa el primer paso de esta dirección y creemos haberlo encontrado en el fracaso ecuménico (él lo llama *kénosis),* del que hemos hablado en el capítulo 29, pero hemos buscado también el primer anuncio de ese programa y creemos que lo hemos encontrado en la entrevista de Juan Pablo con Jas Gawronski, publicada en *La Stampa* del 2 de noviembre de 1993: "Ciertamente al final de este milenio se debe hacer un examen de conciencia: dónde estamos, adónde nos ha traído Cristo, dónde nos hemos desviado del Evangelio" (Bibliografía 15, p. 21).

Estas palabras son importantes. El examen de fines del milenio, denominado por los medios *"mea culpa",* es la iniciativa más original del pontificado y una de las más abiertas al futuro. Es decisivo comprender su génesis para comprender todo su significado. Y la primera sugerencia que se nos ofrece es esta advertencia de una "desviación del Evangelio" de alcance histórico y milenario. ¿Cómo ha podido suceder? ¿Cuál ha sido nuestro pecado? Éste es el primer movimiento del Papa en esa materia.

La segunda fuente sobre la cual podemos reconstruir la génesis de esta iniciativa del Papa es afortunadamente más amplia. Trata de un "promemoria" que es enviado en su nombre a los cardenales convocados para un Consistorio extraordinario y llega a los periódicos por una fuga de noticias. Las 23 hojas del promemoria se titulan *Reflexiones sobre el Gran Jubileo del año dos mil.* Las inicitivas principales propuestas a los cardenales —invitados a dar un parecer— son cinco: convocatoria de sínodos para las Américas y el Asia, un encuentro de todas las iglesias cristianas y otro con hebreos y musulmanes, la puesta al día del martirologio, una "mirada atenta a la historia del segundo milenio" de la Iglesia para "reconocer los errores cometidos por hombres suyos y, en cierto sentido, en su nombre". A propósito de esto último se dedica el párrafo 7 del Promemoria titulado *Reconciliatio et paenitentia* (así rezaba el tema del sínodo de 1983 y el título de la exhortación postsinodal publicada el 11 de diciembre de 1984): "Mientras se dirige a su final el segundo milenio del cristianismo, la Iglesia debe tomar conciencia con renovada lucidez de cuánto sus fieles se hayan demostrado, a lo largo del arco de la historia, infieles al pecar en relación con Cristo y a su Evangelio".

Después de recordar lo que se ha hecho recientemente para el caso Galileo "para reparar el daño causado a él", el promemoria continúa así: "Una mirada atenta a la historia del segundo milenio puede tal vez permitir el evidenciar otros errores semejantes a éste, o también culpas en lo que se refiere al respecto por la justa autonomía de las ciencias. ¿Cómo callar además tantas formas de violencia perpetradas inclusive en nombre de la fe? Guerras de religión, tribunales de la Inquisición y otras formas de violación de los derechos de las personas (...). Es necesario que también la Iglesia, a la luz de lo que ha dicho el Concilio Vaticano II revise por propia iniciativa los aspectos oscuros de su historia, evaluándolos a la luz de los principios del Evangelio (...). Esto es una gracia para este año del Jubileo. Esto no perjudicará de ningún modo el prestigio moral de la Iglesia, el cual más bien resultará reforzado, por el testimonio de lealtad y de valentía al reconocer los errores cometidos por sus fieles y en cierto sentido en su propio nombre" (Bibliografía 71, p. 76).

Este "promemoria" nunca fue publicado oficialmente. La prensa lo conoce por indiscreciones a mediados de abril de 1994 y de inmediato el párrafo relativo al examen de fines de milenio provoca polémicas. Hay quienes lo definen como "apócrifo", incluido en el "promemoria" por manos de algún curial, sin la autorización del Papa. Pero en la apertura del Consistorio, el 13 de junio de 1994, Juan Pablo reivindica la paternidad del promemoria y reafirma el propósito del examen de fines del milenio acerca del cual ya se había recogido muchas objeciones en la Curia y afuera (Ibíd., p. 54).

"Frente a este Gran Jubileo —dice Juan Pablo a los cardenales— la Iglesia tiene necesidad de la *metanoia,* es decir, del discernimiento de las faltas históricas y de las negligencias de sus hijos en relación con las exigencias del Evangelio. Sólo el reconocimiento valiente de las culpas y también de las omisiones de las cuales los cristianos de algún modo se han hecho responsables, así como el generoso propósito de ponerles remedio con la ayuda de Dios, pueden dar un impulso eficaz a la nueva evangelización y hacer más fácil el camino hacia la unidad" (13 de junio de 1994).

Juan Pablo reafirma con esa energía su propuesta porque ella ha suscitado dudas y objeciones entre los cardenales, en la consulta previa conducida por correo. Pero dudas y objeciones fueron nuevamente presentadas durante los trabajos del Consistorio.

Parece que la mayoría de los cardenales (que en cambio ha aplaudido los proyectos relativos al encuentro pancristiano y al ecuménico, a los Sínodos y al Martirologio) han observado que a un planteamiento *eclesiológico* sería preferible uno *cristológico*. Y que un examen del milenio no puede descuidar el presente. Y es necesario evitar embarcarse en investigaciones interminables. Esto requiere escrúpulo para no mirar el pasado con los ojos de hoy.

Parece que hubo una diferencia geoeclesiástica muy reveladora. Los cardenales del Este habrían expresado el temor de que el examen de fines del milenio pudiera hacer considerar vencedora la antigua propaganda anticatólica de los regímenes comunistas; los cardenales del tercer mundo en cambio habrían mostrado un desinterés sustancial por las querellas históricas eurocéntricas, unido al temor de que el reconocimiento de culpas extrañas a la cultura de sus pueblos podría tener sobre éstos un reflejo negativo, sin ninguna ventaja pastoral.

El debate se había iniciado con una síntesis de la consulta previa, presentada en la apertura del Consistorio por el cardenal secretario de Estado, Angelo Sodano, que había referido las perplejidades motivadas por la propuesta del examen de fines del milenio: "Con respecto a un nuevo examen global y genérico de la historia pasada de la Iglesia, algún eminentísimo cardenal ha invitado a una gran cautela y prudencia, porque se trata de una cuestión muy difícil y delicada, sobre todo si se afronta de una manera conjunta".

Sin embargo, en el elenco de los interrogantes finales, la relación del Secretario de Estado volvía a proponer por entero la cuestión al juicio de los cardenales: "Un impacto y relieve especial tendría luego la revisión pública, a la luz del Evangelio y de las enseñanzas del Concilio Vaticano II, de los aspectos oscuros de la historia de la Iglesia. Ella podría ser objeto de instrumentalización por parte de algunos, pero testimoniaría de una manera particularmente creíble y eficaz la sinceridad de la adhesión a Cristo por nuestra parte". ¿Por qué Sodano antes se detiene en las objeciones y luego vuelve a proponer la idea? Está claro. ¡Porque así lo quiere el Papa! El Secretario de Estado le habrá referido las objeciones recogidas y él, Juan Pablo, habrá replicado que había que tenerlas en cuenta para evitar errores, pero el examen debía hacerse. Esta marcha conflictual de la Curia hacia el Gran Jubileo caracteriza la fase madura del pontificado.

En el Consistorio había un apoyo al Papa por parte del cardenal Cassidy que —en una relación de apertura, pronunciada después de la del cardenal Sodano— había insistido en la "importancia para el futuro" de la purificación de las memorias, que se puede favorecer sobre todo "con una presentación objetiva de la historia, inclusive cuando esa objetividad no resulta en ventaja de la propia comunidad eclesial". En sintonía con el nuevo lenguaje ecuménico o wojtyliano, el cardenal había invitado a reconocer que "no siempre hemos estado a la altura de lo que se esperaba de nosotros en las relaciones con aquellos que, en la mayor parte de los casos y sin tener culpa de ello no comparten la plenitud de estas riquezas nuestras" (Ibíd., p. 57).

El Consistorio extraordinario, es decir, la reunión de todos los cardenales del mundo —incluyendo a los que ya han cumplido los ochenta años y ya no son electores— discute a puerta cerrada. Pero por el portavoz del Vaticano y por las declaraciones de cada uno sabemos que la mayoría de los que han intervenido han expresado reservas acerca del examen de fines del milenio. Aún más, parece que todos los que intervinieron han sido contrarios —o dudosos— excepto el cardenal francés de la Curia Roger Etchegaray. El más decididamente contrario —y también el único del cual conocemos en detalle las objeciones al proyecto papal— habría sido el cardenal italiano Giacomo Biffi, arzobispo de Bolonia; él intervino en el Consistorio y no sabemos qué dijo, pero luego habló y escribió públicamente acerca del tema.

Biffi dedicó a la cuestión un extenso párrafo de una de sus cartas pastorales, titulado *L'autocritica ecclesiale,* que conduce una crítica cerrada a la propuesta del Papa:

"Con gran insistencia Juan Pablo II nos exhorta a prepararnos al Jubileo del dos mil con un profundo y sincero espíritu de arrepentimiento y de autocontestación. Es un tema de notable relieve y también de mucha delicadeza, que puede llegar a ser fuente de ambigüedad e inclusive de malestar espiritual especialmente entre los fieles más sencillos" (...).

La Iglesia considerada en la verdad de su ser no tiene pecados, porque es el "Cristo total"; su "cabeza" es el Hijo de Dios, al cual no se puede atribuir nada moralmente culpable. Pero la Iglesia puede y debe hacer suyos los sentimientos de pesar y de dolor por las transgresiones personales de sus miembros. Suyos son los hijos, no sus pecados; aunque los pecados de sus hijos merecen siempre sus lágrimas de madre incontaminada (...). ¿Es justo y oportuno que tengamos que pedir perdón por los errores eclesiásticos de los siglos pasados? Es justo, si están históricamente demostrados con investigaciones objetivas y sobre todo sin evaluaciones anacrónicas (lo cual no siempre sucede). Puede servir también para volvernos menos antipáticos y para mejorar nuestras relaciones con los representantes de la cultura llamada laica, los cuales se complacerán por nuestra amplitud de espíritu; aunque por lo general no obtendrán ningún aliento para superar su condición de incredulidad".

Biffi presenta advertencias de prudencia en el modo de llevar el examen propuesto por el Papa, pero no dice si ese examen se debe hacer o no. Pero el sentido de su llamado es que sería mejor no hacerlo, porque es una posible "fuente de ambigüedad e inclusive de malestar espiritual". Él ciertamente no lo habría propuesto.

El cardenal Biffi es un personaje de gran autoridad. Juan Pablo lo llamó —en 1992— para predicar los ejercicios de Cuaresma en el Vaticano y aun después de sus críticas al examen de fines del milenio lo trató con familiaridad y estima con ocasión del Congreso Eucarístico Nacional Italiano que tuvo lugar en Bolonia en septiembre de 1997. En la preparación de la ida del Papa a Bolonia para la conclusión de la celebración —el 27-28 de septiembre— Biffi tuvo la oportunidad de hablar con el Pontífice (durante una comida, en Castelgandolfo, en julio) y de presentarle personalmente sus objeciones. El cardenal refirió luego a los periodistas —en una conferencia de prensa del congreso— que le había comunicado a Juan Pablo su convicción de que la Iglesia sería la única en pedir perdón y que el Papa era consciente de este riesgo.

Un eco de esa aclaración entre el Papa y Biffi tuvo lugar el 4 de octubre siguiente, durante el vuelo Roma–Rio de Janeiro, cuando —interrogado por los periodistas sobre las peticiones de perdón— Juan Pablo dijo: "Es interesante que son siempre el Papa y la Iglesia quienes piden perdón, mientras los otros permanecen en silencio. Pero tal vez sea razonable".

Entonces para Juan Pablo no se trata de una cuestión de contexto o de reciprocidad en este compromiso penitencial. Él es consciente de que la inicitativa puede exponer a la Iglesia católica al riesgo de una soledad nueva, que se puede interpretar como debilidad. Pero está convencido de que ese compromiso penitencial es dictado por el Evangelio y es necesario cumplirlo.

Una respuesta pública a las objeciones de los cardenales la da el Papa con la carta apostólica *Tertio millennio adveniente* (14 de noviembre de 1994): "Es justo que mientras el segundo milenio del cristianismo se acerca a su final, la Iglesia se haga a cargo con una conciencia más viva del pecado de sus hijos en el recuerdo de todas aquellas circunstancias en las cuales, en el arco de la historia, ellos se han alejado del espíritu de Cristo y de su Evangelio, al ofrecer al mundo en vez del testimonio de una visita inspirada en los valores de la fe el espectáculo de modos de pensar y de obrar que eran verdaderas formas de antitestimonio y de escándalo (...).

La Puerta Santa del Jubileo del dos mil deberá ser simbólicamente más grande que las anteriores, porque la humanidad, al llegar a esa meta, dejará a sus espaldas no solamente un siglo sino un milenio. Es bueno que la Iglesia emprenda este paso con la clara conciencia de lo que ha vivido en los últimos diez siglos. Ella no puede surcar el umbral del nuevo milenio sin impulsar a sus hijos a purificarse, en el arrepentimiento, de errores, infidelidades, incoherencias, retrasos. Reconocer las fallas de ayer es acto de lealtad y de valentía, que nos ayuda a reforzar nuestra fe, para hacernos más precabidos y dispuestos a afrontar las tentaciones y las dificultades de hoy".

El examen de fines de milenio ha sido confiado a la comisión más importante y más numerosa entre las ocho comisiones coordinadas por el Comité para el Gran Jubileo: la comisión "teológico–histórica", presidida por el dominico Georges Cottier, teólogo de la casa pontificia. Ella —según lo anunció en febrero de 1986 el arzobispo Sergio Sebastiani, secretario del Comité, en el primer encuentro con los delegados de las conferencias episcopales— "tratará de hacer luz sobre las páginas oscuras de la historia de la Iglesia para que según el espíritu de la *metanoia,* se pida perdón".

Con ese fin —ha dicho también Sebastiani— la comisión ha optado por dedicarse a la "revisión histórica de dos temáticas de relevante interés eclesial, histórico y cultural: al antisemitismo y la intolerancia con referencia a la inquisición". Para esa revisión se organizarán "dos congresos internacionales de alto valor científico, que se han de realizar en Roma antes de la celebración del Gran Jubileo".

"Es convicción de la comisión —concluye Sebastiani— que esta opción puede favorecer una comprensión de los hechos realmente acontecidos, ayudará en la búsqueda de la verdad histórica sin condicionamientos subjetivos ni polémicos, y podrá servir como base para la creación de una nueva cultura no basada en prejuicios de ninguna especie. Al mismo tiempo, permitirá corresponder al deseo del Santo Padre de realizar gestos concretos de perdón".

Los "gestos" concretos de perdón ya fueron previstos en el Calendario del Año Santo del 2000 y fijados para el 8 de marzo, día de la Ceniza. Así tendremos una recuperación del símbolo de las cenizas sobre la cabeza para significados penitenciales no sólo subjetivos. Ese día, probablemente, al final de una "procesión penitencial" que desfilará desde Santa Sabina hasta el Circo Máximo, el Papa pedirá perdón a los hebreos y a las víctimas de las inquisiciones. Como preparación a ese acto, se ha realizado en el Vaticano entre el 30 de octubre y el 1º de noviembre de 1997 un coloquio internacional acerca de las *Raíces del antijudaísmo en el ambiente cristiano* y otro acerca de la Inquisición (medieval, española, romana) tuvo lugar en el otoño de 1998.

Después de la publicación *Tertio millennio adveniente* y la constitución del Comité jubilar, el aislamiento del Papa en esta empresa del examen de fines de milenio ha disminuido, la Curia ha comprendido que Juan Pablo no se detendría. Desde varios episcopados han llegado pronunciamientos autocríticos según sus indicaciones. Cuando fue publicado —el 16 de marzo de 1998— el documento vaticano acerca de la Shoah *We remember* (Nosotros recordamos), ya eran siete las conferencias episcopales que habían realizado pronunciamientos análogos. También un documento del episcopado argentino acerca de la relación entre la Iglesia local y la dictadura de los coroneles que tiene la fecha del 27 de abril de 1996, hace referencia explícita a la solicitud autocrítica del Papa.

Apoyo público al examen de fines de milenio proyectado por el Papa ha llegado finalmente de numerosos y autorizados cardenales de diferentes nacionalidades, que en el Consistorio de 1994 no habían hablado o habían pedido prudencia, como el francés Lustiger, el alemán Ratzinger, los italianos Carlo Maria Martini y Camillo Ruini.

Sin embargo, este crecimiento de consensos no autoriza para considerar agotadas las perplejidades de una parte considerable del mundo eclesiástico en relación con el examen de fines de milenio. Evidentemente no se trata sólo de cardenales. También en el encuentro de febrero de 1996 entre el Comité jubilar y los representantes de las conferencias episcopales había mucha gente —y era personal específicamente convocado para el Jubileo, nombrado por el Papa o enviado por los episcopados— que hacía objeciones, que en parte recalcaban las del Consistorio de 1994. Se mira al pasado y es una perspectiva "reductiva", no se ve "el nexo entre los grandes problemas históricos y el Jubileo", no se tienen en cuenta los aspectos positivos de la historia católica, en los países que fueron comunistas el tema de la inquisición acabaría por darles razón a la antigua propaganda atea del Estado. Como respuesta a estos temores, el cardenal Etchegaray había asegurado que "teniendo en cuenta la importancia y la delicadeza de los temas, la Comisión teológico–histórica, presentará propuestas a la evaluación y decisión del Consejo de presidencia. De todos modos se seguirán las indicaciones del Santo Padre contenidas en la *Tertio millennio adveniente"*.

Ninguno tiene motivo para temer golpes de mano. Parece decir Etchegaray. Si debe decidir el Consejo de presidencia, el asunto va a estar en manos de un grupo del cual forman parte los cardenales Ruini, Arinze, Cassidy y Noé, además del secretario (el arzobispo Sebastiani lo ha reemplazado Crescenzio Sepe). De todos modos, la espectativa del acto penitencial jubilar es grande y ha ido creciendo más de lo que se pensaba. Esto, gracias a la valentía con la cual Juan Pablo, a pesar de las críticas y de las polémicas, ha continuado con su programa de revisión de la historia de la Iglesia a la luz del Evangelio y ha adquirido un lenguaje de pecado siempre más franca y valiente.

En el capítulo 13 ofrecemos una reseña esencial de los *"mea culpa"* pontificios hasta el año 1992, y hemos mostrado cómo se ha ido extendiendo, cada año, la materia y cómo se ha vuelto gradualmente evangélica la actitud del Papa al afrontarla. En este capítulo ya hemos referido las palabras con las cuales —en 1993—, formula por primera vez la idea del examen de fines del milenio y luego los textos decisivos del promemoria, de la alocución del consistorio de junio y de la *Tertio millenio adveniente.*

Pero como queremos volver a tomar nuestra descripción de este camino penitencial de Juan Pablo, para indicar al menos sus etapas esenciales, debemos detenernos todavía sobre un texto de 1994, totalmente anómalo con respecto a los otros *"mea culpa",* por cuanto se refiere a un acontecimiento que se está desarrollando y no a un hecho histórico. Es el 15 de mayo y el Papa está hospitalizado en el Policlínico Gemelli para la prótesis en el fémur derecho y el Consistorio convocado para esa fecha ha sido aplazado a un mes más tarde, mientras se enfurece la masacre tribal en Ruanda y Juan Pablo se refiere a ésta con palabras de autocrítica católica absolutamente inéditas en boca de un Papa por un acontecimiento actual: "Se trata de un verdadero genocidio, del cual son responsables también los católicos". Ciertamente es la enseñanza que deriva de la autocrítica acerca de las páginas oscuras de la historia pasada la que alienta al Papa a afrontar la historia actual. Y es también esa declaración sobre Ruanda una respuesta más eficaz que nunca a los críticos perennes que frente a cualquier reconocimiento autocrítico objetan que ha llegado con retraso.

En 1995 son numerosos los textos penitenciales en materia ecuménica. El más importante se halla contenido en la encíclica *Ut unum sint* —que va dirigida a los cristianos separados de Roma— y se refiere a la historia del pontificado. Pero antes ya Juan Pablo había hablado a los orientales: "El pecado de nuestra separación es gravísimo.

Es necesario hacer enmienda de él invocando con fuerza el perdón de Cristo. Nosotros le hemos negado al mundo un testimonio común que, tal vez, habría evitado muchos dramas o inclusive cambiar el rumbo de la historia" (Carta apostólica *Orientale lumen,* 6 de mayo de 1995).

Con el mismo tono está redactada esta confesión de pecado a dos voces, suscrita juntamente con el patriarca de Constantinopla y que puede valer como respuesta a quien objeta que de todos modos ninguno seguirá al Papa en el camino penitencial:

"A lo largo de la historia y del pasado más reciente ha habido ofensas recíprocas y actos de atropello. Mientras nos preparamos, en estas circunstancias, a pedir al Señor su gran misericordia, invitamos a todos a perdonarse recíprocamente y a manifestar una firme voluntad de que se instaure una nueva relación de fraternidad y de colaboración activa" (Roma, declaración conjunta de Juan Pablo II y del Patriarca Bartolomé, 29 de junio de 1995).

En el capítulo 13 hemos referido una confesión de pecado relativa a la mafia calabresa, pronunciada en septiembre de 1983 en nombre de los bautizados en medio del cual está arraigada esa forma de violencia organizada. Pues bien he ahí que, a distancia de 12 años, un pronunciamiento análogo lo expresó con referencia a la mafia siciliana, que el Papa vincula expresamente con el examen de fines del milenio. Él demuestra —si hubiera necesidad— que en el itinerario penitencial de Juan Pablo no hay nada de episódico o improvisado, sino que todo se relaciona con una meta única: "Queridísimos sicilianos, ha llegado el momento de apelar a toda sana energía. Al aproximarse el nuevo milenio, he invitado repetidas veces a toda la Iglesia a realizar un valiente examen de conciencia, para que el poder y la gracia de Dios puedan abrir una página nueva en la historia. Os propongo otro tanto a vosotros, queridos fieles de Sicilia. La mafia es generada por una sociedad espiritualmente incapaz de reconocer la riqueza de la cual el pueblo de Sicilia es portador" (Aula de las audiencias, 22 de junio de 1995).

A lo largo de 1995 —que era el Año Internacional de la Mujer— muchas veces Juan Pablo habló de la condición de la mujer, expresando también su "pena" por el comportamiento de los hombres de la Iglesia a este respecto: "Hago un llamado a todos los hombres de la Iglesia, para que se sometan, donde es necesario, a un cambio de su corazón, y adopten como propia, como lo requiere su fe, una visión positiva de las mujeres" (Mensaje a la delegación vaticana para la Conferencia de Pekín acerca de la mujer, 29 de agosto de 1995).

La "purificación" y la "reconciliación" de las memorias puede implicar clarificaciones aparentemente mínimas pero graves en el fondo, porque se trata —a veces— de tocar a maestros reconocidos, padres de la Iglesia y santos, como lo hace este pasaje de un documento papal que señala el antijudaísmo que aparece en Ambrosio de Milán: "Considerando que el emperador cristiano no debía castigar a los culpables y tampoco obligarlos a poner remedio al daño causado, (Ambrosio) iba mucho más allá de la reivindicación de la libertad eclesial, perjudicando el derecho ajeno a la libertad y a la justicia" *(Operosam diem,* carta apostólica del Papa para el décimo sexto centenario de la muerte de san Ambrosio, 5 de diciembre de 1996).

Ambrosio (junto con Agustín, Atanasio y Juan Crisóstomo) es uno de los cuatro "Doctores de la Iglesia" que sostienen la "Cátedra de San Pedro" en el monumento de Bernini que domina el ábside de la Basílica vaticana. Y "Sala de san Ambrosio" se denomina la quinta de las quince salas que conforman el apartamento de las audiencias en el Palacio apostólico. Si el *"mea culpa"* de Juan Pablo acerca del antijudaísmo no se ha detenido ante Ambrosio, fundamento de la Iglesia ambrosiana (es decir, de Milán) y columna de la romana, pueden estar seguros los hebreos de que él llegará adonde debe llegar.

Estas palabras sobrias pero suficientes acerca de la "Noche de san Bartolomé" (matanza de los Hugonotes protestantes por parte de los católicos acaecida en la noche entre el 23 y el 24 de agosto, día de la memoria del apóstol Bartolomé, en París, en 1572) Juan Pablo las pronuncia en la noche y en la ciudad de la masacre: "En vísperas del 24 de agosto no podemos olvidar la dolorosa masacre de san Bartolomé, cuyas motivaciones son muy oscuras en la historia política y religiosa de Francia. Unos cristianos realizaron actos que el Evangelio condena" (París, 23 de agosto de 1997).

Con esas palabras Juan Pablo ha tendido la mano a los protestantes de Francia, que habían hablado de "provocación" por la escogencia por parte de los organizadores de la "Jornada mundial de la juventud" al colocar precisamente en la noche de san Bartolomé la vigilia del Papa con los jóvenes y declararon que ahora les tocaría a ellos reflexionar sobre una historia que no había tenido pecados de una sola parte. También en este caso Juan Pablo había tocado un punto delicado, no tanto por lo específico de la masacre, sino por la celebración que de ella había hecho el Papa Gregorio XIII, el cual había hecho cantar dos *"Te Deum"* —de acción de gracias, había hecho acuñar monedas conmemorativas y había exaltado el acontecimiento con tres frescos de Giorgio Vasari que se pueden ver todavía hoy en la Sala Regia del Palacio apostólico.

Decir la verdad acerca de Ambrosio, los Hugonotes y Ruanda significa que: el "mea culpa" de Juan Pablo está abierto a todos los campos. Aún antes que llegue la anunciada realización en un acto penitencial jubilar, él ya ha dejado una señal evidente en el pontificado. En veinte años ha habido un centenar de textos en los cuales Juan Pablo ha corregido un juicio, ha admitido una culpa, ha pedido perdón. El mundo ha visto claramente que él ha reconocido las responsabilidades de su Iglesia con la misma franqueza con la cual ha reivindicado sus derechos. Y esto nunca se había visto.

40

PROPONE UN NUEVO MODO
DE EJERCER EL PONTIFICADO

El pontificado de Juan Pablo es un pontificado de grandes señales y de destino incierto, al igual que todos los pontificados marcados más por el mensaje que por el gobierno y que no producen reformas. A los veinte años de su elección se anuncian numerosos sus legados, pero una sola —por el momento— es su herencia: la llamada a todas las Iglesias a buscar, junto con la Iglesia católica, formas nuevas para el ejercicio del "ministerio petrino", de tal modo que pueda ser reconocido por todos.

Esta llamada se halla en la encíclica *Ut unum sint* (30 de mayo de 1995). Ella constituye la iniciativa más audaz del pontificado. Aunque por ahora ha recibido respuestas escasas y parciales, ella es más que una declaración y está destinada a producir fruto a largo plazo. Con ella el Papa —que ha modificado profundamente la imagen papal pero no ha tocado en nada las reglas y las estructuras del Primado— ha planteado el problema y ha puesto los cimientos para una reforma del pontificado a la medida del Tercer Milenio. A ella podrá —o tal vez deberá— poner mano el sucesor, o más bien los sucesores. En este sentido ella no es un legado ya concluido, sino una herencia sobre la cual es necesario construir.

Los legados son muchos. Los hemos narrado a lo largo de los años en los cuales se han manifestado mejor y conviene recordarlos ordenadamente en este último capítulo. Ellos no están todavía todos en nuestros ojos. A los veinte años de la elección Juan Pablo es capaz de sorprendernos como el primer día. Con las celebración del Jubileo esta entrega de los dones tuvo ciertamente un nuevo impulso, desde el momento que su otoño hace brotar hojas como si fuese primavera. Sin embargo, podemos imaginar que la mayor parte ya la hemos recibido.

Juan Pablo entonces nos entrega una imagen de pontífice de acuerdo con la época, libre de una tradición que la enyesaba, restituida a los gestos y al lenguaje de la humanidad común. Él reivindica para la figura papal también el derecho al exceso y a la invectiva. Todos han comprendido su disfrute de la salud y su lucha contra la enfermedad. Inclusive su piedad es mejor entendida. A su predecesor, Juan Pablo I, le fue impuesta la silla gestatoria. Al sucesor del papa Wojtyla ni siquiera será propuesta.

Nos transmite el sueño de una teología del cuerpo, del sexo y de la mujer que podría revelarse como decisiva para la suerte del cristianismo en el siglo futuro; él nos lo transmite al releer el Génesis, pero también al besar a las niñas en la frente, alabando la audacia de quien representa la desnudez del hombre y de la mujer como lo hizo Miguel Ángel. Sabíamos que las Iglesias cristianas se están moviendo hacia una mejor apreciación de la sexualidad y gracias a Juan Pablo sabemos que a esta apreciación no será contrario el pontificado romano.

Ligado al sueño de una teología del cuerpo existe también otro hermoso don de Juan Pablo: ha comunicado a su Iglesia un sentimiento de admiración por la "alegría de vivir" de los jóvenes, entendida como una señal de la alegría que tuvo Dios al crear al hombre; admiración que los "veinteañeros" han percibido como sincera y le han correspondido, permitiendo una experiencia inesperada de predicación continuada a las nuevas generaciones. También su atracción al genio femenino produce frutos de apóstol: él habla a las mujeres poniéndose de su parte y atenúa, o aplaza —sin resolverlo— el múltiple conflicto que la Iglesia tiene con ellas.

Juan Pablo nos transmite una inquietud por la suerte del hombre y del Evangelio que al principio parecían fuera de la época, pero que luego se han descubierto como capaces de cruzar con extraordinaria puntualidad los dramas del tiempo. Él mantiene despierta la conciencia de la época y dejará al sucesor el aliento para que continúe con la confianza de que va a ser comprendido. Su tenaz defensa de la vida, a partir de la lucha contra el aborto hasta la pena de muerte, hasta toda guerra, el mundo no la acoge pero la escucha. Esta escucha mundial —lograda también con el uso sin perjuicios de los medios y con la programación de los viajes como medio de masa— le ha ganado una libertad en relación con la Curia de la cual ningún Papa moderno ha disfrutado. Él no hace reformas, pero prepara al sucesor una libertad de las reglas que podría ayudarlo a intentar unas inauditas.

La inquietud por el Evangelio lo impulsa a hacerse misionero del mundo y a entregar lo mejor de sus energías en el intento por volver a hacer misionera y expansiva la Iglesia católica. Tal vez no lo logre, pero ciertamente la induce a abrir los ojos sobre la necesidad de una "nueva evangelización", a intentar hablar el idioma de los trabajadores y de las nuevas generaciones, a valorar el dinamismo de los movimientos eclesiales. Sobre todo la impulsa a "mirar más ampliamente y a abrirse" (Encíclica *Dominum et vivificantem*, 1986), a ponerse en contacto con todo interlocutor, por nuevo y difícil que sea. Las misiones a Casablanca y a Khartoum, es decir, en tierra de islam; las visitas a la Sinagoga y a la Iglesia luterana de Roma, así como a toda otra Iglesia ortodoxa y protestante; los viajes a todo el mundo, donde se halla con el pueblo que sufre, o está en guerra y últimamente los viajes "imposibles" a Sarajevo, a Beirut y a Cuba han provocado a la ecúmene católica a redescubrir el gen misionero de su tradición, puesta al día para la estrategía de diálogo propuesta por el Vaticano II.

En el movimiento que lo acerca a las religiones no cristianas, él supera las indicaciones del Concilio: llama "hermanos mayores" a los hebreos y "hermanos" a los musulmanes, invita a los unos y a los otros a la fiesta del Gran Jubileo. Está convencido de que la figura de Cristo pertenece a toda la humanidad y se deja conducir a todas partes por ese convencimiento.

Derivada de esa inquietud de apóstol nos resulta hoy su oposición al comunismo, y su rechazo a resignarse ante la victoria del capitalismo. No existe ninguno en el mundo que hable en nombre de los desheredados de todas las latitudes como sigue haciéndolo él, en el repliegue de todas las utopías.

A la opción del tercer mundo —ya practicada por sus predecesores de los que lleva el nombre— agrega un desenganche fáctico del pontificado romano de la suerte del Norte y del Occidente, al darle una dimensión realmente universal a la promoción de la paz y de los derechos del hombre.

Siempre de su alma inquieta —que pocos habían percibido al comienzo, pero que todos han visto finalmente en su aspecto tembloroso— ha venido el *"mea culpa"* por las responsabilidades históricas de los "hijos de la Iglesia", la más valiente de sus denuncias, porque se dirige contra su misma parte.

Después de esta ojeada a los dones que Juan Pablo ya nos ha entregado, queremos volver a hablar de la herencia en el campo ecuménico: esa propuesta de buscar juntos una nueva forma de ejercer el primado, que ha dirigido a todas las Iglesias.

A pesar del chasco sufrido en este campo al comienzo de los años noventa, que una vez llamó *kénosis,* Juan Pablo ha seguido cultivando una fuerte utopía ecuménica, digna del entusiasmo de los comienzos. He aquí una frase que pronunció después de muchas desilusiones y que reafirma el sueño de siempre: "Alcanzar la deseada comunión entre todos los creyentes en Cristo podrá constituir, y constituirá ciertamente, uno de los mayores eventos de la historia humana" (Tallinn, Estonia, 10 de septiembre de 1993).

Y he aquí que Juan Pablo, superando tantas dificultades, relanza el desafío del diálogo con la encíclica *Ut unum sint* (Para que sean una sola cosa), en mayo de 1995: su proclama ecuménica más valiente. Es la primera vez que un Papa pone en discusión el pontificado, declarándose disponible a tratar acerca de las formas de su ejercicio histórico. Y lo hace llegando a pedir perdón por las responsabilidades de los Papas.

Él ya nos ha acostumbrado a las peticiones de perdón por los "pecados" de los "hijos de la Iglesia". Pero esta vez lo hace para sí y para sus predecesores, al reconocer que el "ministerio" del Obispo de Roma —así como en realidad ha sido ejercido en la historia— ha llegado a constituir "una dificultad" para la mayor parte de los otros cristianos, por motivo de los "recuerdos dolorosos" ligados a los choques que han tenido con ellos: "El convencimiento de la Iglesia católica de haber conservado, en la fidelidad a la tradición apostólica y a la fe de los padres, en el ministerio del Obispo de Roma, el signo visible y que garantiza la unidad, constituye una dificultad para la mayor parte de los otros cristianos, cuya memoria está marcada por ciertos recuerdos dolorosos. ¡En lo que somos responsables de ello, con mi predecesor PabloVI yo pido perdón!".

Aquí Juan Pablo invoca la autoridad del predecesor, pero va más allá de lo que el papa Montini había afirmado. Al comienzo de su pontificado, hablando en el Concilio para la apertura de la segunda sesión, el 29 de septiembre de 1963, Pablo VI había dicho con gran solemnidad, dirigiéndose a los observadores no católicos, que entonces eran llamados "hermanos separados" y hoy —en circunstancias análogas— "delegados fraternos":

"Si alguna culpa se pudiera atribuir a nosotros por esa separación, nosotros pedimos por ello humildemente perdón y pedimos perdón también a los hermanos que se sintieron ofendidos por nosotros; y estamos dispuestos, por lo que nos atañe, a perdonar las ofensas que ha recibido la Iglesia católica, y a olvidar el dolor que se le ha causado en la larga serie de disensos y de separaciones".

Esta petición de perdón causó profunda impresión en el joven obispo Wojtyla y ella es el origen de todos los "mea culpa" de su pontificado. Pero no logró el resultado ecuménico que tal vez Pablo VI pensaba obtener. Tan cierto es esto que en la visita a Ginebra, en el Consejo ecuménico de las Iglesias, el 28 de abril de 1967, se vio obligado a reconocer que —a pesar de los esfuerzos realizados— Roma y su primado eran vistos siempre como una dificultad y no como una oportunidad para la unidad de las Iglesias: "El Papa, bien lo sabemos, es sin duda el obstáculo más grave en el camino del ecumenismo".

Era mucho, causó sensación, pero Juan Pablo dice más y deduce allí las consecuencias. Si del ejercicio del "ministerio de Pedro" ha derivado una dificultad, veamos qué cosa se puede hacer para eliminarla. He ahí lo sustancial de los párrafos 88-96 de la encíclica *Ut unum sint*, que tienen como título "El ministerio de unidad del Obispo de Roma" y que contienen la propuesta extraordinaria de buscar juntos nuevas formas de ejercicio del ministerio petrino:

"Después de siglos de ásperas polémicas, las otras Iglesias y Comunidades eclesiales, escrutan siempre más con una mirada nueva ese ministerio de unidad (...). Estoy convencido de que tengo a este respecto una responsabilidad particular, sobre todo al comprobar la aspiración ecuménica de la mayor parte de las comunidades cristianas y al escuchar la pregunta que me han dirigido de buscar una forma de ejercicio del primado que, sin renunciar de alguna manera a lo esencial de su misión, se abra a una situación nueva (...).

El Espíritu Santo nos conceda su luz, e ilumine a todos los pastores y a los teólogos de nuestras Iglesias, para que podamos buscar, evidentemente juntos, las formas en las cuales este ministerio pueda realizar un servicio de amor reconocido por los unos y los otros.

Se trata de una tarea enorme que no podemos rehusar y que no puedo llevar a cabo yo solo. La comunión real, aunque imperfecta, que existe entre todos nosotros, ¿no podría inducir a los responsables eclesiales y a sus teólogos a instaurar conmigo un diálogo fraterno, paciente, en el cual podamos escucharnos más allá de estériles polémicas, teniendo en la mente sólo la voluntad de Cristo para su Iglesia, dejándonos traspasar por su grito 'que ellos también sean uno en nosotros, para que el mundo crea que tú me has enviado'?".

Con la evocación de esta propuesta, que es la más grande nos despedimos de Juan Pablo, a quien hemos seguido en la aventura de los primeros veinte años de pontificado. El atentado, los viajes, los achaques lo han madurado. Compartió muy de cerca las aventuras de su Polonia, al menos lo que un hombre puede aprender de la suerte de su esposa. Y percibe profundamente el escándalo de las Iglesias divididas. Quizá lo que más lo ha impactado y cambiado, en veinte años, ha sido el chasco ecuménico. Se diría que él sufre por el pecado de las Iglesias, más que por la enfermedad. Más que nunca siente en su carne los males del mundo. Y el mundo hoy comprende mejor su voz.

Tal vez todavía tiene algo importante qué decirle a la humanidad, quizá en la dirección del acercamiento entre los creyentes. Él sigue soñando un encuentro de todos los cristianos en Jerusalén, o en Belén. Tal vez ésa es la cita de las citas. Las novedades generalmente llegan al principio de un pontificado, pero con Juan Pablo podrían llegar también al final.

BIBLIOGRAFÍA

1. Textos del Papa

a. Actas y documentos del pontificado

Para los textos pontificios indicamos el lugar y la fecha en que fueron pronunciados, o la naturaleza y la fecha de la publicación, sin remitir a las fuentes. Ellos se pueden encontrar en *L'Osservatore Romano* en la fecha del día siguiente, o bien en la fecha del día, en los volúmenes de la colección *Insegnamenti di Giovanni Paolo II* (que reúne homilías, discursos, cartas, mensajes, telegramas, audiencias generales, saludos dominicales y oraciones). Han salido, hasta junio de 1998, 19 volúmenes, que llegan hasta fines de 1995. Los mismos textos están disponibles, con el mismo título, en CD Rom. Esa documentación es asequible también por Internet: http://www.vatican.va.

1. Catechesi della sofferenza. I testi delle prime cinque udienze generali successive all'attentato del 13 maggio 1981. Librería Editrice Vaticana, 1982, p. 40.

2. *Uomo e donna lo creò. Catechesi sull'amore umano.* 3a ed. Librería Editrice Vaticana, 1992, p. 528.

3. *Catechesi sul credo.* vol. 1. *Credo in Dio Padre,* p. 384; vol. 2: *Credo in Gesù Cristo,* p. 464; vol. 3. *Credo nello Spirito Santo,* p. 432; Librería Editrice Vaticana 1992. vol. 4. *Credo la Chiesa,* Librería Editrice Vaticana 1996, p. 624. CD Rom de la misma Librería Editrice Vaticana, *La catechesi di Giovanni Paolo II,* que abarca el ciclo sobre el amor humano y el Credo.

4. *Il Papa e i giovani* (Las primeras siete Jornadas Mundiales de la Juventud), Librería Editrice Vaticana, 1992, p. 224.

5. *Tutte le encicliche* (las primeras diez), Juan Pablo II, Librería Editrice Vaticana. 1993, p. 720.

b. Memorias y entrevistas

6. Giovanni Paolo II, *Io, Papa. Il mio pensiero, il mio servizio* en A. Biscardi y L. Liguori, *Il Papa dal volto umano*. Milán, Rizzoli, 1979, p. 17-27 (síntesis de una conversación con los autores, revisada y corregida por el Papa con fecha del 8 de marzo de 1979).

7. TRASATTI, S. y TUCCI, R. *La pace condizione fondamentale per l'avvenire dell'Africa. Intervista a Giovanni Paolo II, L'Osservatore Romano* y Radio Vaticana, 14 de mayo de 1980.

8. TRASATTI, S. y TUCCI, R. *Un filo provvidenziale lega i pellegrinaggi apostolici. I*ntrevista a Giovanni Paolo II, *L'Osservatore Romano* y Radio Vaticana, 13 de junio de 1980.

9. SVIDERCOSCHI, G. *A colloquio con il Papa. Perché per la seconda volta sono andato in Africa e perché voglio tornare tra la mia gente in Polonia.* Il Tempo, 21 de febrero de 1982.

10. *"Non abbiate paura". André Frossard dialoga con Giovanni Paolo II.* Roma, Rusconi, 1983. (Título original: *N'ayez pas peur,* París, Editions Robert Laffont, 1982).

11. FROSSARD, A. *Portrait de Jean-Paul II.* París, Editions Robert Laffont, 1988.

12. GAWRONSKI, J. *Il Papa: cresci, uomo europeo. Colloquio sui rapporti Est-Ovest, la Perestrojka, il progresso, La Stampa,* 4 de abril de 1989.

13. SVIDERCOSCHI, G. *Questi miei dieci anni. Giovanni Paolo II ci racconta il suo pellegrinare attraverso il mondo. Il Tempo,* 9 de mayo de 1989.

14. Giovanni Paolo II con Vittorio Messori. *Varcare la soglia della speranza.* Milán, Mondadori, 1994.

15. GAWRONSKI, J. *Il mondo di Giovanni Paolo II. Prefazione di Carlo Maria Martini.* Milán, Mondadori, 1994. Reproduce (y amplía

con un sentido suyo) la entrevista a Juan Pablo II aparecida en *La Stampa* del 2 de noviembre de 1993, que con razón presenta como "la única entrevista al Papa".

16. GIOVANNI PAOLO II. *Dono e misterio. Nel 50º del mio sacerdozio.* Librería Editrice Vaticana, 1996.

17. FRAPPAT, B. *Dieu seul peut combler le désir de l'homme. Intervue a Jean-Paul II.* La Croix, 20 de agosto de 1997.

c. Publicaciones anteriores al pontificado

18. GRAMATOESKI, W. Y WILINSKA, Z. *Karol Wojtyla negli scritti.* Librería Editrice Vaticana 1980, p. 284. Enumera todos los escritos de K. Wojtyla y sobre los aparecidos antes del pontificado.

19. WOJTYLA, K. *Alle fonti del rinnovamento. Studio sull'attuazione del Concilio Vaticano II.* Librería Editrice Vaticana, 1981, p. 400 (Edición original polaca, 1972).

20. WOJTYLA, K. *Segno di contraddizione. Meditazioni, Vita e Pensiero.* Milán, 1977. Son los ejercicios predicados en el Vaticano, en presencia de PabloVI, en la Cuaresma de 1976.

21. WOJTYLA, K. *Il Sinodo diocesano dell'arcidiocesi di Cracovia. 1972-1979.* Librería Editrice Vaticana 1985. Una documentación completa con todas las intervenciones del cardenal Wojtyla.

22. WOJTYLA, K. *Ocena mozliwosci zbudowania etyki chrzesscijanskiej przj zalozeniach systemu Maksa Schelera* (Evaluación de la posibilidad de construir la ética cristiana sobre la base del sistema de Max Scheler). Lubin 135, Tow. Nauk. KUL., 1959.

23. WOJTYLA, K. *Amore e responsabilità. Morale sessuale e vita interpersonale.* Turín, Marietti, 1980 (edición polaca 1960).

24. WOJTYLA, K. *Persona e atto.* Texto definitivo fijado en colaboración con el autor por Anna-Teresa Tymieniecka. Introducción a la edición italiana de Armando Rigobello. Librería Editrice Vaticana, 1982, p. 384 (primera edición polaca, 1969).

25. WOJTYLA, K. *I fondamenti dell'ordine etico.* Librería Editrice Vaticana, 1980, p. 174. Traduce once ensayos de diferentes fechas, aparecidos en varias revistas.

26. WOJTYLA, K. *Perché l'uomo. Scritti inediti di antropologia e filosofia,* Milán, Mondadori, 1955, p. 318. Recoge los últimos trabajos filosóficos del cardenal Wojtyla, escritos entre 1972 y 1978.

27. WOJTYLA, K. *Esercizi spirituali per i giovani.* Prefacio de Carmelo Giarratana. Libreria Editrice Vaticana, 1982, p. 176.

28. WOJTYLA, K. *Maria. Omelie.* Prefacio del cardenal Stefan Wyszynski. Libreria Editrice Vaticana, 1982, p.184.

29. WOJTYLA, K. *Discese dal cielo. Omelie per Natale.* Introducción de Carmelo Giarratana. Libreria Editrice Vaticana, 1982, p. 216.

30. WOJTYLA, K. *Cristo é risorto. Omelie per Pasqua.* Introducción de Carmelo Giarratana. Librería Editrice Vaticana, 1983, p. 200.

31. WOJTYLA, K. *Anno Santo. Omelie.* Prefacio del cardenal Franciszek Macharski. Libreria Editrice Vaticana, 1983, p. 156.

32. *Karol Wojtyla e il Sinodo dei vescovi.* Redacción de Joseph Sarraf, publicado por la Secretaría General del Sínodo de los Obispos. Libreria Editrice Vaticana, 1980, p. 432. Reproduce las intervenciones del cardenal Wojtyla en los sínodos de 1969, 1971, 1974 y 1977.

33. JAWIEN, A. (K. Wojtyla). *La bottega dell'orefice. Meditazioni sul sacramento del matrimonio che di tanto in tanto si trasformano in dramma.* 11a Ed., Libreria Editrice Vaticana, 1992, p. 100 (Primera edición italiana, 1979; primera edición polaca, 1960).

34. WOJTYLA, K. *Pietra di luce. Poesia.* Librería Editrice Vaticana, 1979, p. 112.

35. WOJTYLA, K. *Il sapore del pane. Poesie.* Librería Editrice Vaticana, 1979, p. 136

36. WOJTYLA, K. *Fratello del nostro Dio e Raggi di paternitá.* Dramas, dibujos de Salvatore Fiume, comentario de Renzo Panzone. Libreria Editrice Vaticana, 1982, p. 192

37. WOJTYLA, K. *Giobbe ed altri inediti. Un dramma e sei poesie.* Libreria Editrice Vaticana, 1982, p. 140.

38. WOJTYLA, K. *Opere letterarie. Poesie e drammi.* Libreria Editrice Vaticana, 1993, p. 592. Reúne las publicaciones enumeradas aquí en los n. 34-37.

2. Textos acerca del Papa

a. Biografías y estudios generales

39. AA.VV. *Giovanni Paolo II. L'uomo, il Papa, il suo messaggio.* Obra en 4 volúmenes dirigida por Alberto Michelini. Milán, Fabbri Editori, 1992-1993.

40. ACCATTOLI, L. *"Io ho avuto paura a ricevere questa nomina". Ritratto di Papa Wojtyla in parole e immagini.* SEI , Turín, 1993.

41. ANDREOTTI, G. *Giovanni Paolo II,* en el volumen *A ogni morte di Papa. I Papi che ho conosciuto.* Milán, Rizzoli, 1980.

— *Diari* 1976-1979. Milán, Rizzoli, 1981.

42. ARIAS, J. *L'enigma Wojtyla.* Roma, Borla, 1986.

— *Giovanni Paolo II. Assolutismo e misericordia.* Milán. Sperling & Kupfer Editori, 1996.

43. BAGET BOZZO, G. *Ortodossia e liberazione. Un'interpretazione di papa Wojtyla.* Milán, Rizzoli, 1981.

44. BERNSTEIN, C. y POLITI, M. Sua Santità. Milán, Rizzoli, 1996.

45. BLAZINSKI, G. *Jean-Paul II, un homme de Cracovie.* París, Stock, 1979.

46. BONIECKI, A. *Kalendarz zycia Karola Wojtyla.* Varsovia, Znak, 1983.

47. BUTTIGLIONE, R. *Il pensiero di Karol Wojtyla.* Milán, Jaka Book, 1982.

48. CAVATERRA, E. *Il Papa dei giorni futuri.* Roma, Dino Editori, 1981.

— *Il Papa dell'uomo nuovo.* Roma, Dino Editori, 1982.

49. CHELINI, J. *Jean Paul II. Le pèlerin de la liberté.* París, Editions Jean Goujon, 1980.

50. DEL RIO, D. *Wojtyla. Un Pontificato itinerante.* Bologna, EDB, 1994. Presentación orgánica del Pontificado a través de los viajes.

51. DEL RIO, D. y ACCATTOLI, L. *Wojtyla il nuovo Mosè. Milán,* Mondadori, 1988.

52. DE ROECK, J. *L'uomo dalla Polonia.* Turín, Marietti, 1978.

53. DI SCHIENA, L. *Karol Wojtyla,* Roma, Editalia, 1991.

54. FISCHER, H. J. *Die Jahre mit Johannes Paul II. Rechenschaft über ein politisches Pontifikat.* Freiburg, Herder, 1998.

55. GENTILONI, F. *Karol Wojtyla. Nel segno della contraddizione.* Milán, Baldini & Castoldi, 1996.

56. GERVAIS, M. E. *Jean–Paul II, l'homme et l'histoire du XX siècle.* 1998.

57. GOMEZ BORRERO, P. *Juan Pablo II amigo.* Barcelona, Plaza & Janes, 1997.

58. GROOTAERS, J. *De Vatican II a Jean-Paul II.* París, Editions du Centurion, París, 1981.

59. KWITNY, J. *Man of the century. The life and times of Pope John Paul II.* Nueva York, Henry Holt & C., 1997.

60. LECLERC, G. *Jean–Paul II, le resistant.* Paris, Bartilat, 1996.

61. LUNATI, G. *La religione di Giovanni Paolo II.* Genova, Marietti, 1998.

62. MALINSKI, M. *Le radici di Papa Wojtyla. Biografia scritta da un amico.* Roma, Borla Editore, 1979.

63. O'BRIEN, D. *The hidden Pope: the personal Journey of John Paul II and Jerzy Kluger.* Nueva York, Day-Breack Books, 1998.

64. OFFREDO, J. *Jean Paul II. L'aventurier de Dieu.* París, Editions Carrère-Michel Lafon, 1986

65. PÉREZ, PELLON J. *Wojtyla el último cruzado. Un papado medieval en el fin del milenio.* Madrid, Temas de Hoy, 1994.

66. RICCARDI, A. *Il potere del papa da Pio XII a Giovanni Paolo II.* Roma-Bari, Laterza, 1993.

67. SANDRI, L. *L'ultimo Papa re. Wojtyla, breve storia di un Pontificato controverso.* Roma, Datanews Editrice, 1996.

68. SZULC, T. *Pope John Paul II. The biography.* Nueva York, Scribners, 195.

69. TINCQ, H. *Defis au Pape du III Millénaire. Le Pontificat de Jean-Paul II et le dossier du successeur.* París, Lattes, 1997.

70. UBOLDI, R. *Vita di Papa Wojtyla narrata come da lui stesso.* Milán, Rizzoli, 1983.

71. VALENTE, L. y ZANUSSI, K. y CAJATI, G. *Giovanni Paolo II. Il profeta del terzo millennio.* Roma, Rai-Eri, 1997.

72. WILLEY, D. *God's politician.* Published by arrangement with Faber and Faber Limited, London 1992.

73. WYNN, W. *Keepers of the keys.* Random House, 1988.

74. ZIZOLA, G. *La restaurazione di Papa Wojtyla.* Roma-Bari, Laterza, 1985.

— *Per un ritratto di Giovanni Paolo II.* Roma-Bari, Laterza, capítulo del volumen *Il successore,* 1997, p. 277-302.

b. Estudios particulares

75. AA.VV. *Karol Wojtyla filosofo, teologo, poeta.* Coloquio Internacional del pensamiento cristiano organizado por Istra-Instituto di Studi per la Transizione, Roma, 23 al 25 de septiembre de 1983. Libreria Editrice Vaticana, 1985, p. 384.

76. ACCATTOLI, L. *Quando il Papa chiede perdono. Tutti i mea culpa di Giovanni Paolo II.* Milán, Mondadori, 1997.

77. CARDIA, C. *Karol Wojtyla. Vittoria e tramonto.* Roma, Donzelli Editore, 1994.

78. DE MONTCLOS, C. *Les voyages de Jean-Paul II.* Paris, Le Centurion, 1990.

79. GREELEY, M. *The making of the Popes. 1978: the politics of intrigue in the Vatican.* Kansas City, Andrews and McMeel, 1979.

80. LAI, B. *I segreti del Vaticano. Da Pio XII a Papa Wojtyla.* Roma-Bari, Laterza, 1984.

— *Il Papa non eletto. Giuseppe Siri cardinale di Santa Romana Chiesa.* Roma-Bari, Laterza, 1993.

81. LICHERI, G. *Quel Conclave... e poi Wojtyla-jet.* Brescia, Queriniana, 1979. Útil para las informaciones acerca del cónclave

82. MACCIOCCHI, M. A. *Le donne secondo Wojtyla. Ventinove chiavi di lettura della "Mulieris dignitatem".* Milán, Edizioni Paoline, 1992.

83. MAGISTER, S. *Il sogno islamico di Papa Wojtyla*. En *Il Mulino*, 2/1991, p. 244-250.

84. MARGIOTTA BROGLIO, F., *Il papato degli ultimi cinquant'anni. Dalla "nuova cristianitá" di Pio XII alla geopolitica di Karol Wojtyla. Rivista di studi politici internazionali*, n. *1*, 1989, p. 47-56.

85. MENEY, P. *Anche il Papa ha avuto vent'anni*, Paoline, Milán 1996.

86. MERLE, M., y MONTCLOS, C. D. *L'Eglise catholique et les relations internationales*. París, Cerf, 1988.

87. RYNKIEWICZ, L. *Viaggi e visite di Giovanni Paolo II al 19° anno di Pontificato. Dati riassuntivi e statistici*. Radio Vaticana, 1997.

88. SANSOLINI, M. *Io sediario Pontificio. La mia vita accanto ai Papi*. Libreria Editrice Vaticana, 1998.

89. SCOLA, A. *I fondamenti antropologici e teologici della dignitá e della missione della donna nel magistero di Giovanni Paolo II*. En *Laici oggi* 40/1997, p. 56-70.

90. STYCZEN, T. *Metoda antropologii filozoficznej w "Osobie i czynie" Kardynala Wojtyla*. Analecta Crac. 1973/1974, vol. 5-6, p. 107-115.

91. SWIDERCOSCHI, G. *Lettera a un amico ebreo*. Milán, Mondadori, 1993.

92. WEIGEL, G. *Catholicism and Democracy: The Other Twentieth-Century Revolution. The Washington Quarterly*, v. 12, n. 4, 1989, p. 5-28.

93. ZIZOLA, G. *Il Conclave. Storia e segreti*. Roma, Newton Compton Editori, 1993. Con muchas informaciones acerca de la elección (p. 290-310).

CRONOLOGÍA

Entre las actividades de Juan Pablo II, esta cronología señala sistemáticamente las encíclicas, los Sínodos de los obispos, los viajes fuera de Italia, las hospitalizaciones. De los otros acontecimientos se presenta una selección esencial.

1920

18 de mayo   Nace Karol Josef Wojtyla en Wadowice. Sus padres son Karol Wojtyla y Emilia Kaczorowska.

1929

13 de abril   Fallece la madre, Emilia Kaczorowska.

1932

5 de diciembre   Muere de escarlatina el hermano Edmund, médico, a los 26 años.

1938

Agosto   Se traslada con su padre a Cracovia y se inscribe en la Facultad de Letras.

1941

18 de febrero   El padre muere de un infarto. Karol queda solo.

Marzo   Comienza a trabajar como obrero en las canteras de Zakrzèwek. Con el amigo Kotlarczyk funda el Teatro Rapsódico de Cracovia.

1942

Octubre   Comienza a frecuentar los cursos clandestinos de la Facultad de Teología de la Universidad Jagellonica. Es transladado de la cantera a la fábrica Solvay.

1944

29 de febrero   Al ser embestido por un auto alemán, es hospitalizado.

Agosto   El arzobispo Sapieha organiza un seminario clandestino en su residencia. Wojtyla es uno de los alumnos.

1946

1º de noviembre   Recibe la ordenación sacerdotal. Viaja a Roma para continuar allí sus estudios.

1948

14 de junio   Se doctora en Roma con la tesis *La doctrina de la fe según san Juan de la Cruz* y regresa a Polonia.

8 de julio   Es enviado como vicepárroco a la parroquia de Niegowic, cerca de Bochnia.

1949

Agosto   Regresa a Cracovia como vicepárroco de la parroquia de San Florián.

1953

1º de diciembre   Habilitación para la docencia en la Universidad Jagellónica con una tesis sobre Max Scheler.

1956

1º de diciembre   Docente de Ética en la Universidad Católica de Lublín, cátedra que conservará hasta ser elegido Papa.

1958

4 de julio   Obispo auxiliar de Cracovia.

1960

Publica el ensayo *Amor y responsabilidad* y el drama *El taller del orfebre*.

1962

Octubre

Acude a Roma para el Concilio Vaticano II. Asiste a las cuatro sesiones.

1964

18 de enero

Arzobispo de Cracovia.

1967

28 de enero

Es nombrado Cardenal.

1969

28 de febrero

Visita la sinagoga del barrio Kazimierz de Cracovia.

11 al 20 de octubre

Participa por primera vez en el Sínodo de los obispos.

Diciembre

Publica el ensayo *Persona y acto*.

1971

5 de octubre

Es elegido miembro del Consejo de la Secretaría General del Sínodo de los obispos. Será reelegido en 1974 y en 1977.

1972

8 de mayo

Abre el Sínodo de la arquidiócesis de Cracovia. Publica el volumen *En las fuentes de la renovación. Estudio sobre la actuación del Concilio Vaticano II.*

1974

2 de septiembre al 26 de octubre

Relator en el Sínodo de los obispos sobre la evangelización

1976

Marzo	Predica los ejercicios de Cuaresma en el Vaticano.

1978

19 al 25 de septiembre	Con una delegación del episcopado polaco, visita la República Federal Alemana.
16 de octubre	Es elegido el Papa
22 de octubre	Celebración en la plaza San Pedro para el comienzo del ministerio como Supremo Pastor de la Iglesia.

1979

25 de enero al 1º de febrero	Primer viaje fuera de Italia. Visita la República Dominicana, México, Bahamas. El 28 de enero abre en Puebla la III Conferencia del Consejo Episcopal Latinoamericano (Celam).
15 de marzo	Encíclica *Redemptor hominis,* la primera del pontificado, del cual anuncia el programa.
28 de abril	Nombra al arzobispo Agostino Casaroli prosecretario de Estado.
2 al 10 de junio	Viaje a Polonia.
29 de septiembre al 8 de octubre	Viaje a Irlanda y a los Estados Unidos. El 2 de octubre habla en la Asamblea General de las Naciones Unidas en Nueva York.
10 de noviembre	Anuncia la "revisión" del caso Galileo.
28 al 30 de noviembre	Viaje a Turquía. Encuentro con el patriarca ecuménico de Constantinopla, Dimitrios I.
2 al 12 de mayo	Viaje a África: Zaire, Congo, Kenia, Alto Volta, Costa de Marfil.
30 de mayo al 2 de junio	Viaje a Francia.
30 de junio al 12 de julio	Viaje a Brasil.

26 de septiembre al 25 de octubre	Sínodo de los Obispos: "Las tareas de la familia cristiana en el mundo contemporáneo".
15 al 19 de noviembre	Viaje a la República Federal Alemana.
2 de diciembre	Encíclica *Dives in misericordia.*

1981

16 al 27de febrero	Viaje a Asia: Pakistán, Filipinas, Guam (E.E.U.U.), Japón, Anchorage (E.E.U.U.)
13 de mayo	Atentado en la plaza San Pedro, con dos sucesivas hospitalizaciones en el Policlínico Gemelli, que deja definitivamente el 14 de agosto.
15 de septiembre	Encíclica *Laborem exercens* sobre la cuestión social.
25 de noviembre	Nombra al cardenal Joseph Ratzinger como prefecto de la Congregación para la Doctrina de la fe.

1982

12 al 19 de febrero	Segundo viaje a África y décimo fuera de Italia: Nigeria, Benin, Gabón, Guinea Ecuatorial.
12 al 15 de mayo	Viaje a Portugal, en el aniversario del atentado.
28 de mayo al 2 de junio	Viaje a Gran Bretaña. El 29 de mayo tiene lugar el encuentro en Canterbury en el primado anglicano Runcie
10 al 13 de junio	Viaje a Buenos Aires, Argentina.
15 de junio	Viaje a Ginebra para visitar las instituciones internacionales.
29 de agosto	Visita a la República de San Marino.
31 de octubre al 9 de noviembre	Viaje a España.

1983

26 de enero	Promulga el nuevo *Código de derecho canónico.*

2 al 10 de marzo	Viaje a América Central: Costa Rica, Nicaragua, Panamá, El Salvador, Guatemala, Honduras, Belice, Haití.
25 de marzo	Abre el Año Santo de la Redención, que clausurará el 22 de abril de 1984.
16 al 25 de junio	Segundo viaje a Polonia, donde está vigente la ley marcial proclamada en diciembre de 1981.
14 al 15 de agosto	Peregrinación a Lourdes (segundo viaje a Francia).
10 al 13 de septiembre	Viaje a Austria (vigésimo fuera de Italia).
29 de septiembre al 29 de octubre	Sínodo de los obispos: "Reconciliación y penitencia en la vida de la Iglesia".
11 de diciembre	Visita a la Iglesia luterana de Roma.
27 de diciembre	Visita al autor del atentado contra él, Alí Agca, en la cárcel de Rebibbia.

1984

10 de febrero	Carta apostólica *Salvifici doloris* acerca del valor cristiano del sufrimiento.
9 de abril	Delega el Secretario de Estado para que lo represente en el ejercicio de los poderes sobre el Estado de la Ciudad del Vaticano.
2 al 12 de mayo	Viaje a Asia y Oceanía: Fairbanks (E.E.U.U.), Corea del Sur, Papua, Nueva Guinea, Islas Salmón, Thailandia. En Seúl (Corea del Sur), canoniza a 103 mártires coreanos.
12 al 17 de junio	Viaje a Suiza. El 12 de junio tiene el encuentro en Ginebra con el Consejo ecuménico de las iglesias.
9 al 21 de septiembre	Viaje a Canadá.
10 al 13 de octubre	Viaje por la ruta de Colón en vista del quinto centenario del descubrimiento de América: España, República Dominicana, San Juan de Puerto Rico.

11 de diciembre	Exhortación apostólica pos-sinodal *Reconciliatio et poenitentia.*

1985

26 de enero al 26 de febrero	Viaje a América Latina: Venezuela, Ecuador, Perú, Trinidad y Tobago.
31 de marzo	Carta apostólica *"A los jóvenes y a las jóvenes del mundo con ocasión del año internacional de la juventud".*
11 al 21 de mayo	Viaje a Holanda, Bélgica y Luxemburgo.
2 de julio	Encíclica *Slavorum Apostoli* acerca del Oriente cristiano.
8 al 19 de agosto	Viaje a África: Togo, Costa de Marfil, Camerún, República Centroafricana, Zaire, Kenya, Marruecos. El 19 de agosto en Casablanca habla a 50 mil jóvenes islámicos.
8 de septiembre	Viaje a Liechtenstein.

1986

31 de enero al 11 de febrero	Viaje a la India. El 4 de febrero se encuentra en Calcuta con la Madre Teresa
13 de abril	Visita a la Sinagoga de Roma.
31 de mayo	Encíclica *Dominum et vivificantem* del Espíritu Santo.
1º al 8 de julio	Trigésimo viaje fuera de Italia: Colombia y Santa Lucía.
4 al 7 de octubre	Tercer viaje a Francia.
27 de octubre	Preside en Asís la Jornada de oración por la paz en el mundo, con los representantes de las Iglesias cristianas y de las religiones mundiales.
18 de noviembre al 1º de diciembre	Viaje a Asia y Oceanía: Bangladesh, Singapur, Islas Fiji, Nueva Zelandia, Australia, Seychelles.

1987

25 de marzo	Encíclica *Redemptoris Mater,* sobre el culto mariano

31 de marzo *13 de abril*	Viaje a América Latina: Uruguay, Chile, Argentina. El 12 de abril en Buenos Aires concluye la primera "Jornada mundial de la juventud" que tiene lugar fuera de Roma.
30 de abril *al 4 de mayo*	Segundo viaje a la República Federal Alemana.
6 de junio	Abre en la plaza San Pedro el Año Mariano.
8 al 14 de junio	Tercer viaje a Polonia.
10 al 21 *de septiembre*	Segundo viaje a Estados Unidos.
1º al 30 de octubre	Sínodo de los obispos: "Vocación y misión de los laicos en la Iglesia y en el mundo".
22 de noviembre	Proclama 85 beatos, mártires de la persecución anticatólica en Gran Bretaña.
3 al 7 de diciembre	En el Vaticano: visita del patriarca ecuménico de Constantinopla, Dimitrios I.

1988

19 de febrero	Encíclica *Sollicitudo rei socialis* sobre la cuestión social.
7 al 19 de mayo	Viaje a América Latina: Uruguay, Bolivia, Perú y Paraguay.
19 de junio	Canoniza a 117 mártires vietnamitas.
23 de junio	Segundo viaje a Austria.
2 de julio	Lanza la excomunión para quienes se adhieran al cisma del obispo tradicionalista Marcel Lefebvre.
10 al 19 *de septiembre*	Viaje a Africa: Zimbabwe, Botswana, Lesotho, Swaziland, Mozambique.
30 de septiembre	Carta apostólica *Mulieris dignitatem* acerca de la dignidad y la misión de la mujer.
8 al 11 de octubre	Cuarto viaje a Francia y cuadragésimo fuera de Italia.

1989

30 de enero	Exhortación apostólica postsinodal *Christifideles laici*. Invita a los obispos a valorar los movimientos eclesiales.
28 de abril al 6 de mayo	Viaje a África: Madagascar, La Reunión, Zambia, Malawi.
1º al 10 de junio	Viaje a Escandinavia: Noruega, Islandia, Finlandia, Dinamarca, Suecia.
19 al 21 de agosto	Tercer viaje a España para la conclusión, en Santiago de Compostela, de la Segunda jornada mundial de la juventud fuera de Roma.
30 de septiembre al 3 de octubre	Recibe al arzobispo de Canterbury, Robert Runcie.
6 al 16 de octubre	Viaje a Asia: Corea del Sur, Indonesia, Mauricio.
1º de diciembre	Recibe a Mijaíl Gorbachov, quien lo invita a visitar la URSS.

1990

25 de enero al 1º de febrero	Viaje a África: Cabo Verde, Guinea Bissau, Mali, Burkina Faso, Ciad.
21 al 22 de abril	Viaje a Checoslovaquia. Es el primero a un país excomunista. Desde Velehrad anuncia la convocatoria de un sínodo europeo.
6 al 14 de mayo	Segundo viaje a México y décimo a América Latina.
25 al 27 de mayo	Viaje a Malta.
1º al 10 de septiembre	Viaje a África: Tanzania, Burundi, Ruanda, Costa de Marfil.
30 de septiembre al 28 de octubre	Sínodo de los obispos acerca de la "formación de los sacerdotes".
1º de diciembre	El arzobispo Angelo Sodano sucede al cardenal Casaroli en la Secretaría de Estado.

1991

15 de enero	Escribe a Saddam Hussein y George Bush, en el día en que se vence el ultimátum de la ONU, para que se evite la guerra del Golfo.
22 de enero	Encíclica *Redemptoris missio* sobre la actividad misionera de la Iglesia.
13 de abril	Nombra obispos para los católicos que viven en los territorios de la ex Unión Soviética, provocando la protesta del Patriarcado de Moscú.
2 de mayo	Encíclica *Centesimus annus* sobre la cuestión social, a los cien años de la *Rerum novarum*.
10 al 13 de mayo	Segundo viaje a Portugal (quincuagésimo fuera de Italia) y segunda peregrinación a Fátima, en el décimo aniversario del atentado.
1º al 9 de junio	Cuarto viaje a Polonia, primero después de la caída del régimen comunista.
13 al 20 de agosto	Viaje a Polonia (tercera Jornada mundial de la juventud en Czestochowa) y a Hungría. Desde Hungría declara su solidaridad a Gorbachov, quien ha sido objeto de un intento de golpe de estado militar en Moscú.
12 al 21 de octubre	Segundo viaje a Brasil.
28 de noviembre	Asamblea especial del Sínodo de los obispos para Europa.

1992

19 al 26 de febrero	Viaje a África: Senegal, Gambia, Guinea. En la isla de Gorée (Senegal 22 de febrero) visita la casa de los esclavos y pide perdón por la trata de los negros.
4 al 10 de junio	Viaje a África: Angola, Santo Tomé, y Príncipe.
12 de junio	Tercera hospitalización en el Policlínico Gemelli para extirpación de un tumor en el colon.
28 de julio	
9 al 14 de octubre	Viaje a República Dominicana para el quinto centenario de la evangelización de América Latina.

31 de octubre	Conclusión de la "revisión" del caso Galileo con el "leal reconocimiento" de las injusticias sufridas por el científico.
7 de diciembre	Presentación del nuevo *Catecismo de la Iglesia Católica.*

1993

9 al 10 de enero	"Jornada de ayuno y de oración" en Asís por la paz en los Balcanes, con cristianos, hebreos y musulmanes.
3 al 10 de febrero	Décimo viaje a África: Benín, Uganda, Sudán. En Khartoum pide el respeto por la libertad religiosa al régimen islámico sudanés.
25 de abril	Viaje a Albania.
8 al 10 de mayo	Viaje a Sicilia (es el 109º en Italia). Desde Agrigento dirige una advertencia a los jefes de la mafia.
12 al 17 de junio	Cuarto viaje a España.
9 al 16 de agosto	Sexagésimo viaje internacional: Jamaica, Mérida (México), Denver (Estados Unidos), donde concluye la cuarta Jornada mundial de la juventud fuera de Roma.
4 al 10 de septiembre	Viaje a los países bálticos: Lituania, Letonia, Estonia.
5 de octubre	Encíclica *Veritatis splendor* sobre los fundamentos de la moral.
11 de noviembre	Cuarta hospitalización en el Policlínico Gemelli por una caída en el Aula de las Bendiciones.

1994

22 de febrero	*Carta a las familias* con ocasión del año internacional de las familias.
15 de marzo	Proclama una "Gran oración por Italia", que vive un delicado cambio político e institucional. La concluirá en Loreto el 10 de diciembre.

10 de abril al 8 de mayo	Asamblea Especial para África del Sínodo de los obispos.
29 de abril al 27 de mayo	Quinta hospitalización en el Policlínico Gemelli para el implante de un prótesis en el fémur derecho, como consecuencia de una caída en el baño del apartamento privado.
30 de mayo	Con una Carta apostólica "acerca de la ordenación sacerdotal reservada solamente a los hombres" afirma que esta "sentencia" debe ser considerada como "definitiva".
13 al 14 de junio	Consistorio extraordinario para la preparación del Gran Jubileo.
17 de junio	La Prefectura para los asuntos económicos de la Santa Sede anuncia —por primera vez después de 23 años— un activo de 2,4 mil millones de liras italianas en el balance de 1993.
10 al 11 de septiembre	Viaje a Zagreb, después de la anulación, por razones de seguridad, del viaje a Sarajevo anunciado para el 8 de septiembre.
2 al 29 de octubre	Sínodo de los obispos sobre la vida consagrada.
19 de octubre	Publica *Cruzando el umbral de la esperanza*.
14 de noviembre	Carta apostólica *Tertio millennio adveniente* para la preparación del Gran Jubileo. Propone el examen de fines de milenio sobre las "páginas oscuras" de la historia de la Iglesia.

1995

11 al 21 de enero	Viaje a Asia y Oceanía: Filipinas, Papua y Nueva Guinea, Australia, Sri Lanka. En Manila celebra la quinta Jornada mundial de la juventud fuera de Roma.
31 de marzo	Encíclica *Evangelium vitae* sobre el valor de la vida.
20 al 22 de mayo	Viaje a la República Checa y a Polonia.
31 de mayo	Encíclica *Ut unum sint* sobre el ecumenismo.

342

3 al 4 de junio	Segundo viaje a Bélgica.
27 al 29 de junio	Recibe en el Vaticano al Patriarca de Constantinopla, Bartolomé.
30 de junio al 3 de julio	Viaje a Eslovaquia.
10 de julio	*Carta a las mujeres* en el año internacional de la mujer.
14 al 20 de septiembre	Viaje a África para la entrega de la Exhortación posinodal *Eclesia in Africa:* República Sudafricana, Camerún, Kenya.
1º de octubre	Proclama beatos a 64 mártires de la Revolución Francesa y 45 de la guerra civil española.
4 al 9 de octubre	Cuarto viaje a los Estados Unidos, donde habla por segunda vez a la Asamblea general de la ONU.
26 de noviembre al 14 de diciembre	Asamblea especial para el Líbano del Sínodo de los Obispos.

1996

5 al 12 de febrero	Viaje a América Latina: Guatemala, Nicaragua, El Salvador, Venezuela.
24 de febrero	Constitución apostólica *Universi dominici gregis,* que reforma las reglas del cónclave.
14 de abril	Viaje a Túnez. Septuagésimo fuera de Italia.
17 al 18 de mayo	Viaje a Eslovenia.
21 al 23 de junio	Tercer viaje a Alemania, que termina con una visita a Berlín.
6 al 7 de septiembre	Segundo viaje a Hungría.
19 al 22 de septiembre	Quinto viaje a Francia.
6 al 15 de octubre	Sexta hospitalización en el Policlínico Gemelli para una intervención de apendicectomía.
15 de noviembre	Publica el volumen autobiográfico *Don y misterio,* "en el quincuagésimo año de mi sacerdocio".

3 al 6 *de diciembre*	Recibe en el Vaticano al primado anglicano Goerge Carey.

1997

12 al 13 de abril	Viaje a Sarajevo.
25 al 27 de abril	Viaje a la República Checa.
10 al 11 de mayo	Viaje al Líbano.
31 de mayo al 10 de junio	Séptimo viaje a Polonia.
21 al 24 agosto	Sexto viaje a Francia. Conclusión en París de la sexta Jornada mundial de la juventud fuera de Roma.
2 al 6 de octubre	Viaje a Río de Janeiro: octogésimo fuera de Italia y tercero a Brasil.
16 de noviembre al 12 de diciembre	Asamblea especial del Sínodo de los obispos para América.

1998

21 al 26 de enero	Viaje a Cuba.
16 de marzo	Acompaña con una carta la publicación —por parte de la Comisión para las relaciones con el hebraísmo— del documento *Noi ricordiamo: una riflessione sulla Shoah*.
21 al 23 de marzo	Segundo viaje a Nigeria.
19 de abril al 14 de mayo	Asamblea especial para Asia del Sínodo de los Obispos.
31 de mayo	Carta apostólica *"Dies Domini"* sobre la santificación del domingo.
19 al 21 de junio	Tercer viaje a Austria.
14 de septiembre	Carta Encíclica sobre las relaciones entre Fe y Razón *"Fides et Ratio"*.
2 al 5 de octubre	Segunda visita pastoral a Croacia.
16 de octubre	Cumple 20 años de pontificado.
22 de noviembre	Asamblea especial para Oceanía del Sínodo de Obispos.

29 de noviembre	Bula de convocación del Gran Jubileo del año 2000 *"Incarnationis Mysterium"*

1999

22 de enero	Exhortación Apostólica Postsinodal *"Ecclesia in America"*.
22 al 28 de enero	Cuarto viaje apostólico a México y luego a la arquidiócesis de San Luis Estados Unidos.
7 al 9 de mayo	Viaje a Rumania.
5 al 17 de junio	Séptima peregrinación apostólica a Polonia.
19 de septiembre	Viaje a Eslovenia
1 de octubre	Segunda Asamblea especial para Europa del Sínodo de obispos.
25 al 28 de octubre	Asamblea Interreligiosa celebrada en Roma y Asís, convocada por Juan Pablo II para preparar el Gran Jubileo del año 2000.
5 de noviembre	Los representantes de la Iglesia católica y de la Federación luterana mundial firman en Augusta —Augsburg (Alemania)— una Declaración común sobre uno de los principales temas que oponían a católicos y luteranos: la doctrina de la justificación por la fe.
6 de noviembre	Exhortación Apostólica Postsinodal *"Ecclesia in Asia"*.
5 al 9 de noviembre	Viaje a India y Georgia.
24 de diciembre	Juan Pablo II abre la Puerta Santa de la Basílica de San Pedro, dando inicio al Gran Jubileo.
25 de diciembre	Apertura de la Puerta Santa de la Basílica de San Juan de Letrán.

2000

1º de enero	Apertura de la Puerta Santa de la Basílica de Santa María la Mayor.
18 de enero	Apertura de la Puerta Santa de la Basílica de San Pablo Extramuros con la participación de representantes de más de treinta otras Iglesias.

26 de febrero	Viaje al Sinaí.
12 de marzo	Jornada del perdón.
20 de marzo	Viaje a los lugares Santos relacionados con la historia de la salvación (Jordania, Israel y territorio autónomo palestino).

ÍNDICE

Distribución SAN PABLO

SAN PABLO — COLOMBIA
DIRECCIÓN EDITORIAL
Y ADMINISTRACIÓN
Carrera 46 Nº 22A-90
A.A. 080152
Tel.: 57 (1) 3682099
Fax: 57 (1) 2444383
E-mail: *sp_diredit@epmbog.net*
SANTAFÉ DE BOGOTÁ, D.C.

DISTRIBUIDORA CENTRAL:
Calle 18 Nº 69-67
Urb. Industrial Montevideo
Tels.: 57 (1) 4113976 / 4113966
Fax: 57 (1) 4114000 - A.A. 080152
E-mail: *spdircom@col1.telecom.com.co*
SANTAFÉ DE BOGOTÁ, D.C.

ARGENTINA
Riobamba 230 C1025ABF
Tel.: 54 (11) 49532421
Fax: 54 (11) 49532737
E-mail: *isanpablo@impsat1.com.ar*
BUENOS AIRES

BRASIL
Rua Francisco Cruz, 229
Vila Mariana - 04117-091 São Paulo - SP
Tel.: 55 (11) 50843066
Fax: 55 (11) 5703627
http: //www.paulus.org.br
E-mail: *gerente.vendas@paulus.org.br*
SÃO PAULO

CHILE
LIBRERÍA SAN PABLO
Avda. L. Bernardo O'Higgins 1626
Casilla Postal 3746
Tel.: 56 (2) 6989145
Fax: 56 (2) 6716884
E-mail: *dgraledi@cmet.net*
SANTIAGO DE CHILE

COSTA RICA
DISTRIBUIDORA SAN PABLO
Calle 9, Av. Central y Segunda
Tel.: (506) 2565005
Fax: (506) 2562857
Apartado 207-2400 - Desamparados
SAN JOSÉ

ECUADOR
DISTRIBUIDORA SAN PABLO
Pascual de Andagoya 388 y Av. América
Casilla: 17-03-866
Tel.: 593 (2) 541650 - Fax: 593 (2) 231444
E-mail: *spcua@uio.satnet.net*
QUITO

EL SALVADOR
LIBRERÍA SAN PABLO
Calle Arce 922 - A.A. 06 (77)
Tel.: (503) 2713501
Fax: (503) 2713605
SAN SALVADOR

ESPAÑA
SAN PABLO - DIVISIÓN COMERCIAL
28021 Resina, 1
Tel.: 349 (1) 917987375
Fax: 349 (1) 915052050
E-mail: *ventas@sanpablo-ssp.es*
MADRID

ESTADOS UNIDOS
ST. PAUL'S DISTRIBUTION CENTER
5800 SW 8th Street
MIAMI, Fl 33144
Tel.: 1 (305) 5525885
Fax: 1 (305) 5525817
E-mail: *spablomia@aol.com*

MIAMI
ALBA HOUSE
2187 Victory Boulevard
Tels.: 1 (718) 7610085 / (718) 7610047
Fax: 1 (718) 7610057
STATEN ISLAND, NY 10314-6603

MÉXICO
CENTRO SAN PABLO
EXP. E IMP., S.A. DE C.V.
Circuito Bahamas No. 151
Col. Lomas Estrella
Tel.: 52 (5) 6078920
Fax: 52 (5) 6952532
E-mail: *pablocen@mponet.com.mx*
09870 MÉXICO, D.F.

NICARAGUA
HISPAMER - SAN PABLO
Costado Este de la UCA
Apartado Postal A-221 - Zona 13
Tels.: 2781209 - 2781210
Fax: 2780825
MANAGUA

PANAMÁ
LIBRERÍA SAN PABLO
Boulevard El Dorado
Av. 17B Norte
Apartado 6-7210 El Dorado
Tels.: 2603738 - 2604862
Fax: 2606107
E-mail: *sanpablo@sinfo.net*
PANAMÁ

PERÚ
DISTRIBUIDORA SAN PABLO
Las Acacias 320 - Miraflores
Apartado de Correo 18-1476
Tels.: (0/1) 4460017 - 2414597
Fax: (0/1) 4474622
E-mail: *dsanpablo@computextos.com.pe*
LIMA 18

PORTUGAL
Rua Dom Pedro de Cristo, 10
1700 Lisboa
Tel.: 351 (1) 805273
Fax: 351 (1) 808009
E-mail: *comercial@paulus.pt*
LISBOA

VENEZUELA
SAN PABLO DISTRIBUCIÓN
Edificio Doral Plaza - Local 1
Ferrenquín a la Cruz de Candelaria
Apartado de Correo 14034
Tels.: (0/2) 5736346 - 5736475 - 5767662
Fax: (0/2) 5769334
E-mail: *spediciones@eldish.net*
CARACAS 1011-A